本成果受北京语言大学后期资助项目资助（中央高校基本科研业务费专项资金，项目批准号：23HQ01）
国家留学基金委"2025年国别和区域研究人才支持计划项目"资助（GBQY20250019）

美国情报简史

——美利坚两个半世纪以来的情报与战争

荣杰　韦思丛　朱砚卿　海祥　著

金盾出版社

图书在版编目（CIP）数据

美国情报简史：美利坚两个半世纪以来的情报与战争 / 荣杰等著 .—北京：金盾出版社，2025.3
ISBN 978-7-5186-1838-5
Ⅰ．① D771.236

中国国家版本馆 CIP 数据核字第 2024V8L599 号

美国情报简史
——美利坚两个半世纪以来的情报与战争

荣杰　韦思丛　朱砚卿　海祥　著

出版发行：金盾出版社	开　本：710mm×1000mm　1/16
地　　址：北京市丰台区晓月中路29号	印　张：32
邮政编码：100165	字　数：385千字
电　　话：(010) 68276683	版　次：2025年4月第1版
(010) 68214039	印　次：2025年4月第1次印刷
印刷装订：北京印刷集团有限责任公司	印　数：1~2000册
经　　销：新华书店	定　价：158.00元

（凡购买金盾出版社的图书，如有缺页、倒页、脱页者，本社发行部负责调换）

版权所有　侵权必究

序 言

从特定的角度看，情报的搜集、整理、流动与利用推动了战争乃至世界的变化与发展。

情报的历史主要是实践的历史，同时也是情报理论发展演进的历史。情报理论来源于实践，同时理论的发展又进一步指导了实践。因此，情报的历史就有了实践与理论的双重属性。探讨世界军事强国的情报发展历史，既有实践意义又有理论学术价值。

从美国情报发展的历史看，情报从单一的军事情报拓展到政治、军事、经济、科技等诸多领域，从秘密性、对抗性逐渐拓展到公开性、兼容性。据称，在当今世界的海量情报中，有80%来源于开源情报，即公开来源情报。因此，情报的历史也是一部由秘密情报向秘密情报与开源情报齐头并进转变的历史。

一般来说，开源情报分为理论与技术两条路线。然而，无论是哪一条路线，最终都将归于实践，既来源于实践，又服务于实践。

本书主要依托美国战争史，以厚实的史料、生动的语言、严谨的结构，从实践与理论融合的角度，对美国情报发展的历史进行了认真的考察与叙述。书中的论述，结合今天的现实来看，令人深思，既对情报专业人士有所助益，也会令情报和军事爱好者兴趣盎然。

中国科学院院士

吴一戎

前　言

是什么让美利坚的航母舰队肆无忌惮地驰骋在波斯湾？是什么让美利坚的铁甲战车游刃有余地纵横于两河平原？又是什么让海豹精锐在反恐战争中准确无误地"深入虎穴，夺得虎子"？推动这些的不仅有美利坚世界第一的军事实力和经济实力，还有一门于"无声之处听惊雷"的艺术——情报。这短短的两个字让美国人在无数次国际博弈中大获全胜：在第一次世界大战后《华盛顿海军条约》的签署中，情报让美国力压日本，和英国平起平坐；在第二次世界大战中的中途岛海战中，情报让美国几乎全歼日本海军精锐；在"冷战"后的无数场局部战争中，情报让"美国的战争"惊艳了全世界……没了情报，美国何以立国？何以稳坐世界第一强国的宝座？

说起情报，多数人的脑海里都会浮现出这样一幅画面：一个月黑风高的夜晚，两个西装革履的男人，穿着风衣、戴着帽子、叼着香烟，在伸手不见五指的小巷中窃窃私语……美国情报之父谢尔曼·肯特认为，情报是知识、组织和活动。美国外交与安全问题专家、美国情报研究领军人物艾布拉姆·舒尔斯基在此基础上又将情报分为搜集、分析、反情报和隐蔽行动四个部分。

情报的概念最早产生于军事领域，是随着战争的产生和发展而产生并发展的。正如美国学者法拉戈所说，人类最早的"武器"是"石块、棒子和情报"，情报是战斗所必需的武器之一。因此，情报起源于战争，是战争的产物。同样，战争也是驱动情报发展的主要动力。中国人对《孙子兵法》中"知己知彼，百战不殆"这句话早已耳熟能详。换句话说，打仗需要了解敌军的情况，得知道敌军的兵力装备怎么样？敌军在哪里？在干什么？还需要知道，作战区域的天文地理如何？敌军要怎么对付自己？如果知道了敌军的作战方案和作战计划，在此基础上制订相应的作战计划，采取相应的作战行动，那这个仗就好打了！从战争决策和作战指挥的角度看，情报往往和兵之诡道联系在一起。战争史上那些用兵如神的经典战例，哪一个也离不开情报的贡献。

总而言之，要想打好仗、打胜仗，离不开情报的支撑和保障。然而，情报有一个特点，就是等到仗打起来，再去搞情报就来不及了，这和"书到用时方恨少"是一个道理。情报工作这个特点随着战争形态的变化和发展越来越明显。在冷兵器时代，"孤胆英雄"式的侦察兵就可发挥情报的绝大部分功能，近代欧洲在王公贵族的上流社会圈子中道听途说即可获取很有价值的情报，等到电话、电报运用于军事通信后，获取有价值情报的途径也跟着拓展开来，挥别了"亲眼看""亲耳听""亲手拿"的时代。可以说，战争技术如何突破人类想象的极限，情报手段就会实现同样的突破。如此一来，战时临时组建谍报班子去刺探军情，显然已经跟不上军事行动的需求，和平时期情报建设的要求也大幅度提高。和平时期不注重情报建设，战时就会吃大亏。新的获取情报手段越是更新发展，老的手段就越是丢不得，情报单位和情报规则也就越来越多，这便形成了所谓的情报体系或情报界。军事技术和战争形态越是迭代更新，情报体系的发展重塑和一体发展就越是让人眼花缭乱。

中国科技信息学界一般从信息层面谈论情报，认为两者之间区别不大或简单粗暴地用信息来代替情报。诚然，情报源于数据和信息，也大多以数据和信息为载体进行呈现，但情报与其本质上的不同就是它所具备的对抗性。情报工作是敌对双方围绕情报获取和保密乃至欺骗展开的较量。在对抗性这一大背景下，战争的一方着力释放战争迷雾，隐藏自己的行动意图，力求发动战略突袭，而战争的另一方则着力破除战争迷雾，看透对方的行动意图，力求实现战略预警。双方都是在根据已知的事情不断地进行调整，力求在未知的将来获得主动。对抗性这一核心本质使得情报天然地具备了秘密性这一特点，越是敌人不愿意公开的，越是要想方设法获得。在源头上，无论何种形态的情报都是一方要保守的秘密。从情报获取方的角度看，侦获了敌人的情报，也不能让对方知道。如果对方知道相关情报已经泄露，就会做出相应的改变，情报也就失去了价值。各国的历史文化传统不一样，对待军事情报的态度也不一样。比如美国情报史上有一件众所周知的往事，在情报界看来就是令人扼腕的"愚蠢"。第一次世界大战后，当时美国负责无线电情报侦察的"黑室"，因时任美国国务卿亨利·史汀生认为"君子不私拆他人信件"而遭裁撤。在美国情报界看来，情报工作以维护国家利益和赢得战争胜利为前提，不能以普通人群的道德标准为标准。时至今日，美国"棱镜"计划监控外国领导人的行为也是这条标准的扭曲变形。

世界上的事情，要做好都不容易，对于充满风险与挑战的情报工作而言更是如此。情报注定是一种追求极致的工程，但同时也是一门难免有缺憾的艺术。可以说，情报人员所从事的工作永远都是完成不可能的可能。永远锚定完美和极致，却永远存在缺憾和不足，这也许正是情报工作的魅力所在。

我们从大众传媒上得到的对情报的认知，往往与影视作品中刺杀要员、颠覆政府、反恐行动等情节联系在一起。然而现实往往比故事、小说和电影更加惊心动魄，真实的情报世界波诡云谲、色彩缤纷，远比影视作品中展现得要精彩万分、丰富万分。在过去的两个半世纪中，美国总共发动了大大小小200多场战争，从建国之初的北美十三州一步步地发展成如今军事基地遍布全球的世界霸主。可以说，没有战争就没有今天的美国。同样可以说，没有情报，就没有美国的那些战争。只不过，美国情报发展所走过的路更加曲折，更加隐晦，更加不为人所知。今天，美国已拥有世界第一的超强军力，并拥有由18家单位组成的美国情报机构，引领世界战争形态向信息化战争、智能化战争发展。如今的美国情报工作早已非美国独立战争时期可比，它已经成为美军战争制胜的六要素之一。

把美国情报的那些人、那些事儿写出来，一方面，可以作为了解情报世界的一个窗口；另一方面，追问历史，思考现实，可以给人以更好、更深的启迪。情报所能反映出来的人性善恶、责任与荣誉、无畏与牺牲、理性与智慧、战争的两面性以及国家的道德与责任等，往往能够带给人们超越情报本身的思考。

本书从美国发动的战争视角切入，回顾了从1775年到2021年这两个半世纪以来美国历史上的情报故事、情报人物、情报手段、情报技术、情报搏杀等。我们期待这本书对理解我们今天生活的这个世界，把握当下世界大国之间的博弈，准备明天的战争可以发挥"窥一斑见全豹"的作用。

作　者
2022年4月13日
于北京、洛阳两地

目　录

第一章
谍报大幕
―
001

情报打响了第一枪　004

华盛顿的秘密与底牌　007

"卡尔柏"谍报组在行动　014

"隐蔽行动大师"富兰克林　019

美利坚反间谍第一人　025

美军最大的叛徒　029

迷雾之下的不战而降　035

火烧白宫　040

只有一张商业地图　046

第二章
战火岁月
―
053

小侦探救总统　057

南方娇艳女间谍　060

平克顿的反击　067

夏普上校与波托马克之光　072

葛底斯堡的情报跃升　078

那个醉醺醺的格兰特　083

南北战争中的情报技术　087

送给加西亚的信　094

美西谍海暗战　099

磕磕绊绊终上轨　103

又一次技术革命　113

第三章
山雨欲来

119

"黑室"锋芒乍现　122

攻克"红密"与"紫密"　131

翻云覆雨手　141

败也情析，成也情析　147

总统才能拍板的大事儿　163

美国人的第五纵队　172

尼米兹的联合情报观　178

回归自然赋予的密语　181

你宣誓你效忠，都没用　187

第四章
无形交锋

197

一部法案建天下　199

出师不利　206

三分天注定，七分靠打拼　216

危机中的情报较量　227

越战中的情报战　234

窃取空中的电波　244

堂兄弟"五眼联盟"　250

美苏间谍斗法（一）——窃听风云　256

美苏间谍斗法（二）——世纪冤案　263

美苏间谍斗法（三）——绝密计划　269

美苏间谍斗法（四）——鼹鼠人生　275

颠覆游戏　283

情报监督　292

来自星空的偷窥　304

成功的导演与失败的营救　315

**第五章
绝对优势**

———

331

"点穴"之前先认穴　333

精确制导背后的绵密情报　340

面对弱者的情报对抗　351

寒冬中的寒冬　360

复仇　370

作战理论牵引的情报创新　378

改来改去为什么　388

针对一个人的情报战争　403

友情出场　417

"棱镜"映照的世界　424

**第六章
走向何方**

———

441

从国家安全局到网络空间司令部　445

隐蔽行动与动荡的根源　452

民主浪潮背后的网络心理攻击　460

坏眼睛军团在干啥　469

从天而降的联合情报匕首：苏莱曼尼之死　474

情报帝国的《战略》独白　483

后　记

———

497

第一章　谍报大幕

1620年9月26日，英国南部的普利茅斯港人头攒动，100多名饱受英国政府迫害的清教徒决定背井离乡，前往大洋彼岸的北美大陆，远离严苛的宗教制裁。11月21日，在大西洋中航行了近两个月后，他们乘坐的"五月花号"帆船缓缓驶入科德角（今美国马萨诸塞州的罗文斯敦），他们遵照登陆前签订的《五月花号公约》，开始了在新大陆上的自治管理生活。100多年后，由于英帝国强行增收印花税，殖民地人民苦不堪言，他们联合起来反抗英国的殖民统治，独立战争爆发。从莱克星敦的第一声枪响到《独立宣言》的发表，北美13个英国殖民地奋起反抗并最终赢得了战争的胜利，星条旗高高飘扬在了美利坚合众国的上空。

描绘"五月花号"帆船驶向北美大陆的画作

可以说，独立战争的情报需求有力地刺激了美国情报工作的开展，那些穿梭在战场上的重重谍影构成了独立战争情报战线的主要画面，"黑帽加斗篷"的间谍从这时开始进入人们的视线……

情报打响了第一枪

独立战争对于美利坚合众国来说是开天辟地的大事情。这场战争也是美利坚合众国两个半世纪历史的起点。

对美国历史稍加了解就会知道，美国民兵在莱克星敦打响了美国独立战争的第一枪。然而，这一枪是怎么来的呢？还是得从情报说起。

有着"日不落帝国"之称的英国是当时世界上最强大的国家，拥有1100万人口，而北美殖民地只有250万人，其中1/5还是黑人奴隶。英国海军规模世界第一，将近半数船舰被投入到北美的战争中。英国陆军是训练有素的职业军队，强大而令人生畏。英军怎么就输了这场战争呢？

1775年莱克星敦战役

原因是错综复杂的。核心问题在于，北美殖民地开始生乱闹事的初期，无论是在北美前线的英军统帅还是远在欧洲的大英内阁，都在将这场"民乱"定位为一般性质的骚乱，在正规作战的问题上举棋不定。这个本需专业情报分析人员提供建议的工作却被当时英国驻北美殖民地的总督们代行了职责，由他们对北美殖民地的情况做出判断再报告伦敦。这些总督当中，尽管有贵族和将军，但他们常把这些骚乱当成一般治安事件来看待，认为这些骚乱当属于政治范畴和法律范畴而并非军事问题。事实上，他们的主要心思也都用在了赚钱和享乐上。当然，他们的背后也没有任何军事情报机构支撑。

西方人的行事风格在西医治病的过程中有着很好的体现，那就是"头痛医头，脚痛医脚"。因为波士顿屡屡发生反英事件，英政府随即判断波士顿是北美骚乱的中心，并派出4000名英国部队驻扎在波士顿城内。他们相信，控制了波士顿，就控制了北美殖民地，抓住了叛乱的头子，就能基本平息动荡局面。

当时，英军驻北美的总司令是托马斯·盖奇上将，他同时也是马萨诸塞州的总督。盖奇虽长期在驻北美英军中担任军职，但此时他了解情报的主要渠道和当地商人们没什么不同，都是靠看报纸了解社会政治动态。听说骚乱者在波士顿西北小镇康科德存放了大量的炸药和武器，同时北美爱国者领导人约翰·汉考克和塞缪尔·亚当斯也很有可能在附近，盖奇不禁喜上眉梢，准备将叛乱分子一网打尽。

1775年4月18日，盖奇下令派出一支800人的部队，由一位英军少校带领前往康科德执行清剿任务。4月19日凌晨，夜幕笼罩下的波士顿还透着微微的凉意，英军准备趁着夜色偷袭波士顿的康科德军火库。当这队身着鲜红色制服、军容严整、趾高气扬的英军先头部队抵近康科德前的莱克星敦时，枪炮声突然响起。面对70名躲在山坡和树丛后的北美民兵的伏击，英军乱了阵脚。被打蒙的英军队伍无奈之下只得撤退。在回撤波士顿途中，英军遭到了更多民兵的拦截阻击。一天下来，273名英国士兵伤亡，而北美民兵仅伤亡了95人。这场小型战斗被认为是美国独立战争的开始，独立战争在莱克星敦打响了第一枪。

北美民兵是如何知道英军的动向并提前进行埋伏的呢？又是怎样将英军准备进攻的消息传递出去的呢？不得不说情报在北美民兵的胜利中发挥了关键的作用。

18日下午，就在盖奇下令英军前出康科德之后，在波士顿一家马房里，两位英国军官正在准备着作战用的军马。

"等着看吧，明天大英帝国的怒火将会严惩这帮乱民！"两位军官漫不经心说出的这句话却被马房里的马童尽收耳底。英军军官一出门，这个年轻人立即跑到了波士顿银匠保罗·里维尔的家里，把所见所闻原原本本地告诉了里维尔。

里维尔正是当时遍及北美的反英秘密组织"自由之子"的成员，而这个组织的成员间早已建立了彼此联系和情报传递的秘密渠道。在当时，有关

小银匠里维尔

保罗·里维尔（Paul Revere，1735年1月1日—1818年5月10日）。他的父亲阿波洛斯·里沃瓦（Apollos Rivoire，后改为里维尔Revere）是一个难民，从小来到波士顿，后来当起了银匠。在老里维尔的教导下，他的儿子保罗·里维尔成为美国最伟大的白银艺术家之一。

里维尔在18世纪70年代开始热衷于支持爱国者的事业。作为波士顿机械行业公认的领袖，他在工匠和知识分子之间建立了宝贵的联系。

随着独立战争的爆发，里维尔变成了实业家，并建造了独立战争急需的工厂为美国民兵供应武器。1776年，他被任命为威廉堡（Castle William）波士顿港首席防卫指挥官。战后，他恢复了自己工业家的身份，并在马萨诸塞州坎顿成立了一家轧机厂，用于制造铜板。

英军准备清剿北美民兵的消息早已不绝于耳，结合波士顿城内流传的各种各样的消息，里维尔和朋友商量后，断定英军这一次是来真的了。注意！这在本质上就是综合各种消息来源的情报分析。当天晚上10点，里维尔策马狂奔。趁着夜色，他在2个小时内纵马13英里（1英里约等于1.6093千米），沿途告知了查尔斯顿、麦德弗德、北康桥等城镇的民兵领袖，还通知了正在被英政府通缉的地方会议领导人约翰·汉考克和塞缪尔·亚当斯，这便是美国历史上有名的"骑马夜行"。

各城镇的民兵领袖们得到消息后，一刻不敢耽误，迅速派人把情报传递了出去。19日凌晨1点，消息传到了马萨诸塞州的林肯市；凌晨3点，传到了萨德伯里市；凌晨5点，传到了安道弗市；上午9点，消息传到伍斯特市。一夜之间，几乎所有的民兵组织都得到了消息。

而另一边的英军不但事先没有对行军路线和作战环境的地形进行侦察，对在河流回弯处遭伏遇袭的可能性更没有预判，甚至在部队行进时也没有派出小股骑兵前出侦察，特别是盖奇所率的英军保密工作松懈，军官也没有反情报的意识，讲话闲聊随意，导致情报泄露。

军事情报总是先于军事行动进行。从这个意义上讲，美国独立战争的第一枪是军事情报打响的。保罗·里维尔是美国军事情报第一人，一条管用的军事情报打败了盖奇的800名英军。

华盛顿的秘密与底牌

虽然里维尔的情报打响了美国独立战争的第一枪，但美国情报工作的诞生和发展却与美国"国父"华盛顿有着千丝万缕的联系。

1732年2月22日，在美国东部弗吉尼亚的一个种植园家庭里，人们喜笑颜开，华盛顿夫人又诞下一名男婴，取名乔治，寓意热爱生活的土地。小华盛顿从小天资过人，深得父母的喜爱，但含着金钥匙出生的华盛顿并没有为自己的出身沾沾自喜。他早年当过土地测量员，也曾加入英军参与战斗，还当过弗吉尼亚下议院议员，履历丰富且传奇。而更为传奇的是，这位美国"国父"还与情报结下了不解之缘。由于在战争中善于用间，华盛顿堪称美国情报事业的开山鼻祖。

1774年9月5日，美国费城群英集聚，来自北美12个殖民地的55名代表汇聚于此，召开第一届大陆会议，商讨联合抗英事宜。会议一致通过了《殖民地权利宣言》，要求团结一致捍卫北美权利，反抗英国胁迫，殖民地联合起来对抗英国王权专制统治的态势就此形成。怀揣一腔热情，华盛顿也参加了这次会议，经过十多年的观望，他终于明确了自己的立场，面对英国的压迫，人们必须站起来反抗！他站在人群中高呼："我要招募一千人，由我出钱带领他们去解放波士顿！"1775年5月10日，第二届大陆会议在费城紧急召开，讨论如何应付突变的局势。会议最后决定成立邦联，确认大陆会议为领导独立战争的最高权力机构，

"国父"的秘密

乔治·华盛顿（George Washington，1732年2月22日—1799年12月14日），美国政治家、军事家、革命家，首任总统，美国开国元勋之一。华盛顿出生于弗吉尼亚的一个富有家庭，早年当过测量员，后曾加入英军担任上校，参与对法国及印第安人的战争，1759—1774年为弗吉尼亚下议院议员，带头反对英国统治。1775—1783年在美国独立战争中任大陆军的总司令。1787年主持制宪会议，制定《美国宪法》以取代《邦联条例》。1789年当选美国总统，1793年赢得连任，一直担任总统到1797年。他在两届的任期中多有创举，任期结束后自愿放弃权力，不再谋求第三个任期，1799年12月14日在弗农山庄去世。

会议还决定接管"新英格兰军",命名为大陆军。唯一身着戎装出席会议的华盛顿瞬间成为现场的主角,在约翰·亚当斯等人的推举下,他出任了大陆军的总司令。

面对强大的英军和各种不利条件,北美大陆军总司令乔治·华盛顿将军之所以能从1776年起苦苦鏖战支撑8年,取得最后的胜利,他手中始终握有情报的底牌是不能忽视的重要因素。

早在担任弗吉尼亚殖民地民兵中校时,华盛顿就尝到了情报的甜头。1754年4月,华盛顿率领160人前往俄亥俄领地保护一处战略要塞安全。行进途中,印第安盟友送来一份口头情报,说这一要塞已被法国军队占领。华盛顿当即决定改变计划,建立临时防御工事并与印第安盟友会合。5月28日,华盛顿发现一支32人的法军巡逻队。他派遣了40人的小分队,在印第安人的支援下将法国人的营地团团围住。经过15分钟的突袭,法国人10死1伤,余者被俘。尽管法军队长朱蒙维尔爵士表明自己是法王路易十四的特使,但仍被印第安人用短柄斧砍死并割头皮,其余战俘也被如法炮制。战斗之地后来被称为"朱蒙维尔幽谷"。这场战斗被弗吉尼亚报纸添油加醋地描绘出来,让华盛顿一下子成为北美的第一位战斗英雄。他的名声甚至传到了伦敦,连英王乔治二世也知道了华盛顿这个年轻人。

然而,面对美国独立战争的广阔作战空间和部队规模,显然不是一场小小的战斗所带来的军事情报经验就能满足。华盛顿要想把这场战争打下去,就必须站在大陆军总司令的高度看待和组织军事情报行动。华盛顿认为:"在某种意义上,情报决定一切,秘密情报的获取和传递是成功的关键。"

华盛顿的首选就是派出间谍。1776年的纽约之战,大陆军未能守住长岛,被迫从布鲁克林高地撤往曼哈顿。此时,大陆军反攻回去已无可能,但仍需对此役后英军方面的战场情况掌握了解,特别是需要掌握英军后续行动的态势。华盛顿深知，"只有弄清敌军部队的具体数字，我们才能推算出他们的人数，这比主观推测的数字要准确，这样才能做出进一步准备"。

面对华盛顿的号召，21岁的大陆军上尉内森·黑尔挺身而出，假扮成荷兰教师深入已被英军完全占领的长岛。盘桓数日，通过观察英军驻地和与当地居民交谈，黑尔有所斩获。但黑尔没想到的是，他的行动早已被英军少校罗杰斯盯上。罗杰斯假装成同情大陆军的当地居民与黑尔交上了朋友，并在一个小酒馆中诱捕了黑尔，当场从他身上搜出了记载英军情况的纸条。接替盖奇任驻北美英军总司令的威廉·豪上将亲自审讯了黑尔。面对证据，黑尔承认了自己的身份，但拒不说出具体任务。9月22日，内森·黑尔以敌方间谍身份被处以绞刑。临死前，黑尔说出了那句在美国教材上著名的遗言："我唯一感到遗憾的是，我只有一次生命献给我的祖国。"

华盛顿派出的这次间谍行动以失败告终，但内森·黑尔却以美国军事情报史上第一个间谍的身份被永远地载入了美利坚的情报史册。

华盛顿并未因此放弃间谍情报工作，而是继续组织谍报

只有一次生命献给我的祖国

内森·黑尔（Nathan Hale，1755年6月6日—1776年10月22日），出生于一个富足的清教徒家庭，13岁便同哥哥一起进入耶鲁大学读书。在求学期间，他结交了本杰明·塔尔梅奇（Benjamin Tallmadge），塔尔梅奇对他的人生观产生了很大的影响。1773年毕业后，黑尔成为东哈德丹（East Haddam）的一名教师。1775年黑尔在塔尔梅奇的影响下投身军旅，加入了大陆军。在纽约城战役中，他志愿参加军事情报工作，被英军以间谍罪绞死。1985年被州政府正式授予"康州英雄"称号。美国中央情报局在总部大楼前建立了内森·黑尔的雕像，他的言论经常被引用为美国中央情报局的指导原则。

网来提供情报支援。这些间谍来自四面八方，各色人等都有，所获情报往往直接向华盛顿报告。比如，辉格党人威廉·达拉就自愿成了华盛顿的谍报人员（辉格党和托利党是17至19世纪英国的政党，19世纪美国也建立了同名的政党，此处指英国政党分子）。因为辉格党人严守中立的立场，征用达拉家住宅的英军军官在达拉一家人面前毫无顾忌、无话不谈。说者无心，听者有意。这些英军军官没想到的是，达拉一家都是支持美国独立事业的坚定分子。每当听到英军高层的谈话内容后，达拉就把相关内容秘密记在纸条上，然后将其缝在小儿子约翰的上衣内，由约翰悄悄出城交给在大陆军中服役的哥哥查尔斯。熟悉彼此速记符号的查尔斯再把内容译出，亲自上报给华盛顿。华盛顿因此获得了不少关于英军的重要情报。

华盛顿还赋予了一些作战部队专门的情报职能，比如托马斯·诺顿中校的巡逻队、伊莱莎·谢尔登上校的大陆第二轻龙骑兵团等。当时战场上的作战部队主要类型是重步兵，按照欧洲战场上的阵形打仗，一般装备枪身较长的燧发枪。轻龙骑兵则装备后来被称为卡宾枪的短把步枪，骑马行军，在侦察中能够发挥出机动距离长、行动速度快、部署轻便灵活的优势。诺顿的巡逻队则化整为零，130名士兵和20名军官分散到战场各处，刺探英军的动向、士兵士气、后勤给养等情况。诺顿于1776年被华盛顿任命为大陆军第一个情报单位的负责人。

华盛顿对各层级部队所获情报也极为重视，并提出了具体要求。在写给威廉·马克斯韦尔准将的一封信中，华盛顿明确指示，"务必高度警惕和防止敌人的突然袭击，运用你权力所及的一切手段了解敌人的数量、处境和企图……你认为对我具有重要意义的每一条情报，务必及时送来"，"定期给我报送情报十分重要，我要求你每天给我报送情报快件，使我准确了解敌人的位置，把你可能从间谍、逃兵等渠道获取的情报送我"。

> **情报门（品）类**
>
> 　　情报门（品）类实际上是情报的一种分类，美国官方按照不同的标准，将情报划分成不同的类别。
> 　　一是按照情报的层次，分为国家情报和联合情报，而联合情报又可以进一步分为战略情报、战役情报和战术情报；
> 　　二是按照情报所涉及的内容，分为政治情报、经济情报、军事情报和科技情报等；
> 　　三是按照情报活动的类型，分为搜集、分析、反情报和隐蔽行动；
> 　　四是按照情报内容的性质，分为描述性情报和预测性情报，前者又可分为基本情报和现实情报；
> 　　五是按照情报产品的目的，分为征候与预警情报、现实情报、一般军事情报、目标情报和科技情报；
> 　　六是按照情报搜集手段，分为人力情报、图像情报、测量与特征情报、信号情报、公开来源情报、技术情报和反情报。
> 　　受技术的限制，美国独立战争时期的情报搜集手段基本都是依托人力情报展开的。

各种途径所获得的情报，往往直报华盛顿本人，由他亲自掌握。华盛顿非常注意情报的保密性。在1777年7月26日的一封信中，他写道：成功依赖于保密，无论计划多么精巧，如果离开了保密，它必定失败。毕竟"他不知道我知道"与"他知道我知道"有着天壤之别。因此，他与特工人员的通信都经过加密处理。华盛顿并不满足于一些孤立情报来源的情报，在他看来，"在搜集工作中甚至要注意那些微不足道的东西。有些情况看起来似乎不起眼，但同重要的情况合在一起，就可能得出有价值的结论"。为了保证情报的准确性，减少传递过程中的遗、错、漏，华盛顿还力主用文字情报代替口头情报，为美国军事情报树立了规范化的源头。

因此，华盛顿既是大陆军的总司令，又同时扮演了"情报部长"的角色。后来的情报研究学者把华盛顿称为"间谍大师"，实际上低估了他的作用，他在军事情报上的作为理应被定为"美国军事情报的开创人和奠基人"。这也在一定程度上说明，军事情报往往需要由最高指挥员亲自掌握。

人力情报

由人力搜集或从提供的信息中获取的情报。在美国，人力情报主要由中央情报局负责，美国国防部也拥有多家人力情报机构，他们一起被称为国防人力情报业界（Defence HUMINT Enterprise）。美国联邦调查局（FBI）和美国缉毒署（DEA）也有官员在海外从事间谍活动。

- **审讯（Intelligence Interrogation）**：情报审讯是通过对俘获或拘留人员进行系统审讯来获取满足情报搜集需求的可靠信息的过程。美国国防部授权经过培训并持有相关资格证书的审讯员才能开展情报审讯。

- **线人行动（Source Operations）**：经过培训且任命的执行"线人行动"任务的人员可以通过直接或间接询问隐蔽或秘密线人来获取信息。这些人员需要经过国防人力情报机构的授权并在其指导下开展工作。线人也可以分为"投诚"（Walk-in）的线人、"发展的线人"和"不知情的线人"。
  - "投诚"的线人指那些主动提供信息的人员。
  - 发展的线人指招募来的线人，他们会定期与"上线"会面，提供作战需求的相关信息。
  - 不知情的线人指那些有权接触敏感信息而又无意间将这些信息透露给他人的线人。

- **问询、听取报告（Debriefing）**：问询、听取报告是指根据适用法律与合作的人力来源进行询问以满足情报需求的过程。这一部分与审讯部分不同，其中的人力情报来源通常没有被拘留，而是自愿合作的。这种情报搜集手段适用于各级建制的部队以及各种作战环境。通过询问、面对面会见、交谈、诱导等方式，可以从各类人力资源获得有用的信息。
  - 友邻部队人员通常包括执行高风险任务的人员，如战斗巡逻人员、飞机驾驶员及机务人员、大范围监视小队及特种作战人员，除这些意外，还可以包括任何能提供关于对手或作战环境相关信息的人员。如果在执行任务过程中能立即报告一些战斗情报（Combat intelligence），则这些情报可用于调整战术资产，从而及时有效地对敌人进行攻击。
  - 难民或流亡人员一般来自于敌控作战关注区域，或者他们以前的居住地或工作能够让他们接触到有情报价值的信息。
  - 返回者包括返回的战俘、叛逃人员、释放的人质以及以前报告的行动失踪人员。
  - 志愿者一般指那些主动提供有价值信息给美军的人员。

- **文件与媒体加工（Document and Media Exploitation）**：一般是指在军事行动中缴获的文件中获取的大量的有用的信息。

- **生物统计数据（Biometric Data）**
  - 指纹
  - 虹膜扫描
  - 语音印记
  - 面部或身体特征

人力情报

"卡尔柏"谍报组在行动

华盛顿的王牌

本杰明·塔尔梅奇（Benjamin Tallmadge，1754年2月11日—1835年3月7日），出生于纽约长岛布鲁克海文镇塞陶凯特村庄的一个牧师家庭。16岁那年，塔尔梅奇被耶鲁大学破格录取，开始了大学课业的学习。在耶鲁，塔尔梅奇遇到了志同道合的黑尔，两人一拍即合，一起学习，一起商讨国家大事，因此也建立了深厚的同窗友谊。1773—1776年，塔尔梅奇担任了韦瑟斯菲尔德高中（Wethersfield High School）的校长。1776年6月20日，他加入约翰·切斯特上校的康涅狄格州民兵团，担任中尉和副官，并参加了长岛战役和怀特普莱恩斯战役。后在华盛顿将军的委派下，塔尔梅奇组建并经营了美国独立战争时期的著名间谍组织"卡尔伯间谍圈"（Culper Spy Ring）。

战争结束后，本杰明·塔尔梅奇和一位将军的女儿玛丽·弗洛伊德结婚，并搬到康涅狄格州，成为一名成功的银行家和商人。1800年他当选为国会议员，在美国众议院任职，一直到1817年。晚年，他应儿子的要求写了自己的回忆录即《塔尔梅奇上校的回忆录》（Memoir of Colonel Benjamin Tallmadge），里面描述了那段他经历过的战争岁月。

独立战争开始不久，英军的兵力调动情况屡遭窃取，种种迹象都指向了一个名叫"卡尔柏"的神秘组织。搞得英军指挥官常常发出这样的疑问：到底谁是"卡尔柏"？这个谜底直到战争结束，才逐渐揭开。其实，"卡尔柏"是根据华盛顿的指示创建的间谍组织，也是美国历史上第一个职业谍报组织。

面对黑尔的牺牲，华盛顿虽然痛心不已，但他同时也深刻地意识到情报工作光凭一腔热血是不行的，还需要专业的人员，在谍报方面他需要更加专业的团队。美国独立战争期间，纽约是北美英军的大本营，英军陆军司令部和海军司令部均设于纽约，大部分兵力也囤积于此。纽约地区的英军动向，关系到英军在整个北美的行动。因此，华盛顿格外关注纽约地区的谍报工作，亲自部署组建了对纽约英军的谍报工作组。1777年底，华盛顿秘密挑选并委派本杰明·塔尔梅奇少校担负组建谍报网的任务。

之所以挑中塔尔梅奇，在于他有几个优势无人可比。

第一，他有强烈而坚定的反英独立意识，在耶鲁大学与内森·黑尔是无话不谈的同学挚友，并誓言为内森·黑尔报仇，这点与华盛顿的需求一拍即合。

第二，塔尔梅奇出生于纽约长岛，在当地各行各业中有很多熟人朋友，了解底细并且彼此信任的人脉资源对开展谍报工作至关重要。

第三，塔尔梅奇跟随华盛顿，在福吉谷越冬营地度过了最艰难的冬天，缺衣短食，寒冷难耐，很多人当了逃兵，但无论华盛顿的境遇如何，立场坚定的塔尔梅奇都一直伴其左右。

第四，塔尔梅奇早期当过北美民兵，后来又参加过纽约之战、布兰迪万战役和日耳曼镇战役等，在作战指挥方面有经验，因而具有对军事情报的初步分析判断能力。

华盛顿识人有术，塔尔梅奇立即愉快地领受了任务，并迅速潜回完全被英军控制的纽约。纽约当地居民大多亲英，因此塔尔梅奇的活动非常小心。他频繁走访旧友，并有意识地结交新朋友，寻找辨识那些反英立场坚定、甘于冒险、心思缜密、行动力强的同道之人。很快，亚伯拉罕·伍德哈尔、罗伯特·汤森、凯莱布·韦伯斯特、安娜·斯特朗、奥斯汀·罗等人就进入了他的视野。

亚伯拉罕·伍德哈尔原本出生在一个亲英的殖民地居民家庭，但他本人对英军在北美的镇压行动极为不满，内心极度仇英。

罗伯特·汤森家的住宅被英军强行征用，他还目睹了英军士兵肆意杀害他的邻居，对英军充满愤怒。

其他几人也大都有类似的经历和心态。

塔尔梅奇用伍德哈尔曾经用过的笔名塞缪尔·卡尔柏来命名这个新成立的谍报组,自己化名约翰·博尔顿,"卡尔柏"谍报组就此开始了惊心动魄的间谍活动。

华盛顿得知后非常高兴,但他冷静地指示:"由于一切重大部署和所有重要情报都来自敌军司令部,'卡尔柏'最好居住在纽约,与亲英分子混在一起,并假装自己也是个亲英人士,以掩护自己的真实身份,避免引起怀疑。"

按照华盛顿的指示,塔尔梅奇主要负责搜集驻扎于纽约城的英军情报,监视英军舰队的动向、英军陆军兵力分布情况、增援部队的变动情况和守备部队的士气。组建之初,伍德哈尔打着探亲的幌子四处搜集信息。之后,他和塔尔梅奇用开设百货商场作为掩护,收买英国军人为其提供情报。

随着情报搜集工作的不断深入,塔尔梅奇在敌后编织了一张巨大的间谍网,不仅完全覆盖了纽约这一战略要地,就连英军司令部所在的曼哈顿、英国海军司令部所在的纽约港都晃动着"卡尔柏"的身影。

然而,"卡尔柏"获得的情报并不总是惊心动魄,日常的情况通报也占据了很大一部分。塔尔梅奇和他的组织几乎每日都需要确定英军部队的位置,绘制地图和防御性草图,标明英军船只登陆和起航地点,以及评估英军士气。正是基于这些更为普通寻常的信息,华盛顿才能够源源不断地得到前方的准确情报,从而帮助他全面掌握纽约英军的作战态势,为其做出决策并指挥作战奠定基础。

1779年6月之后,"卡尔柏"谍报组不再限于侦察监视驻扎在长岛的英军部队,逐渐发展成一个兼具情报分析功能的情报中转站。汤赛德是"卡尔柏"新发展的重要间谍,他的内幕情报成为"卡尔柏"

的重要情报来源之一。凭借着英军签约供应商的有利身份，汤赛德游走在各色人等之间，出入于英军高官经常驻足的咖啡馆，接触了许多英军军官，获取了许多英军内幕消息。汤赛德将情报加密后写到纸条上，交给一位在锡托基特小酒店的服务员奥斯丁·罗伊。罗伊接收到情报之后将其放入一个盒子，再将盒子埋在一处预定开阔地，伍德哈尔则在该处取回盒子。收到情报后，伍德哈尔还会在情报中加入自己的分析观点，而后将其交给一位长岛的捕鲸船长凯莱布·布鲁斯特上尉。布鲁斯特会将情报通过船渡交给塔尔梅奇，塔尔梅奇再加入他自己的分析看法，而后通过一整套分发流程将情报传递至大陆军司令部。

1780年7月，华盛顿获悉法国陆军部队即将登陆罗得岛，密令塔尔梅奇搜集一些关于英军在长岛和纽约城活动的态势信息。接到任务后，"卡尔柏"迅速行动，在距离港口不远的岸边对英军舰队进行了严密的监视，经过对潮汐、风向细致的计算，很快就得出了舰队活动的准确情报。伍德哈尔拿到情报后迅即送给了塔尔梅奇，塔尔梅奇随后向华盛顿发出了警报。正是由于这份情报的支持，华盛顿能够迅速地调动他的部队对曼哈顿进行佯攻，给了英国人一种错觉——华盛顿正计划对纽约发动袭击。佯攻发挥了作用，英军调回了在罗得岛的海军舰船，从而为法军登陆创造了有利条件。

随着独立战争取得胜利，"卡尔柏"谍报组的间谍们纷纷停止了情报活动，干起了本行生意。但作为美国情报机构的"鼻祖"，"卡尔柏"的大名还是镌刻在了美国情报史上。"卡尔柏"谍报组虽然是初创，但成功并非偶然，以下几点值得关注。

首先，"卡尔柏"间谍人员的意志和决心是其间谍活动取得成功的关键。"卡尔柏"并非普通人员组合起来的松散组织，它是一个经过细致计划、科学指挥而构建的间谍系统，间谍人员都有为战争奉献的坚定决心，使得组织既团结又专业。

其次，在间谍链条的顶端，华盛顿始终与塔尔梅奇保持着密切联系，确保了指令的精确和力量的集中。同样，在链条的底端，每个间谍个体都有专门的特派任务并有固定的情报获取模式。

最后，在系统的中间环节，塔尔梅奇负责向其下线人员提供必需的资源，包括保密墨水等加密手段，并确保其与下线间高效顺畅的通信。

密码小知识

到底什么是密码？CODE、PASSWORD 与 KEY

Code 与 Password，翻译成中文都是"密码"。而在情报学领域，大家所说的密码基本指的是 Code，编码、加密——encode or encryption，解码、解密——decode or decryption。1916 年，派克·希特出版了美国第一部密码学专著《军事密码破译手册》。由于此时阿兰·图灵和冯·诺依曼还没有造出计算机，密码的加密技术仍属于古典密码体制——主要通过密码置换和密码代换编写密码。除了将"ABCDE 替换为 DEFGH 这种向后位移 3 位的加密算法"这种恺撒密码——这样"I LOVE YOU"就变成了"L ORYH BRX"，还有多表替换加密和转轮替换加密等。

加密，往往由算法和密钥组成。我们都见过这样的情节，特工获悉情报以后给上级传递了一串数字"……014 09 15……"，而另一边，上级慢慢悠悠地拿出《圣经》，翻开第 14 页，找到第九行，将到第 15 个单词——attack（袭击）——在这里，《圣经》是密钥，而指引单词的数字就是算法。后来，算法和数学紧密结合到一起。一串数字挨个乘以三角函数 $\sin 35°$ 得出的数字就是密文。等到解密的时候则要将密文挨个乘以 $\arcsin 35°$。三角函数 $\sin$ 就是算法，$35°$ 就是密钥。当然，随着密码技术的不断发展，如今的加密技术已经远远超越我们的想象。

而为什么有的密码好破译，有的密码不好破译呢？

每一对密码算法和密钥的组合中，在密码算法中存在可变部分，这个可变部分就是密钥。当密码算法和密钥都确定了，加密方法也就确定了。如果每次加密都必须产生一个新的密码算法，其实是挺困难的，研究一个高强度的密码算法还是很难的。对于一个已经开发出的密码算法，总是希望重复使用。然而，在所有的通信中几乎都会有重复的地方，以及与现实相对应的地方。比如日本轰炸机在出勤的时候都会做例行性通报"塔台、编号 3233、关岛飞珊瑚海、高度 200、天气晴"。通过寻找重复，就能总结出其中的规律，进而破解通信密码……到 21 世纪的今天，密码学已经将算法和密钥区分开来，算法往往不再保密，而是公开的。越厉害的算法越能降低加密后的重复。而苹果公司为了方便管理不同系统的口令（password）也创造性地研发出了人脸识别管理"iCloud 钥匙串"的方法，有时候口令会通过某种算法转换成加密用的密钥（key）。

也正因为如此,在塔尔梅奇的领导下,"卡尔柏"才能不辱使命,既完成了任务,又能够全身而退。"卡尔柏"也因此被誉为美国情报史上第一个职业间谍机构。

"隐蔽行动大师"富兰克林

永远印在美元上的男人

本杰明·富兰克林(Benjamin Franklin,1706年1月17日—1790年4月17日)出生于美国马萨诸塞州波士顿,美国政治家、物理学家、共济会会员,大陆会议代表及《独立宣言》起草和签署人之一,美国制宪会议代表及《美利坚合众国宪法》签署人之一,美国开国元勋之一。

1706年1月17日,本杰明·富兰克林出生在大西洋沿岸的波士顿。他的父亲原是个传统的英国漆匠,当时以制造蜡烛和肥皂为业,育有17个孩子,富兰克林是家中最小的男孩子。和华盛顿相比,富兰克林的童年是黯淡的。他8岁入学读书,尽管成绩非常优异,但由于家中孩子太多,父亲的收入无法负担他读书的费用,所以他到10岁时就离开了学校,回家干起了帮父亲做蜡烛的活计,而此前的这段时间也成了富兰克林这一生在校读书仅有的两年时光。12岁时,他到哥哥詹姆士经营的小印刷所当学徒,这一干就是10年,每天他都重复着制版印刷的工作。但逼仄的生活却从未磨灭他学习的热情,他从伙食费中省下钱来买书,还利用工作之便结识了几家书店的学徒,将书店的书在晚间偷偷地借来,通宵达旦地阅读,第二天清晨归还。

成年后,富兰克林有幸步入政界,开始了为政府服务的生涯。他先后担任过宾夕法尼亚州议会秘书、费城副邮务长。虽然工作越来越繁重,但是富兰克林每天仍然坚持学习。为了进一步打开知识宝库的大门,他孜孜不倦地学习外语,先后掌握了法语、意大利语、西班牙语和拉丁语。

1743年,富兰克林又投身教育界,准备筹备一所学院,这所学院后来成为宾州大学的前身。1748年,富兰克林退出了他的印刷生意,开始进行各项发明和研究,其中包括了他对电的研究。1752年,富兰克林进行了一项著名的实验:在雷雨天气中放风筝,以证明雷电现象是由电造成的。1754年,他率领宾夕法尼亚州代表参加在纽约州奥尔巴尼举行的殖民地大会,提出各殖民联合的计划,虽然未被接纳,但其中的不少内容之后被收入美国《宪法》内。在这之后,他多次代表宾夕法尼亚州常驻英国,对英国有了较为全面的了解,也结交了许多英国名流。

美国独立战争是北美殖民地与宗主国英国之间的一场全面战争,情报工作单靠军队是远远不够的。当时北美大陆会议实际上行使了国家职权。为了更有效地达成情报目标，大陆会议甚至在独立战争爆发之前就已经开始全力运作，大陆会议的开国元勋们也在很大程度上影响了美国独立战争期间的情报工作。这就不得不讲讲美国历史上一个举足轻重的人物。在某种意义上来说，他对美国的影响甚至超过了乔治·华盛顿，他就是本杰明·富兰克林。

1775年，美英斗争愈演愈烈，身在英国的富兰克林决定听从来自内心的呼唤回到北美，参与摆脱英国残酷殖民统治的斗争。很快，受人敬重的富兰克林于1776年被选为英国北美殖民地第二届大陆会议的成员，成为起草《独立宣言》的五人委员会的一员，并成为《独立宣言》签署人之一。而此时，这位年近七旬的老人即将参加新的战斗。

1775年11月29日，根据第二届大陆会议决议，通信委员会正式成立。这个委员会主要负责外交事务，争取国际社会对美国反英斗争的支持，同时负有国际情报职能。通信委员会后来更名为秘密通信委员会，情报搜集的职能得到强化，唯一具有外交事务经验的富兰克林在委员会中占据主导地位。他与欧洲的朋友们保持着紧密的联系，也是他根据当时的国际形势提出了与法国结盟的必要。正因为这段经历，除思想家、教育家、发明家等诸多美名外，富兰克林还鲜为人知地留下了"隐蔽行动大师"的名声。

在富兰克林的领导下，秘密通信委员会在情报领域开辟了多项工作，包括招募特工、从事隐蔽行动、管理军火贸易、制作密码暗语和建立秘密通信联络体系等，各项工作非常活跃。同时，秘密通信委员会的特工还在美国国内从事反英宣传，搜集国外公开出版物，进行情报分析。委员会的人员规模一度达到7500人，要知道华盛顿在那时指挥的大陆军也只有1万多人。

1775年11月30日，阿瑟·李成为秘密通信委员会招募的第一个间谍。李带着了解欧洲列强对美国的立场的使命和200英镑情报活动经费来到伦敦。当时的伦敦是欧洲各国间谍云集之地。法国特工皮埃尔·奥古斯丁·博马舍也在此物色猎物。两个人很快就搭上了关系。在博马舍面前，李把北美爱国者的力量吹得天花乱坠，希望博马舍劝说法国政府援助美国。博马舍逐渐接受了李的观点，多次建议法国政府援助北美爱国者。1776年2月29日，博马舍在一份致法国国王路易十六的备忘录中指出，美国可以和法国建立秘密的长期商业条约以换取法国对美国独立事业的支持，这一举措符合法国的利益。他建议设立一个正规的贸易行作为掩护，以便秘密地向美国提供援助，这一提议很快得到了路易十六的赞同。自此，法国逐步将一些援助物资秘密发往北美，交到北美爱国者手中。

秘密通信委员会随后又派遣特使西拉斯·迪恩前往巴黎，与法国外交大臣查尔斯·格雷维耶·维根尼斯伯爵进行谈判。维根尼斯承诺向美国提供非正式的秘密援助——军事装备和军事顾问。事实上，维根尼斯和路易十六起初都不相信美国有赢得战争的机会，在援助事宜上再三拖延，满口答应的后续援助物资久久不能到位。

为了争取与法国结成同盟，获得更多实质上的援助，富兰克林亲自出马。1776年11月29日，富兰克林抵达法国。已是70多岁高龄的富兰克林广泛结交欧洲各国的政要，积极组织各类聚会活动，在与名流们把酒言欢的同时，竭力赢得他们的支持，以个人魅力逐渐转变了法国高层对北美爱国者的看法。虽然巴黎鱼龙混杂，到处都是密探和双重间谍，但富兰克林有条不紊地组织各项工作，巧妙地避开了许多针对他的暗杀活动。筹措资金、安排装卸武器的船只和处理被法国扣押的美国货运船等工作都顺利展开。不久，美国驻法使团就成了美国在欧洲的情报中心和宣传中心。在巴黎期间，富兰克林与法国政府建立了良好的关系，涉及的范围远远超过外交工作。他的真正任务是说服法国政府成为反对英国的军事盟友，为了做到这一点，富兰克林利用他的个人魅力在法国人心中建立了一个友好、谦虚和勤奋的美国绅士的形象，这与当时法国人对英国人的看法形成鲜明对比。富兰克林的魅力和与法国官员的牢固友谊使他成功地操纵了法国对美国的看法。富兰克林不止一次地说服了法国当局，不管英国如何抗议和威胁，法国政府也没有减少对美秘密援助或阻止美国私人船只使用法国港口。

据说，为了离间在北美为英国打仗的德国雇佣军，富兰克林还伪造了普鲁士王储给雇佣军将领的一封信。这封写于1777年的信称，英国人为了减少补偿金，有故意瞒报雇佣军阵亡人数的嫌疑。英政府"建议"雇佣军指挥官不要救治伤员，因为伤员都是"残废"，毫无用处。看到这封信的雇佣军士兵怒不可遏，直接搞出了兵变，逃兵数量激增。欧洲各界看到此类报道后，纷纷进行抗议，强烈谴责英国政府把雇佣军生命当作商品买卖的行径，弄得英国政府疲于应付、狼狈不堪、信誉扫地……

1778年富兰克林出访法国

1777年10月萨拉托加大捷后，富兰克林进一步加深了法国人对北美独立的胜利的信心。富兰克林策划了与英国特使之间的谈判，摸清了英国的底牌，并把这些证据交给了法国人，这不仅攻破了英国当时的骗人伎俩，也使法国坚定了与英国在北美争霸的决心。1777年12月17日，法国承认美国独立，并与美国签订友好通商条约。1778年2月6日，美法签署了《友好和商业条约》，建立了同盟关系。此举大大改变了北美战局的力量对比，法国参战也成为美国独立战争胜利的决定性因素之一。

不仅如此，当时在英国和欧洲大陆之间的英吉利海峡和多佛海峡常年货运频繁，往来各种贸易船只，沟通着世界各地的贸易。独立战争期间常常会发生这样的一幕——大海上货船声轰鸣，一艘满载货物的英国商船还未在法国靠港，突然被几艘北美武装民船包抄，接舷、登船、抢货一气呵成，英国货船的船员往往惊魂未定，就早已人财两空。没错，这都是富兰克林策划的。在法期间，他指挥协调数十艘北美武装民船出没于法国和欧洲多国港口，一有机会就寻找英国商船进行劫掠，搞得英国商界人心惶惶。富兰克林不但说服法国政府对北美革命者的这些活动不加干涉，甚至与其低价交易从英国人那里抢来的"赃物"，因此有人戏称富兰克林指挥的这支武装民船队伍为"富兰克林的海军"。毫无疑问，富兰克林的"销赃"所得并没有用来挥霍，而是用来购买军火和军舰，运回国内支援战争。另外，由于英国商船经常受到袭击，推高了海事保险利率，英国海上贸易利润急剧下降，引起了商人阶层的不满。同时，对英国商船的劫掠也使英国民众切身感受到北美战争对他们的影响，使他们对战争深感厌恶。

1778年4月的一天，英吉利海峡上的寒气尚未消退，瑟瑟的海风给英国的怀特黑文港带去了丝丝不安，停泊在港口的成百上千只英国船只随着海浪有规律地波动，仿佛也在担心着什么。在夜色的掩护下，富兰克林的手下约翰·琼斯船长带领着几艘武装民船正悄悄逼近怀特黑文港，他们备好了煤油和火把，准备再演一出"火烧赤壁"的大戏。正当琼斯船长就要得手的时候，岸上的驻军发现了他们并拉响了警报，英国船员们立刻行动起来驱赶"富兰克林的海军"，琼斯船长只得下令撤退，这次突袭以失败告终。虽然富兰克林并未成功，还耗费了200多英镑，但该行动还是获得了意想不到的效果。在此之前，英国港口的警钟已经足足有178年没有被敲响。富兰克林这么一搞，不仅大大提高了北美殖民地人民的士气，还弄得英国民众人心不安、惶惶不可终日，更进一步激起了英国商界的愤怒。

作为"建国之父"，本杰明·富兰克林懂得情报与强大的军队一样，都是国防的重要组成部分，他还知道保密对于有效进行情报行动的重要性，他也用他的才智和幽默赢得了法国人的友谊，为美国独立战争争取了外援。

在领导秘密通信委员会期间，富兰克林特别注重保守机密。委员会敦促大陆会议完善了立法工作，制定了保护情报方法和情报来源的措施。此后，委员会在将其活动事项提交大陆会议时，获准略去特工的姓名，获取记载情报和对外关系问题的刊物需经严格审批。这些规定直接为后来美国国家情报建设奠定了制度基础。秘密通信委员会也于1777年4月17日改名为外交事务委员会，但仍保留了情报职能，外交事务由其他委员会进行。作为美国第一家同时提供外国情报和外交代表的政府机构，它被视为国务院和中央情报局以及目前的国会情报监督委员会的先驱。当本杰明·富兰克林在1785年回到美国时，他对美国独立所做出的贡献只在华盛顿之下。1790年4月17日夜里11点，富兰克林溘然长逝。4月21日，费城人民为他举行了葬礼，两万人参加了出殡队伍，为富兰克林服丧一个月以示哀悼。富兰克林被埋葬于费城第五大道宪法中心附近的基督教堂墓地。

美利坚反间谍第一人

情报对抗本就是敌我双方一场精彩的博弈，独立战争期间英军的情报工作也丝毫不逊色。英军在北美建立了一个出色的间谍网，其中不乏军医、议会成员甚至是高级将领和华盛顿亲兵卫队的成员，他们都是英国情报机构的间谍。依靠他们提供的情报，英军可以了解大陆军的真实实力和意图。此外，殖民地中的托利党人普遍反对邦联的独立事业，他们也会向英军提供情报。特别是在战争初期，由于英军势如破竹，一些本来持同情和中立态度的人也对革命丧失了信心。英国人乘机以土地和金钱为诱饵诱使他们要么加入英军，要么为他们刺探情报，其中不少人是颇有影响的社会名流和富商。同时，由于缺乏管理和未经专业训练，革命党人最初的反情报工作也是一团糟，该抓不抓，不该抓的乱抓，还有人乘机公报私仇。

华盛顿能够用谍获情，就

> **第三架马车**
>
> 约翰·杰伊（John Jay，1745年12月12日—1829年5月17日），是一位在情报、外交和法律方面均为美利坚合众国做出突出贡献的开国元勋。杰伊于1764年毕业于国王学院（现为哥伦比亚大学），并于1768年获得律师资格，成为纽约的一名成功律师。作为费城第一届大陆会议的代表，他起草了《致英国人民的致辞》，阐述了殖民地的主张。他确保了《独立宣言》在纽约州通过，并成为了州议会议员。除了在独立战争中杰出的反情报工作外，杰伊还在1789—1795年担任美国第一任首席法官，并在1794年通过《杰伊条约》与英国达成和解，促进了商业繁荣。

知道反间工作同样必不可少。1776年3月24日，华盛顿在与部属交流的信中写道："我最担心的一件事，是他们的间谍，因此，我希望能对他们保持最严密的监视。"于是，浩浩荡荡的清除英国间谍活动在大陆军中展开。与反间工作息息相关的是美国开国元勋中的另一位大人物——约翰·杰伊，他与乔治·华盛顿和本杰明·富兰克林并称为美国开国情报事业的"三驾马车"，也是他推动美国反情报工作走上了正轨。

1776年夏，纽约地区的托利党人策划了一个阴谋，他们企图破坏纽约城的防御设施和军事建筑，迎接英国占领军的到来。拥有悠久间谍历史的英国人从没有停止过他们的秘密勾当。在英国总督威廉·特赖恩和纽约市市长大卫·马修斯的支持和资助下，他们甚至策反了华盛顿的卫兵托马斯·希基。所幸的是，杰伊通过眼线，顺藤摸瓜，把阴谋分子一网打尽。托马斯·希基因涉案被处决，纽约市市长大卫·马修斯被投入监狱，威廉·特赖恩一路逃到纽约港的英舰"戈登公爵夫人号"上才得以保住性命。面对独立战争的危局，无论是乔治·华盛顿还是约翰·杰伊都深刻认识到反情报工作的重要性。1776年6月，年仅30岁的约翰·杰伊受华盛顿的委派成立了"纽约州侦查和挫败阴谋委员会"，负责情报搜集、逮捕英国间谍和调查可疑的英国同情者，拥有逮捕、审判、监禁、驱逐嫌疑犯的权力，约翰·杰伊出任该委员会主席至1777年2月中旬。在这个委员会的全力支持下，杰伊开始了针对托利党人情报活动的反情报工作。由此，杰伊进行了数百次反情报调查、逮捕和审判，大多数疑犯都是忠于英王的颇有影响的商人和政治人物。为了有序关押这些人员，杰伊在哈德逊河上设立了监狱船。鉴于这些审判并非运用现有的法律系统，杰伊于1777年5月建议建立民事法庭来审判诸如叛国、叛乱和变节投敌的案件，因为民事法院较"纽约州侦查和挫败阴谋委员会"能够更为客观、公正地进行调查和审判。

同时，杰伊还培养了相当数量的反情报特工，其中最为有名、最为成功的当数伊诺克·克劳斯比。他的故事至今还在哈德逊河流域流传，人们相信，著名作家詹姆斯·库帕的小说《间谍》主人公哈维·波克就是以他为原型塑造的。

詹姆斯·库帕的小说《间谍》

克劳斯比原来是个鞋匠。独立战争爆发之后，他受命加入各种托利党组织，搜集他们的活动情报并及时向杰伊报告，由杰伊逮捕并审判他们。克劳斯比的工作异常危险，在很多次针对他也同样参加的托利党人的围捕中，他总是能够"设法逃脱"，这让他险些暴露自己的卧底身份。同时，他还不得不面对围捕活动中来自美国独立革命者的枪林弹雨，数次险些丧命，真可谓"在夹缝中求生存"。即便如此，克劳斯比舍生忘死，依旧多次出色地完成了反情报任务。

1777年10月，他去哈德逊河北岸的马尔波罗执行任务。在一个小旅馆里，克劳斯比"不经意"地透露自己在纽约等地搞破坏活动的经历，并"惊喜"地结交了在那里"偶然"结识的托利党"朋友"。

于是，他顺利地混入了一支由英国人指挥、由当地托利党人组成的武装分队。一天，他把托利党人武装分队进攻革命党人的情报以"史密斯"的名义非常巧妙地报告了杰伊：

> 我加急传信给您，请求您命令汤森德上尉的游骑兵连队立刻赶到巴特山西边的谷仓并隐蔽起来，预计明晚十一点左右，我和三十名托利党党员会在那出现。
>
> 您忠实的仆人
> 约翰·史密斯

杰伊及时布置了埋伏，把托利党人打得措手不及。克劳斯比早就盘算好了这个结局，也早早藏在了干草垛中，以逃过汤森德的追捕。为了保密，他只和杰伊单线联系，军队中其他人并不知道他是"自己人"。没想到，汤森德的游骑兵训练有素，居然开始用刀刺这些干草堆。为了保命，克劳斯比只得"投降"。就这样，克劳斯比和这些托利党人被游骑兵押送到了约翰·杰伊的住所并关押起来。屋漏偏逢连夜雨，约翰·杰伊正好不在家，但反间谍大师杰伊的女仆却认出了克劳斯比。机智的女仆跟随杰伊良久，久而久之早已看清其中的"门道"，她给看守克劳斯比的军官送去了下了药的白兰地……第二天，克劳斯比"名正言顺"的"越狱"一事被有意无意地透露给了其他在关押的犯人。随后，他又加入了另一个托利党组织，开始了新的工作。

1779年，杰伊被任命为驻西班牙的全权公使，西班牙也加入了法美阵营，公开支持反对英国的革命者。1782年5月，杰伊与本杰明·富兰克林被派往巴黎代表革命党与英国进行和平谈判。在与英国的秘密交涉中，他在条款签订工作上占据了上风。1783年9月

3 日，《巴黎条约》正式签订，美英结束了战争，而正式签订的条款基本符合美方最初的意向。

杰伊回美国后，在国会的推举下当选了外交部部长，但他对外交工作的兴趣显然没有对秘密工作的兴趣那么浓厚。杰伊在确立以行政权进行秘密情报活动方面也起了至关重要的作用。在围绕创立美国宪法的争论中，杰伊在联邦党人文件第 64 卷中这样写道：

在许多情况下我们都可以获取至关重要的情报，如果拥有情报的人可以免除暴露的担忧。这些担忧取决于他们是受金钱还是情谊的驱动，而事实上往往两者兼而有之。他可以依仗总统来保密，但他不会相信参议院，更不会相信一个大型的、大众化的立法机构。在缔结条约方面，我们已经有章可循，这就是总统在缔结之前必须经由参议院批准，但总统能以谨慎的方式管理情报事业。

1789 年，乔治·华盛顿任命杰伊出任美国第一位首席大法官。在任职期间，他协助制定了最高法院的程序。总而言之，约翰·杰伊的反情报实践和思想不仅为赢得美国独立战争的胜利起到了巨大作用，而且对美国情报工作的发展壮大具有深远的影响。当今美国这种由总统领导、国会监督的分散型情报体制无不带有杰伊的思想烙印。尽管这种分权、分散的情报体制有时会偏离轨道，但其纠偏、纠错能力始终贯穿于美国情报事业的发展进程之中。

美军最大的叛徒

战争期间，在杰伊的领导下，纽约州侦查和挫败阴谋委员会共调查、审理了 500 多起间谍案件。然而，百密一疏，一个隐藏在美国大陆军中的最大的间谍却逃过了杰伊的法眼。

在美国莱克星敦镇的中心区，耸立着一座手握步枪的民兵雕像，雕像英姿飒爽，双脚坚定地守护着西点军校公墓。伴随美国建国的西点军校名将辈出，在它昔日学员教堂的黑色大理石墙壁上，镌刻着在独立战争中与英国英勇作战的美国将军的名字。但是，其中有一个名字却被人擦掉了，只剩下以下内容：少将，生于1741年。这个被抹去姓名的人就是在独立战争中数次力挽狂澜却也是美国历史上最大的将军叛徒——本尼迪克特·阿诺德。在大陆军将领中，阿诺德彪悍勇猛、足智多谋、屡立战功，特别是在扭转北美战局的萨拉托加大捷抵挡伯戈因的南下部队而立下大功。但阿诺德还有三大致命缺点：脾气暴躁、挥霍成性还有撒谎既不脸红也不打草稿。并且，阿诺德居功自傲，忍不得半点委屈。特别是娶了第二任妻子、年仅19岁的玛格丽特·曼斯菲尔德之后，阿诺德更是开销无度。本来他就债台高筑，但官僚气十足的大陆会议却拒绝报销正常费用甚至拖欠工资，本是商人出身的阿诺德开始倒卖紧缺物资挣钱，这引起了大陆会议的注意并对他进行了审查。阿诺德对此强烈不满，他说"我为革命奉献了每一分钱和每一滴血，

叛国的名将

本尼迪克特·阿诺德（Benedict Arnold，1741年1月14日—1801年6月14日），是美国独立战争早期的英雄，后来他转身为英国而战，成为美国历史上最臭名昭著的叛徒之一。本尼迪克特·阿诺德出生在康涅狄格诺奇威一个新英格兰家庭，家教严格的原生家庭塑造了阿诺德叛逆的性格。14岁时，不满家人管教的阿诺德一气之下离家出走，开始了无依无靠的漂泊生活。为了生计，他在一家药铺当起了学徒，然而，生性好斗的他两次私自离职随军去攻打附近的印第安部落，让老板叫苦不堪。

独立战争爆发之际，阿诺德招兵买马、自封连长。在与英国开战后的前几周中，身为康涅狄格民兵团上尉的阿诺德奉命攻打提康德罗加堡，节节胜利的阿诺德一路开挂，很快就大获全胜。他的一生战功卓著，甚至因为战争而落下腿部残疾，但他也因投敌叛国而身败名裂。

在战斗中变成了瘸子"，却得到如此忘恩负义的回报。

苍蝇不叮无缝的蛋，更何况阿诺德的这位美娇娘在私底下还是英军司令亨利·克林顿的副官长、英军情报负责人约翰·安德鲁少校的密友！在英军的大力策反和妻子的撺掇下，本就心怀不满的阿诺德叛变了，成了英军潜伏在大陆军内部最大的卧底。

阿诺德和安德鲁建立情报关系后，安德鲁指示阿诺德提供法国军队在北美登陆的规模以及时间、地点等诸多情报。出于安全保密考虑，安德鲁启用了商人斯坦斯伯里作为"联络员"，并教授阿诺德密写和加密方法。阿诺德使用了"书本代码"方式进行加密。阿诺德和安德鲁手里都有一本同样版本的书籍《黑石集团对英格兰法律的评论》。利用这本书进行加密的原则是"三个数字组成一个单词"。第一个数字是书的页码，第二个数字是该页的行号，第三个数字是该行从左至右的单词数（例如，293.9.7 指的是第 293 页第 9 行第 7 个字）。但为了混乱加密规律，有些单词并不使用数字代码。有些特定词会用特殊的省略方式来表示，比如阿诺德不会写出斯坦斯伯里的名字，他只写 S 先生。这样一来，如果有人偶然看到阿诺德或安德鲁写的一封信，那看起来就像是商家为防止竞争对手了解他们的商业秘密而常用的那种编码信。利用这个途径，阿诺德把军事秘密传递到了英国人手上。他还透露了一项美法对英国的欺骗计划，从而使英国放弃了入侵加拿大。

为了掌握更多军事秘密甚至寻机直接率军投敌，阿诺德竭力劝说华盛顿派他到西点要塞担任指挥官。得逞后，他写信给安德鲁："我即将接管西点，有我的帮助你们对这里可谓是唾手可得。"到达西点之后，阿诺德立即给英国人写信，他指出："西点作为一个重要的军事驻地，防御却十分疏松……"得信后，英军以预付 1 万英镑，事成之后追加 2 万英镑，以及此后每年支付 100 英镑的费用为条件要求他将西点要塞拱手交出。

接掌西点指挥权5天后,阿诺德又写信给华盛顿将军,索要一份西点与纽约之间区域的地图,声称"这份地图对我十分有用"。接着,他便用密码信与在纽约的英国政府取得了联络,"我考虑了一个计划……当务之急是派一个可靠的军官前来会晤并商讨计划的细节"。

不久后,阿诺德就收到答复,约翰·安德鲁少校将秘密前往西点,同阿诺德磋商条件。

夜色之下,安德鲁少校乘坐着英军挂着白旗的"兀鹰号"帆船,沿着哈德逊河逆流而上,停泊在克罗顿岬。按照阿诺德的指示,午夜时分,他上了由两个农民摇的小船。为了不让划水的噪声引来巡逻的士兵,船夫还用羊皮包住了船桨。夜色之下,安德鲁悄悄地溜上了岸……漆黑的夜晚,阿诺德和安德鲁在汉沃斯特下游两英里处的河边接上了头。这次阿诺德道出了一个让安德鲁意想不到的大胆计划。他说:"华盛顿不久要来西点视察,我们做好安排,制造混乱,这样英军可将华盛顿及其随行人员全部抓获!"

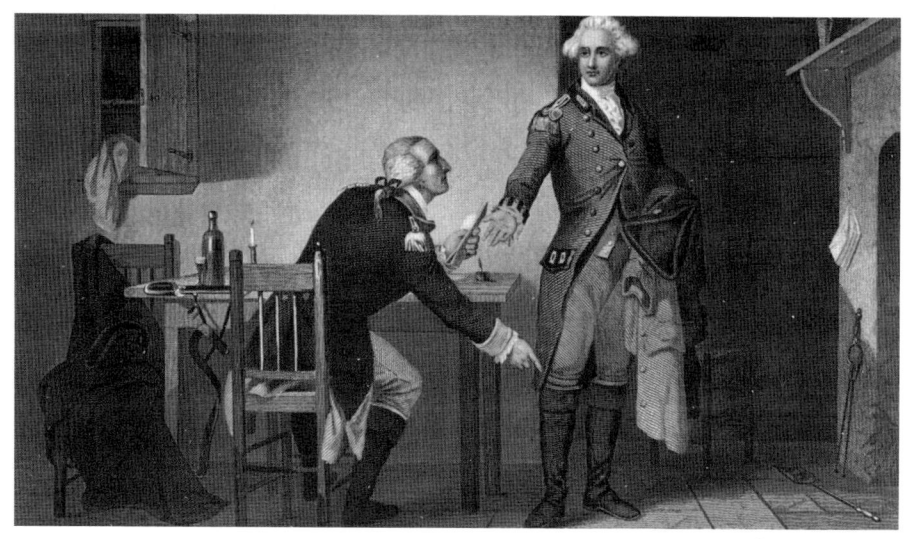

阿诺德坐在椅子上将情报交给安德鲁

阿诺德与安德鲁的秘密会谈持续到凌晨4点，然后阿诺德走到岸边，劝说那些农民将安德鲁送回"兀鹰号"。不凑巧，天已蒙蒙亮，农民以困倦为由拒绝了他的要求……要知道，如果那晚这些农民划船将安德鲁送了回去，或许这个叛国阴谋就不会暴露，而西点及华盛顿都将落入英军之手，美利坚也将不复存在。

无奈之下，安德鲁只好藏身在阿诺德的营房内，一直等到第二天晚上才动身返回。然而运气不佳，此时大陆军正在向"兀鹰号"开炮，"兀鹰号"被迫撤向下游，安德鲁再次撤退无路。

两人只好再次商量离开的办法。阿诺德建议安德鲁骑马沿河而下与英军会合。起初安德鲁并不愿意，因为脱下军装，他的身份就从军官变成了间谍，如果被美方抓获，只会受到一种惩处——绞死。在阿诺德的坚持下，安德鲁脱下了红色的英军制服，换上了一件坠着金色扣子的紫色上衣，外面仍罩上那件来时披的蓝斗篷。阿诺德给安德鲁写了一张"通行证"，上面写道：准许约翰·安德鲁先生通行，到怀特平原或更远地区，他是我派去执行任务的。

阿诺德让安德鲁将文件藏在袜子里，以防万一，并说一有不测，立即将文件销毁。就这样，"约翰·安德鲁先生"拿着由阿诺德亲笔写的西点的要塞布局和防御计划奔向"兀鹰号"。不久，他被一个大陆军哨兵拦住了去路，还好阿诺德的通行证替他解了围。

快到凯特山时，安德鲁再走15英里就可以到达英军驻守的怀特平原了，他也放松了警惕。在特里镇的一座桥上，安德鲁被三个来自威斯敏斯特的民兵拦住了去路。

"先生们，"安德鲁说，"希望我们是一伙的。"

"哪一伙的？"

"下游的，"安德鲁说，暗指驻扎在河下游的英国军队。

三名民兵说："我们也是！"这下安德鲁松了一口气。他竟鬼使神差地脱口说出："我是个英国军官。"

"哈！我们是美国人，你被俘虏了！"这三个假扮亲英民兵的爱国者异口同声地说道。

虽然安德鲁马上改口说他也是个美国人，还把阿诺德的通行证拿了出来，可为时已晚。他被勒令下马，经过搜身，藏在鞋里的信也被翻了出来。

爱国者们将他押送到就近的一个大陆军哨所。安德鲁对大陆军上校说："如果你派人告诉阿诺德将军我被俘了，就会知道抓错了人。"那位上校确实派人将这一消息传给了本尼迪克特·阿诺德，但同时也把捕获的文件交给了乔治·华盛顿将军。此时，华盛顿将军正在拉斐特陪同下率领人马向西点进发……

不久，消息就传到了阿诺德处，阿诺德闻声也知道自己死到临头，本以为天衣无缝的计划就这样败露了。阿诺德把妻子叫到一旁，告诉了她安德鲁被俘的消息，阿诺德说他得设法逃命，或许这将是他们的永别，阿诺德的妻子听完便晕了过去。本尼迪克特吻了吻熟睡中的幼子，跳上马，沿河向下游奔去。他在匆忙之中找到一条小船，正好遇到沿哈德逊河逆流而上的"兀鹰号"。

一个小时以后，华盛顿到达了阿诺德的家。紧随其后，通信员也将从安德鲁身上搜出的文件送到了华盛顿的手中。

西点要塞在北美战场具有举足轻重的战略地位，一旦易手，后果不堪设想，整个战局将发生逆转。如果没有严密的反情报网，阿诺德叛变成真，美利坚的命运还真不知何去何从！人性的复杂令间谍防不胜防，大陆军著名战将本尼迪克特·阿诺德叛变投敌、出卖情报还是让华盛顿不胜感慨，发出了"上帝，我还能信任谁呢"的无解之问。

1780年10月12日，被俘9天后，29岁的英军少校约翰·安德鲁被处以绞刑。

投敌后的本尼迪克特·阿诺德被英军授予准将军衔，拿到了6000英镑奖金和每年360镑的年薪，参与了一系列对大陆军的作战指挥，但最终60岁时在孤独中客死英国伦敦。作为美军历史上军衔最高的投敌者，他被永远钉在了美国历史的耻辱柱上。

迷雾之下的不战而降

长达八年的美国独立战争最终以美方的胜利而宣告结束。在这期间，不仅涌现出了乔治·华盛顿、约翰·杰伊和本杰明·富兰克林为美利坚情报事业奠基的"三驾马车"，也出现了内森·黑尔、本杰明·塔尔梅奇、伊诺克·克劳斯比这些可歌可泣的情报人物，当然还出现了像阿诺德一样的将军叛徒。然而，随着《巴黎条约》的正式签订，这些情报工作者摇身一变，有的当起了总统，有的当起了大法官，有的做起了生意，有的投身"敌国"，都放下了"老本行"。

时间转眼就来到了1812年。在这二十多年的时间里，美国与英国的摩擦仍旧不断，美国总统也换了好几任。英国人的海上霸凌行径终于激起了美国人的愤怒，但被称为"美元之父"的第三任总统杰斐逊倾向于通过经济让步或外交斡旋而非武力来保证美国在公海的权利不受侵犯，这些办法在实力强大的英国皇家海军面前当然并不奏效。

而此时的北美大陆，已呈现出加拿大、美国和墨西哥三足鼎立的格局，三国国土面积相当、国力相当，是北美大陆绝对的主导。美国在赢得独立后，扩张领土的野心渐渐显现出来，相邻的加拿大和墨西哥这两块肥肉成了美国日夜惦记的对象。当时正值世界军事大规模变革的时期，欧洲大陆上拿破仑战争的战火烧得正旺，北美正好无人插手，于是美国也开始考虑向周边扩张的计划。美国第4任总统詹姆斯·麦迪逊被称为"宪法之父"，在迎合社会上抗争英国海上霸凌行为的情绪之时，他和一班人也在打着美国自己的小算盘。早在独立战争之际，美国建国的国父们就曾想通过进攻加拿大，把加拿大变成美利坚的"第14个殖民地"，于是就有了大陆会议命令北美民兵进入蒙特利尔和魁北克等地的行动。美军最大的叛徒阿诺德的那条残腿，就是在进攻魁北克的战斗中被打伤致残的。

麦迪逊等人认为时机已到，打击英国的最好办法是"将加拿大地区兼并，包括魁北克，只要向前进，向哈利法克斯进攻，最终将英国势力彻底逐出美洲大陆"。这样做既打击了英国，又能实现美国多年兼并加拿大的梦想。

终于美国人先动了手。1812年6月18日，美国国会通过决议，对英国宣战，战争再次爆发。然而，情报工作并不是只有打起仗来才真正需要，功夫必须要用在平时。1812年的美英战争也被称为美国第二次独立战争，这场战争是美国彻底与英国决裂，真正独立的一场战争，也是美国不重视情报导致梦想破灭的一个经典范例。

战争爆发初期，从两国军力对比来看，美国显然不堪一击。英国陆军兵力达到30万人，还有15万名海军和125艘战列舰。美国只有1.1万人的正规军和45.8万名民兵。海军也仅有20艘战船和4000名水手。但就北美战事的局部看，英国却并不占有显著优势，由于英国在欧洲和殖民地的用兵分散，特别是在欧洲大陆的拿破仑战争已经进入白热化阶段，牵制了英国大量兵力，英国并未形成全面压倒性优势。此时的加拿大作为英属殖民地只有50万人口，而美国的人口却是750万。在蒙特利尔至底特律这条长长的边境线上，只有2257名英国正规军驻守。虽然在加拿大境内，英国还有数千名正规军以及2000名志愿兵和7.1万名民兵，但其中很多民兵都出生于美国，反而更加倾向"侵略者"。只要战略战术得当，美国击败英军占领加拿大并非没有可能。正是基于这样的设想，麦迪逊总统命令美军对加拿大发起进攻。

1812年7月，密歇根州准州长威廉·赫尔将军奉命率领一支1500人的部队从底特律堡出发，渡过底特律河并顺流而下，进攻美加边境小镇莫尔登堡（今阿默斯特堡）。莫尔登堡是英国人1796年才建起来的防御要塞，防御力量少得可怜。赫尔本人是经历了美国独立战争的老兵，在别人的眼里，他是美国独立战争的英雄。

然而仅凭名气是打不了胜仗的。赫尔在出发前连美英两国已经正式爆发战争都不知道，更不用提进行充分的情报准备。他的手里甚至连一张像样的美加边境地区地图都没有，至于建立情报组织，派出间谍刺探敌方军情，更是天方夜谭。留下守城部队之后，他就这样带着1500人的部队和自信上了路。

几乎与此同时，英军驻加拿大指挥官艾萨克·布洛克将军率部迎战。当时，布洛克手下共有1330人，包括330名英国正规军、400名加拿大民兵和600名印第安人，还有3门轻炮、5门重炮、2门迫击炮和2艘可以提供支援的军舰。艾萨克·布洛克首先截获了赫尔沿河而下的补给，并渡河切断了赫尔与俄亥俄援军之间的联系。

对敌情一无所知的赫尔开始变得惊慌起来，他担心后路被切断，又担心供给跟不上。更令他焦虑的是，他发现驻守在密歇根湖与休伦湖之间的麦基诺要塞的小股美军已不战而降，这使他认定，攻打莫尔登堡已没有可能，于是在慌乱中率部退回到底特律堡。

这时底特律堡内有600名美军正规军和近2000名民兵，有36门大炮和坚固的防护墙，还有一些美国居民，实力仍然远远超出布洛克一方，赫尔准备固守底特律堡。

布洛克却利用各种渠道摸清了赫尔的底细，特别是他打探到赫尔特别惧怕印第安人，因此决定立即进攻底特律堡，并准备利用赫尔的心理弱点压垮赫尔。布洛克派出一名间谍假意投诚，并随身携带了一封伪造的英军与印第安盟友的信，信中若隐若现地提到，印第安盟友将派5000人参加英军攻打底特律堡。赫尔被吓坏了。

1812年底特律战役

仅有印第安人还不够，布洛克还让加拿大民兵穿上英国正规军的军服，一队又一队在底特律堡外行进。离开守军视线后，重新再在美军面前走一趟，让美军以为英国正规军源源不断。布洛克还命令他的部队在夜间点燃比平时多5倍的火把，以进一步传递一种更强大的幻觉。虽然布洛克只有330名英国正规军，但在赫尔心里，布洛克所统率的军队数量却远远不止于此。

面对布洛克不断释放的"战争迷雾"，赫尔的意志彻底崩溃了！无巧不成书，布洛克此时又恰到好处地派人送来劝降信，信中说，他不想屠杀防御者，但一旦战斗开始，他将无法控制他的印第安盟友。

英军的情报欺骗让赫尔信以为真，他认为双方实力对比悬殊，抵抗是徒劳无效的。尽管部下强烈反对，赫尔还是举出了白旗向英军投降，并要求布洛克给他三天时间进行协商。

这时候的布洛克可没那么好说话，因为时间一长他的把戏就要露馅了，因此他只给了赫尔3个小时，否则就要发起进攻。1812年8月16日，完全蒙在鼓里的赫尔就这样交出了他的全部指挥权，将底特律拱手交给英军，包括近2500人、30多门大炮、2800支步枪，以及唯一的一艘军舰，而英国的损失只是2人受伤。此事成了美国军事史上的奇耻大辱。

战争是残酷而公平的游戏，情报对抗就是这个游戏的内容之一。不了解战争的游戏规则，战争的惩罚很快就会到来。情报获取与情报欺骗更是一场防不胜防的暗中猎杀，任何忽视与轻慢都会导致不可知的败局。

赫尔的投降使得美国在战争初期夺占加拿大重镇的计划完全破灭，也永久断绝了兼并加拿大的梦想。这次战役成为加拿大历史上有名的"底特律围城"，赫尔将军被英国人释放回到美国后，因投降丢城而受到审判并被法院判处死刑，而当时他作为指挥官只要稍稍地对情报加以重视，也不至于走到这般地步。最终，由于他在美国独立战争期间的战功，麦迪逊总统赦免了他的死罪。

原本十分担心被美国吞并的加拿大人振作了起来，联合印第安盟友对美加边境上的美国前沿哨所和定居点发起进攻。当年10月，美军尝试从尼亚加拉要塞入侵加拿大，但最终却因对方的兵力优势而以失败告终。另一支由美国陆军上校亨利·迪尔伯恩统帅的民兵队伍从纽约州普拉茨堡出发，计划向蒙特利尔进军。此时，当年在独立战争中从邦克山一直打到约克郡的亨利·迪尔伯恩上校已经发福成了一个超级大胖子，以至于行军途中不得不需要乘坐一辆为他量身定做的车辆。他所率领的军队在到达美加边境时，因官兵士气低落，拒绝越境作战。这次进攻计划就这样无疾而终。有了加拿大人和印第安盟友在情报等方面的合作和支持，英国在1812年的战场初期连续击败了美国的三次进攻，美国先发制人发动战争的优势被彻底抵消。

火烧白宫

美国方面对第二次英美战争初期的失利痛定思痛。根据麦迪逊总统的命令，奥利弗·哈德泽·佩里上校开始着手建立一支内陆舰队，并向驻扎在伊利湖（五大湖之一）的英军发起进攻，取得了胜利。为此，英军被迫撤出了底特律。虽然美军随后击杀了印第安人首领特库姆塞，但面对强大的英军，美方吞并加拿大的计划已然破灭。

事实上，早在1812年拿破仑决定远征俄国之时，美方吞并加拿大的计划就已经注定不可能成功。不可一世的拿破仑率领的部队在远征俄国的冰天雪地中遭遇重挫。欧洲大陆上已经臣服法国的国家纷纷揭竿而起，开始反抗拿破仑的统治。1814年4月，拿破仑被迫退位。从欧洲大陆解脱的大英帝国开始向北美战场投入更多的兵力，派遣了14000名作战经验丰富的老兵奔赴加拿大，集中力量攻打美国。与此同时，英军的参谋队伍筹划了一个从三面攻击美国的周密作战方案：一支队伍从蒙特利尔向美国进军；另一支队伍从海上进军，佯攻切萨皮克湾地区，破坏沿海城镇，暗地里兵锋直逼华盛顿和巴尔的摩地区；还有一支队伍从牙买加出发，袭击新奥尔良并围困西部地区。

而在美国华盛顿特区，原任美驻法公使的战争部部长小约翰·阿姆斯特朗却对此一无所知。阿姆斯特朗于1813年初接替了老迈的尤斯蒂斯任美国战争部部长，他提拔了一批年富力强的将领，使当时美军将级军官平均年龄降到了36岁，令美军在战场上的表现有所改观。阿姆斯特朗还于1813年3月建议成立了陆军参谋部。陆军参谋部下设测绘部、军需部、军械部、医疗部、采购部、副官长（人事行政参谋）、监察长、军法官、牧师、西点军事学院、九大军区司令及其后勤参谋等，但下设各部人员很少。尤其令人遗憾的是，由于阿姆斯特朗没有任何情报意识，这个参谋部一无作战指挥部门，二无情报保障部门。要知道，"蝴蝶效应"真的是存在的，尤其是在军事斗争准备的问题上，不能只关注战场的变化情况，就像商人平时关注的都是国际新闻大事而不是经济学本身的理论突破，国际政治问题同样是催生战争的关键因素。如果当时的美利坚能够对国际形势有一个准确的分析判断，那也不至于会发生后面的惨剧。

1814年8月，英军开始向华盛顿特区挺进，而美国战争部部长小约翰·阿姆斯特朗却盲目自大地认为华盛顿不会遭到英军的进攻。在英军向华盛顿进攻的道路上，美军发生了两次大规模的溃败。当美军得知准确情报时，英军距离华盛顿只有16英里，美国海军准将巴尼统率500名美国海军陆战队队员在众寡悬殊的情况下进行了绝望的战斗。巴尼一部拼死反抗直到被全歼，战斗异常惨烈。巴尼战败后，通向首都华盛顿的门户已然洞开，英军长驱直入进逼美国首府华盛顿。詹姆斯·麦迪逊总统仓皇而逃，一路狂奔到弗吉尼亚，军民士气大挫。而此时，美国白宫和国会大厦以及停泊在港口的美国军舰，还有总统麦迪逊的私产《国民通信报》总部，都被英国人和加拿大民兵付之一炬，史称"华盛顿大火"。

1814年英军火烧白宫

　　摧毁了华盛顿的公共建筑后，英军继续进攻，准备一举夺取巴尔的摩。9月13日，英军向巴尔的摩港口的麦克亨利要塞发起进攻。守军视死如归，在民兵军官塞缪尔·史密斯的带领下，凭借坚固的工事进行了坚决的抵抗，终于阻止了英国人前进的脚步，还于战场之上击毙了英军统帅罗伯特·罗斯将军。港口内炮弹纷飞、硝烟弥漫，因间谍嫌疑被关押在英国军舰上的年轻美国律师弗朗西斯·斯科特·基，透过舷窗看到麦克亨利要塞上空飘扬的巨大的星条旗，激情勃发，创作了后来成为美国国歌的《星光灿烂的旗帜》（又译《星条旗》）。

　　历史当然不能重来，更不能假设。但如果当时美军重视情报工作，而斯科特·基真是美军派出的军事情报人员，那么战争的进程就很可能被改写。

　　如果他是间谍，那就可以在舰上套取各类情报。

　　如果他掌握间谍手段，他就可以收买水手送出各种情报。

　　如果他掌握了到1837年才发明的旗语信号，那他完全可以在视力所及要塞国旗的情况下，用旗语或灯火把情报传递出去。

很可惜，弗朗西斯·斯科特·基既不是美军派出的间谍，他的身后也没有任何美军情报机构支撑，他只是为了与英军交涉释放被英军扣留的美国平民而登上英舰。

然而，天不亡美国，"华盛顿大火"一下子激发了美国人民的爱国情怀，成千上万的人开始踊跃报名参军。在亚历山大·麦克姆将军和托马斯·麦克多诺上校的指挥下，美军从陆路和水路协同出击，粉碎了英军将领乔治·普雷斯沃特爵士及其部队从蒙特利尔南下的进攻计划。

与此同时，为了避免战争带来的损失，美英双方的和谈代表早就在比利时根特开始了漫长的谈判，因为大英帝国当时的高层坚信，三线攻击的妙计会让他们在谈判桌上赢得更多的筹码，所以谈判工作推进缓慢。虽然双方代表团在1814年12月24日签署了《根特条约》，但在美英双方政府最高领导人签署前，战事依旧没有停止。

早在1814年的秋天，英军就在牙买加的内格里尔湾集结了一支舰队。11月底，这支由60艘战舰、11000名士兵组成的队伍，在威灵顿公爵妹夫爱德华·帕克南爵士的指挥下向新奥尔良进发。

另一边，奉命保卫新奥尔良地区的美军司令是安德鲁·杰克逊将军。杰克逊将军统帅的部队不仅作战英勇、军纪严明，他本人还十分重视情报，善于使用间谍和侦察员。在他的带领下，关于敌人兵力、意图方面的情报源源不断地涌入美军指挥部。有人评价说，他的情报手法相当先进并极为有用，最终使美利坚转危为安。

1814年12月23日午后，3个满身都是泥巴的当地农民闯进了新奥尔良守卫军的司令部，向杰克逊报告了英军已经逼近新奥尔良郊区的消息。英军并没有如杰克逊预期的那样，经新奥尔良西侧的密西西比河向北航行，而是在帕克南爵士的指挥下，秘密穿越了新奥尔良东侧的沼泽地向新奥尔良逼近,准备发动奇袭。虽然如此,农民的消息还是让杰克逊的部队进行了及时预警。在英军刚刚安营扎寨,准备次日发动奇袭之时,杰克逊就已经收拢了部队并做完了战前动员:"先生们,英国佬已经来到城下,今晚我们就要将他们赶出去!"

12月23日19时30分,杰克逊合上了自己的怀表,在夜色之下下达了进攻指令。杰克逊的猛攻给了英军当头一棒。但经历过滑铁卢战役的老兵们毕竟训练有素,在英军各级军官的组织下,英军发起了反攻。战场情况瞬息万变,战情被源源不断地送进杰克逊的司令部。当得知英军大批援军部队即将抵达战场之时,杰克逊果断下令部队有序回撤,并在新奥尔良下游5英里处修筑工事固守待机。

杰克逊的部队顺着干涸的河道修筑了高达10码(1码约等于0.9144米)的防御工事,并不断加固他的防线。帕克南爵士也是训练有素的职业军人,在长达两周的对峙时间里,帕克南每晚都会趁着夜色派出士兵刺探敌情。而杰克逊不仅同样深谙此道,还组织了专门的巡逻力量在暗处潜伏,用尖刀和斧头猎杀这些人员以及英军的哨兵。

1815年1月8日,帕克南爵士终于按捺不住,准备对杰克逊的部队发动正面冲击。帕克南爵士以为对面的部队同当时大多数美军一样,缺乏训练、军纪涣散、贪生怕死,看见英军端着刺刀正面冲锋便会一触即溃。然而,显然他的情报工作没有做到家,不知道对面杰克逊将军治下的军队堪称当时美军的"精锐"。在英国贵族荣誉和骑士精神的作用下,帕克南爵士面对美军3排速射阵型毫不退缩,两次中弹负伤都没停止进攻,终于,面对美军的枪林弹雨,帕克南爵士在指挥调度增援部队时被流弹击中要害,当场殒命。在这场战斗中,只有一位英军军官冲上了美军的防御工事。当英军司号兵吹响撤退的军号时，英军已经阵亡 2100 多人，而美方除了受伤和失踪的 58 人外，仅阵亡了 13 人。

杰克逊大获全胜的消息和代表团签订《根特条约》的消息几乎同时传到了华盛顿。1815 年 2 月 17 日，麦迪逊总统签署了《根特条约》。根据和约条款，双方归还了占据的对方的岛屿，美国人获得圣劳伦斯河的捕鱼权，两国之间的债务和财产纠纷也都得以处理。某种程度上，第二次英美战争是一场一无所得的战争，最后就连英国人在公海上抓捕美国船员的问题都没有解决，但这场逼和大英帝国的战争为美国赢得了极高的国际声望，使美国民众爱国热情高涨，因此亦称为第二次独立战争。只是这场战争对印第安人影响较大，杰克逊将军在击败克里克族印第安人后，强迫其割让了 2300 万英亩（1 英亩等于 4046.86 平方米）的土地。1815 年 7 月，美英两国签署贸易协定，取消了歧视性关税。美加边境的划定工作在根特代表团成立的数个委员会的努力下也得到推进，后来，美加两国愉快地划定了

> **老胡桃木**
>
> 安德鲁·杰克逊（Andrew Jackson，1767 年 3 月 15 日—1845 年 6 月 8 日），第 7 任美国总统（1829—1837 年）、首任佛罗里达州州长、新奥尔良之役战争英雄、美国民主党创建者之一，杰克逊式民主因他而得名。
>
> 杰克逊生逢乱世，未曾受过正规教育，13 岁起加入大陆军成为一名信差，在独立战争中曾被英军俘虏。他的一家都死于战火，因此他把自身遭受的苦难都归罪于英国。1787 年，杰克逊迁居田纳西后干起了执法工作，很快又成为田纳西州的第一位联邦众议员，不久又成为联邦参议员。1798 年，他获聘为田纳西最高法院大法官，掌握司法大权。此后，杰克逊着手建立自己的军队，当上了田纳西民兵上校，亲自率队南征北战，赢得了 81000 平方千米的垦殖区。
>
> 杰克逊在服役期间坚忍不拔，与士兵甘苦与共，人送外号"老胡桃木"，又因对印第安人态度强硬，被印第安人称为"尖刀"。
>
> 在 1815 年 1 月的新奥尔良一战中，杰克逊所部取得了辉煌的战果，从此名声大振，并赢得了 1828 年总统选举。

长达3000英里的国界线。

美国人把1812年战争坚持到底的功劳，算在了门罗头上。门罗也成为美国政坛的新星，并因此于1816年当选美国第5任总统。此后的整个世纪，英美两国基本上能够和平共处，仅仅于1818年略微调整了东部边界。

这场战争也是美国独立战争之后，美军第二次本土作战。美军在战争初期节节败退，在情报史学家看来，无疑是深刻的教训，即使再熟悉的战场环境，再熟悉的敌人，再熟悉的武器装备，即使是在兵力规模和装备等占据优势的情况下，如果离开军事情报的支持，特别是如果缺乏敌军动态情报，要想打胜仗是很难的。鉴于美军多数部队在这场战争中拙劣的表现，战后，在温菲尔德·斯科特将军的倡导下，美国军事学院（西点军校）开始大力为美国军队培养职业军官。

只有一张商业地图

21世纪的美利坚已经发展成为世界上唯一的超级大国。这个国家不仅靠着印钞票和发行国债能度日，还能连续多年保持极低的通胀率。究其根源，这一切与其"东西两大洋、南北无强敌"的战略优势密不可分。而建国伊始的美利坚只有13个州，并不是天然具备这种战略优势的，这一优势乃是其依靠战争、购买等手段不断扩张形成的。

1812年美英战争之后,美国于1846年至1848年发动了美墨战争。

美墨战争是美国扩张史上的一场重要战争。在一般的战争描述中，美墨战争是一场一边倒的战争，美军势如破竹、风卷残云般地击败墨西哥军队，战争的胜利使美国割占了占墨西哥原有国土60%

的新领土，成为雄踞北美、跨越两洋的大国。美军也在这场战争中创下了美国军事史上的多个第一：美军第一次在异国作战，第一次进行两栖登陆，第一次进行巷战，第一次使用蒸汽战舰，第一次在敌国建立军政府，第一次由职业军队单独进行战争。然而，就是这样的一场看似完美无缺的战争，其中也隐藏着深刻的情报教训。

美国刚建国时，在北美大陆，除了地广人稀的加拿大，墨西哥绝对是有资格与美国一争高下的北美大国。随着美国国力不断强盛，其领土扩张野心日益膨胀，美国率先盯上了与墨西哥的争议地区——得克萨斯。虽然对得克萨斯觊觎已久，但信守"民主自由"的美国是绝不能发动侵略战争的。于是，美国首先以移民为先锋，向西部进行大量移民。移民涌入今加利福尼亚州和新墨西哥州等墨西哥的领土，从而引发了与墨西哥政府的纠纷。此后，美国政府又唆使原属墨西哥的得克萨斯奴隶主发动武装叛乱，并许以援兵支持。墨西哥不得不出兵镇压，在阿拉莫歼灭美军187人。美国随即出兵击败墨军，宣布得克萨斯"独立"，成立"得克萨斯共和国"。1845年，美国宣布，假如得克萨斯共和国愿意加入美国，美国将承认格兰德河为其边境，同年得克萨斯加入美国成为美国的第28个州。

1846年4月24日，恼羞成怒的墨西哥宣布对美开战，墨西哥骑兵随即进攻并俘虏了一支美国在格兰德河附近的部队。冲突爆发后，美国时任总统波尔克立刻提议向墨西哥宣战，他宣称墨西哥"入侵了我们的边界，在美国领土上洒了美国人的血"，以此来鼓动美国的民意。

1846年5月13日，美国国会以"侵犯美利坚合众国领土"的名义对墨西哥宣战。美国将正规军规模扩大至1.7万人，征召了服役期一年的5万名志愿兵。墨西哥军队有3.2万人，但缺乏训练、纪律不严、装备不足、军官指挥水平低。与墨西哥军队相比，美军不仅装备精良，还有大批从西点军校刚刚毕业的年轻军官。与印第安人的斗争进一步磨炼了这批年轻军官，使他们成为更加训练有素的职业军人。

然而美军的情报工作此时仍旧一无所有。军事情报的发育总是与战争形态的演进相适应的，美国陆军一直到1821年才出版了《斯科特通用规则》，两个团构成一个旅，两个旅组成一个师，两个师组成一个军。步兵和骑兵单独组建兵种旅。师或旅只有一名参谋人员，即参谋长。此时的美军尚没有番号概念，在官方报告中，师和旅的名称就是其指挥员的名字，连编制序列都没有。当时美军对军事情报的认识也逃不过"战时建、平时撤"的路数，这又是美军第一次出国征战，对作战对象的情报极度缺乏也在情理之中。

战争开始后，美军计划兵分三路进攻墨西哥北部：一路由扎卡里·泰勒率部从格兰德河口的马塔莫罗斯向西出发，进攻蒙特雷；一路是约翰·乌尔从圣安东尼奥向西南进军，与泰勒会师；还有一路由斯蒂芬·卡尼率领从科文沃思堡南下西进，直抵圣菲，然后继续向西进攻位于加利福尼亚南岸的圣迭戈。随后还有一路从墨西哥湾韦拉克鲁斯港出发，由斯科特将军率领向西直接进攻墨西哥首都墨西哥城。

不只是美军上层，当时美军各路将领对情报的重视程度也不高。在扎卡里·泰勒眼里，战争就是行军、冲锋、射击，而不是参谋工作。他根本不去搜集情报，以至于当美军渡过格兰德河进入墨西哥时，他对当地的地形和民情一无所知，更不用说了解墨西哥的实力和作战计划了。

更为不幸的是，美军上层对情报的紧急需求与美军部队情报能力薄弱之间的矛盾，加剧了上层与一线将领之间的矛盾。泰勒将军人称"老扎克""好斗的粗老头"，他本来就不受波尔克总统的信任，在泰勒拒绝战争部长威廉·马西的情报要求后，隔阂进一步加深了。

威廉·马西要求泰勒从墨西哥人中物色亲美人士充当谍报人员，搜集墨军情报，泰勒却认为这些人不够可靠，一口予以拒绝。

当美国战争部需要西南方向的基本情报时，参谋人员费了很大的劲儿，却只找到了一张极不准确的商业地图。威廉·马西不得不靠这张商业地图对战场做出大致判断。华盛顿战争部内弥漫着一股对前方的不满情绪。伊森·阿伦·希区柯克上校牢骚满腹地说："我们是两眼一抹黑，也许泰勒将军把掌握的情报藏在肚子里，不过我太知道他有几斤几两了，他压根不掌握什么情报。"负责提供军需装备的军需部部长托马斯·杰瑟普也开始抱怨："华盛顿没有任何情报能使我或战争部决定在墨西哥是否可以使用四轮马车。"而在战争初期，美国运输系统的不完善和卫生设备的严重匮乏，使得美军因疾病而导致的死亡率高达10%。

而泰勒本人也深受情报不力之害，泰勒进攻蒙特雷的行动并不顺利，几番鏖战之后方才得手。然而，因不重视情报工作而向来误判或低估对手的泰勒，在向南进逼墨西哥城的过程中又一次犯下错误，他盲目预测驻守墨西哥城的圣安纳将军不会向北穿过长达300英里的沙漠地带迎战美军。事实上，圣安纳正率军1.5万人直扑泰勒而来，而泰勒手中只有不到5000人。

双方在布韦纳维斯塔展开了两天的激战，幸亏美军几个团的援军到来，再加上泰勒本人骑着战马不顾炮火纷飞在战场上坐镇指挥，激励和鼓舞了全军的士气，美军才得以险胜，幸运地赢得了美墨战争中的首场大捷。

与泰勒的故事相反，曾经推动西点军校成立的温菲尔德·斯科特将军对情报工作非常重视。1847年3月，温菲尔德·斯科特将军一部在韦拉克鲁斯登陆向墨西哥城挺进后不久，斯科特将军就在当地招募了大量的间谍，组成了一个间谍机构。斯科特还指示希区柯克上校组建了一个秘密情报机构,利用当地土匪搜集情报。这支由当地土匪和逃兵组成的部队,人数达百人之多,也被称为"墨西哥间谍连",他们四处活动,为美军提供情报。斯科特不仅着重搜集关乎地形的可靠信息以及有关敌人部署和力量的情报,还利用了美国政府派往墨西哥城的文职人员搜集战略情报。在没有专业情报分析力量支援的情况下,斯科特一面扮演着情报分析人员的角色,对搜集到的情报进行着缜密的分析,一面扮演着指挥员的角色,根据这些宝贵的情报完成军事部署。值得一提的是,他还利用间谍说服了墨西哥教会——不要对美国人的进攻负隅顽抗。由于教会对当地居民的影响很大,行动取得了良好的效果,也为斯科特后续的军事行动创造了很多有利条件。

在离开维拉·克鲁兹之后的塞罗·戈多战役中,斯科特花了整整5天的时间来准备进攻墨西哥城坚固的防御阵地。他强调要对墨西哥阵地进行彻底的侦察,以便在计划袭击之前搜集到最佳情报,达到突袭效果。不过,酝酿已久的突袭并未取得预期的效果。尽管美军在墨西哥前线的表现不佳,但美军很快赶走了墨西

美军历史上任期最长的统帅

温菲尔德·斯科特(Winfield Scott,1786年6月13日—1866年5月29日)出生于美国弗吉尼亚州丁威迪县,是美国军事家和政治家。他曾担任美国陆军总司令长达20年(1841—1861年),是美国历史上任期最长的军队统帅,先后参加了1812年战争、美墨战争和南北战争,还参与了同印第安人的各种冲突。

由于早年曾参加1812年战争,他深感美军素质低下,因此厉行改革,决心为美国打造一支专业化和标准化的部队。1821年,在他的领导下,美军出台了《军队总条例》,这是美军第一套全面系统的军事章程。1846年指挥美军击败墨西哥,为美国夺得大片领土。战后竞选总统未成,但成为美军历史上继华盛顿之后第二名中将。1861年内战爆发后,他作为陆军总司令制订了"蟒蛇计划",为北方联邦取得战争的胜利奠定了坚实基础。1866年5月29日,他于纽约西点去世。

哥人，斯科特军队的人员伤亡也很小。

最终，美军还是攻陷了墨西哥首都。之后，墨军仍分散在全国各地与美军激战。如果当时墨西哥政府充分发动人民，是可以反败为胜的，但是上层统治集团因首都的陷落惊慌失措，于1847年10月解除了圣安纳的职务，成立了新政府，开始与美国进行谈判。

1848年1月2日，美墨和谈正式开始。2月2日，双方在墨西哥城郊的瓜达卢佩–希得尔戈签订了《瓜达卢佩–希得尔戈条约》。按照条约规定：墨西哥的格兰德河以北全部权利让与得克萨斯，割让新墨西哥和上加利福尼亚给美国；美国同意支付1500万美元并承担美国公民向墨西哥政府索取的325万美元的赔偿要求；美墨边界线划在沿格兰德河到新墨西哥以南由此向西和西北，沿希拉河和科罗拉多河并由此沿上、下加利福尼亚线直到太平洋。1848年2月23日，该条约被提交美国参议院审议。2月22日，波尔克总统致信国会，强调他本人"完全清楚条约的缔结"，并肯定条约与波尔克本人"核准的基本相符"。3月10日参议院以38票对14票的多数批准了条约。5月30日，美墨双方交换了批准书。7月4日，波尔克总统发表文告，宣告条约正式生效。

这一战使美国夺取了墨西哥230万平方千米的土地，一跃成为地跨大西洋和太平洋的大国，美国从此获得了在美洲大陆的主宰地位。但是，美国也因此付出了惨重代价，美军阵亡13283人，受伤4102人，耗资9750万美元。而墨西哥则丧失了大半国土，元气大伤。

胜利的光芒掩盖了美军的情报失利，美国政府依旧没有充分重视情报，此后美国的间谍组织没有太大的发展，情报工作的效率也不高，更不能提供长远的、具有战略意义的情报，这一状况一直延续到了美国内战。

第二章　战火岁月

翻开美国历史，奴隶制可以说是其中最为黑暗的一页，它以一种血腥残忍甚至社会倒退的方式推动着美国经济的发展。美国建国后，关于是否要废除奴隶制的问题，愈发成为国内争论的焦点，最终导致1860年南北战争的爆发。

美国总统亚伯拉罕·林肯

1860年，共和党人亚伯拉罕·林肯当选为美国总统，南方奴隶主继续保留奴隶制的想法日益变成泡影，南北斗争日趋激烈，斗争双方——支持奴隶制度的南方同盟与坚持废除奴隶制的北方联邦各执一词、互不妥协，最终导致战争爆发。南、北方人长着相同的相貌，操着类似的口音，相互之间又可以自由往来，为情报活动提供了生长的温床，也使情报对抗变得异常激烈和复杂。情报作为这场战争的重要因素，在战争中扮演着举足轻重的角色，以至于军事史大师杜普伊将其作为军事史上"由于未能准确掌握敌人的情报而引起战争迷雾"的两个"最好战例"之一（另一个是中途岛海战，见后文）。在南北战争期间,北美大陆上不仅涌现出了多位情报人物，也为后人留下了一个个精彩纷呈的故事，但随着南北战争的结束，美国的情报工作又开始"刀枪入库，马放南山"，进入了"冰川期"。南北战争后的数十年间，绝大部分美国陆军部队都被遣散，那些昔日在战场上骁勇善战的士兵们有的当起了农民，有的做起了小生意，剩余的小部分力量也被分散开来，他们被部署在漫长的西海岸线，维持着驻地的治安……到1880年前后，美国陆军的情报活动经过了大幅的缩减，仅限于由独立侦察分队和小股骑兵部队开展的战术侦察任务。直到1882年，美国海军率先建立了自己的军事情报机构——海军情报办公室（ONI），管理情报侦察和海军驻外武官工作，为战争进行了充分的战前情报准备。3年后，美国陆军也建立了自己的军事情报局（MID）。自此，美军的情报工作艰难地走上了正轨。

　　伴随美国军事力量严重缩水的是美国经济的高速腾飞。1894年，美国成为世界第一大经济强国，站在了第二次工业革命的潮头，自由竞争使得美国迎来了19世纪末20世纪初的黄金年代。以洛克菲勒家族为代表的一大批垄断性大公司、大财团相继出现。随着资本的积累，美国进入了帝国主义时期，对外扩张的需要又激发起强烈的情报需求。这段时期，美国为了战略利益发动了对抗西班牙殖民统治的美西战争。19世纪末至20世纪初，垄断资本主义国家正向着帝国主义过渡，全球争霸的狂潮席卷而来，同盟国和协约国两大阵营也开始了如火如荼的第一次世界大战。战争需求极大地刺激了情报工作和技术革新。在此期间，美军的情报机构经过了多次、多轮改革，几经波折，险遭裁撤。刚刚走上正轨的美军情报工作差点再次夭折。与此同时，通信加密与解密方面的斗争也日益激烈，出现了许多专业密码破译人员。在无线电通信和密码技术的发展引领下，美军的情报工作进入了一个崭新的时代。

小侦探救总统

1861—1865 年，美国发生了一次著名的反分裂战争，也称"美国内战""叛乱之战""诸州之战"。战争的一方是拥护联邦政府的北部、西部各州，另一方是坚定维护奴隶制的波托马克河以南的 11 个南部州。

1860 年 11 月 6 日，共和党候选人亚伯拉罕·林肯赢得总统大选，以南卡罗来纳州为首的南部诸州开始宣布脱离联邦。1861 年 2 月，南部诸州宣布成立新政府，号称"美利坚诸州同盟"（简称邦联），定都里士满，颁布了临时宪法，推选密西西比州的杰斐逊·戴维斯为总统，并征召 10 万名志愿兵组成同盟军，积极备战。由于林肯总统拒绝放弃位于南卡罗来纳州查尔斯顿港的萨姆特堡，南方军队于 1861 年 4 月 12 日炮轰萨姆特堡，打响了南北战争的第一枪，林肯于是调集部队进行镇压，美国内战就此爆发。

美国邦联的军旗

说起林肯总统，可谓无人不知、无人不晓。他带领联邦赢得了南北战争，力挽狂澜地阻止了美国的分裂，还解放了广大的黑人奴隶。不幸的是，这样一位伟大的总统却于 1865 年 4 月 14 日死于刺杀。

2021年1月20日，在美国首都华盛顿国会山，拜登就任美国第46任总统。而在拜登之前的45届美国总统中，有记录遭遇过刺杀的就高达9位；从林肯到肯尼迪，死于枪口之下的美国总统就多达4位。遇刺率和死亡率分别高达19.6%和8.6%。

在南北战争前，南方实行的是种植园黑人奴隶制度，黑人奴隶就是农场主们的"摇钱树"。为了维护奴隶制度、守住"摇钱树"，农场主有钱出钱、有力出力，坚决要和北方斗争到底，所以南方早已有所准备，悄悄地在各地埋点布线、安插间谍，争取赢得战争的主动权。刺杀的死亡威胁在林肯还没走马上任之前就已经缠绕上了他。伴随林肯赢得美国大选，南方奴隶主保留奴隶制的幻想彻底破灭。按照计划，林肯的就职典礼将于1861年3月4日在华盛顿隆重举行。然而，在那个没有"空军一号"保驾护航的年代，要从林肯的家乡伊利诺伊州的斯普林菲尔德前往首都华盛顿，其间的路途也是充满了坎坷。但是，无论如何，林肯必须在3月4日前乘火车赶到华盛顿就职。2月11日，火车站里人头攒动，远亲近邻都来欢送林肯。在众人的簇拥下，林肯缓缓登上列车，不断回头向家乡人民挥手道别。带着人民的嘱托和希望，林肯即将迎来国家命运的大考验。

然而就在此时，华盛顿流言四起，谣言在城市各处盘旋。有些人决心不让林肯宣誓就职，街头巷尾都在说刺客会在林肯就职之前或期间将其暗杀，有的流言甚至描绘了刺杀林肯的详细计划，听起来令人毛骨悚然却又难辨真假。有传言说，有的分裂主义国会议员正计划绑架时任总统詹姆斯·布坎南，以便支持奴隶制的副总统约翰·布雷金里奇夺取政权。还有消息说，来自弗吉尼亚州和马里兰州的"民兵"已准备好入侵华盛顿……一时间，人心惶惶，大家不由得担心起林肯的安危来。

林肯会不会出事？要是林肯出事了，谁来主持国家大局？国家会不会落入南方种植园主的手中？巴尔的摩铁路公司的老板塞缪尔·费尔顿最为担心。这些阴谋不但危及总统的安全，还会影响巴尔的摩与华盛顿之间的铁路和桥梁安全，造成无法挽回的损失。这个时候只能依靠侦探组织查明真相了。于是费尔顿急切地找到艾伦·平克顿，希望他能阻止这一阴谋的实施。接到任务的平克顿觉得这和他平时处理的侦探案件如出一辙、道理相同，于是开始抓紧安排人手、排兵布阵。

平克顿先是带领5名助手潜入巴尔的摩，四处搜集流言，搞清楚到底有多少针对林肯的威胁。随后，他派助手对可能性较大的情况进行跟踪排查。几个可疑分子引起了平克顿团队的警觉，这几个可疑分子不仅私自购买弹药，还购买了与火车站设施有关的破障工具。经过进一步排查，平克顿断定这些人将于2月23日在哈里斯渡口趁林肯下车就餐时下手。在确定威胁真的存在后，他们通知了当时负责林肯总统安全的查

美国政府的私家侦探

艾伦·平克顿（Allan Pinkerton，1819年8月25日—1884年7月1日），出生于英国苏格兰地区的格拉斯哥。平克顿幼年丧父，为了帮助母亲撑起整个家庭，他不得不到一家纺纱厂工作。1842年，年仅23岁的平克顿移民美国芝加哥，成为了一名木桶匠。1847年，艾伦·平克顿加入芝加哥警察局，成为一名公职人员。但是平克顿发现做侦探更赚钱，于是在1850年建立了一家小有规模的私人侦探公司——国家侦探行（National Detective Agency）。因为最早使用摄影技术与犯罪情报档案，且极善于打入匪帮内部获得情报，保护了美国中西部铁路的运营安全，平克顿的公司很快得到了壮大。

在美国内战的情报战线上，平克顿发挥了至关重要的作用，可以说为北方的获胜立下了汗马功劳。他不仅保护了林肯总统的个人安危，还多次揭发了南方邦联的间谍组织和谍报活动。林肯总统遭到暗杀时，他恰好离任。1884年，平克顿于伊利诺伊州芝加哥市去世。

尔斯·斯通上校。斯通上校根据平克顿和其他侦探的建议，调整了林肯总统到达首都的时间，使他比原计划提前了一天到达。但平克顿还是不放心，他只身潜入林肯所住的旅馆，用证据说话，对林肯言明利害。另一边，温菲尔德·斯科特将军也从华盛顿派来特使，发出了相同的警告。于是，平克顿第二天就坐上了去往哈里斯堡的列车。23日，在巴尔的摩的列车上，平克顿亲自把林肯转移到另一列开往华盛顿的快车，使林肯按时并安全地抵达了首都。正是因为这次事件，林肯记住了这个不顾自身安危救自己一命的侦探——艾伦·平克顿。在随后的南北战争中，艾伦·平克顿也扮演了举足轻重的角色。

到21世纪的今天，保卫美国总统也是美国情报界的重要任务之一。无论是平时还是战时，通过全源情报手段，各家情报机构7×24小时全天候毫不间断地搜集着来自全球各地对美国总统的威胁。

南方娇艳女间谍

南北战争就这样打响了。联邦与邦联相比，具有巨大的优势。联邦有着2000万人口，而邦联只有900万人口，其中350万还是奴隶，南部的白人们因为担心发生暴乱，对于是否把枪交给奴隶让他们去打仗犹豫不决。北方的战争经济潜力具有绝对的优势，其工业制造能力是南方的9倍。不仅如此，北方还保有着当时整个国家近90%的枪炮以及铁路系统。此外，北方还控制着商业船队和海军。虽然北方在实力上总体占优，但南方打的却是有准备之仗，特别是在军事情报上做了精心布局，在美国首都华盛顿特区早已撒下间谍网，获得了大量关于军队调动和作战计划等情报。因此战争初期南方在战场上稳控态势，屡屡得胜。

美国内战爆发时，华盛顿特区虽属于北方，却遍地都是南方的同情者，民众不愿意将享受已久的奴隶制度废除，纷纷支持南方工作，处处为南方提供便利。就连许多政府官员也加入了同情南方的行列，弗吉尼亚州州长约翰·而莱彻就是其中一员。当时弗吉尼亚州还在留在联邦和加入邦联之间摇摆，而莱彻已经先下手为强，暗地里招募间谍，他利用自己曾是国会议员的便利，在国会山上搜寻目标，培养发展对象，被莱彻看中的人选都身居高位、通晓内幕，可以提供极其核心的情报。

然而，在莱彻背后，还另有高人，真正起主导作用的幕后操盘手是汤姆斯·乔丹。乔丹，一个生于弗吉尼亚卢雷山谷，毕业于西点军校的高才生，自幼受到奴隶制度的熏陶，打骨子里拥护奴隶制。美国内战爆发后，乔丹并没有立即离开北方军队回到南部，而是以助理的身份长期潜伏在北方军队总司令斯科特将军身边。他不但亲自刺探军情，还广泛招募发展支持南方立场的间谍，在华盛顿组建地下情报网络。美国情报史上著名的女间谍罗斯·奥尼尔·格林豪、贝尔·博伊德等都是乔丹一手发展培养起来的。

风姿绰约的格林豪夫人

罗斯·奥尼尔·格林豪（Rose O'Neal Greenhow，1813—1864年），出生于美国马里兰州蒙哥马利县一个奴隶主家庭，原名玛丽亚·罗塞塔·奥尼尔，是美国南北战争中著名的邦联间谍。

父母双亡后，格林豪夫人和她的妹妹不得不去华盛顿投靠她们的姑姑。在华盛顿的日子里，凭借自己的青春美貌，格林豪夫人结交了众多社会名流和政府高层。成年后，格林豪嫁给了当时著名的医生、律师和语言学家小罗伯特·格林豪，这段姻缘在华盛顿传为一段佳话。1854年，格林豪夫人的丈夫在一场事故中丧生，留下了她和四个女儿。

美国内战爆发前，社会各界围绕奴隶制的废除展开了一场激烈的争论，华盛顿特区也不例外。格林豪夫人由于幼年的不幸经历，对废除奴隶制表示坚决反对，表现出对南方诸州的同情。战争打响后，格林豪夫人受邀成为南方邦联的间谍，贡献颇丰。1861年，格林豪夫人受到怀疑，被软禁在家中。一年后，她被遣送到南方邦联。1864年，格林豪夫人所乘的船只倾覆，其溺水而亡。

罗斯·奥尼尔·格林豪在美国情报史上被称为"格林豪夫人"。颇有姿色的格林豪是华盛顿的知名交际花，她已故的医生丈夫在生前与华盛顿的上流社会圈子保持着良好的关系，又给格林豪和她的四个孩子留下了大笔的遗产。但是，格林豪的父亲在她很小的时候就死于黑人奴隶的反抗中，所以格林豪不仅痛恨黑人，也是奴隶制的坚定支持者。深知这些的乔丹主动上门找到格林豪夫人，直截了当地提出："亲爱的格林豪夫人，我想您也知道我的来意，您是最合适的人选了，您一定会接受我的提议，为南方提供情报的。"

果不其然，格林豪夫人一口应允。她在家中大宴宾客，利用接近联邦政府和北方军队高官的机会，套取有用的军事情报。

格林豪夫人最重要的情报成就，是提前获取了1861年7月北方军队进攻南方军队的全部计划，帮助南方军队在布尔溪战役（即马纳萨斯战役）中大获全胜。

1861年6月，林肯指示北方军总司令斯科特将军，要其命令欧文·麦克道尔准将所属的东北弗吉尼亚军团进攻位于首都西南方向的邦联军队。麦克道尔计划于7月16日率部开拔。

然而就在北方军队出发之前，敏感的格林豪夫人在与斯科特将军的秘书科斯上校及马萨诸塞州参议员威尔森闲聊时，发现了北方军队即将行动的迹象。格林豪夫人以丰厚的回报暗示两人提供具体情报，两人禁不住重金诱惑，也假意漫不经心地提供了北方军队重大军事行动的关键情报：

北部联邦军大约有5万人将在7月16日离开华盛顿，前往里士满，他们会经过阿灵顿、亚历山大到达马纳萨斯和钱森瑟勒维尔。在那里，联邦军企图切断温彻斯特铁路线以阻止约瑟夫·约翰斯顿将军去援助博伊加德。

格林豪夫人亲手把北方军队的作战计划情报缝进丝包，藏进女助手贝蒂的头发中，通过秘密途径传回南方。得到情报后，南方军队严阵以待，静候北方军队进入他们早已设好的圈套之中。7月21日，麦克道尔准将率部抵达时，南方军队指挥官皮埃尔·博伊加德已在马纳萨斯以东的布尔溪后方布好防线。训练有素的北方军队在麦克道尔的指挥下击溃了博伊加德一部的左翼，眼看胜利在即。但南方军队根据格林豪夫人的情报，早就安排了托马斯·杰克逊将军率领的弗吉尼亚军团前来驰援。杰克逊将军的部队像一座石壁一样挡住了北方军队进攻的步伐，并会同博伊加德的队伍开始了反击。身着绿色军服的北方军队被这支"奇兵"打蒙了，撤退逐渐变成了溃败。两军激战过后，北方军队在战斗中伤亡共计2896人，而南方军队仅伤亡1982人，大批联邦军士兵连同观战的平民溃逃回了华盛顿特区。南方军队打赢了这场内战中的第一场具有重要意义但非决定性的战役——布尔溪战役。这其中，格林豪夫人的情报功不可没。她收到了来自里士满南方政府的感谢信："我们的总统和将军都感谢你，南部邦联欠你一个人情。"

南方邦联在布尔溪战役大获全胜

布尔溪战役后，林肯带领联邦政府制定了一系列的战略。在国会的授权下，联邦政府开始着手开展规模为 50 万名三年制志愿军的招募工作。林肯授权时年 34 岁的乔治·麦克莱伦将军以麦克道尔准将的部队为班底，着手组建波托马克军团。当年 11 月，斯科特将军退休后，麦克莱伦将军接替了斯科特将军北方军总司令的工作。

格林豪夫人不仅长得妩媚，也善于洞察人心，她利用人们对南方邦联的同情和对废奴的不满很快就发展了 17 名下线。间谍们在华盛顿特区频繁活动，走街串巷，到处搜罗信息，再将情报汇总到格林豪手中，传递给南方。这些间谍甚至弄到了麦克莱伦将军下达命令的副本，可谓无所不知，神通广大。对此，格林豪夫人曾自豪地说："我充分利用了上帝的恩赐，结果取得了远超预期的成就。"格林豪夫人的间谍生涯也充分证实了这一点。

贝尔·博伊德是乔丹发展的另一个著名女间谍。与走上层路

走群众路线的女间谍

贝尔·博伊德（Belle Boyd，1844 年 5 月 9 日—1900 年 6 月 11 日），出生于美国弗吉尼亚州伯克利县马丁内斯堡，原名伊莎贝拉·玛丽亚·博伊德，是美国内战中南方邦联的传奇间谍，一生中多次被捕，却始终能凭借自己的美貌和聪明才智一次次脱逃。

博伊德的间谍生涯始于 17 岁那年。通过结交家乡驻地的北方士兵，她从他们口中套取到了大量有用的信息，并源源不断地传递给南方邦联。然而，博伊德的行为很快就给她带来了牢狱之灾。但是由于她的年龄尚小，所获取的情报也尚未造成重大损失，联邦的反间人员只是对她稍加警告后就放了她。这次被捕的经历并未停下她为南方服务的脚步，博伊德对南方的忠诚更加坚定。

1862 年 7 月 29 日，博伊德被正式批捕，而后被带往监狱服刑。半年后，她刑满释放，被驱逐到里士满。1864 年 5 月，博伊德被邦联派往英国，却在半路上遭到了北方的拦截，并被流放到加拿大。她的美貌再一次拯救了她，负责押送的联邦海军军官塞缪尔·哈丁格爱上了她，二人后来在英国结婚。

线的格林豪夫人不同，博伊德的活动范围主要在北方军队的官兵周围。年轻的博伊德热情似火，吸引了许多北方士兵的目光，向她献殷勤的大有人在。博伊德正是利用了这一点，常常把探听到的北方军队的实力和调防情报送给南方。

布尔溪战役后，直到1862年初，南北双方都没有爆发战事。1862年3月，北方军队开始大规模向南推进，并进行了半岛战役。4月6日，夏洛之战爆发。面对南方指挥官阿尔伯特·希伯尼·约翰斯顿将军带领4万名南方军队的突袭，尤里西斯·格兰特将军统帅6.3万名北方军队，以伤亡1.3万多人的代价将其击退，约翰斯顿将军的部队总计伤亡10699名南方官兵。虽然格兰特将军因指挥不力被解除了职务，但北方军队的进攻态势已不可阻挡。

随着罗伯特·李将军从邦联司令约瑟夫·约翰斯顿将军手中接过指挥权，邦联的情报工作得到进一步加强。与北方军队的指挥官麦克莱伦不同，李将军十分重视情报工作，他会尽力了解北方军队主要指挥官的性格、特点，并相应采取不同的策略。就在北方军队向南方推进之时，南方军队采取了"围魏救赵"战术，火速派遣"石壁"将军杰克逊率1.7万人从里士满和华盛顿以西的谢南多厄河谷出兵，直逼华盛顿，希望通过威胁华盛顿以阻止北方军队南下。在一个月的时间里，杰克逊利用自己所掌握的地形优势和情报优势，以超乎常人的胆识，制定了用时间和速度赢取空间的作战策略。他率领部队在谢南多厄河谷内迂回穿插，机动650英里，最终六战六胜。面对杰克逊的节节胜利，北方军队派出三路人马共2万人围击杰克逊，但当北方士兵冲进谢南多厄河谷时，杰克逊和他的部队早已不知所踪。杰克逊创造的军事史上运动战的典范——史称谢南多厄河谷之战，至今仍被世界上许多军事院校作为经典战例来研究。

"石壁"将军托马斯·乔纳森·杰克逊

6月25日,"石壁"将军杰克逊和他的部队安全回撤到里士满以北的阿什兰。在外人看来,杰克逊此举有如神助,实质上是博伊德的情报救了杰克逊。当时,游走于北方军营的博伊德碰巧听到了北方军队包围杰克逊的计划,感到事态紧急,她立即动身前往杰克逊的营地,亲手将情报交给杰克逊的作战参谋。杰克逊因此制订了相应的行动计划,在北方军队的包围间隙中逃出。战后,杰克逊亲书一封信,感谢博伊德。他写道:"博伊德女士,我代表军队谢谢你,谢谢你所提供的绝妙的情报。"不过,博伊德作为间谍,在心思缜密上还欠缺不少火候,在很短的时间内她就被捕了四次。

为了安全高效地传递情报,南方还在南北之间建立了多条秘密线路,使情报能够在华盛顿和里士满之间有效流动。当时,医生拥有自由出入南北边境的特权,汤姆斯·乔丹就利用医生充当交通员,建立起了一个复杂的交通员体系。乔丹安排约翰·萨拉特医生在华盛顿以南约10英里处的村庄萨拉茨维尔经营了一家小旅馆,作为南方间谍的安全屋，南来北往的邦联特工都可以在这里落脚。后来，南方的特工局以"医生交通线"为基础，沿里士满、华盛顿、巴尔的摩、纽约建立了一系列的安全屋、中间站。许多邦联间谍借夜色掩护，乘着小船渡过波托马克河潜入北方搜集情报。

平克顿的反击

南方的间谍活动令北方损失惨重，这引起了林肯的高度重视。林肯首先想到的就是那个曾有"救驾之功"的小侦探——艾伦·平克顿。1861年，林肯亲自下令，由艾伦·平克顿负责在华盛顿组建反间谍机构，查处南方军队间谍网。

平克顿展开的第一个反情报行动，就是监视格林豪夫人。一个夏日的雨夜，平克顿跟踪的一位宪兵司令部军官鬼鬼祟祟地走进格林豪夫人的公寓。透过窗户，平克顿隐约看到那位军官把一份纸质材料交给了格林豪夫人，两人还对着材料研究了好半天。不用说，他们一定是在传递情报。于是，平克顿果断下手，很快就逮捕了那位军官和格林豪夫人。从格林豪夫人的家中查获的情报资料让平克顿大为震惊，其中不仅有大批北方政府的秘密文件，甚至还包括首都华盛顿防御工事的详细情况。对于平克顿而言，最有情报价值的是格林豪夫人的日记。不知道格林豪夫人是记性不好还是工作太严谨了，她的日记完整记录了她所掌握的整个间谍组织的情况，联络人姓名、情报来源和情报传递手段一应俱全。通过这部日记提供的线索，平克顿将格林豪夫人的间谍网几乎扫荡殆尽。

至于创建间谍网的乔丹，因早把在华盛顿的情报工作移交给格林豪夫人，自己回到南方在军中任职，并不在平克顿的抓捕之列。可以说，乔丹上演了一出活生生的美版"潜伏"。在平克顿负责反情报工作期间，南方间谍发回里士满的情报，无论是数量还是质量都有明显下降。

1862年初，美国战争部接管了由时任美国国务卿威廉·亨利·西沃德一手创建的全国性反情报机构。几经争论，温菲尔德·斯科特将军的手下斐耶特·贝克坐上了新成立的秘密特勤处处长的位置。虽然平克顿也在处长人选提名之内，但却遇到了很大阻力。就在双方争执的时候，联邦军总司令乔治·麦克莱伦提出由平克顿为他提供情报，这一提议成了平克顿此刻骑虎难下时的最好办法。经过商议，由平克顿领导北方军队主力部队波托马克军团的情报机构，对兵团司令麦克莱伦负责，称为特勤处。

格林豪夫人的被捕在南北双方的间谍圈引起了不小的轰动，联邦政府以"充当敌军间谍，向叛军提供情报"的罪名起诉了格林豪夫人。随后，格林豪夫人和她的小女儿被关进了旧国会大厦监狱看押起来。1862年6月，联邦政府释放了格林豪夫人，把她遣送到邦联的首都里士满。

面对南方的间谍行动，光靠防范肯定是不够的。北方军队同样对南方军队发起了谍报攻势，在谍报战线上发起了一场以攻对攻的谍报大战。总的来说，北方间谍的渗透基础和力度都不如南方，北方人很难打入南方阵营，平克顿平时主要采取设卡盘查等办法获取一般性情报。

辛辛那提是南北互通的咽喉要道，平克顿就带着一帮人在这儿盘查穿越南北分界线的商人、战俘、逃兵和黑奴。虽然平克顿的特勤办事处只有十七八个人，但却显示出了搜集情报的优质高效。平克顿发现，从南方逃出来的黑奴往往是最有价值的情报来源，他们非常了解南军的阵地、营地和供应点的情况。因此，平克顿命令侦探们集中力量盘查逃亡的黑奴，对那些稍有文化、能观察和识别军事目标的逃奴，尤其要进行详细盘查。在审讯这些黑奴时，平克顿有意发展他们成为潜在的情报员，让他们返回南方搜集军事情报。

根据艾伦·平克顿在1883年出版的美国内战回忆录《叛乱的间谍》来看，逃奴情报员中最著名的要数约翰·斯科贝尔。斯科贝尔是一位从密西西比州逃亡的奴隶，曾经在奴隶主家中接受过较好的教育，后来被奴隶主释放来到北方。他对南方的地形非常熟悉，能够准确回忆起南军的部署情况，可以说是"行走的南军百事通"，所以深得平克顿喜爱。他也多次陪同平克顿派出的密探到南方执行重要的侦察任务，为联邦军搜集了大量一线情报。

北方的情报工作也不仅限于"守株待兔"，在平克顿的带领下，大批北方间谍深入南方，搜集各种情报，为北方军队作战提供军事情报保障。比如，平克顿本人就化名E.J.艾伦，亲自潜入南方刺探军事情报。为了摸清田纳西州孟菲斯城的防御能力，他乔装为一个南方富翁，请守卫该城的佩罗将军喝酒。酒过三巡，佩罗将军喝得起劲，一股脑把军队规模、城防部署等重要信息都说了出来。这还不尽兴，他还告诉他的平克顿老弟，他在华盛顿安排了好几个间谍，个个都是一顶一的高手。为了让平克顿相信，他甚至把联系人的姓名也说了出来。

平克顿手下最有名的间谍当数凯特·沃纳和蒂莫西·韦伯斯特。沃纳是个十足的大美女。不同于傲慢的格林豪夫人，沃纳待人热情、平易近人，所以在弗吉尼亚州和田纳西州之间活动时，她常常能够快速地和南方妇女熟络起来。她和妇人们一起劳作、娱乐，可以听到妇人们毫无顾忌地谈论她们的丈夫或男朋友在军队里的动向，因而打探到不少有用的情报。妇女们都把她当作好"闺蜜"，有事也喜欢找她诉苦，特别是遇到重大战斗担心男人安危时，这种抱怨更成了家常便饭。沃纳一边安慰她们，一边记录下她们所说的情况。不用多久，沃纳了解的情况就会传到平克顿的办公桌上。

认钱不认人的温德

约翰·温德（John H. Winder，1800年2月7日—1865年2月21日）出生于马里兰州萨默塞特县。1820年从西点军校毕业后，他先后参加了第二次塞米诺尔战争和美墨战争。1861年4月战争爆发后，他辞去了在北方军队中的职务并加入南方军队。7月，他被任命为宪兵司令，负责里士满的监狱。第一次布尔溪战役之后，面对大量的联邦军的俘虏，他建立了臭名昭著的利比监狱。

1864年3月，大部分犯人被转移到梅肯，他则负责佐治亚州和亚拉巴马州的监狱系统。除此之外，他还担任着一个重要的任务——从事反间谍活动，专门负责搜捕在里士满的联邦间谍。但是温德并没有取得什么反间谍成就，原因在于温德私心太重，既爱慕虚荣，又贪受钱财，因此只要北方间谍花些小钱，温德就可以睁只眼闭只眼。在情报战线这种对个人要求极高的岗位上，温德一个人足以带坏一个机构的风气。据北方间谍说，送给温德一套新裙子就可以获得通行证，花100美元就可以办出各类许可证。这点钱对拥有雄厚经济基础的北方来说，当然不在话下。

韦伯斯特的经历则更加传奇。出生于英国的蒂莫西·韦伯斯特曾经是纽约市的一名警察，是南北战争中的一位传奇间谍。在平克顿的设计下，他化装成一个狂热的分离主义分子打入南军内部，加入了南方的"黄金骑士团"，成为平克顿在该组织的卧底。更传奇的是，韦伯斯特不仅成功地混进了骑士团，还成为该组织的核心人物。黄金骑士团在南军中的活动本来就很秘密，借此平台，韦伯斯特可以了解到很多南方间谍在北部的情报活动，能够直接为平克顿提供反间谍情报。此外，韦伯斯特成功赢得了邦联战争大臣（后任国务卿）犹大·本杰明的信任。本杰明托付韦伯斯特向巴尔的摩反对分子传递的文件都被他如数复制传递到平克顿的办公桌上。

南北双方不仅在派出间谍刺探军情上激烈对抗，还在反间谍上进行了较量，北方抓间谍，南方也抓间谍。北方抓住了格林豪夫人，南方也抓住了平克顿的大特工韦伯斯特。

由于生病，韦伯斯特有一段时间没有与平克顿联系，这引起了平克顿的不安与担心。平克顿便派人秘密越过南北分界线，前往里士满观察情况、打探消息。没想到这名特工一进南部，就被南部同盟安全委员会盯上了。约翰·温德是这个委员会的负责人，专门针对北方间谍开展反间谍活动。平克顿的特工对自己已被南方反间谍机构发现浑然不觉，到了里士满后径直与韦伯斯特联系。此举令韦伯斯特暴露被抓，北方在南方的潜伏网遭受重大损失。韦伯斯特被捕后作为间谍受审，并被判处死刑。尽管林肯威胁邦联的杰斐逊·戴维斯总统说，如果韦伯斯特被处决，将吊死被俘的南方间谍，但韦伯斯特还是在1862年4月下旬被执行了死刑。

平克顿红红火火的间谍和反间谍活动也没有得到一个完美的结局。伴随麦克莱伦在里士满七日战役的"消极表现"，林肯于1862年11月解除了麦克莱伦的职务。作为麦克莱伦的死党，平克顿一同卸任军队情报机构负责人，黯然离开华盛顿，回到了他位于芝加哥的侦探社。

事实上，在此之前，随着战局的推进，关于情报等一系列因素导致北方领导人和军事将领产生了许多决策失误。这并不是因为平克顿不努力，而是在越来越浓密的战争迷雾面前，单纯依靠谍报手段刺探军情，已经不能完全胜任情报支撑保障任务。

比如，1862年3月，北方军队计划在弗吉尼亚半岛进攻南方军队（史称半岛战役）。初期，南方军队采取了一系列"隐真示假"的欺骗措施，令平克顿得出错误结论。南方军队把圆木漆成黑色，摆成加农炮的样子，远远望去难辨真假；南方军队在夜晚宿营时，即使无人取暖也要多生起数百堆篝火熊熊燃烧，造成部队众多的假象；南方军队还修筑了很多堡垒工事，但并不派兵把守；南方军队还为小股部队配备了军团大旗，借以迷惑北方军队的情报人员。

平克顿在抓间谍问口供上是一把好手，但通过军事行动迹象判断敌情却显然"稚嫩"得多。平克顿在判断敌军兵力时，往往通过观察南军军团旗帜简单计算南军兵力规模，他用旗帜数乘以2500（南军联盟军团的满编兵力数）进行估算，再通过夜间南军的火堆数来进行比对，按照每个火堆旁有6名士兵烤火取暖再乘以火堆总数推算。实际上由于天气情况和木柴数量均不确定，因此聚拢在火堆旁取暖的士兵数量是无法估计的，而南军制造的军旗假象也说明了南方军队反情报机构已经掌握平克顿的方法。当时，麦克莱伦正率领8.5万人进攻里士满，当在约克镇遭遇抵抗时，他停止了进攻，将约克镇团团围住。当面之敌其实只有1.7万人，而平克顿提供的情报却远远多于这个数字。被围期间，南方援军赶到，人数增至6万，同时麦克莱伦的人数也增至11万余人，但他却认为叛军有12万人，还是不敢轻举妄动。当麦克莱伦决定发起进攻时，"石壁"将军杰克逊也来增援，南军人数达到8万人，而平克顿却又报告说敌军有20万，行事谨慎的麦克莱伦最终决定撤退。

表面上看，这是情报机构负责人个人素质和才能的问题，但究其实质，是因为单纯依靠谍报手段已经不能满足复杂的战争实践的军事情报需求。因此，一个情报手段完备，能够整合情报资源，强化情报分析能力的情报机构呼之欲出。

夏普上校与波托马克之光

在美国中东部，有一条绵延500多千米的重要河流，它源于阿巴拉契亚山脉，一直向南汇入大西洋，其间山林密布、峡谷纵横，自然景观壮美而奇特，这就是波托马克河。南北战争中，风景秀丽的波托马克河不仅是马里兰州和弗吉尼亚州的分界线，也是南北双方的分界线，双方在河两岸重兵集结，斗争形势异常紧张。

波托马克军团军事情报局的老班底是乔治·亨利·夏普的情报组织。夏普本是纽约的一位检察官，南北战争爆发后，他带着120名来自纽约的志愿者参加了北方军队，很快就开始组建自己的情报网络。到1861年中期，夏普的情报组织已成为自独立战争以来最为专业的情报组织。到战争末期，大约有200名夏普的特工在南部各州开展间谍活动。在他的组织中，与格林豪夫人齐名的女间谍是伊丽莎白·范·卢。由于夏普对手下间谍身份的严密保护，范·卢也是夏普情报组织中唯一一个能确定姓名的间谍。范·卢的情报网包括了农民、餐馆老板、商人等各色奇人，在南军的陆军部和海军部中也有她的情报员。

1863年2月11日，夏普的情报处被改组为波托马克军团军事情报局（BMI），夏普的情报才能得以充分施展。军事情报局成立后，夏普利用组织优势积极拓展情

夏普上校

乔治·亨利·夏普（George Henry Sharpe，1828年2月26日—1900年1月13日）出生于美国纽约州阿尔斯特县金斯顿，是南北战争中联邦的军事情报局局长，也是北方的间谍大师。在加入美国陆军前，夏普一直在从事法律工作，这为他后来的谍报工作打下了坚实的关系网和语言基础。

1861年，他以上尉身份加入纽约志愿军第一团。一年后，夏普官升上校，负责指挥纽约第120步兵团。1863年开始，他接手了约瑟夫·胡克（Joseph Hooker）的联邦情报局，并将其改名为军事情报局。军事情报局的情报来源不仅包括了特工、战俘、难民和南方邦联的报纸，甚至还包括了从阵亡将士身上取出的文件。在从事谍报过程中，夏普高度重视保密工作，他派出去的特工只知道自己的任务，而对其他同事的任务乃至姓名一无所知。美国内战结束后，夏普重新干起了法律的老本行，也继续在政界内管理和实施情报活动。

1900年，夏普在纽约市去世，葬于纽约金斯顿的威尔特威克公墓。

报手段。他对情报手段加以细分，谍报侦察、部队侦察、骑兵侦察、通信观察、信号截取、公开资料分析和难民、逃兵审讯等多种情报手段齐头并进，形成了一支情报手段各有专长的队伍。夏普特别注重将各种情报资源进行整合，把军事情报局设定为情报分析的中心，对各种手段搜集来的情报进行分析、比较和整理，从而形成清晰的战场态势。此时的军事情报局，可以说是"眼观六路，耳听八方"，是波托马克军团的"最强大脑"，其出色的军事情报工作为北方军队的作战指挥提供了强有力的情报支撑。有人评价说，"有了军事情报局，联邦军第一次知道在拉帕汉诺克河以南发生的情况多于李将军知道河以北发生的情况"。

夏普的两大干将之一，约翰·麦肯迪主要负责情报侦察行动，配合情报问讯，并在必要时负责组建其他的"相关部门"。

军事侦察人员是军事情报局散入南军内部的"眼睛"，他们中的大多数人都是经验丰富的军士，可以渗透到无人区甚至是敌后，依照夏普的秘密指令开展人力侦察。他们有的被派去侦察敌军动向，有的被派遣去勘察道路情况，

夏普的女一号

伊丽莎白·范·卢（Elizabeth L. Van Lew，1818年10月17日—1900年9月25日）出生于美国弗吉尼亚州里士满的一个商人家庭。

虽然伊丽莎白家世显赫，富甲一方，但因为强烈反对奴隶制，她还是抛下了一切支持北方的工作。最初，伊丽莎白只是探望关押在里士满利比监狱的北方战俘，为他们送去药品和食物。而后，她还帮助狱中的囚犯逃跑，并将她们藏在自己家中。通过这些逃犯，伊丽莎白引起了北方联邦的注意，联邦的本杰明·巴特勒将伊丽莎白发展为间谍，在里士满建立了一个稳固的情报网络。

然而，伊丽莎白的晚景十分凄凉。由于她向联邦提供情报，伊丽莎白遭到了里士满当地社会的排斥。而为了在内战中招募间谍开展工作，伊丽莎白早已身无分文。格兰特当选总统后，曾一度任命她为里士满邮政局局长。格兰特下台后，伊丽莎白也丢掉了工作，最终不得不依靠他人的接济过活。

为军事情报局获知敌军位置和动向奠定了基础。这些侦察人员还开启了与友军的情报合作，他们经常联合其他北方军队派出的间谍，共享所获情报。

骑兵的侦察、通信兵对邮箱的检查、截获的信件以及通信窃听等都为夏普的军事情报局提供了重要情报。不仅如此，就连公开报纸上反映里士满军事、经济和政治形势的信息，军事情报局也不放过，会找来并组织研究。此外，夏普和他的助手们研究形成了一整套体系化的质询问题清单，包括被审讯人所在团、旅、师、军的标识，被审讯人参军的时间地点，所属部队的具体位置，所属部队开至前线的时间，被审讯人被俘虏或逃亡的具体原因。当俘虏或逃兵往小黑屋里一坐，这些问题就会同机关枪的子弹一样向他迎面扑来，使其难以应付，只能老实交代。当时没有测谎仪，问讯团队自然不能全听俘虏或逃兵的话，他们会对得到的问题答案进行仔细甄别，去除夸大和错误的信息，得出较为客观的结论。

约翰·巴布科克是夏普的另一个得力干将。作为夏普的首席情报官，巴布科克负责讯问和地图绘制工作。巴布科克根据审讯口供和记录，整编出了一套翔实的南方罗伯特·李将军的部队战场记录。组建不到半年，军事情报局就已经对处于弗吉尼亚和北卡罗来纳的每一个南方的师、旅团级单位了如指掌，就连其指挥官及位置等动态信息都尽在掌握之中。

简而言之，在美国的军事情报领域，夏普带领军事情报局开创了全源手段搜集军事情报的先河，他的军事情报局也成为南北战争期间最大的情报集散地。

情报拿到了手里，怎么去用也是个大学问。在激烈的情报斗争中，不但要去粗取精、去伪存真，还要把碎片化的情报进行整合分析。夏普在美国军事情报上的一大贡献，在于他发展了情报印证的情报分析方式和情报可靠性思维，这与平克顿时期相比是美军情报工作的一次飞跃，也为夏普领导下的军事情报局留下了赫赫声名。夏普发展出以侦察和审讯两种方式为重要支撑的两大情报来源，并构建了一套保证可信性、可靠性的验证标准，同时对进入军事情报局的其他来源情报做出进一步的可信性验证。在此基础上，夏普汇总各类情报，再得出完整的战场态势。也就是说，夏普并不孤立地看待动态情报，因为每一条重大动态情报背后，都可能是整个战场态势的改变。正因如此，夏普为战场指挥官提供情报时，并不是汇报原始情况，而是汇报对敌军及战场态势全面仔细分析后的成果，从而保证了情报的全面性和有效性。这样，经过验证的情报会以每日一报的形式提供给波托马克军团的指挥官。依靠全源手段加上科学分析，夏普成为了八面玲珑的情报"教主"，在任期间几乎没有出现过差错。

美国国会图书馆中的《解放黑人奴隶宣言》

1862年9月22日，林肯颁布了《解放黑人奴隶宣言》。宣言一经发出，就引起了举国强烈的反响。支持废奴的人欢欣鼓舞，感叹黑人终于得到了应有的自由；反对废奴的人捶胸顿足，悲痛赖以生财的"摇钱树"不再归自己所有。1863年1月1日法令正式生效，大批黑奴获得了人身自由，北方政府得到了黑奴的支持。夏普继续采用平克顿的做法，招募印第安人和黑人，让他们在情报战线上发挥独特的作用。

获得自由后充当间谍的黑人数不胜数，玛丽·陶维斯特和哈里特·塔布曼正是其中的优秀代表。陶维斯特获得自由后，在诺福克的一位工程师家中当管家，而这位工程师正在改装邦联海军第一艘铁甲舰"弗吉尼亚"号，以对付正在封锁诺福克的联邦海军。陶维斯特意识到这一行动的重要性，就偷了工程师的改装计划送到了北方。北方海军部于是加快了铁甲舰的建造计划，获得了战略上的主动。塔布曼是逃往北方获得自由的黑奴，之后他多次返回南方，通过地下铁路把300多名黑奴带到了北方。都是"黑哥们儿"当然好说话，在这些人中他发展了不少熟悉当地情况的黑奴作为间谍，以深入南方营地从事情报搜集。塔布曼搜集的情报包括敌军的兵力部署、后勤供给和敌方的弱点，为北方军队的战斗提供了可靠的情报保障。

北方军队在1862年6月25日的七日战役失利后，时任波托马克军团指挥官的安布罗斯·埃弗雷特·伯恩赛德将军因盲目进攻在当年12月14日的安提塔姆河战役中再次失利。南方军队的罗伯特·李将军随即抓住战场主动权，准备再次北上，一路攻城拔寨，势不可挡。

军事情报局成立两个月之后就迎来了一次考验。

1863年4月，在东部战役中，时任波托马克军团司令的胡克将军针对李将军的部署计划了一次合围作战，即钱斯勒斯维尔战役。

开战之前，最关键的就是要了解掌握战场态势，掌握敌军作战力量、位置和动向等情况。4月中旬，军事情报局的一支侦察部队发现了重要情况，侦察员在李将军大部队的西北方向发现了一个较弱的防御区域，其他的情报来源也印证了这一点。综合已知信息，约翰·巴布科克对战场情况进行了详细描绘，他估计敌方兵力为55300人，但可能仅有2%的兵力用于防御该区域。根据这一情报，胡克将军将其部队安插于李将军部队的侧翼，对其进行猛攻。可惜的是，虽然情报提供了宝贵的先机，但胡克的部队未能抵挡住侧翼的回击，令人遗憾地丧失了战机。最终北方军队合围失利，通过进攻取得胜利的美梦化为泡影。也正因此，林肯对胡克的临场指挥能力大为质疑，并于1863年6月28日，即生死攸关的葛底斯堡战役前三天解除了他的职务，由乔治·戈登·米德少将代替其指挥。但在这场战役中，南方军队也因天黑而误伤了"石壁"将军杰克逊，杰克逊先是被迫截肢，后又因感染肺炎离世，时年39岁。

葛底斯堡的情报跃升

1863年6月3日，李将军率领麾下的北弗吉尼亚军团的7.6万名士兵（编成3个军和15个炮兵营，另有6个骑兵旅），从弗吉尼亚出发北进。而此时波托马克军团指挥官仍旧是胡克将军，其麾下的波托马克军团拥有12.2万名步兵和1.2万名骑兵与400门火炮。此前在钱斯勒斯维尔战役的失利使得胡克对战场的变化情况高度关注。战斗可以有间歇，但军事情报工作却永远不能停下来，深知个中利害关系的夏普对战役进展心中极为有数。钱斯勒斯维尔战役结束后，他认为，如果罗伯特·李再次率军北上进攻，不但可以前出弗吉尼亚，还可以获得宾夕法尼亚的丰厚物产，不得不防。而事实上，李正是打算从谢南多厄河谷出兵，北上进入宾夕法尼亚州，随后挥师东进，直逼费城和巴尔的摩，这样就可迫使胡克的波托马克军团尾随其后，然后在自己选定的战场对追兵发起进攻。为查明李所率的北弗吉尼亚兵团行军路线，夏普几乎派出了军事情报局的全部侦察力量，对重要的浅山地区和峡谷进行地毯式排查，跟踪确定南方部队的动向。

南方邦联的"擎天柱"——罗伯特·爱德华·李将军

在当时，骑兵仍是作战中主要的侦察力量。骑兵部队具有很强的机动性，十分灵活。无论是南北哪一方的军队，都十分重视骑兵在侦察和作战领域发挥的作用。1863年6月9日，南北双方的骑兵部队在库尔佩勃的布兰蒂车站打了一场遭遇战。不同于具有良好情报意识的南方骑兵部队指挥官J.E.B.斯图尔特，波托马克军团骑兵部队指挥官普里森顿虽然在布兰蒂车站作战中表现不俗，但没有搞到丝毫有用的情报。一直到6月13日之前，波托马克军团都没有弄清李将军主力部队的所在位置和行军路线。恰在此时，波托马克军团军事情报局再次立功。

6月9日布兰蒂车站战斗结束以来，波托马克军团军事情报局的情报人员昼夜奋战，一直在突击审讯南军的战俘。6月13日，一位名叫查理·赖特的黑奴少年引起了约翰·巴布科克的注意，这个少年此前不仅为南军军官服务过一年，记忆力还特别好。他说他看到南军有两支部队通过库尔佩勃沿着河谷地区正开向马里兰。他还提供了这两支部队的组织编制情况，这一切与约翰·巴布科克此前积累的基本一致。约翰·巴布科克在兴奋之余立刻给局长夏普上校拍了两份电报。这两份电报也使得胡克将军立刻行动起来。

6月16日，南方将领理查德·尤厄尔统帅的第二军的先头部队已经越过波托马克河，进入马里兰州境内。22日，尤厄尔的先锋部队已经到达宾夕法尼亚州的钱伯斯堡。而南军将领詹姆斯·朗斯特里特统帅的第一军和斯图尔特的骑兵部队还在谢南多厄河谷地区行进，并与联邦的普里森顿展开了激战。马里兰、宾夕法尼亚、谢南多厄河谷地区，都有南方军队的踪迹。"战争的迷雾"充满了胡克将军的脑袋，他无法将这些碎片化的信息整合成一幅完整的画面，于是，胡克只好带着"战争的迷雾"继续向北行军。

6月24日，一份来自军事情报局约翰·巴布科克的电报彻底打消了胡克的疑虑。电报称，李的主力部队正在渡过或者已经渡过波托马克河，弗吉尼亚境内已经没有剩余的南方军队。其实，6月17日，约翰·巴布科克就根据夏普上校的密令秘密前往马里兰州的弗雷德里克着手组建间谍网。但由于当地大量的南方士兵和亲南群众的极力干预和阻挠，约翰·巴布科克直到24日才拍出这一份也是第一份有用的情报。

事实上，约翰·巴布科克的情报言过其实。急于立功的巴布科克为了催促波托马克军团加速行军不得不夸大了南军渡河的事实。

而真正的南方军队主力还在温彻斯特，距离巴布科克电报描述之地还有两天的路程。

一个巧合引发了另一个巧合，这份夸大了事实的情报使得胡克将军非常不安，随即下令部队加速行军。6月25日，胡克的大军在爱德华渡口渡过了波托马克河，进入了马里兰州。到6月26日，李将军的弗吉尼亚军团主力、胡克的大军已经自西向东呈齐头并进的趋势向北（宾夕法尼亚州）行军。斯图尔特的骑兵部队本来应该担负起战场侦察的重任，但却被李将军赋予了过多的职责，不仅要侦察，还要牵制胡克大部队。结果，本应在李将军主力部队右翼担负掩护任务的骑兵部队直到6月28日才渡过波托马克河。不仅如此，一直到7月2日，这支骑兵队伍都没能与李将军的主力部队取得联系，更别说向李将军提供有用的情报了，而另一边，胡克的大军因为巴布科克的情报日夜兼程，先一步到达了葛底斯堡决战之地。6月27日，胡克向华盛顿提交了一份作战方案。因为胡克以往的表现，林肯并没有批准胡克的方案，而是批准了恼羞成怒的胡克的辞呈。林肯随即任命办事果断的米德将军接过了胡克将军的指挥权。米德抓紧安营扎寨，整军备战。

而没有骑兵部队辅助侦察的李将军在战场上就像瞎子一样，丝毫不知道米德及其部队的所在位置。要不是朗斯特里特将军的私人情报员哈里森报告了米德大军的动向，李将军都不知道米德大军已经渡河的情况。虽然尚不知道米德将军所率部队的具体兵力和具体位置，久经沙场的李将军还是谨慎地收拢了部队，下令部队向葛底斯堡以西8英里的卡什镇集中。但他和他所属的部队根本没有意识到，一场足以影响南北战争进程的恶战即将发生。

7月1日上午，一场为期三天造成双方伤亡5万多人的恶战以"抢鞋事件"引发的遭遇战戏剧性地拉开帷幕。因为工业体系本就薄弱，再加上战争造成的破坏，南军的大部分士兵穿得破破烂烂。由于葛底斯堡镇上有个鞋厂，李将军就派了一个旅去（用南方货币）"购买"皮鞋。1日上午，南军闯入了这个宁静的小镇，却意外遭遇了北军的骑兵，双方当即交火，同时，双方的传令兵急忙去召集援军前来增援，葛底斯堡战役就这样戏剧性地揭开了序幕……

两天下来，双方在兵力上均蒙受了巨大的损失，李将军麾下朗斯特里特、希尔、尤厄尔所率的三个军自北侧和西侧对葛底斯堡形成了包围的态势。而此前，虽然战役一经打响米德将军就下令收拢部队，但波托马克军团的部分主力仍然没有到达指定位置，最远的部队还需一天行军才能到达战场，南方军队在人数上依旧占优。7月2日深夜，米德将军带领众将领在司令部召开作战会议，准备投票决定是继续作战还是有序撤退以保存实力。

会上，夏普上校的军事情报局再次提供了两份至关重要的情报。由于战前做了大量功课，夏普和巴布科克已经基本准确地推算出弗吉尼亚军团的编制序列表。再加上对南方战俘的审讯，得出南方军队除朗斯特里特所属的乔治·皮克特师的15000人外，其余均已投入战场。而波托马克军团的主力部队已经于会议召开前几个小时抵达了战场。因此，就7月3日战场上南北双方的兵力对比而言，北方将占绝对优势。而2日白天，北方军队侦察骑兵在哈格斯镇附近抓到的戴维斯总统信使所携带的密信也被军事情报局破译出来——南方政府不会向李将军提供援兵。这些都坚定了北方军队将领的信心，决定在次日与南方军队决一死战。

不出军事情报局所料，李将军最后指挥皮克特师的新兵部队在7月3日发起了最后一波攻击。当皮科特师的部队冒着炮火抵近北方军队防线时，所部士兵只剩下出发时的一半，已有两位旅长和十五位团长阵亡。随后，双方在阵地上反复拉锯。黄昏时分，皮科特师的冲锋以失败告终，全师撤回自己的阵地。南军付出了巨大的代价，在皮科特师的 23 个团级军官中，只有两人无伤逃出。弗吉尼亚第九团有 250 人投入战斗，最后只剩下 38 人……整个皮科特师的伤亡率竟然高达 67%！李将军骑着战马来到皮克特师，悲怆地视察着自己的部队，"这都是我的过错，你们务必助我""凡是没负伤的，都要重整旗鼓！"

7 月 4 日清晨，两军仍然处在对峙之中，各自据守着第一天开战时所占的阵地。但是李将军清楚地意识到，大势已去，必须撤退……在三天的血战中，南军伤亡多达 28000 人，几占全军的三分之一。虽然北军的伤亡也在 23000 人以上，但北军在数量上始终占据优势，更不要说，北军仍有一支 20000 人的预备队尚未投入使用。

葛底斯堡战役让夏普一战成名，也让军事情报局大放光芒，在南北战争的情报历史上写下了浓墨重彩的一笔。

那个醉醺醺的格兰特

1863 年 7 月 4 日，美国独立日，当北方军队在东线战场赢得葛底斯堡战役胜利的那一天。远在西线作战的尤里西斯·格兰特将军也为林肯总统带去了好消息，邦联战略要地维克斯堡守将约翰·彭伯顿将军在经受了 43 天的围城后，献城请降。从当时的形势看，位于密西西比河上的维克斯堡攸关整个战局。南方的生存依靠雷德河、阿肯色河、怀特河作为供应线，把牲口、粮食、玉米、棉花和部队运到浩渺的密西西比河以及铁路交汇的城市。就像林肯所说，"如果把维克斯堡拿下来，那么整个国家就是我们的了"。

这个尤里西斯·格兰特将军正是当年在夏洛之战中因指挥不力

而被免职的指挥官。人生就是这样起起落落，这句话用在他身上一点也不为过。诞生于第二次独立战争的西点军校是美军精英的摇篮，不仅走出了无数美军高级将领，还曾培养出格兰特、艾森豪威尔两位美国总统。尤里西斯·辛普森·格兰特作为美国历史上第一位从西点军校毕业的总统，他的戎马生涯闪耀着英勇的光环。但早年在西点军校学习的时候，格兰特成绩平平，在39人的班级中，他成绩只排21名。格兰特的马术十分了得，在美墨战争中作为温菲尔德·斯科特将军的部下他表现良好。但战后因驻守"天高皇帝远"的美国西部，他因经常酗酒，而被解除军职。离开部队后，他干过农场主、地产商，甚至还当过皮草店店员。

要不是南北战争爆发，这个时年已经40岁的老男人估计会一直平庸下去。战争给了他第二次机会。这位来自俄亥俄州波恩特普里山特的沙场老将深得林肯总统的赏识。夏洛之战后，驻守西线的哈勒克将军也于当年7月被调派东线，格兰特借此重新掌握了军权。经历了夏洛之战的格兰特更加谨慎，也因为骁勇善战在士兵中赢得了很高的威望。

在南北战争中，北方战略计划的设计者斯科特将军采取了集中优势兵力各个击破、稳步推进的战略策略，并制订了分步打击南军的"蟒蛇计划"。"蟒蛇计划"提出：由北方海军封锁南部沿海，切断南部同盟与欧洲的联系；陆军则像蟒蛇一样沿密西西比河南下，占领并控制沿河重镇，将南部分割为东西两部分，而后逐步击破。在南北战争中，北方也是按照这样的思路开展的，格兰特将军最初就是在西部战场活动。

1862年10月，格兰特将军考虑到战争的严峻形势，开始构建情报组织。格伦维尔·道奇是他当时的情报副手，顺理成章地当上了情报负责人。道奇虽然在情报领域从未接受任何专业训练，但他驾轻就熟，很快就掌握了间谍的职业技能并在战争中广泛应用。

对于道奇来说，人手的问题最为关键。他到处招兵买马、招募间谍，而那些会说得克萨斯话的南部联邦主义者更是道奇的首选对象。这些招募来的间谍由威廉姆·哈里森领队，共有117名。为了保证间谍的安全，道奇规定这些间谍只有编号，没有名字，更不能互相认识，仅能与上线保持单线联系。为了让间谍们安心工作，道奇给他们开出了丰厚的酬劳，他们在南部待三个月就可以得到750美元，要知道这在当时是一笔巨款。道奇告诉间谍们一旦被捕，不要出卖联邦，但可以说些其他的情况以保全性命，因此，虽然道奇的间谍有一半被捕或被杀，但是从未有人出卖过联邦。间谍执行长时间任务时会带有女性通信员，因为女性更易于通过封锁线，把重要情报传回北方军队。因此，女性间谍在道奇的间谍队伍中占据了很大比例，其中简·弗朗斯顿和莫利·麦伦最为得力，她们善于伪装和沟通，经常往返于南北方的封锁线传递重要情报，下面的一封信就是明显的例证：

我的队长乔治·斯宾塞已经从图斯科比亚回来了，成功地越过敌人的军队并获取了重要的情报。南部同盟军队分布如下：贝布莱尔上校的900人在图斯科比亚登陆，约瑟夫·帕特森上校的1000人在佛罗伦萨，海诺上校的1800人在图斯科比亚；罗比将军的旧部800人在图斯科比亚登陆；巴克斯特·史密斯的350人在10千米之外；那里还有汉普顿的300人……伍德上校的400人在亚拉巴马。第一旅和一支炮兵旅在罗比将军的带领下于上周到达了图斯科比亚。这更加壮大了他们的队伍。他们在佛罗伦萨还有5门大炮，在图斯科比亚有6门。

在获取情报方面，道奇还善于利用主动出击的方式积极造势，向南方散布假情报。他通常喜欢把他的心腹乔治·斯宾塞派往敌军的后方，把假的停战协定交给南方军官，以便从中获得一些情报。

林肯原本不喜欢格兰特夺取维克斯堡的计划，但格兰特的成功彻底打消了他的疑虑，因此他让格兰特指挥阿巴拉契亚山脉以西所有联邦部队。格兰特立刻谋划在田纳西州的查塔努加附近展开一场战斗，那里的邦联军队在切卡毛加战役之后，成了对北方的一个重大威胁。在撤换了许多指挥官并增补了新的部队之后，格兰特在1863年11月25日结束的一系列战斗中，取得了查塔努加战役的决定性胜利，这为进攻佐治亚扫清了道路。突然间，这位外表粗野、身材短粗、看起来像是流浪汉而非将军的小个子，成了北方炙手可热的军事领袖。1864年3月，林肯在华盛顿晋升格兰特为中将，并给予他整个联邦部队的最高指挥权。

不得不说，道奇的情报为格兰特在西线战场的节节胜利提供了莫大的帮助。尽管道奇是个尽职的情报长官，也知道如何能有效地完成自己的任务，但因为在涉及被捕间谍问题上他的态度过激，使得他与格兰特、林肯的关系都不好。因此他并没有跟随格兰特将军转战东部战场，反而就此结束了他的间谍长官生涯。

随着格兰特晋升为北方军队总司令，波托马克军团军事情报局局长夏普也被任命为总司令部情报官。格兰特在谈及军事情报局时大加赞赏地说，军事情报局使他了解敌人的每一项部署。1864年7月，为了更加方便地使用夏普的情报，格兰特把军事情报局并入了北方军队司令部。

夏普因此得以带领军事情报局在更高层次上为联邦提供军事情报，帮助格兰特将军在与南方军队的较量中屡屡得胜。夏普的资源为格兰特将军源源不断地提供着情报。夏普的王牌间谍范·卢培养的黑人情报员玛丽·伊丽莎白·鲍瑟更是以女佣的身份潜入了邦联总统戴维斯的家中，时刻观察戴维斯的动向。鲍瑟不仅可以偷听戴维斯与他人的谈话，还可以趁打扫房间的机会偷偷翻阅其文件，然后用特殊的方式进行记录。鲍瑟获得情报后会让原来的黑人家奴充当通信员，把情报迅速及时地传递给夏普上校，以至于北方军队总司令格兰特将军评价说收到的情报"像刚采摘的花朵，依然很新鲜"。后来，格兰特在提及范·卢的贡献时曾感慨地说道："你送给我的情报是我在战争期间从里士满收到的最有价值的情报。"在此基础上，夏普进一步拓展其情报渠道，加强了与里士满亲联邦人士的联系，建立了5个"中转站"用于传递手下间谍所获信息。他还建立了专门机构来监视敌军铁路情况，从而发现敌军的大规模行动。

葛底斯堡战役的失利使得南方军队再无北上之心，维克斯堡战役后联邦更是控制了密西西比河，将邦联领土一分为二。在格兰特将军指挥的北方军队的强劲攻势下，李将军被迫于1865年4月9日向格兰特投降。不久，南方残军17万人全部放下武器。虽然南方奴隶主暗杀了林肯总统，但最终也未能阻止奴隶制度走向终结的命运。

美国内战结束后，在"战时建，平时撤"悠久传统的作用下，军事情报局同样难逃被解散的命运，但是这盏北方情报的"长明灯"成了美国常设情报机构的先导，指引着美国情报机构的发展。军事情报局的成功运行充分证明了常设情报机构的重要作用，此后，美国开始了漫长的关于是否要建立永久性情报机构的讨论，对于建立常设情报机构的呼声越来越高。

南北战争中的情报技术

在小说《长安十二时辰中》中，作者展现了唐朝时期用于传递信息的望楼系统，通过九宫格的明暗变化可以迅速传递常人无法解读的重要信息，类似的系统在美国南北战争中也可以见到。1837年，一位名叫艾伯特·迈尔的卫生官员注意到居住在科曼奇的印第安人通过变换所持长矛的角度传递信息，他据此发明了一套全新的旗语系统，模仿长矛传递信息。为了兼顾夜晚，迈尔的旗语系统白天用旗帜，晚上用火把，通过左右摆动的方式传递信号，美国据此成立了由迈尔领衔的信号部队。白天，他们使用彩旗模仿摩尔斯的点和破折号进行情报传输；晚上，他们用松节油点燃火炬代替旗帜传递信息；若是遇到紧急情况，他们则使用彩色的灯光和火箭汇报情况。

然而，南北双方实际上使用的是同一套旗语信号系统，当一方在发送旗语信号时，另一方的信号员也能接收这一信号，这就迫使双方在传递旗语时要对信号进行加密处理。美国内战爆发后，迈尔留在了北方军队，而他的助手爱德华·亚历山大却参加了南方军队。在打响美国内战的萨姆特要塞战役中，南方军队的信号人员达76人之多，其中有12人负责对北方军队的旗语进行破译。在1861年7月的布尔溪战役中，亚历山大在高处建立了信号塔，发现了北方军队炮兵的异动，他用旗语向南方军队传递了北方军队即将发动进攻的信息。南方军队及时调整部署，获得了战场的主动权，这是旗语信号首次在南方军队的实战中使用。

不久，亚历山大被任命为北弗吉尼亚陆军军械长。随着亚历山大的晋升，一位叫威廉·诺里斯的上尉因在半岛战役中的出色表现引起了南军准将约翰·麦格卢德的注意。1862年4月19日，在邦联的授权下，南方军队正式成立了信号部队，使用旗帜、火炬和电报信号传递信息、截获情报。南方将领埃德温·菲谢尔评价说："这一系统在战争中发挥的作用，也许超过了任何方式的情报活动。"随后诺里斯被晋升为少校，信号部队也扩编并补充了20名中尉以及20名中士，总共有61名军官和士兵，并且可以根据任务需要临时征召人员。后来，南方军队在每个军和师都配属了一名信号官，并管理着相应人数的信号队伍，总人数约1500人，但这一数字仍然比北方军队少得多。

说到诺里斯，他也是内战中的传奇人物。诺里斯是耶鲁大学的高才生，他的家乡是巴尔的摩，距离华盛顿仅有60多千米。内战爆发后，诺里斯毫不掩饰他对南部的热情，举家迁往弗吉尼亚，投入了邦联陆军准将约翰·麦格卢德的麾下，帮其工作。

诺里斯还和他的助手查理斯·卡伍德共同寻求扩展情报网的方法，一直把情报网扩展到梅森—迪克森线（马里兰州与宾西法尼亚州分界线），甚至加拿大沿线。作为内战时期最为出色的军事情报负责人之一，诺里斯还负责波托马克河附近的情报活动，指导那些敌营内间谍的行动。

诺里斯的信号部队大多是通过故事书和报纸专栏中的广告向南方阵线发送消息的，南方特工通过与同情南方的梅森—迪克森线以北的邮政局长合作，建立了一个非常复杂的系统转发邮件，这条秘密线路被称为"政府路线"。每封邮件都会经历艰苦的旅程——常常会被隐藏在牛粪中，或是颠簸在尘土飞扬的乡间小路上。

在诺里斯的领导下，南方军队窃取了大量的情报。1863年4月12日，约瑟夫·胡克上将的联邦军越过拉帕汉诺克河时，诺里斯为南军指挥官李将军提供了如下的情报：

胡克上将带着15万军队，还有1万人正在增援的路上。

虽然胡克上将实际上只有13万人，有9000人的增援部队，但诺里斯提供的情报并未脱离实际。然而，李将军认为这一情报是虚假情报，没有采纳，结果战役失败。

同样是在1837年，美国人摩尔斯发明出了一套用短促的"·"和长时的"—"进行组合传递信息的系统。在美国内战中，有线电报因其快捷与准确，在军用通信系统上扮演了十分重要的角色。格兰特将军曾赞美说："有线通信把每一个师、每一个军、每一个兵团及我的总司令部连结起来了。"为了保证电报线路安全，北方军队还派人在电报线沿线驻守，足可见当时电报传递信息的重要性。截至1863年6月30日，北方联邦军事部门已发送或接收了120万条电报消息，长度从10个到1000多个单词不等，平均每天需要处理4500封军事和政府电报。

如此利好的东西自然也方便了间谍与军队的联系。随着电报的出现，间谍能够快速地与他们的部队联系，而不用担心来回跑路的通信员有被敌人逮捕的风险。技术的更新也促进了情报手段的更新，方便快捷的电报线很快就被窃听，间谍们利用接线的方式接入对方的电报线，既可以看到电报的内容，又不影响主线路信号的传递。除了接线窃听外，间谍们还通过占用电报线，输入伪造的命令，阻碍敌方情报传递和发送假情报。

这样一来，对电报进行加密就显得很有必要。早在战争爆发以前，俄亥俄州的政府官员威廉姆·丹尼斯就意识到他的政府信息经常被接线员无意地听到，于是他请求麦克莱伦的下属安森·斯德哲设计一种方法来加密他的通信。斯德哲的加密系统很快被运用到内战中，从战争开始到结束，斯德哲已构建并掌握了长达15000英里的军用电报线。因为有了斯德哲的加密系统，联邦军的电报密码在整个内战期间都未曾被南部同盟所破解，最大程度保证了电报通信的安全。

此外，意识到通信的敏感性后，联邦战争部决定全权接管联邦电报的使用权，确保好钢用在刀刃上，让最需要电报通信的部门有充足的电报线路和密码资源可以使用。战争部规定,电报密码的操作都由专人负责,旁人无权干涉电报的分发和使用。

与北方卓有成效的活动情况相比,南方缺乏高水平的加密系统来保护他们的情报。南方邦联的加密系统主要是维吉尼亚密码,经常被北方特工破译,而且一旦情报被破解,相关发件人的姓名和地址就会暴露,接着就会有北方的相关人员敲开他家大门请他"喝咖啡"了。

南北战争是美国军事情报史上的一次大发展、大转折,不但表现在间谍的激烈对抗和军事情报机构的发展上,还表现在情报技术的运用上。战争中军事情报技术的更新换代,极大地拓展了人耳、人眼和人脑的适用范围,在日后的情报斗争中不断被改进并得到重用,成为重要的情报获取手段。

维吉尼亚密码

维吉尼亚密码最初由意大利人文主义学者莱昂·巴蒂斯塔·阿尔伯蒂发明。16世纪的法国密码学家维吉尼亚在他的基础上进行了改进,发展出维吉尼亚方阵。该密码属于古典密码术中的多表替代密码,有多个单字母密钥,每一个密钥被用来加密一个明文字母。在南北战争中,南方邦联在发报时,会临时将一组字母打乱,对应另一组真正的电文字母。收报方收到密电后,会根据事先约定,将字母进行转换。上图是邦联在内战期间根据维吉尼亚方阵制成的密码盘。

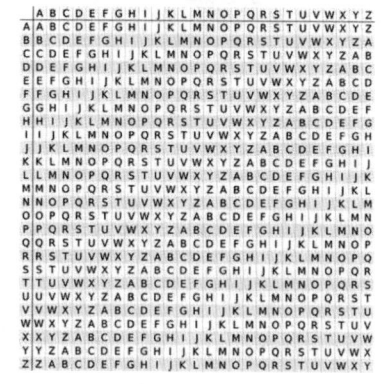

南北战争期间,一位名叫塞迪·洛的热气球爱好者突发奇想,若是利用热气球升到空中进行侦察,岂不是可以将敌军的情况一览无余?1861年6月18日,在华盛顿郊外的空地上,洛对他大胆的

空中侦察想法进行了实验和验证。在完成一系列布设、点火、排气的操作后，洛将热气球上升到离地大约500英尺（1英尺约等于0.3048米）的空中观察敌方阵地，然后通过一条电缆将他的气球吊篮连接到战争部，用以传递所得信息。从高空俯视华盛顿，一切情况尽收眼底，洛兴奋地向林肯总统汇报说："这座城市及其周围环绕的营地，呈现出极好的景象……"这是美国有史以来第一次利用空中装备进行侦察，也是第一次战时空对地通信。通过将气球与电报机相连，洛将原本在美国乡村集市上的新颖装置变成了一种新型情报搜集工具——空中侦察气球。北方陆军很快接受了这一新工具，成立了美国陆军气球总队。

1862年3月，麦克莱伦将军在弗吉尼亚半岛作战，洛随即升任首席航空官。一天早晨3点，洛随气球升空一直待到了天亮，观察敌方的篝火及其在约克镇的行动。费兹准将随后接替他升空，从1000英尺高空俯瞰战场。费兹一着陆，便将指挥官和地图测绘员聚集起来。根据他和洛在高空所看到的情况，众人绘制了南方军队防御工事的态势地图。

发现北方军队开始使用新的侦察工具后，南方军队马上采取了相应措施。他们先是简单粗暴地用大炮向气球射击，但是随后发现弹道难以计算，很难射中而且容易暴露自己，不得不放弃了炮击气球的行动。当南方军队得知北方的气球乘员能够计数篝火以估计部队实力后，他们开始实施军事欺骗。为了在白天达到这样的效果，南方军队将原木漆成黑色，并将它们布置成看起来像是从防御工事中伸出的大炮，戏称为"奎克枪"和"木弹药"。

人无我有，人有我优，这是常规的对抗思路。南方也开始着手计划建造同样功能的热气球，但由于工业基础薄弱，缺乏足够的设备来生产大量的橡胶，南方就用清漆涂抹在棉布上的办法造出了第一个热气球并顺利升空。然而不幸的是，侦察员乘热气球在约克镇附近绘制北方军力部署地图时，气球的控制系统出了问题，无力返回南方的热气球只能随风飘落在北方控制区内，就这样连人带物被北方抓获了。南方造出的第二个侦察热气球是由丝绸制成的，南方妇女们捐献的五颜六色的丝绸布匹让这个热气球看起来富有节日欢娱的色彩。然而，气球准备升空时，因拖船操作不当，气球与拖船相互拖拽，气球最终落在了詹姆斯河中，拖船也随之搁浅。接连的失败迫使南方军队停止了制造热气球的尝试。

当然，在实际的军事活动中，联邦政府发现热气球侦察并不占据优势，不仅令侦察活动易于发现，使热气球成为敌方打击的"活靶子"，而且热气球容易发生自燃，造成下坠事故，导致非战斗减员，热气球侦察在初尝甜头后就被放弃了。

在战争的催化之下，摄影术也在南北战争时期得到迅速普及。南北双方都在使用摄影术进行侦察活动，但北方联邦在把摄影术应用于军事方面占有绝对的优势，这都得归功于摄影师亚历山大·加德纳和威廉姆·T.谢尔曼上将。

1861年战争爆发时，加德纳是华盛顿的马太·布兰地摄影工作室的经理。战争开始后，他很快就离开工作室，加入了平克顿的队伍，成为一名专业的情报人员。他与地质专家一起拍摄了南方重要地区的图片，然后再把这些图片转化为地图，以供军事行动使用。此外，加德纳还拍摄了北方军队人员的照片。这样，军队长官只要对照图片就可以认出队伍中有哪些人是混入军队刺探情报的南方间谍。这种方法非常有效，以至于南方邦联想派间谍混入一个小分队的企图从未实现过。

然而，在麦克莱伦离开军队以后，加德纳也跟随平克顿离开了。虽然加德纳不再为军队效力，但他所使用的技术留在了北方军队，并在谢尔曼将军前往亚特兰大时得到进一步应用。谢尔曼在实施"向海洋进军"计划时因为缺少地理资料和南部地区的地图苦恼不已，被堵在了前往亚特兰大的路上。为了解决这一问题，他利用马车上的"黑箱子"实现了移动照片显影，然后将冲洗出来的照片做成地图供各级指挥官使用。

邦联的情报系统内部也有旗鼓相当的摄影师赖塔尔。赖塔尔经常混入北方军营，偷偷地对供给车队、武器装备、部队人员进行拍照记录，然后再回到工作室冲洗出来。在赖塔尔的努力下，南方利用摄影术进行侦察的活动也取得了一定的进展。

送给加西亚的信

南北战争打出了美国的统一，结束了分裂，也带来了美国的繁荣。到19世纪90年代，美国农场和工厂所生产的产品已经远远超过了美国人的消费能力。要继续积累财富，就必须寻找海外市场。欧洲和美国都设置了高关税壁垒来保护国内工业，所以美国人把目光投向更加遥远的国度或是弱小的国家。在美国扩张主义"铁三角"——国会参议员洛奇、海军部副部长西奥多·罗斯福和海军学院教授马汉的极力鼓动下，美国终于找到了那个能够实现美国扩张目的的国家。

1898年2月15日夜，月色洒在古巴哈瓦那海港水面上，微风吹着海面泛起了粼粼的波光。在这平静的海面上停泊着一艘钢铁巨兽——美国海军装甲巡洋舰"缅因号"。这艘1895年才下水服役的最为先进的战舰不仅是当时美国海军的骄傲，还是美利坚合众国的象征。然而，"缅因号"来此并不是来打仗的，而是为了保护古巴境内的美国侨民。此时，日薄西山的西班牙正陷入与古巴和菲律宾人民反对殖民统治的武装斗争中……突然，两声巨大的爆炸声划破宁静的夜空，霎时间，火光冲天，"缅因号"的舰艏被炸掉了1/3，硝烟四起，海水迅速灌入了"缅因号"的船舱。舰上有266名船员当场殒命，8人因重伤不治先后罹难，仅有89人生还。与此同时，美国安插在古巴电报局的间谍也将这一消息发回了美国国内……

再现"缅因号"爆炸场景的画作

是水雷还是机械故障？是西班牙人的偷袭还是美国海军的操作失误？又或是美国的阴谋？这些问题已经不得而知了，毕竟这事儿到现在都还是世界悬案。虽然这事儿过后美国当局和西班牙当局都组建了调查团展开调查，但还是以4月24日和25日美西双方的宣战而告终。

当时的美国垄断资本主义财团迫切需要开辟新的市场、投资场所和原料产地，然而整个世界已被老牌殖民大国瓜分完毕。为了维护美国资本家在古巴和菲律宾的经济利益，进而控制中南美洲和加勒比地区，取得向远东和亚洲扩张的基地，这场历时三个月的战争正式拉开了帷幕。这场战争被称为"人类历史上第一场帝国主义战争"。可以说，在诸多因素的影响下，最后美国人把目光放在了西班牙的殖民地古巴身上，从而引发了一场在美国扩张道路上至关重要的美西战争。

美国的海外扩张行动并非一时的心血来潮，而是早早进行了准备。1879—1883年，位于南美洲的智利与玻利维亚、秘鲁发生了"南美太平洋战争"，现代海军技术就此被引进了西半球。美国人吃惊地发现，即便是智利这样的国家，其海军军舰的吨位也超过了美国军舰。这种窘境促使美国开始建设一支现代化的海军，美国开始了建设海军的计划。

美国海军情报建设与美国海军的舰船建设几乎同步进行。1882年3月23日，海军部长威廉·亨特签署命令，决定成立海军情报办公室，以搜集"在和平时期与战争时期可能对海军部有用的外国海军建设方面的情报"。外国的钢铁生产能力、舰船制造技术和武器装备的发展也被列为情报搜集的重点。根据这一命令，每艘战舰的指挥官都必须指派一名情报官向海军情报办公室汇报停泊港口、防御工事和外国舰只的情况。实际上，海军情报办公室的工作远远超出外国海军军备方面的情报，它还参与了美国国家战略计划的制订。1897年，海军情报办公室完成了"金伯尔计划"，主张一旦美西战争爆发，美国海军应该封锁古巴和马尼拉。时任海军部副部长的西奥多·罗斯福高度评价了海军情报办公室这一计划，认为海军情报办公室在制订对西班牙战争计划中发挥了无法估量的作用。

海军情报办公室的成立也刺激陆军成立了类似的机构。美国内战结束后，陆军的大部分部队被解散，其余部队的主要任务则是维持驻地的治安情况。1885年，战争部长威廉·C.安迪科特向战争部副官长R.C.德拉姆询问某一欧洲国家的军事方面的情况时，他惊讶地发现，德拉姆既没有这方面的信息，也没有获取相关信息的途径。为改变这一状况，同年10月，德拉姆设立了陆军情报处，其任务是搜集"能够供战争部和陆军使用的美军和外军的军事资料"。1889年4月12日，战争部长发布命令，陆军情报处应作为副官长办公室的独立机构，对副官长负责，主要负责搜集对美国陆军有用的军事资料。陆军情报处向欧洲五大国——英国、法国、俄国、德国、奥匈帝国派出武官，既承担外交职能，又承担搜集情报的责任。

海军情报办公室和陆军情报处的成立，代表着美国军方建立常设军事情报机构的努力，这两个部门的设立也是现代军事制度在美国开花结果的产物，美军的现代军事制度也从那时起发展起来。尽管美军成立了常设军事情报机构，但情报机构的职能并不明确，只是被看成一个知识储备库，负责储备国内外与军事相关的知识，并未完全发挥情报机构的职能。因此，当战争来临时，美军还是在军事情报准备上感到了不足。特别是当美国陆军准备在古巴登陆作战时，古巴岛上有多少西班牙军队，军队装备状况如何，士气怎样，指挥官有什么气质和特点，岛上一年四季的道路交通情况如何，西班牙军队以及起义军双方的医疗状况如何，美军对这些情况都一无所知，而时间已经不允许美军现派人员渗透进去做大规模的侦察任务了。为此，美军想到了古巴的起义军首领——加西亚将军。敌人的敌人就是朋友，美军希望能够联系上加西亚将军，这样不仅可以和古巴起义军兵合一处、将打一家，还可以拿到现成的军事情报。

这事儿说起来容易，做起来难。加西亚将军此时正隐匿在环境错综复杂的古巴丛林里打游击，没有人知道确切的地点，信件和电话根本联系不上他，想要与他接触只有最原始的办法——派人去。

为了争取到加西亚将军的合作，时任美国总统麦金利找来了陆军军事情报处处长阿瑟·瓦格纳上校，他在椭圆形办公室问道："谁能送信给加西亚？"瓦格纳对总统说："这事儿虽然有难度，但有一个名叫安德鲁·罗文的人，有办法找到加西亚，他一定能！"麦金利毫不迟疑地说："派他去！"

瓦格纳马上找来情报处特工安德鲁·萨默斯·罗文中尉。瓦格纳交代说："为了作战需要，为了美利坚的利益，总统指派你去联系正在古巴作战的加西亚将军。别问我他在哪儿，我只知道他在古巴东部的某个地方，天知道他具体在哪。更确切地说，你的任务是给他送封信，信里有总统想要知道的一系列情况。我们不能给你提供可以证明你身份的书面凭证，这次行动不能有一点疏忽，也不能有一点失误。你务必要在开战前把从他那儿拿到的情报完整地带回来。"

罗文二话没说就领受了这个看似不可能完成的任务。他接过总统的信，把它封在一个防水的油布口袋中，揣在了胸口。罗文带着坚毅的信念，孤身一人踏上了前往古巴的艰险之旅。罗文从佛罗里达州出发，划着一叶孤舟，在茫茫大海中漂泊了四天三夜。终于在第四天的夜里，他偷偷踏上了古巴的海滩。罗文数次避开了西班牙的巡逻队，在一家古巴当地人家里落下了脚。当地的古巴人对表明来意的罗文十分欢迎，几位积极的古巴爱国分子自愿充当他的向导，带着他踏上了寻找加西亚将军的旅程。很快，他们消失在茂密的中美洲森林中……一路上，罗文一行人不仅要躲避西班牙的军队，还要攀越悬崖陡壁、制服猛兽和毒蛇。功夫不负有心人，经过二十多天的艰难跋涉，他们穿越了茂密的古巴丛林，见到了加西亚将军。罗文亲手将总统的密信交到了加西亚将军的手上，并经历了几乎同样的惊险过程，成功返回美国，带回了美军正在期盼的情报。

《把信送给加西亚》一书的封面

罗文的谍报经历后来被演绎成一个关于执行力的故事，写成了一本名为《把信送给加西亚》的书。然而，被成功学打造出来的原美军间谍身上的冒险精神、不打折扣的执行力和被推崇奉为员工自我管理的信条，其实只不过是美国扩张主义在美国间谍行动上的一个缩影。

美西谍海暗战

美军情报机构在忙碌，西班牙情报机构自然也不会无所作为。以英国等为代表的欧洲国家的情报工作早在伊丽莎白时期就已经兴起，作为老牌殖民大国和曾经海上霸主的西班牙的情报能力自然也不弱。伴随美西矛盾冲突的爆发，西班牙的间谍们也开始蠢蠢欲动，把工作目标指向美国。

战争还没打响，西班牙高级特工卡兰萨海军上尉就接到指示——对美搜集军事情报。美西战争爆发以后，卡兰萨亟须建立一个便于开展间谍活动的大本营，这个大本营要方便招募间谍、分析情报、便于通报。最重要的是，一旦暴露，这个大本营的所处地还要方便"跑路"。经过缜密的考察，卡兰萨选择了加拿大的蒙特利尔作为其情报根据地。中立的加拿大是英联邦的自治领，相对美国本土而言算是个安全的天堂，而蒙特利尔则更具得天独厚的优势，不仅西班牙总领事馆坐落于此，而且这里是加拿大的水路交通枢纽，各地搜集到的情报可以通过铁路和五大湖区的水路送达此处。

在蒙特利尔，卡兰萨招募到退役军人弗兰克·亚瑟·梅勒。出身行伍的梅勒正在干着私家侦探的行当，深知什么样的士兵会毫无保留地提供情报，而且他也知道谁在外养着情人，知道如何去找别人的软肋，弄湿手、拉下水。同时，卡兰萨也试图接触那些在佛罗里达州坦帕和加利福尼亚州旧金山入伍，随后要被派到古巴和菲律宾的美军新兵。卡兰萨希望通过他们了解美国未来的军事部署，掌握第一手情报。

梅勒不负所托，不久便在蒙特利尔找到来自美国纽约州金斯顿的两个酒鬼，并成功收买他们为西班牙刺探情报。这俩酒鬼其中一个叫阿特金斯，当时他正准备返回美国本土，前往旧金山加入美国驻菲律宾的部队。按照梅勒的设想，阿特金斯可以在沿路刺探美军情报。按理说这一切都是在暗地里进行的，应该不为人知，但却出了问题。酒鬼就是酒鬼，关键时刻掉链子。这个阿特金斯也是个三心二意的家伙，酒醒后的他很快就意识到自己的行为可能会把自己送上断头台。1898年5月11日，阿特金斯在喝得烂醉后，步履蹒跚地敲开了驻蒙特利尔美国领事馆的大门，向政府交代了梅勒准备招募自己的行径。而梅勒不愧是经验丰富，他几乎在同时也知道了阿特金斯"自首"的事情。他一边将自己转入地下，一边安排手下将刚从领事馆走出的阿特金斯抓了起来，关在安全屋痛打了一顿，随后将他遣送至英国利物浦。紧接着，梅勒自己动身前往坦帕，准备冒名顶替亲自加入美军前往古巴的部队。一路上他也没忘记不断招募新人，扩充自己的间谍队伍。然而，美国征兵部门已经加强了审查，梅勒被拒之门外，只得悻悻然返回加拿大。

早在4月25日宣战4天前，西班牙驻华盛顿大使路易斯·波洛·伯纳比就已经接到密令，早早将一切收拾妥当并秘密动身前往加拿大。然而，就在他动身的同时，4名美国特勤局的特工分成明暗两组，也尾随了上去……伯纳比到了加拿大就按照上峰要求开始在多伦多建立情报站。不过，伯纳比并未能够顺利开展情报工作，一个月后即受令离开加拿大前往利物浦。富有反情报经验的卡兰萨及时发现了美国特勤局跟踪伯纳比的4个特工，并准备暗中行动，在圣劳伦斯河沿岸码头寻机活捉这几个特工以获取情报。最后，因为4人未按原定路线继续前行，中途下船而功败垂成。

2003年至今美国特勤局（United States Secret Service）特工使用的徽章

美国特勤局的老底子是平克顿的特勤处，此时新任局长约翰·威尔基又专门成立了一个反间谍部门，在麦金利总统的大力支持下，正在针对西班牙开展反间谍行动。美国特工早就盯上了卡兰萨，但苦于卡兰萨十分谨慎，特勤局一直没能找到能够定罪的证据，所以也迟迟无法下手。

此时，卡兰萨正在为拿到有关美国海防和海军战略的更多情报频繁活动。他成功策反了美国"布鲁克林号"巡洋舰上的军官约翰·唐宁，利用金钱和美色迷住了唐宁的心，唐宁接受的任务是从海军部及政府的其他部门窃取战略情报。而在唐宁被招募的那一刻起，他就进入了美国特勤局的视野之中。由于之前阿特金斯的"自首"举动，牵出了梅勒—卡兰萨这条线，卡兰萨就一直处于美国特勤局监控之中，他和唐宁的接触也早被美国特勤局看在眼里。

间谍之间无论是单线联系还是多线联系，或是通过交通员传递消息，只要有一个人暴露，那这个间谍网暴露出来就是早晚的事情。虽然卡兰萨百般谨慎，却难免百密一疏。一次卡兰萨和唐宁约在一间饭店客房秘密会面，不知道是经费紧张还是一时大意，选取的饭店房间基本不隔音。在二人秘密交接情报时，之前潜伏在隔壁的美国特工把谈话内容听了个一清二楚。谈话内容被整理后很快就上报给了美国特勤局局长威尔基。5月7日，唐宁在华盛顿的公寓之中刚刚写完准备传递的情报，美国特勤局的特工就破门而入，这封准备寄给卡兰萨，满是有关美国海军动向信件的内容令唐宁百口莫辩。两天后，他被吊死在了监狱房间窗户的横梁上……

在佛罗里达的梅勒的好日子似乎也到了头。美国特勤局的特工们始终在佛罗里达监视着梅勒的一举一动，只要一有证据，就把他抓捕归案，但经验丰富的梅勒就是不露丝毫马脚。正当特勤局苦于没有证据之际，加拿大自治领的特工部门通过美国驻加领事馆向他们提供了证据，甚至包括了梅勒在加拿大上级那里的信箱。美国邮政部门根据这个情报，截获了梅勒于5月24日寄给卡兰萨的信，尽管这封匿名的密码信在不透露与加拿大的合作细节的情况下无法作为呈堂证供，但足以使特勤局有权将梅勒拘禁。特勤局没有立刻动手，而是准备放长线钓大鱼。果不其然，在加拿大后续的帮助下，美国特勤局掌握了梅勒更多的违法证据。5月27日，和梅勒住在一起的卡兰萨像往常一样准备外出买早餐。这时，房屋中介敲开了他们所住公寓的门，美国特勤局的特工一拥而上将梅勒擒拿归案。在战争结束10天后的1898年8月12日，梅勒因伤寒死于麦克弗森堡。

在间谍组织"二号人物"梅勒被拿下之后，针对卡兰萨的行动被列为威尔基日程表的头号大事。这次，又是美国的亲戚们帮了忙——根据英国人和加拿大人提供的情报，美国成功利用卡兰萨的信件判定了他的罪行。

刚刚上任的威尔基不仅带领特勤局走出了阴霾，还在反间谍工作上大放异彩。卡兰萨的被捕标志着西班牙人在谍报工作上的日渐衰微，这也让威尔基彻底坐稳了特勤局局长的宝座，这一坐就是14年。

磕磕绊绊终上轨

由于对外军事情报需求急剧上升，美西战争前后，美军不断探索通过战争实现海外扩张的情报路数。以在菲律宾设立军事情报处为标志，美军开创了历史上建立海外情报体系的先例。

1898年7月，美国海军在马尼拉海湾大获全胜后，陆军也开始向菲律宾派出地面部队，大势已去的西班牙军队几乎一触即溃。随着《美西巴黎条约》的签订，菲律宾和古巴成为了山姆大叔的囊中之物。在彻底战胜西班牙后，美军就开始镇压想要独立的菲律宾人。为了能够获取战术侦察之外的菲军信息，位于马尼拉的美军指挥官成立了骚乱档案局，专门用来应对缴获文件的翻译和审查工作。而后，骚乱档案局也更名为军事情报处，从事针对起义军的反情报活动，由拉尔夫·范迪曼担任处长。至1898年末，陆军已构建起16个外交信息站，广泛分布于欧洲、墨西哥和日本。范迪曼原是美国陆军上尉，来到菲律宾后很快就明确了菲律宾军事情报处的基本任务，同时加强了与其他情报机构的联系，为战区指挥官提供战场信息以及菲律宾反对派头目的有关资料。

美国海军在菲律宾马尼拉湾击溃西班牙海军

此前，美国仅用了三个多月就打败了西班牙，夺取了古巴和菲律宾。随后，陆军情报机构的特工开始在古巴和波多黎各四处搜集情报，为镇压殖民地人民起义做准备。虽然远征古巴的美军拒绝了战争部在远征军设立陆军军事情报处分支机构的建议，但在 1902 年，驻菲军事情报处不再独立运行，并入了位于华盛顿的军事情报处（MID），成为其直属部门。美国陆军的军事情报力量开始了海外扩张的历程。

1903 年，在时任战争部部长伊莱休·鲁特主持下，美国陆军再次启动了改革工作。2 月，国会批准了《参谋部法案》，取消了陆军司令这一权责不明的职务，而设立了陆军参谋长一职。8 月 15 日，伴随首任陆军参谋长萨缪尔·杨中将的走马上任，全新的美国陆军参谋部宣告成立，下设三个部门：第一部，负责行政管理；第二部，负责军事情报；第三部，负责军事教育与作战计划。

这个新成立的参谋部要担负管理、情报和计划职能，其在编的 44 名参谋军官中有 6 名情报军官，这在陆军情报史上是一次质的变化。原陆军军事情报处（MID）成为陆军参谋部的第二部（G-2），从事对外情报职能，不再履行与情报无关的职能，经验丰富的范迪曼成为该部门首任部长。第二部的情报职能主要包括：搜集和分发外国情报；指导美国驻外武官的工作，与外国驻美武官保持联络；指导美军的地图制作工作。作为战争部的情报搜集中心，它不再承担陆军的安全职能与反情报职能。

美国的军事武官体系师承欧洲，但在当时可谓混乱不堪。因为经费预算紧张，军官能否出国担任武官首先不是看你外语水平和军事外交能力，而是看你家能不能支付的了你的出国费用。此外，陆军和海军都会安排自己的武官，双方还经常会产生分歧，而且只能代表自己的军种。这种现象直到半个多世纪后才得以改善。

一场又一场战争的胜利进一步加快了美国海外扩张的步伐，一个新兴的太平洋大国自此诞生。美国陆军的情报需求日益增多，评估日本的威胁自然成了第二部的职能，而美国在远东的商业利益和

举足轻重的陆军情报处长

拉尔夫·范迪曼（Ralph Van Deman, 1865年9月—1952年1月）出生于美国俄亥俄州德拉瓦尔县，被誉为"美国军事情报之父"。这个长得和小布什有几分神似的军官毕业于名校哈佛的法学院，还曾就读于俄亥俄州辛辛那提的迈阿密大学医学院。范迪曼可谓是一专多能，提起小刀可以做手术，翻开法典可以当律师。1891年加入陆军后，他还一度担任美国陆军外科医生。

在莱文沃思堡，范迪曼遇到了美军情报元老瓦格纳，范迪曼出众的才华给瓦格纳留下了深刻印象。1897年，他加入了瓦格纳领导的军事情报处，就此投入了美国军事情报热火朝天的建设之中。

各国在中国的军事力量又需要美军关注中国的情况。因此，在日俄战争期间，美军向交战双方都派遣了观察员。1907年，美军开始派遣人员到日本和中国进行语言训练。美国的军事情报力量向亚洲太平洋地区扩展，在一定程度上体现了美国对此地区即将到来的冲突和战争的情报先行。

就在形势一片大好之际，本应展翅腾飞的陆军情报处再次遇到了麻烦。1908年，在时任美国陆军参谋长詹姆斯·富兰克林·贝尔的指导下，负责应急和作战计划的参谋部三部搬迁。为了协调两部之间的工作，满足作战计划部门对情报的需求，二部搬至三部同址办公。6月24日，陆军参谋长富兰克林·贝尔借此机会下令，将二部与三部合并成战争学院，陆军情报机构又一次失去了独立地位，情报能力急剧下降。

贝尔曾于1898年任美国菲律宾远征军情报处处长，负责与菲律宾的艾米利奥·阿奎纳多政府谈判，他的情报生涯更多地与外交谈判联系在一起，而在职能上又与陆军军事情报处驻菲律宾办事处有所冲突。毕竟同行是冤家，所以贝尔与范迪曼一直互不待见。贝尔又于1903年任陆军指挥与参谋学院院长，1905年组建了陆军参谋学院。他对军事院校所能担负的职能寄予了很多期盼，因而才做出了这些改革工作。1908年,在他的主导下,战争学院成立。按照这个方案,陆军的情报职能由战争学院下属的军事信息委员会(Military Information Committee)来担负。在新体制和少得可怜的经费预算的双重限制下,军事信息委员会的情报来源仅是公开来源资料,谍报情报和武官情报根本无从谈起,也无法为整个陆军提供情报,仅能满足战争学院这一个部门的情报需求。看着自己多年的心血付诸东流,伤心的范迪曼回到了菲律宾。毕竟,他不想留在这里受气。1911年,墨西哥爆发革命,美国派兵干涉,但是,美国远征军因缺乏情报支援并未占到什么便宜。随着时间的推移,除了武官制度有所扩展之外,该委员会所能提供的情报越来越少。到1915年,这个委员会已经退化成了一个纸面上存在的单位。

墨西哥革命领袖潘科·维拉(Pancho Villa)

情报工作失利引发的矛盾自然而然会推动美军情报工作的进步。当国家层面的陆军情报工作式微时,情报领域也因为冲突和战争出现了一定的转机。1916年3月,墨西哥革命领袖潘科·维拉突袭了哥伦比亚和新墨西哥城,并且杀害了十几名美国人。时任美国总统伍德罗·威尔逊总统气得拍案而起,命令约翰·潘兴准将带领一个师的兵力对墨西哥进行惩罚性打击，消灭维拉的游击队。而潘兴准将极为推崇情报在作战中的巨大价值，他还没率领队伍出征就指派詹姆斯·赖安少校为此次作战行动的情报官。赖安少校组建了一个高效的情报信息部门来提供有关墨西哥北部的详细信息。赖安和他的继任者——尼古拉斯·坎帕诺尔上尉充分利用了当地人在提供信息方面的价值，除了运用大量的骑兵侦察力量外，还利用大量的印第安人进行侦察。然而，这也只是美军军事情报工作在战役和战术层面的成功。在这几年中，美国陆军的情报工作极为混乱。1915年，战争部要求战争学院准备一份威胁评估，为战争部的改组做准备。负责此项评估工作的丹尼斯·诺兰上尉只能可怜地以一份1914年版的世界各国军队年鉴、1914年的航运记录以及陆军自身的野战勤务条例为依据，进行评估。在评估过程中，正是因为情报内容的缺失，致使诺兰全然忽视了欧洲已经发生世界大战，世界战略形势已经发生重大变化这一事实，所做出的评估从一开始就落后于形势。在这段时间里，搜集、整理、储存外国军事情报资料的工作根本没有人做过……武官的工作也没有得到恰当的管理和指导，在很大程度上，情报部门成了花瓶和摆设。

拉尔夫·范迪曼于1915年返回华盛顿，看着自己之前的心血被人糟蹋得不成样子，气得半死，但他并没有放弃。面对混乱不堪的情报工作，范迪曼成立了一个非官方的助手小组来搜集和协调情报。次年3月，范迪曼呈递了两份备忘录，强烈要求参谋部建立一个独立的部门来处理情报事务。起初，因位卑言轻，范迪曼的建议并未得到陆军高层的重视。

1917年4月，美国对德宣战。美国加入第一次世界大战给事情带来了转机，与日俱增的情报需求和落后的情报能力形成了尖锐矛盾，独立情报部门的设立迫在眉睫。1917年，范迪曼再次向参谋长休·斯科特建议成立陆军情报处。然而，斯科特却这样回应他："我们可是在帮英国佬和法国佬的忙，应该伸手要东西的可是我们。我们应该对他们说，如果你们把获取的情报全部提供给我们，我们会很高兴。"很明显，斯科特将军认为没有在陆军建立独立情报机构的必要。幸好，范迪曼的努力和提议被战争部部长贝克和国务卿兰辛接受。1917年5月3日，战争学院设立了军事情报科（Military Intelligence Section），以取代军事信息委员会（Military Information Committee），从而在设立常设性情报机构方面迈出重要一步。

新成立的军事情报科虽然规模很小，但责任很大。除了要管理驻外陆军武官、为陆军制定情报政策和计划外，它还要管理与控制军事谍报与反谍报工作，这使军事情报科不仅可以将工作体现在纸面上，还可以搞一些间谍活动，将情报行动付诸实践。为了弥补人员空缺，范迪曼还招募了许多文职人员，这在第一次世界大战时还很少见。

除了搜集军事情报外，陆军也开始搜集政治、经济、社会甚至心理方面的情报，这使得军事情报科承担的职能与今日的中央情报局有些类似。1917年6月，范迪曼建立了战争部第一支安全力量。他招募了一批警察和文职人员，稍加培训后开始从事反情报活动，随后在纽约设立了办事处，这种反情报工作后来扩大到远征军师一级单位。

随着战事推进，军事情报科逐渐站稳了脚跟。1918年年初，军事情报科顺理成章地升格为军事情报处，成为新成立的行政部的下属单位。军事情报处按照其职能划分为8个科，其中二科负责整理外国情报，三科负责处理军队的反间谍事务，四科负责处理地方的颠覆事务，五科负责指导武官的情报搜集工作，八科负责密码加密和破译。

正是在范迪曼的带领下，一路磕磕绊绊的军事情报处终于走上了正轨。1918年8月，陆军参谋长佩登·马奇重组陆军参谋部，军事情报处成为参谋部下属的四个主要机构之一,从而奠定了军事情报在陆军参谋部的地位。在此之后,军事情报处的业务工作迅速扩张,不仅邮政检查、新闻检查成了该部门工作的正常内容,就连军事警察和反情报工作也纳入了它的工作范畴。到第一次世界大战停战前,军事情报处已经成为一个拥有282名军官、250名军事警察、1157名文职人员的强大而又精干的队伍。

美国陆军情报体系第一人

丹尼斯·诺兰(Dennis E. Nolan,1872年4月22日—1956年2月24日),美国陆军少将,出生于纽约州伊瑞县的阿克伦村,是一名爱尔兰裔美国人,毕业于西点军校。1902年,他返回母校担任足球教练,在比赛中取得了6胜1负1平的记录,训练水平堪称一流。在第一次世界大战中,诺兰在美国远征军中建立了美国历史上第一个现代化的战役战术级情报体系,一定程度上开创了美国陆军现代的情报体系先河。

离开情报岗位后,诺兰还曾先后担任过美国第二和第五军区的司令。1936年4月30日,诺兰退出现役,结束了自己的军旅生涯。

虽然在华盛顿方面,陆军的情报工作一路磕磕绊绊,但远在欧洲的美国远征军的情报工作开展得却十分顺利。1917年5月28日,美国远征军司令潘兴将军抵达法国,并任命了一直从事情报工作的丹尼斯·诺兰少校担任自己的情报官。随后,潘兴模仿法军总参谋部的形式,在远征军司令部设立了情报处,从而在远征军指控机构内形成了情报与作战并列的地位。作战需求迫使情报工作在作战单位的层级不断下沉。1917年7月,潘兴和战争部批准情报参谋配备到了营一级。接到指示后,陆军挑选了160名受训的军官分赴情报岗位。与此同时,情报人员的培训也如火如荼地展开。各部队发挥专长进行人员培训,信号部队训练截收无线电信号的人才和图片释读人员，工程团训练地形方面的人才。而诺兰也针对当时远征军的情况设计了一套完备的情报体系。远征军的每一个营都设有一名情报参谋，每一个步兵营都设有一个侦察排，包括1名军官和28名士兵，团一级单位设有1名情报军官，师一级单位则设有1个情报小组。诺兰少校在美国远征欧洲之际创立的美国陆军贯穿军、师、旅等各级单位的情报体系（G2/S2情报体系）一直为美国陆军所沿用，直到21世纪的今天。

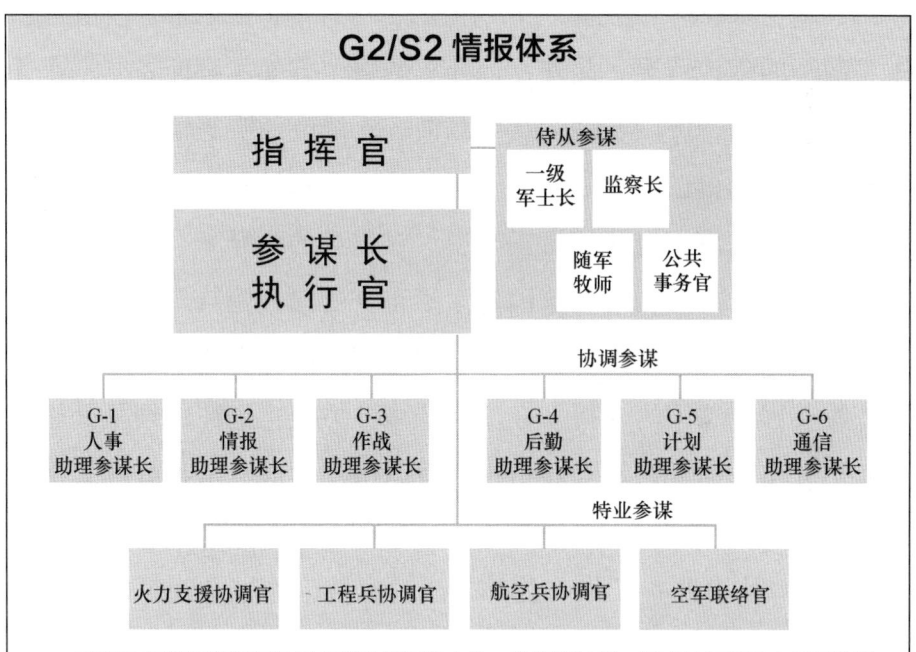

```
                    G2/S2 情报体系

         ┌──────────────┐      侍从参谋
         │   指 挥 官    │─┬──┬─────┬──────┐
         └──────────────┘ │一级│ 监察长 │
                          │军士长│      │
         ┌──────────────┐ ├────┴──────┤
         │   参 谋 长    │ │随军  │ 公共 │
         │   执 行 官    │ │牧师  │事务官│
         └──────────────┘ └────┴──────┘
                                  协调参谋
    ┌────┬────┬────┬────┬────┬────┐
  ┌─┴─┐┌─┴─┐┌─┴─┐┌─┴─┐┌─┴─┐┌─┴─┐
  │G-1││G-2││G-3││G-4││G-5││G-6│
  │人事││情报││作战││后勤││计划││通信│
  │助理││助理││助理││助理││助理││助理│
  │参谋长││参谋长││参谋长││参谋长││参谋长││参谋长│
  └───┘└───┘└───┘└───┘└───┘└───┘
                                  特业参谋
         ┌────┬────┬────┬────┐
      ┌──┴──┐┌─┴──┐┌─┴──┐┌─┴──┐
      │火力支援││工程兵││航空兵││空军  │
      │协调官 ││协调官││协调官││联络官│
      └────┘└───┘└───┘└───┘
```

G2/S2系统是在美国陆军参谋体制下建立的一套情报体系，这套体系最早来源于欧洲，并随着美国军事实践的不断深入进行改进，其中G代表师一级或以上，S代表师属旅一级或以下。在第一次世界大战中，诺兰在师一级单位建立了G2，在旅和团一级单位建立了S2。每一级情报机构都需要搜集和研究有关敌方的信息，一方面他们要对本级指挥官进行情报支援，另一方面他们也需要将这些情报传递给上一级情报单位。上级情报单位收到下级的情报后，会结合其他来源的情报进行补充，加工整理出这一阶段的情报产品，他们一方面会将情报产品提供给本级指挥官，另一方面也会将情报产品下发给下级单位。这一体系的建立确保高层级的情报单位能够提供较为可靠的情报产品，同时低层级的情报单位也能对敌方形成系统的认识和理解。

戎马多年的潘兴认为，作为战区司令，一定要重视战争全局的情况。于是,他命令诺兰除了关注欧洲西线的战况外,还要关注沙俄、马其顿和意大利战线的情况。所以,诺兰带领的情报处不仅仅要处理关于战场前线的战斗情报,还要搜集政治情报和经济情报。

1918年,远征军已经组建了两个方面军,每一个方面军都配备了一个地形营,军一级的情报参谋部可依托其绘制大比例尺的作战地图。另外,每一个方面军都有一个航空侦察单位,有些飞机甚至可以在夜间侦察。在那个"防御工事修得好,步兵冲锋挡得了"的年代,热气球观察也发挥了很大作用,它可以确定敌方的炮兵阵地,观察敌军的阵地情况。此外,远征军的每个方面军都配备了一个无线电情报部门,可以开展无线电测向、无线电侦听等情报工作。他们不仅要编制自己的战地通信密码、侦察敌军情报,还要监视自己的无线电通信信号以防止有人泄密。在诺兰的领导下,美国远征军先后在瑞士、丹麦和荷兰等国建立了秘密的谍报网络。但是,其部分工作与战争部陆军情报处驻扎在中立国的武官形成了竞争,并严重依赖英国和法国的支持。在反间谍事务方面,远征军情报处也同样离不开英法的支持。随着情报警察队伍的发展,情报处的人员队伍和工作手段都有了一定的提升。在停战之时,远征军已经拥有450名军警从事调查工作。此外,战时宣传工作也是远征军军事情报处的重要工作之一,他们不仅要负责新闻管制和邮件审查,以获取情报同时防止情报外泄,还要开展正面宣传以鼓舞士气同时打击德军士气。到1918年秋,远征军军事情报处制作了300万份宣传小册子,散播范围覆盖了几乎所有的德军战线。

1921年,潘兴将军接替马奇将军出任了陆军参谋长,随后便任命了自己的得力爱将丹尼斯·诺兰出任军事情报处处长一职。1941年,随着太平洋战争的爆发,军事情报处逐渐剥离了一线业务,负责统筹制定政策、计划并监督情报工作,它还负责与海军和陆军航空兵协调情报活动。此后一段时间，美国陆军的一线情报工作主要由军事情报局（Military Intelligence Service）、信号安全局（Signal Security Agency）和反情报部队（Counter Intelligence Corps）负责。

又一次技术革命

从美西战争到第一次世界大战，经过第二次工业革命，电力与内燃机为战争技术注入了新的活力。现代战争的雏形逐步展现，飞机、坦克、潜艇等先进武器开始在战争中起主导作用，通信技术的出现改变了指控信息的传递方式，情报技术相较之前也有了更加长足的发展。除了密写、密语等朴素的情报技术外，飞机、汽车等装备也被运用于侦察行动，大大增强了战场侦察的视野和速度，无线电的加密和解密逐渐成为情报保密和获取的重要途径。

第一次世界大战后，美国远征军无线电情报官查尔斯·马茨上尉曾说："战前几乎没有想到无线电通信会在战争中扮演如此关键的角色，已经成为重要的获情途径之一。"当然，就如飞机、坦克一样，新出现的情报技术在此期间还属于小试牛刀的阶段，虽未完全成为隐蔽战场的主角，但已初露锋芒。

无线电技术的诞生打破了此前有线电报对地域和线路的限制，为指挥作战和传递情报提供了更加便捷的平台，所以一出现就引起了军方的关注，无线电通信也成了战争中的重要指挥手段。早在1904年的日俄战争期间，日军指挥舰船就通过无线电指挥舰炮攻击俄国军舰，最终取得了战争的胜利。第一次世界大战爆发后，无线电通信的创始人马可尼就携带他发明的无线电报机参加了意大利军队。

在美西战争到第一次世界大战期间，正是美国密码编制与破译的觉醒期。随着无线电技术在战争中的普及，敌对双方针对无线电信号窃取的问题愈发严重，围绕无线电的加密与解密较量也随之展开，成为隐蔽战场争夺的焦点。1890年，美军信号部队把气象预报职能移交给美国气象局，然后将无线电引入军用领域，并在与古巴的作战中得到了运用。第一次世界大战期间，以赫伯特·雅德利为代表的民间信号专家投身军队，专门研制军用通信密码和进行外国密码的破译工作，美国远征军的信号团也开始了密码的研制。

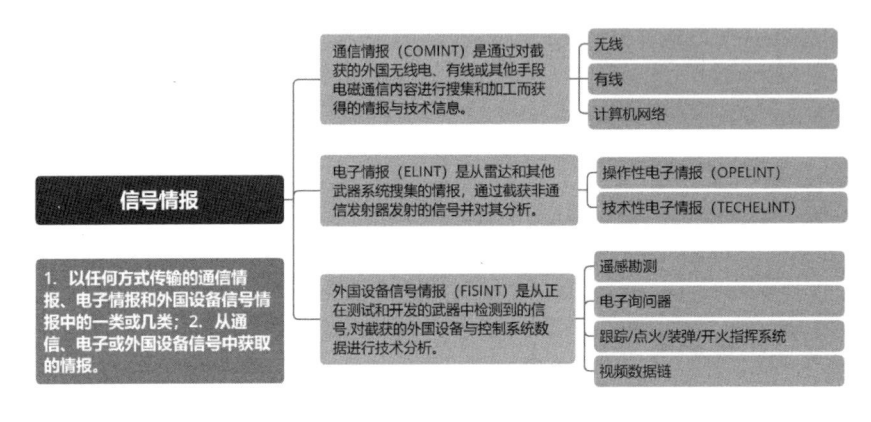

信号情报门类构成

在第一次世界大战中，无线电通信首次得到大规模使用。第一次世界大战的所有主要参与者都开始使用无线电侦收获取情报，并取得了不同程度的成功。在美国方面，尽管当时其信号情报还处于起步阶段，缺少实战应用的经验，但是凭借美国自身努力以及英法等国的帮助，无线电情报也为美国带来了不小的战场优势。1917年，美国远征军信号团装备了3台无线电牵引车，用于无线电通信，该车由运输车装载无线电设施构成，可以进行无线电侦收。后来，远征军又对无线电牵引车稍做改装，变成了专门的无线电侦察车。

此后，美国远征军建立了各种各样的无线电搜集站，并定期对其进行迁移，以防位置暴露。1917年9月，远征军开始进行无线电拦截测试，建立了用于拦截政府无线电通信的测试拦截站。11月中旬，美军第一个全职无线电拦截站点成立。到战争结束时，美军已有500多名人员在从事复杂的、跨组织的无线电情报搜集、分析和报告工作。

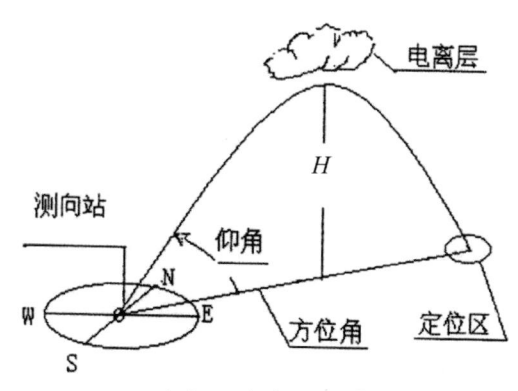

无线电测向定位示意图

无线电测向定位是技术情报发展的另一个重要领域。越来越密集的无线信号汇集在战场上空，也为斗争双方通过无线电波来查找彼此电台位置、发现部队动向提供了可乘之机，因此无线电测向定位技术就此诞生。简单来说，无线电测向定位技术就是用无线电接收机查找无线电波发射的源头，一般需要3个或以上测位点，随着接收角度的变化，信号也会呈现强弱变化——虽然测不出距离但是可以测出发信源的角度。当从3个测向点引出的线交于一点时，信源点也就产生了。第一次世界大战中，美国远征军主要通过测角站或测向站进行无线电测向定位，可以对地面无线电站台和机载电台进行测向。随着1918年9月美国第一集团军的建立，其配备的无线电牵引车也装备了测向设备，无线电测向站的机动能力大大增强，可以更加灵活方便地实施测向定位。

通过对测向信息的分析，美国远征军可以确定敌军的位置和部队纵深，还可以探测飞机的距离并找到飞机的位置。这些信息通常都包含了敌军重要的部队动向和战略意图，能够为定下作战决心提供一定的佐证。

热气球侦察虽然被搁置了，但美国人对空中侦察的努力却随着飞机的发明而达到了一个新的境界。1903年12月17日，世界上第一架有动力飞机诞生。当设计师莱特兄弟还沉浸在发明的喜悦中时，他们绝对想不到一种新的战争机器由此诞生了。这个"会飞的机器"在战场上首先被用于侦察，充当陆军的耳目。航空侦察能够在短时间内获取宽大正面和深远纵深的目标情报。1916年，美军远征墨西哥时，情报官詹姆斯·赖安组织了一个高效的情报系统。除传统的部队侦察外，赖安首次使用了飞机进行摄影侦察。本杰明·弗洛伊斯少校带领第一飞行中队进入墨西哥，该中队配有8架飞机，对墨西哥境内进行了数次侦察性飞行，利用飞机配备的空中照相设备进行了拍照，获取了许多有用的战场资料。

第一次世界大战中，飞机也首先被用于侦察敌情。飞往敌方阵地进行空中侦察是当时飞机的主要任务。为了阻止对方飞机执行这一任务，一种可将敌机驱逐出己方阵地上空的作战飞机应运而生，当时被称为驱逐机，随后发展成为战斗机。在第一次世界大战初期，参战各国约有飞机1500架，而到战争末期，各国在前线作战的军用飞机有十几万架之多。在交战期间，侦察机可协助地面部队及时掌握敌军的行动，此外，侦察机还担负着火炮校射的任务。1918年初面世的"萨尔姆松"2A是最先采用星形发动机和自封油箱的飞机，以视野开阔、火力强大和结实耐用著称，很受美国航空队的青睐。同年，美国柯达公司推出了第一台全自动航空相机，不仅拍摄效率高，而且图像精度也大幅度提高，甚至可以从4500米高度拍到泥地里的足迹。

从南北战争到美西战争，再到第一次世界大战，情报技术相较于此前已经得到了较大的提升，不论是情报获取的种类，还是情报获取的质量，都上了一个新台阶。但是，也不得不承认，技术手段获取的情报在运用上还不够充分，仍是一种试探性的运用。总之，此时的技术准备都是为第二次世界大战进行"预演"，假以时日，这些技术都会成为获取战场情报的重要方式。

第三章　山雨欲来

随着第一次世界大战的爆发，美国的信号情报工作步入了一个巅峰，尤其在对日方面取得了辉煌的成果。然而，就在美国"黑室"准备进一步大展拳脚之际，却因为时任战争部长史汀生的"君子不私拆他人信件"而造成了"巧妇难为无米之炊"的尴尬局面。不久，雅德利的"黑室"就此淡出了人类历史舞台。幸好，弗里德曼接过了"黑室"的火种，最终将美国信号情报工作发扬光大。然而，历史总是有这么多巧合，即便美国掌握了"魔术"情报，依旧没能躲过山本五十六对珍珠港的奇袭。遭受重创的美国，痛定思痛，终于开始认真对待情报工作。尼米兹麾下的情报人员夙兴夜寐，帮助太平洋舰队赢得了中途岛海战，扭转了危局。威廉·多诺万将军一手建立的战略情报局不仅开创了美国情报分析的先河，也将隐蔽行动发扬光大。作为移民国家，战争中的美国日裔遭受了诸多不公平的待遇，与之相对的是纳瓦霍族密码员作为"风语者"走上了太平洋战场。

伴随美苏双方在德国柏林的胜利会师，第二次世界大战终于落下帷幕……

一般但凡有大战要爆发，久经沙场的老将都会有预感，而他们的预感就是情报预警的一种体现。他们会根据知道的且已经发生的事儿，自觉或不自觉地在脑海里构建一个相应的指标模型框架，并将其与自己之前所经历过的战争前夕的状态做比较。第二次世界大战中，美军的情报工作得到了很大程度的发展，无论是在情报技术还是在情报体制方面都做出了相应的革新与调整，也为其在冷战期间"井喷式"的发展奠定了重要的基础。

"黑室"锋芒乍现

在人类发现探索的历史上，往往需要那些具有异常天赋的人捅破最后一张窗户纸。美国军事情报发展历程中，也不乏此类天才和怪才。拉尔夫·范迪曼的手下爱将，与密码和情报有着不解之缘的赫伯特·雅德利当属此列。伴随美国的参战，这位名叫赫伯特·雅德利的年轻人也开始书写自己的传奇人生。

1912年，时年23岁的雅德利顺利通过了公务员考试，来到美国华盛顿并进入国务院担任机要员一职，负责抄收和解译一些外交密码和文件。天生拥有超强记忆力及数学才能的雅德利渐渐地迷恋上了这份工作。面对源源不断送到他桌上的国务院机密电报，雅德利总是可以又快又好地完成他负责的工作。好奇心是驱使人类发展的重要动力之一，对于雅德利来说同样如此。面对每天往来的大量外交密电，雅德利在闲暇之余也会尝试在没有密钥的情况下去破解一部分美国外交密电。通过将10份电报交叉对比，寻找电文的重复部分，雅德利很快便破译出电文的内容并搞清了这种将ABCDE替换为DEFGH的向后位移3位的加密算法……这让雅德利不由得惊出一身冷汗——因为雅德利知道，其他国家有截获他国电报并进行破译的行为。在这一瞬间，雅德利突然也萌生了这样一个念头——为什么我们不破译其他国家的电文呢？后来，雅德利曾在自传中写道："当我向自己提出这个问题时，我知道我已经有了答案……并把它作为终生追求的目的，我将为解密术贡献我的一生。"

此后，雅德利好像打开了人生中一扇新的大门，他也成了国会图书馆的常客，仅有的几本关于密码学的材料都被雅德利翻得散了架。凭借着这几份少得可怜的资料，雅德利开始了密码破译的学习之路……随后，他在解译国务院电报的同时开始搜集华盛顿外国使馆外交密电的副本。而为他偷偷提供这些密电的，正是平日里欣赏他的几位密友。

1916年5月的一个安静夜晚，雅德利迎来了一个小试牛刀的机会。当时，欧洲与美国之间往来的外交电报都要经过铺设在大西洋海底的电缆传递，敲击拍报器的时间长短而产生滴滴答答的电流会穿越大西洋，由纽约电报局接收后再发往国务院，最终由国务院发往白宫二级接收部门，而国务院和白宫则采取了不同的加密方式。这一晚，雅德利偷偷把一封发往美国白宫的长约500字的密码电文抄了下来。按照报头部分显示，电报是美国时任总统威尔逊助理兼个人代表豪斯上校发给总统本人的，其内容则是上校和德意志皇帝刚刚结束的密谈内容纪要。雅德利原本认为，白宫的电报加密方式应该要比国务院更高端。然而，不到两个小时，雅德利就把密码破译了。这一刻，他对美国密码所怀有的敬意瞬间崩塌。

要知道，豪斯上校的外交电报也要通过英格兰的海底电缆传递，而当时英国皇家海军的密码局会毫无遗漏地截获所有过境电报并组织专人破译。

雅德利轻松破译白宫的外交密电，意味着大英帝国等当时所有关注美国外交事宜的欧洲国家都能"免费"地拿到美国的外交秘密。在随后的一年时间里，雅德利开始利用下班后的休息时间潜心撰写一篇名为《译解美国外交密码》的专业论文，详细阐述了当时美国密码编制的弱点。论文一成稿，雅德利就带着这份"绝密"级别的论文单独面见了自己的直接领导戴维·萨蒙。

萨蒙认认真真地看完这篇报告后，沉默了良久，他忧心忡忡地问道："英国的密码专家能破开咱们的密码吗？"雅德利当时的回答也成为了密码学上的一条箴言："我一向认为，某个个人能办到的事情，别人也能办到。"戴维·萨蒙不信邪，想要亲自设计一套不可

天赋异禀的少年、意气风发的中年、黯淡无光的晚年

赫伯特·雅德利（Herbert O. Yardley，1889年4月13日—1958年8月7日），美国密码学之父。1889年，美国印第安纳州沃辛顿一户普通人家诞下了一个男婴，男婴的父亲老雅德利是一个铁路小站的站长。这个家庭虽然过得并不算非常富裕，但是还算幸福。然而，命运总是喜欢与人开玩笑，在雅德利13岁这一年，他的母亲便不幸离世了……无奈之下，老雅德利不得不独自抚养这个孩子，甚至经常带着他在铁路站值班。刚刚兴起的无线电通信技术也被应用于铁路交通系统，老雅德利既是小站的站长，也担负着小站的通信任务。滴滴答答拍发电报和将长长短短的明密摩尔斯电码解译出来是老雅德利的日常工作之一。大概就像小时候天天看父亲开手动挡车的小孩子总想跃跃欲试一下驾驶的乐趣一样，雅德利在耳濡目染之下也逐渐学会了收发电报。同时，聪明伶俐的雅德利也显露出过人的数学才能。他不像其他同龄的小孩一样，喜欢跑跑跳跳的游戏，而是喜欢打扑克牌，年仅十几岁的少年就已经参透了54张卡片的玄机。他记忆力超强，可以几乎不差的记住对手出过的每一张牌，还能推算出对手剩哪一张牌，以及对手将要出什么牌，绝大多数成年人都不是他的对手。

而立之年的雅德利在密码领域可谓如鱼得水，在美国情报领域混得风生水起。但是，因为"君子不私拆他人信件"的规定导致雅德利丢失了工作。失业后的雅德利将自己在陆军军事情报处第八科的工作写成了回忆录，并于1931年出版了畅销书《美国黑室》。该书问世后，雅德利不仅受到了来自几乎全美情报工作人员的排挤，还有19个国家更改了外交通信规则。1938年，中国国民党领袖蒋介石聘请雅德利参加了中国黑室，从事针对日本侵略者的密码破译工作。雅德利在中国工作了近三年的时间。随后，雅德利又受雇于加拿大政府，帮助其开展密码破译工作。

晚年的雅德利又出版了一本名为《扑克玩家教育》的著作，该书由《詹姆斯·邦德》作者伊恩·弗莱明作序，后在英国获得畅销。

攻破的密码，看看雅德利说的到底是真是假。一个月后，萨蒙十分自信地递给雅德利一些用全新密码系统编写的电文。然而，几个星期之后，雅德利强忍着心中的得意，一脸严肃地将译解出来的原文放在了他的办公桌上。至此，戴维不得不面对这残酷的现实。当时，正值美军扩编纳人之际，雅德利参军入伍并凭着对密码的深刻认识和能力，于1917年6月29日受任美国陆军参谋部军事情报科密码

组（后军事情报处第八科）的负责人，该部门负责所有密码本和密码表的制定以及破译外国通信密码。

正如世界上有矛就有盾一样，密码应用于通信必然带来密码破译。

在雅德利组建军事情报处第八科之时，欧洲大国如英国、法国、德国的密码编制和破译工作已经远远走在了美国前面。1919年1月8日，雅德利以外交安保人员身份为掩护，带着人马参加巴黎和会美国代表团工作，实际担任密码组组长。美法两国的密码破译人员共同在巴黎香榭丽舍大街的一个不起眼的小旅馆里工作，取得了不少成果。两个工作间也被业内戏称为"黑室"。雅德利的另一个收获是，在与法国总参谋部二局进行接触交流中，让他见识到了法国密码的专业水准，令他感到美国必须迎头赶上。

回到美国后，尽管美国国内已经掀起了一场关于是否保留窃听外国通信机构与设施的争论，但雅德利还是坚持扩大密码破译机构规模，并撰写了一份关于升级第八科的秘密报告。在报告里,他建议，设立一个专司密码破译的处，以高薪厚禄招募人才。其中招聘密电专家10名，年薪3000美元；密电暗语专家15名，年薪在2000～3000美元；办事员25名，年薪1200美元。雅德利也没亏待自己，毫不客气地给处长宝座开出了6000美元的可观年薪。按照这个建议案，机构年度预算约为10万美元，由国务院和战争部共同承担，而战争部这笔开支则用"机密备忘录"列支，不受审核。

陆军参谋部军事情报处处长范迪曼本就十分重视这一新兴的情报手段，看完报告后，他连改都没改就将报告原文提交给了陆军参谋长马奇。第二天，美国代理国务卿弗兰克·波尔克也批准了战争部这一提议。1919年5月20日，美国的"黑室"诞生了。因而，雅德利也被称为"美国密码之父"。

雅德利的"黑室"坐落于纽约市东三十八街三号，一座带有十足美式风格的四层建筑，雅德利给这个机构取了一个行内代号"纽约市中央车站邮政信箱 354 号"（Number 354, Grand Central Station）。对外，这里则是电码编制公司（Code Compiling Company），经营编制"通用商业电码"的业务，并通过出售这种电码获利。这里的军人和文职人员都穿着便装上班，除了少数几个高层领导之外，别人对这里的一切都不得而知。

雅德利的著作《美国黑室》

"黑室"成立之初，雅德利从现有的第八科人员中挑选了一批经验丰富的行政管理人员和最有能力的密码专家。随他们一起搬来掩护公司的，还有语言统计数据、字典、地图、参考书、名人录、反映当前时政的报纸剪报等重要资料。事实上，直到 21 世纪的今天，个别的美国老牌情报分析专家还保留着剪报纸做资料册的习惯。

这批骨干力量刚刚进入"黑室"还没开展工作之前，就收到了雅德利亲自编写的一份《保密须知》。《保密须知》中规定了防范措施，写明了为"黑室"打掩护的一套说法。为了避免显得过于神秘，这里的雇员可以对朋友和家人说是在战争部翻译室工作，但绝不能泄露半句有关信号情报密码破译的工作。

无线电短波信号虽然穿透性不强，但信号进入大气电离层后经过不断折射可以轻松传递6000千米。只要找对信号接收方位和频段，经过调制解调后，在信号传播范围的任何人都可以用电台接收电文。电报的传播有固定时段、约定时段还有随机传播。一些战备工作往往都是通过随机传播的形式进行的。一般来说，在大规模战备之时，各国军队的无线电短波信号都会成倍增长，但在开战之际，往往会出现无线电静默，而后以"最后一封电文（作战命令）"触发战争。侦收电报需要人员24小时值班，因为很多电文是稍纵即逝的。在当时依靠人工模式抄收"滴滴答答"的电文已经让人捉襟见肘，而各国为了保密不仅会将电文加密拍送还会夹杂大量的类似"西边艳阳，东边风雨"的"黑话（暗语）"。客观地讲，在那个没有计算机的年代，边抄收报文边破译加密内容完全是"不可能完成的任务"。

当时美日的紧张关系再次为雅德利提供了展现才华的契机。面对来自上级关于"日本到底在想什么？做什么？"的问询，雅德利向范迪曼拍着胸脯立下了军令状："一年，给我一年，一年里我破不开日本人的密码我就收拾东西走人！"

然而，"黑室"工作人员并不负责报文接收。为了打破法律限制和美国固有的注重隐私及自由的传统对获取电文造成的困扰，美国政府决定出面与电信单位联系，为"黑室"提供加工素材。1919年4月，国务院决定同西部联合电报公司建立秘密合作，希望该公司在提供所需电报的副本方面能够协助"黑室"开展工作。但此后的几个月，双方的合作毫无进展，因为无线电通信法令规定要严惩电报公司泄露电报内容的雇员。国务院不管用，那么就由军方出面。在雅德利的陪同下，美国陆军参谋部情报处处长亲自拜访了西部联合电报公司总经理纽科姆·卡尔顿。面对美国军方"维护美国国家利益"的"崇高请求"，卡尔顿经理与"黑室"开始了"亲密无间"的合作。到1920年春，"黑室"又主动接触了另一家大型电报公司——邮政电报公司。虽然同西部联合电报公司一样也存在法律方面的顾虑，但在"黑室"中间人——纽约律师贝茨的多方运作下，邮政电报公司也加入了"黑室"的合作名单。

有了充足的加工素材，雅德利带着队伍开始疯狂地加班，为了攻克一些难点和暗语，他们经常睡在办公室，甚至几天几夜不眠不休。

1919年12月12日，时钟刚刚过了零点，三十八街整条街区都已经陷入黑色的深夜。突然，在位于四层的雅德利办公室内，一票人马迸发出雷鸣般的掌声，欢呼声划破了宁静的夜空——日本外交密码被彻底攻破，雅德利也迎来了他事业的再一个高峰。而此时，距离他立下军令状还不到半年。

日本外交密码被攻破以后，日本本土与所有驻外领事馆的通信往来内容就完全暴露在美国人的眼皮子底下。大大小小的外交情报被源源不断地呈到国务院和战争部领导人办公室的案头。第一次世界大战结束后，美、英、日等帝国主义国家为重新瓜分远东和太平洋地区的殖民地和势力范围，开始了新一轮的军备竞赛。但是，战后除了美国和日本以外，欧洲各国早已财力枯竭，民生凋敝，债台高筑。而日本的国力无法支撑其庞大的军备计划，美国国内长期的孤立主义传统又限制其加大对军备竞赛的投入，各国无心将这场竞赛进行下去了。于是，作为巴黎会议的延续，华盛顿会议就应运而生了。1921年的夏天，在美国的倡议下，各国准备召开海军军备会议，进行一战后限制战略武器的会谈，会议的目的是签订美、英、法、意、日五国公约，规定主要舰只总吨位的限额，并按照相互限制的比例发展或削减军舰的数量。1921年11月11日，距华盛顿会议召开还有三天时间，美国代表国务卿查尔斯·修斯向军方高层私下透露了自己关于美国与各国舰船吨位比例的底线——美国：英国：日本为10∶10∶6。获悉这一情况的雅德利兴奋不已，他认为，这是老天赐给他的机会——如果能拿到日本人关于公约内容的立场主张，是向华盛顿的决策者们证明其"黑室"巨大价值再好不过的机会。

华盛顿会议会场图

雅德利和他的"黑室"一封又一封地破译着日本政府与驻扎在美国本土的日本外交代表团之间往来的秘密电报。11月28日，"黑室"破解了一份由日本外务省发给驻华盛顿代表团的电报，电报显示：

"……关于战备限制问题，必须避免和英国，尤其是美国发生冲突。你应该尽力保持中间态度，并为实现我国政策加倍努力。如实不得已，可争取实现第二个方案，即10∶6.55的方案。如虽已尽最大努力，但迫于形势和为了总政策之故，不得不退到第三方案，则请努力争取得到保证，削减或至少维持太平洋之防务现状，以限制太平洋上聚结与调度力量，并就此提出适当保留条款，说明我方同意10∶6之比例的意图。"

这份被破译的外交密电不仅提到了日本"10∶7""10∶6.55""10∶6"自高至低三套谈判方案，也表明了日本"10∶6"的谈判底线。得知这一关键情报后，雅德利瞬间就想出了获得"10∶6"结果的解决方案——拖。果不其然，有了情报支持的美国代表团一拖再拖，而日本最终还是放弃了前两套的方案主张，并于12月10日答应了10∶6的比例。1922年秋，雅德利被授予杰出服务勋章。

虽然在外交场上偷得了底牌，但长时间的加班与高强度的脑力劳动使得雅德利的身体早就出了问题。当美、英、法、意、日五国公约签订之际，积劳成疾的雅德利也住进了医院。在主治医生的强烈要求下，雅德利来到阳光充足的亚利桑那州休养了几个月。等他疗养完毕再返回"黑室"之时，办公室里已经没有了之前那番忙碌的盛景。在战争部和国务院的会议厅和办公室里，也没有人再像以前那样焦急等待最新破译的情报——随着第一次世界大战的结束，军备控制会议的胜利召开，美国情报机构再次面临被边缘化的境地，"黑室"业务严重缩水。

巧妇难为无米之炊，"黑室"业务缩水的直接原因是因为没有电报可破。第一次世界大战结束后，《无线电通信法案》重新生效，通信保密的问题又被提上议程。按照法案规定，除非具有足够权限的法院或者其他主管当局提出合法要求，否则除将电报内容告诉收报人、他们委托的代理人或转发电报的电台外，任何从事电台工作或了解其工作情况的人均不得泄露或公布电台拍发或收到的任何电报的内容。缺乏电报来源再次成了直接影响"黑室"产能的关键因素。尽管雅德利为此四处奔走试图补救，但终究是大厦将倾，孤木难支。1926 年整整一年，"黑室"仅仅收获了 7 条电文以供破译。随着《1927 年无线电法案》的颁布，报文拦截被法律明文禁止，"黑室"的生存进一步陷入了危机。

给"黑室"生存致命一击的是国务卿史汀生。1929 年，胡佛政府的国务卿亨利·史汀生得知"黑室"这个秘密机构的存在后，以"君子不私拆他人信件"的说法切断了"黑室"的资金来源，"黑室"的传奇彻底成为历史。这批精干的密码破译者不但丢了饭碗，而且还没有领到离职补偿金。

雅德利领导下的"黑室"，在为美国参加第一次世界大战和战后和谈初立战功之后，像消失在天空中的电波一样，不见了踪影。

攻克"红密"与"紫密"

由美国国务院和陆军联合承担经费的"黑室"寿终正寝，在一定程度上，这是美国军事建设"战时建、平时撤"的规律又一次在作怪。

然而，彼时之美国已经不是昔日之美国，称霸太平洋的雄心让美国觉得它最危险的敌人是日本。因此，在华盛顿和谈中，美国力压日本、着力拆散英日同盟，在一定程度上也表明了美国预见到了在未来卷入战争的可能性。

也正是基于如此考虑，"黑室"解散后，曾经担负"黑室"经费预算 60% 的美国陆军开始悄悄建立完全属于自己的情报机构——陆军信号情报处。1930 年，陆军信号情报处正式成立。这个既担负

接过火种的校长夫妇

威廉·弗里德曼（William F. Friedman，1891年9月24日—1969年11月12日），美军信号情报奠基人，被誉为有史以来最伟大的密码专家，他的妻子伊丽莎白·史密斯·弗里德曼也是一位密码专家，两人可谓天造地设，志趣相投。

威廉·弗里德曼出生在俄罗斯南方的城市基什尼奥夫（今摩尔多瓦首都基希讷乌）的一个犹太家庭，两岁时便随父母迁居美国的匹兹堡市。1914年2月，22岁的弗里德曼获得康奈尔大学理学学士学位，并作为优秀生参加了河岸研究所工作。1940年8月，在美国海军的协助下，弗里德曼领导信号情报处成功破获了日军使用的"紫密"，为美国取得太平洋战争的胜利做出了不可磨灭的贡献。

为了纪念弗里德曼开创美国通信密码事业的功绩，美国国家安全局在其"密码博物馆"中给他立了一座雕像。2002年，为了纪念弗里德曼夫妇，美国国家安全局的一座大厦被命名为威廉和伊丽莎白·弗里德曼。

编制美军密码、维护通信安全，又担负破译敌方密码、窥探敌方秘密，甚至还包括研究隐写密码的神秘机构，是如今美国国家安全局的前身。

陆军信号情报处由密码奇才威廉·弗里德曼担任负责人。威廉·弗里德曼在美国密码界并非无名之辈。在1918年6月加入美国陆军之前，弗里德曼在河岸研究所工作。这个坐落于伊利诺伊州芝加哥城外杰尼瓦的慈善研究机构表面上是由乔治·费比恩上校自费经营的，实际上这个机构还包括一个隐语密码研究实验室，以民间机构的方式接受美国政府和军方的密码破译任务。当时，在整个华盛顿，还没有任何一个部门能够处理外国用密码或暗语编写的电文。与政府关系过硬的费比恩敏锐地嗅到了这个机会，便向华盛顿的官员悄悄透露了河岸研究所破译密码电报的能力和条件。外包工作也就此展开。

到1916年6月，弗里德曼的密码研究部已经开始接受美国政府的任务。弗里德曼和他的密码专家小组开始破译从国务院和司法部等部门送来的电文的时间，比雅德利成立军事情报处第八科还要早一年……

鉴于当时的美墨矛盾，流向河岸研究所的电报大多是发自墨西哥的。据弗里德曼回忆，这些电文"完全是偷偷摸摸地用各种手段从华盛顿和美国其他地方的电报局获得的"。经过弗里德曼及其团队的研究破译，一般数日内密文电报就会被破译出来。到1917年，第一次世界大战的紧张气氛已经开始蔓延至美国大陆，敏锐的费比恩再次嗅到了机会。他决定向战争部提供密码服务。这种一方出钱一方提供服务的模式让双方一拍即合。在签订合同前，战争部还安排了莫博中尉亲自到研究所进行实地考察。面对甲方的考察，隐语密码部孔雀开屏般地展现了自己的密码水平。莫博是一位具有密码学背景的军官，研究所出色的密码能力给他留下了深刻的印象。

1917年4月6日，美国对德宣战。5天后，为了适应战争需要，莫博向战争部建议，依托河岸研究所建立军官训练基地，然后将一切截获的电文都送到那里去破译。弗里德曼自此开启了紧张而又忙碌的密码破译工作。两个月后，雅德利在华盛顿筹备组建了军事情报处第八科，军方的职业机构抢走了河岸研究所的外包业务，但训练军官的业务还是被保留了下来。在弗里德曼的教导下，一个由4名军官组成的小组从10月开始，接受了为期6周紧张而又充实的密码分析训练。这也是第一批接受正规密码培训的美国军人。紧接着，1918年1到2月举办的第二期培训的军官人数猛增到了60人。因为培训教育工作出色，被美国军方看中的弗里德曼于1918年6月正式入伍，戎装加身。

1921年1月2日，弗里德曼被任命为美国陆军通信兵密电暗码科科长。一上任，他就换掉了陆军参谋部的低强度密码。在雅德利风头正劲的20年代，由弗里德曼和1名助手、1名打字员组成的三人小组默默地撑起了美国战争部的整个密码部门。正是由于弗里德曼等人的不懈努力和艰苦工作，在美国参加第二次世界大战前，美国的密码情报工作水平有了突飞猛进的提升，最主要的标志就是破译了日本的"红密"和"紫密"。

弗里德曼对密码破译有一种近乎学者般的执着。如果说雅德利的兴趣在于窥探秘密，那么弗里德曼更愿意探究构成密码的深奥学理。信号情报处成立之初，之前在河岸研究所和弗里德曼颇为意气相投的莫博中尉已升任美国西部通信兵部队的上校。借着职务之便，他搞到一批信号自动记录设备，并在他家地下室自建了一个信号截收台。一盘盘记录着信号音频的录音带也被他寄给了弗里德曼。但此举并非长久之计，信号情报处的电报来源仍然不足。因此，在同样面临电报报文短缺的问题上，弗里德曼据理力争，多次向上级申明必须解决电报来源问题。他说："如果连截取和分析电文都不允许，怎么能对人员进行训练呢？"是遵守法律还是发展专业，这成了密码工作方面的老大难问题。在弗里德曼的坚持下，美国陆军高层终于让了步。

单位架子既然已经拉起来了，当然还需要一支精干的专业队伍。前面我们已经说了，密码学与数学有着千丝万缕的联系。弗里德曼自己虽然不是学数学出身的，但是有大局观的他深知数学对于研究密码的重要性。为了更好地领导这个部门，他自学了大量的数学知识。为此，他每日都穿梭在单位与学校和图书馆之间，除了查找资料，认真学习数学知识，他还特别留意周围既有数学基础又懂德、法、西、日四国语言的优秀学生……文职人员委员会也给弗里德曼送来了8位应聘人员。弗里德曼花了一周的时间详细审阅了应聘者的档案，又组织了严格的面试工作。8人中的3人最终脱颖而出。其中，

22岁的弗兰克·罗烈以优异的成绩毕业于埃默里和亨利学院，获数学与化学学士学位，曾经当过数学教师。弗里德曼笑嘻嘻地看着这个年轻人，不仅把他选为自己的秘书，还叫他负责德语方面的工作。另外两位年轻人亚伯拉罕·辛考夫和罗门·库尔贝克被分别安排负责法语和西班牙语方面的工作。一切进行顺利，然而，在选择日语负责人的时候，弗里德曼却犯了难——剩下来面试的人不是业务不行就是看不顺眼。想找一个既能胜任日语翻译，又是土生土长的美国人怎么就这么难？就这样，日子一天天地过去了。正当弗里德曼一筹莫展之际，一个偶然的机会，一个年轻人进入了他的视线——约翰·赫特。虽然赫特算是半个官二代——他的舅舅是弗吉尼亚州众议员乔·谢弗，但却丝毫不影响他的学霸气质。他顺利地通过了弗里德曼的考试，并成为这个秘密小组的一员。几个星期后，弗里德曼又选定了哈里·劳伦斯·克拉克作为助理密电员。虽然这个密码班子很小，但是却很精干，成员都是个顶个的优秀。此后长达7年的时间里，这几个人一直是信号情报处的中坚力量。与雅德利相比，弗里德曼似乎对金钱并没有那么渴望，也有可能是因为经济萧条的缘故，在信号情报处建立后的几年时间里，这个单位的年度预算还不超过1.74万美元。

1931年，一群军官带着大大小小的设备进驻了弗吉尼亚州巴特里湾的军需大厦。他们来这里可不是发被装的，而是架设信号设备的。所有的情报工作或者说情报活动都是有固定流程的，从搜集、处理、分析到分发基本万变不离其宗。对于信号情报来说也是如此，接收或者说截获电文是所有工作的基础，通过对电文的处理、分类，到破译，再到最高级别的情报分析才能形成情报产品，最后将正确的情报产品分发通报到正确的人手上才能影响决策。这就是情报活动的基本流程。这一次，美国陆军汲取了"黑室"掌握不了电报来源的教训，建立了第一个属于自己的带有实验性质的信号截收台，并在里面安装了遥控收报机。从此以后，这里截获的各国间的通信密电报文被源源不断地送到了弗里德曼和他的团队手上。

为了培训更多的密码情报人员，1931年9月8日，弗里德曼秘密地建立了一所信号情报学校。虽然由于各种原因，这个学校最终只招收了一个学生——通信兵马克·罗兹，但此举毫无疑问在美国密码情报的道路上走出了重要的一步。

为了能够最大限度地截收密码通信，1933年，弗里德曼唯一的学生罗兹在新泽西州的蒙默斯堡建立了"临时无线电情报队"。这个小分队的大部分时间都在从事信号情报研究，同时也负责开展信号截收工作。此后，得克萨斯州、巴拿马运河、菲律宾等地的无线电情报小分队也像雨后春笋般涌现出来。

进入20世纪30年代中期，国际形势日趋紧张。为了集中精力，加快破译日本密码，1935年弗里德曼离开了信号情报处处长岗位，由艾利森上校接任，他自己则专心领导密码破译业务工作。

1936年，弗里德曼带着助手弗兰克·罗烈，经过一年的攻关，终于破译了"红色"密码（简称"红密"），掌握了大量日本外交电文内容。在破译"红色"密码的过程中，弗里德曼和罗烈还受到日本密码编制方法的启发，成功研制了当时世界上最先进的密码机——美国军用密码机SIGABA。与德国著名密码机恩尼格玛一样，SIGABA也采用转轮加密技术，但德国人的转轮只有3个，美国人的转轮却用了15个，足足是德国人的5倍。在整个第二次世界大战期间，SIGABA密码机始终没有被破解，确保了美国人的密电通信安全。

破译了"红色"密码后，美国陆军信号情报处就有能力掌握更多的日本外交电报内容，而此时日军也加紧了对中国大陆的侵略步伐。1937年七七事变后，美国情报机构更加关注日军的动向，因此信号情报处向美国战争部提出申请，计划在纽约市曼哈顿区南部的巴特里湾再建一座截收台，电台将直通战争部通信中心的收报设备。在这个位置上，信号情报处可以很好地监听到外国使馆区和纽约商用中继电台之间的无线电频率，而当时外国驻美使馆的绝大部分外交电报都会走这条线路，借此机会可以截收更多的日本外交电报。

正当信号情报处干得热火朝天之时，日本突然更换了外交密码，这给弗里德曼和罗烈等人带来了极大的压力。弗里德曼把这种新密码命名为"紫色"密码（简称"紫密"），并决心率队继续攻关。

与"红色"密码相比，"紫色"密码破译难度更大。曾被日本的著名大数学家高木贞治评价为不可能被破解的密码。1939年，日本政府相信了这位其实不大懂密码的大数学家的话，正式启用"紫色"密码以取代"红色"密码。

红密

"红色"密码（Red cypher，其使用的密码机被称为"九一式印字机"）是日本外务省在第二次世界大战爆发前和第二次世界大战中使用的密码系统，常常会和第二次世界大战中日本海军使用的红色代码（Red Naval Code）弄混，红密是一种密码系统，而红色代码只是电报密码本。日本的"红色"密码最早起源于德国。在希特勒的应允下，日本男爵大岛弘一从德国购买了商业版本的恩尼格玛机，在此基础上，日本研制出了"九一式印字机"和"红色"密码。

红密将元音和辅音分开加密来生成电报密电，这样一来，电报的文本就会保留一系列的音节，这也成了红密的缺陷。红密很快就被美军破获，但由于美军内部保密不严，日本政府得到消息后，开始采用新的密码系统。从1938年开始，日本政府开始在重要的部门和单位采用"紫色"密码。

紫密

紫密是第二次世界大战中最复杂、最先进的加密方法之一。1937年，日本海军技术研究所的工程师田近一雄受到德国人的启发，设计了一款类似德国转轮式加密的恩尼格玛机的密码设备——"九七式欧文印字机·暗号机B型"，其中"九七"是指它于日本神武纪元2597年（1937年）成型。与恩尼格玛密码机工作原理相似，"紫密"是一种步进开关式电气机械加密装置，它的加密和解密过程完全是对称的，即输入明文输出密文，输入密文则输出明文。只不过"紫密"耍了个小聪明，它把6个元音字母（A，E，I，O，U，Y）和20个辅音字母分开加密，这是与恩尼格玛机的一大区别。其实，单表加密的破解很早就被完成了，因为一张换字表仅仅将字母进行了一次替代，而字母本身的出现次数，单词句法的一些规律依然未被改变。例如，英文（还有德文、法文……）中字母"E"出现的频率最高，若是在截获的大量密电中统计得到某个字母出现频率最高，那它就应该对应着字母"E"，其余的也可通过这种方法（频率分析法）。同时，还可以通过对密文进行观察，猜出一些对应字母，因为单表加密中每个字母只有一次替换，所以一旦破译，就会完全暴露，从而进一步简化后面的工作。所以在早期的密码破译中，语言学家会发挥很大作用，因为对文字的直觉可以大大减少破译的工作量。

产生于15世纪的多表加密实则就是"多张单表"，即使用多张换字表进行加密。例如，第一张表中"A"对应"B"，那我加密时第一次遇到"A"就要将其加密为"B"；第二张换字表中"A"对应"C"，那么第二次遇见"A"，就要加密为"C"……这样，若是我想加密"AA……"，那么密文就会是"BC……"。当换字表用尽时再进行下一轮循环。

多表加密实则是有周期的单表加密，其优势就是这个周期性。因为多表加密可以将同一字母进行多种替代，从而使字母和句子本身的特性消失，相当于冲掉了字母出现的高频率。频率分析法也就失效了。

多表加密就是有周期的多组单表替代，所以破译就是从这个"周期"切入。密文中一般会反复出现一些字母组，统计字母组间的字母数，就可以知道这两对组间使用了多少张表进行加密，这个表的张数，很可能就是真正的换字表张数（或因数），之后通过一定的数学分析，就可以最终确定换字表的张数，也就是所谓"周期"。将密文内容按周期数横向排列，之后再观察纵列。这时的纵列，实际上已经被消除过周期干扰的单表替代了。因为纵列的字母实则是由一张换字表加密出来的。这时频率分析法就又有效了，多表加密也随之简化为多组单表加密而被攻破。

正当弗里德曼和他的团队面对"紫色"密码一筹莫展之际，他们发现了日本人的一个大漏洞。在改换密码初期，有的日本发报人员为了确保新的密码不会出问题，有时把同样内容的电文分别用"红色"密码和"紫色"密码各发一遍。这为美国人提供了理想的破解素材——相当于已经知道了一份试卷和答案，倒推出一套与这份答案相同的问题罢了。

弗里德曼猜测"紫色"密码是原先"红色"密码的改进，两者之间有很多共同之处；他们还根据"紫色"密码的特点，猜测其采用了与电话交换机相同的步进开关方式来实现加密。经过18个月的艰苦奋斗，1940年8月，弗里德曼和罗烈的团队终于将"紫密"破解。美国政府和军队高层对破解"紫密"获得日本外交绝密情报惊喜异常，将其称为"魔术"情报。于是，"魔术"情报成了这一情报来源的代名词。"魔术"情报使得美国政府能够及时洞察日本人的战略意图，并在与日本政府的交涉和谈判中获取了主动。

"魔术"情报的魔力很快就得到验证。1941年的一天，日本驻德国柏林大使大岛浩原刚刚拜见过纳粹德国元首希特勒。他返回使馆的第一件事就是起草关于他与希特勒会谈内容的电报，其中包括详尽的德军部署和动向。这份电报当天即发回日本外务省。在日本外务省收到电报的同时，弗里德曼也将这份电报的明文呈送到了罗斯福的手中。

到1941年珍珠港事件爆发前夕，信号情报处已经由7人小组发展成了4个科，分别负责密码分析、密码编制和其他行政工作。负责密码编制的C科在战时设计了数百种密本和密表，生产了数千个密钥表，印刷了500万份机密文件，分发至世界各地。它还试着破译弗里德曼等人编制的SIGABA密码机，以验证SIGABA密码机的安全性。同时，美国陆军和海军密码机构还组成了联合代表团，访问了英国的布莱彻庄园，交流了破解德国恩尼格玛机和日本"紫色"密码的经验。在此基础上，陆军和海军联合研制了一台模拟"紫色"密码机工作的装置，战后发现该装置与"紫色"密码机原型几乎完全一样。

1942年，信号情报处更名为信号安全处，一年之后又更名为信号安全局。1944年8月，信号安全局改组为4个处，分别为负责报务分析和密码分析的情报处、负责密码编制和无线电对抗的保密处、负责制定与执行政策和技术条令的行动勤务处、负责为情报处和保密处提供勤务以及人力的训练处。1945年8月，陆军将全部信号情报单位交由陆军军事情报处管理。1945年9月15日，陆军命令在陆军军事情报处下建立一个由通信保密局、战地密码分析单位和通信兵团密码编制部门合并而成的新的密码机构，这就是陆军安全局。

浅析当时德国人最牛的算法——恩尼格玛

说了这么多加密的东西，实则就是为了引出恩尼格玛，因为恩尼格玛使用的是单表加多表。虽然恩尼格玛并不是美国人破译的，但是在情报领域的工作人员几乎都对它略知一二。

恩尼格玛密码机主要由几个不同的部件构成，每个部件都有相应的功能。

键盘——加密人员通过键盘进行输入。

转轮——恩尼格玛的核心部件，恩尼格玛上一般装有至少3个转轮。每个转轮有代表26个字母的触头和触点，触点和触头在转轮内部有导线相连（例如输入A和输出B相连，一个转轮实际上就是一张换字表），同时外部有棘轮控制转动的幅度。当按动键盘上的单键时，最右边的转轮就会转动一次，每转动 26 次就会发生进位，带动下一个轮转动，这犹如钟表上的指针。每当转轮转动暂停下来，转轮的触头就会和下一个转轮的触点重新接触，构成通路，按动单键产生的电信号就会经过 3 个转轮（转轮的触头和下一个转轮的触点有 26 种接触可能，就是 26 种通路可能，也就是 26 张换字表）。

反射板——从最后一个转轮出来的电信号会经过反射板，反射板会对信号再次进行置换，接着反射回去，让其再次通过 3 个转轮，随后输出。

显示板——输出的密文字母会在显示板上展现，随后会另有机器打印记录。

连接板——设置在机器底部，可以将一对字母短接，相当于是单表加密。

两个转轮间触头触点的变化相当于 26 张换字表，把右轮和中轮，中轮和左轮，左轮和反射板都考虑进来……应该有 26×25×26 种可能，即相当于产生了 16900 张换字表（注意由于有所谓"双重步进"——恩尼格玛的特殊机械特点——即左轮进位时还会带动中轮再次进位，相当于中轮一次走了两位，所以中轮只有 25 种排布可能）；再加上一般转轮都是 3 个，这三个轮还可以随机排列，再加上连接板可以使 6 对字母替换：×11×9×…×3×1=100391791500。综合以上，恩尼格玛理论上可以产生 16900×60×100391791500=101797276581000000 张换字表！换句话说，除非你一篇文章中有某个字母重复出现十京一千七百九十七兆两千七百六十五亿八千一百万次，否则连周期都没有！

恩尼格玛反射板的存在使得恩尼格玛兼具加密和解密功能，即加密得到的密文再次输入又能得到明文。电信号通过 3 个转轮实际上是在被进行"加减法"，即是在调整字母的序号，因此电信号正向通过和随后的反向通过是属于同级运算，同级运算可以调换运算顺序的，就好比 5+2-3=4，4+3-2=5。这也使得恩尼格玛不需要配备解密机……

至于对它的破译，还得归功于德国人不小心将一个密码机的原型阴差阳错地寄送到了波兰人的手上。波兰数学家雷耶夫斯基对它进行了攻关，研究成果又辗转到了法国人手上。法国亡国后，破译的历史重任落到了英国人手上……在悲情天才艾伦·图灵的努力下，密码机的算法终于被破解出来……图灵这个智商极高、运动极好的天才，有着一些异于常人的特点，而他最异于常人的特点，就是他的性取向……"卷福"主演的《模仿游戏》讲的就是这个故事。为了纪念他，多年以后，乔布斯的苹果 LOGO 也被咬了一口——艾伦·图灵吃了一口含有氰化物的苹果后便与世长辞……

翻云覆雨手

为了应对可能到来的战争，美国的反间谍行动也围绕战争准备展开了，美国反情报机构联邦调查局一马当先冲在了最前面。

1934 年 5 月 8 日，美国总统罗斯福向美国联邦调查局局长胡佛下达了第一号行动令，要求他对美国的法西斯主义"进行仔细认真

FBI, open the door!

联邦调查局（Federal Bureau of Investigation, FBI）是美国国内的情报与安全机构，也是美国主要的联邦执法机关。联邦调查局既隶属美国司法部，同时也是美国情报界成员之一，因此需要接受司法部部长和美国国家情报总监的双重领导。它是美国主要的反恐怖主义、反间谍以及刑事调查组织，对200多种联邦犯罪行为都具有管辖权。联邦调查局的总部位于华盛顿哥伦比亚特区的约翰·埃德加·胡佛大楼。

在西奥多·罗斯福总统的多次督促下，联邦调查局于1908年7月26日成立，最初定名为"调查局（Bureau of Investigation）"。1933年，调查局和财政部下属的禁酒局合并，而后改名为调查处。1935年，在富兰克林·罗斯福总统任期之中，调查处归隶美国司法部，更名为联邦调查局（Federal Bureau of Investigation）。1924年5月10日，柯立芝总统任命约翰·埃德加·胡佛为调查局的第六任局长。他可谓联邦调查局历史上的传奇，联邦调查局在他的手上悄然成为刺探美国各界高层的秘密机构。胡佛任期长达47年又358天，直至其1972年去世为止。他不仅开创了联邦调查局的胡佛时代，还不断扩大联邦调查局的职责范围。

的清查"。起初，胡佛遵循了第一次世界大战期间抓间谍的老套路，可一番猛打猛冲之后却收效甚微。

后来联邦调查局取得反间谍重大进展，还要得益于美国军方的密码破译进展。到了1937年，胡佛终于明白美国陆军、海军信号情报机构的重要性。德国以及日本已在美国从事了多年的间谍活动，监控着美国的造船厂、飞机组装厂、军事基地以及美军在大西洋、太平洋上的一举一动，离开了信号情报，抓间谍就简直像大海捞针一般困难。

在海军信号情报机构的努力下，联邦调查局逮捕了第一个第一次世界大战后为外国情报机构工作的美国公民。美国海军密码破译员阿吉·德里斯科尔在研究电报时发现，日本电文里有一个奇怪的词"TO-MI-MU-RA"。显而易见，这是一个暗语代号。"MU"的意思是"town"，也可表示"son"。天生的直觉让这位女破译员没有放过这一可疑之处，她思来想去，有一天突然想到这是一个人的名字，就是英文名"Thompson"。根据这条重要的线索，联邦调查局很快就抓获了前海军文书哈里·汤普森。他当时为一名在加利福尼亚学英语的日本海军军官提供情报，涉及美制武器和海军工程等重要内容。

顺着密码破译这条线，1937年联邦调查局还抓到了约翰·法恩斯沃思，他在向日本发送机密情报时被逮了个正着。法恩斯沃思原是海军少校，由于行为不端被开除，他利用熟人关系请人喝酒吃饭，趁机打探海军军事秘密，前前后后一共收了日本人2万美元。

联邦调查局的反间谍工作并非无懈可击，原本应该是一次成功的美英情报合作，却因某个特工人员的张扬自大让联邦调查局颜面尽失。

1938年，英国情报机构通报美方，称美国境内有一个德国间谍网，但并未给出详细信息。此事引起了联邦调查局的重视。恰巧几天后，美国国务院纽约护照办公室接到电话，对方自称是国务卿科德尔·赫尔，要求把35本空白护照送到位于曼哈顿的麦克阿尔饭店。纽约护照办公室立即向联邦调查局做了通报。事出反常必有妖，他们决定引蛇出洞，实施抓捕。当美国人京特·拉姆里奇走进预定地点时，联邦特工蜂拥而上，将他按倒在地。在他的住处，搜出了窃取美国海岸防御计划的行动方案。面对联邦调查局探员们摆在面前的铁证，拉姆里奇很快承认了其为德国情报机构工作的事实。

胡佛指定联邦调查局特工利昂·图罗负责此案，他却到处接受采访，发表文章，并计划出版《美国的纳粹间谍》一书，完全把工作当成了博取荣誉与名声的机会。

图罗在侦查中顺藤摸瓜，发现了这个有18名成员的德国间谍网，一些成员从1927年就开始在美国活动，其头目是曼哈顿医生伊格纳茨·格里贝尔。此时，格里贝尔已成功获取了美国新一代战机和驱逐舰的图纸及项目计划书。这个间谍网的危害，不仅在于窃取机密。他们还从柏林拿到了资金，用于发展美国纳粹民兵。根据联邦调查局的调查，其规模已有数千人之多。

按照法律规定，要惩处这些间谍，就要在法庭上做出判决。因张扬的个性使然，图罗并没有选择将这些间谍秘密拘捕，而是通知他们于1938年5月5日到庭，其中14人闻讯而逃，虽然联邦调查局控制了机场和码头的售票处，但这些间谍还是搭乘着德国的船只离开了美国。毫无疑问，帮助间谍们逃跑的船长和船员都是德国的情报特工。当拉姆里奇站在被告席上时，格里贝尔医生早已潜回德国柏林。联邦调查局眼睁睁看着到手的大鱼溜掉，图罗也因渎职锒铛入狱。

联邦调查局接着侦获了第一起苏联间谍案，在洛杉矶抓捕了苏联情报特工米哈伊尔·戈林，指控他在美军内部招募间谍，并已成功将鼹鼠安插在美国海军情报部门内。

美国总统罗斯福对外国间谍活动异常震怒，责令联邦调查局加大情报机构之间的合作，打击外国特务活动。

随后的泽博尔特双面间谍案让联邦调查局挽回了脸面。美国情报机构利用泽博尔特成功起获了深藏在美国政府眼皮之下的德国情报网，上演了一场精彩的翻云覆雨的大戏。第一次世界大战过后，根据《凡尔赛条约》，德国的总参谋部被废除。但这丝毫没有影响德国情报机构的生存和情报活动的开展。两次世界大战期间，德国经历了魏玛共和国时期和第三帝国时期，其情报体制在魏玛共和国时期就已基本成型。纳粹领导人希特勒上台后，其情报体制得到了大力发展。最高统帅部谍报局（又称阿勃维尔，Abwehr）、外军处、党卫队保安局、研究部、最高统帅部密码处等单位都承担着情报职能。

阿勃维尔的标志

1940年5月，在纽约长岛一个叫森特波特的小镇的海边木屋里，发出了一封密码电报，接收方是德国军事情报机构驻汉堡办事处。阿勃维尔迅速给同一电台发回行动指令，要求在美国的德国间谍搜集美军事准备、部队训练、飞机生产、向英国交付飞机数量、航母建造、化学战计划、机床生产厂、轰炸机瞄准器以及海上舰船的活动情况。

阿勃维尔一位电台的操作者是威廉·泽博尔特——这位40岁的德国第一次世界大战退役老兵，战后干过商船船员、飞行机械师，在纽约和圣迭戈都生活过，后来加入了美国国籍。他在1939年初返回德国时，被阿勃维尔盯上，在汉堡情报学校接受密码通信和秘密谍报的训练后，被派回美国。1940年2月8日，泽博尔特乘"华盛顿"号蒸汽船从意大利返回美国。到达美国后，越想越后怕的泽博尔特选择了自首。在联邦调查局，泽博尔特当众打开了腕表后盖，从里面取出5张微型照片，在显微镜下，微型照片上是阿勃维尔提出的情报要求，包括搜集美防空火炮、化学武器研制和部队调动等军事机密。联邦特工惊得目瞪口呆，迅速将情况层层上报。4天后，美国总统罗斯福得到报告。

泽博尔特的任务之一是筹建秘密电台，在美建立德国间谍网与德国军事情报机构之间的通联渠道。联邦调查局决心利用这一天赐良机。1940年5月19日，联邦调查局特工莫里斯·普赖斯假冒泽博尔特的名义操作电台，向阿勃维尔发出首份密电。在接下来的13个月里，普赖斯发报302份、收报167份，发出的报文内容都经过联邦调查局和美国陆军、海军情报部门协商，有的是正常信息，以获取信任；有的是误导信息，造成有利于美方的态势；有的则是纯粹胡编乱造的信息。三种信息的比例也是经过精心设计的，基本上把握在间谍所能够获取的正常范围之内。显然，德国人对这个情报渠道无比信任，发回的电报主要是对德国间谍的指示和情报要求。联邦调查局局长胡佛则定期将德国关注的重点向白宫汇报。

掌握了电台，就掌握了情报信息交换的枢纽，但想抓到这个德国情报网的33名间谍，还要等待时机。很快，机会就来了。阿勃维尔要求泽博尔特在纽约开立一个公司银行户头，以向间谍们支付工作经费，阿勃维尔的特工将从墨西哥寄来5000美元支票作为启动资金。另一边，罗斯福总统的密友——西联汇款公司董事长文森特·阿斯特也为泽博尔特提供了一部分经费和办公场所，室内暗藏摄像头，电话也安装了监听设备，确保所有活动都在掌控之中。

在这个名为狄塞耳开发公司的总部内，泽博尔特向间谍网的成员们发放资金，并接收他们搜集来的情报。信使给泽博尔特不断发来信息，上面显示了每名重要间谍的活动情况和居住地点。联邦调查局全程记录了泽博尔特与间谍们的81次会面，录下了大量的音频资料，并通过伪装在镜面后的摄像机拍下了会面的录像和照片。一年之内，联邦调查局将广泛分布在西屋电气、福特、克莱斯勒等大公司，以及另一些在跨大西洋船只上工作的33名德国间谍一举抓获。

联邦调查局的反间谍行动，再也不是平克顿时代的黑衣侦探模式，而是与密码通信情报密切结合的新模式。隐藏在无线电波之后的双面间谍，所能发挥的作用如此之大，是美国反间谍机构之前从未想到的。

败也情析，成也情析

正是由于美国加强了情报准备，在1941年12月7日珍珠港事件爆发前，美国对日本的情报工作几乎达到了"单向透明"的程度。

1941年5月5日，日本驻美大使、罗斯福的老朋友野村吉三郎，接到了来自东京外交部的一封电报，电文上面清楚地写道："似乎可以确定，美国政府正在偷看你的密码电报。"

向日本当局传递这个惊天内幕的正是纳粹德国。在弗里德曼等破译人员的努力下，美国不但已经破译"紫密"，而且美国当局决策层的核心圈已经掌握了"魔术"情报的全部内容，可以看到东京和日本驻外主要使领馆之间的往来通信。

从野村吉三郎给日本国内的回复中，我们可以看出日本方面对这些情况并不敏感，反而一厢情愿地自我陶醉在自己"卓越"的保密工作之中。5月20日，他在发给东京的电报中说，他发现美国确实在偷看"我们的一些密码电报"，但是他不清楚是哪些。这个回复在密码界看来简直是愚蠢，一套密码的破译就相当于全部电报已经透明，至于具体读过哪些报文，没读过哪些报文，相较于密码被破译，那是下一个层次的问题了。

卖兄弟没商量的英国佬

"魔术"到底是怎样被泄露的呢？根据美国战后解密的资料，有人对泄露的原因做出了新的解释，认为在"魔术"泄露的过程中，副国务卿萨姆纳·韦尔斯扮演了十分重要的角色。韦尔斯常常把一些情报转送给英国大使，因为英美早就在进行情报合作了。

1941年4月1日，韦尔斯把新近在柏林开展的日本松冈洋右外相和赫尔曼·戈林之间会面的对话内容，告诉了新任英国驻美国大使哈里法克斯子爵。根据韦尔斯的情报看，戈林表示：德国打算在打击英国之后，不管成功与否都要进攻苏联。4月2日，英国大使馆把哈里法克斯和韦尔斯谈话的内容向伦敦作了汇报。但是，大使馆并未用通常拍发绝密资料的密码来发送报告，而是使用了一种发送保密程度不高的电报的密码机发送的。英国外交人员收到这份电报时，都对大使馆用这种密码拍发这样重要的报告感到吃惊。

北美科科长奥姆科·萨金特爵士认为，大使馆犯了一个严重的错误，他提请外交部常务次官亚历山大·卡多根爵士注意这件事。奥姆科·萨金特已经怀疑，韦尔斯的情报已在通信联络中泄露了。因为松冈洋右毕竟还在柏林，忙着与德国领导人进行最机密的会谈。谁都知道，正如驻柏林美国使馆在4月1日报告的那样，没有一个中立国的外交官或记者，能够得到一点点关于松冈与希特勒、戈林和里宾特洛甫之间严格保密会谈的情报。对于一个有外交经验的英国外交家来说，韦尔斯的情报，最合乎逻辑的来源是美国破译的日本外交电报，否则，美国还有什么其他方法，能够这样迅速地知道两个轴心国如此高级的领导人之间的秘密会谈的内容呢？事实正是这样，华盛顿的德国使馆截获并破译出了哈里法克斯在4月2日向伦敦拍发的电报，然后，德国使馆就通知日本，美国已破译了日本的外交密码。美国官员在1941年已经知道德国使馆在从事通信情报的研究。但是，美国还无法破译德国的高级外交密码。所以，直到第二次世界大战结束后，美国才了解到德国使馆在警告日本中所扮演的角色。

从后来缴获的德国文件中，美国人发现，在1941年4月28日，德国代办托姆森从华盛顿向柏林外交部发出的一份绝密的电报。其内容如下："我从绝对可靠的来源获悉，美国国务院已经掌握了日本密码系统的钥匙，因而，也能够破译出日本驻柏林的大岛大使从柏林发出的报告。"这封电报表明，德国大使馆已经截获了哈里法克斯向伦敦拍发的电报。德国使馆还特别指出，有关日本在柏林的活动情报的来源是美国情报机关从柏林到东京的日本电报中截获的。总之，这些证据表明，英国通信上的失误是1941年"魔术"泄露的根本原因。

- 148 -

因此，没有意识到问题严重性的日本人，仍在继续使用这套"紫密"系统发送电报。

美国人生怕日本人改变外交密码，那样辛苦破译的"紫密"就将成为废纸一张，弗里德曼团队的心血将前功尽弃，只能从头再来。随后，美国高层下令，严格限制"魔术"情报的阅知范围，只包括总统、战争部部长、国务卿、陆海军情报主任等。而时任太平洋舰队司令赫斯本德·金梅尔海军上将、陆军驻夏威夷司令沃特·肖特中将以及联邦调查局局长埃德加·胡佛等前线军事指挥员和重要情报单位负责人都不在可以阅读"魔术"情报的用户之列。这也是酿成后面悲剧的重要原因之一。

夏威夷珍珠港

珍珠港，位于太平洋夏威夷群岛的瓦胡岛南部，距日本有 3600 海里，水区面积 32 平方千米，平均水深 15 米，可同时停泊各型舰艇 500 艘，是太平洋上的交通总枢纽，素有"太平洋心脏"之美誉。美国太平洋舰队，拥有战舰 102 艘。自 1940 年 3 月起，珍珠港就作为美国太平洋舰队的主要驻地，约 2/3 的舰艇常年停泊在珍珠港内，是美国保护其太平洋和亚洲殖民利益的重要战略据点，可谓兵家必争之地。

1941 年 12 月 7 日 7 点 30 分，一支由 6 艘航母、9 艘驱逐舰、2 艘高速战列舰、2 艘重巡洋舰、多艘潜艇以及 7 艘油料补给船组成的日本特遣舰队，在瓦胡岛以北 230 海里处的偷袭起飞点集结完毕。这个庞大的舰队从日本千岛群岛出发，一路采取无线电静默并实行严格的灯光管制，在浩瀚的太平洋上全速航行 10 余天，就是为了完成对美国的当头一击。此刻，400 余架舰载机正升空起飞，准备对珍珠港内的美国太平洋舰队进行战略性的突袭。

美国太平洋舰队对此毫无防备，除了 3 艘航母和重巡洋舰出港外训，美太平洋舰队其余舰只几乎都锚泊在珍珠港内，包括 8 艘战列舰、9艘巡洋舰、20艘驱逐舰、3艘飞机供应船、5艘潜艇、1艘医疗船,以及运输船、修理拖船和炮艇等大小舰船共96艘。500多架飞机毫无遮蔽地停在瓦胡岛的6个机场上,1000多门地面和军舰的高射炮战位多数无人值守。官兵们如往常的星期日一样,有的正在吃早饭,有的已经上岸轮休,有的正在收拾内务准备上岸与自己的爱人团聚,大部分水兵也已离舰,战斗机飞行员不在机场,高炮射手不在战斗岗位,连防空预警雷达都已经关机休息,整个瓦胡岛呈现出一片歌舞升平的光景。

7点50分,由51架俯冲轰炸机、40架鱼雷飞机、49架水平轰炸机和43架战斗机共183架飞机组成的日本第一攻击部队,已经飞抵瓦胡岛上空并展开队形。当第一批飞机抵临瓦胡岛上空之时,岛上的官兵和军属还以为那是美军的飞机在训练,向飞过头顶的日军飞机挥手致意。7点58分,大批日本鱼雷飞机开始集中攻击港内的太平洋舰队。飞机螺旋桨的蜂鸣声、枪炮声、爆炸声瞬间响彻整个珍珠港的上空……港内的军舰、机场的飞机立刻燃起熊熊大火。5分钟之内,瓦胡岛美国空军力量即陷于瘫痪,珍珠港瞬间陷入一片火海,到处是奔逃的人群和嘶哑的喊叫声。在两个小时的突袭中,日军共投下鱼雷50枚、炸弹100多吨,炸沉美各类舰只40余艘,占珍珠港舰船总数的一半。此外,美军飞机被击毁300架,占太平洋舰队飞机总数的一半,美军官兵伤亡4500余人;日军仅损失了29架飞机和5艘特种袖珍潜艇。

这一仗,打响了太平洋战争,把美国拉入了第二次世界大战,也让美国在战争初期的太平洋陷入了战略被动。珍珠港事件震惊了整个世界,美国事后也在反思倒查:为什么看似充分强大的情报在日本人的偷袭面前如此不堪?

身处浓烟和爆炸之中的美国海军太平洋舰队

有人曾说,珍珠港事件是"罗斯福总统的阴谋",美国情报系统早已获悉日军偷袭珍珠港的情报,但是为了把美国拖入第二次世界大战反法西斯同盟阵营,罗斯福舍弃了太平洋舰队的主力……那么到底有没有"阴谋"呢?

珍珠港事件发生以后,美国官方立即着手调查。到第二次世界大战结束后,美国8个调查团完成了几百万字的调查材料。这些卷宗摞起来厚度足足超过1米……翻开这些解密的卷宗,我们可以一览当时的真实情况。

1941年12月7日8时,炸弹已经震得珍珠港太平洋司令部的电话随着作业桌面上下晃动,太平洋舰队司令赫斯本德·金梅尔海军上将不得不电报华盛顿:"珍珠港遭到空袭,并非演习。"此时此刻,美国当局仍不相信真有其事。海军部长诺克斯看到电文,竟然惊呼:"老天,这不可能!""说的一定是菲律宾!"当白宫接到报告时,与罗斯福共进午餐的总统顾问霍普金斯立即说:"一定有什么弄错了，日本不会进攻檀香山。"

在日本空袭珍珠港前，美国确实得到了大量的情报信息。除了掌握了日本的外交电报来源的情报信息，美国在对日情报的其他领域也取得了重要的进展。

当时，美国情报机构已经破译了日本间谍密码，足以了解分布在美国以及世界各主要港口的日本间谍的活动情况。化名为森村正的日本海军预备役少尉吉川猛夫，就以日本外务省书记官的身份为掩护，潜伏在檀香山搜集情报。在212天的时间里，吉川猛夫一共向日本军方传递了177份情报，甚至在日本进行偷袭前的12小时还在向日本军方通报珍珠港内军舰停泊的情况。值得一提的是，当时美国早就掌握了日本间谍会向日本本土报告珍珠港内军舰停泊情况的事实，但却没有重视起来。东京要求驻珍珠港的间谍将珍珠港水域标分为5个区，并汇报各区停泊的舰艇情况，随后又要求汇报港内舰艇停泊的动态情况，从最开始的每周两次，频率逐渐递增，到12月6日已经变为一天数次。即便是这样，也没有引起美国方面的高度重视。

此外，美国海军能够对日本海军的无线电通信进行侦听和分析。通过这一技术手段，美国海军能够确定日本海军舰船的所在位置；美军情报部门搜集到了大量反映日军动向的情报：1941年11月1日和12月1日，日本海军军舰两次改变呼号；11月间日本海军航空母舰的无线电信号消失，美国无法确认日本海军所在位置。但在此之前，当年内有两次日本航空母舰舰队的信号也曾消失。根据美国海军情报机构研判，这一情况是日本舰队回港休整导致的，后来的事实也两次证明了美国海军情报机构研判的正确性，以致于在珍珠港事件爆发前夕，美国方面仍然认为日本的航空母舰舰队正位于离珍珠港千里之外的地方。

不仅如此，美国驻日大使格鲁和他下属的分析专家，还可以分析出日本高层的政治经济情况。山本五十六在1941年1月给海军大臣吉川古志郎的信中首次提出了奇袭远离日本本土6000千米的珍珠港这一设想。不久之后，格鲁大使就从秘鲁驻日公使那里听说"万一美日开战，日本就要奇袭珍珠港"，并将这一重要情报在第一时间报告了美国国务院。英国的情报机构也向美国提供了大量情况。随着战事的临近，日本驻夏威夷总领馆开始焚毁密码件，还设立了紧急情况下使用的表示日美关系破裂的密码——"风密"。

毫无疑问，出错的不是情报搜集，问题出在了情报分析上。

应该说，美国所掌握的这些情报，足以对日本的下一步军事行动做出判断。美国情报理论专家罗伯特·沃尔斯泰特对当时美国的情报处理过程进行了翔实的研究，她在《珍珠港：预警与决策》一书中认为："在此之前，我们从未得到过如此完整的情报。今后也不太可能有如此充分的情报资源可供利用了。"然而，充分的情报来源就能得出准确的情报结论吗？日本特遣舰队成功远程偷袭珍珠港证明，事实远非如此。

日本暗语

风密（winds-code）是由日本外务省下发给各领事馆的密语，用不同的方向代表不同的国家，用不同的天气情况来表示日本与不同国家的关系。当对应国家的使领馆收到对应的风密后，需要立刻销毁所有的密码文件。这种密语只在紧急情况（双方断绝外交关系）和国际通信被切断的情况下使用，日本将会通过日语广播向各国的使领馆发送。

具体来说："东"代表日美关系；"北"代表日苏关系；"西"代表日英关系。"东风雨"的意思就是日美关系危急，"北风云"则说明日苏关系危急，"西风晴"代表日英关系岌岌可危。在珍珠港遇袭前，美军情报机构曾收到"东风雨"的信息，但却并未给予充分考量。

按照罗伯特·沃尔斯泰特的观点，那些可以反映日军动向的情报叫作"信号"，与日军动向无关和不相干的情报则称为"噪音"。例如，美国情报机构侦获到，日本计划诱使英国入侵泰国以使自己获得进入该国的正当理由；东京发出关于日美和谈的"最后"期限；等等。"信号"混杂在大量"噪音"之中，把"信号"甄别出来，需要情报分析人员敏感的嗅觉和敏锐的洞察力。偷袭发生前，很多情报分析人员对"信号"视而不见，就是因为大量"噪音"扰乱了他们的视听。当时，美国的既定政策是优先考虑大西洋战场，美国情报分析人员的主要精力放在了德国身上。同时，日本为了达成偷袭珍珠港的突然性和隐蔽性，与华盛顿搞起了"假和谈"，使得虽然客观上同时存在着大量反映大西洋战场和珍珠港的"信号"，但有关大西洋战场的"信号"造成了干扰效果极强的"噪音"，使得与珍珠港相关的"信号"乏人问津。

有人可能要问，即使有这么多"噪音"，前面提到了那么多有关日军动向的情报信息，都可以作为明显的战争征候，为什么美军还是没有发现呢？注意，这些征候都是事后研究人员在了解了全盘情况后告诉读者的，而当时美军甚至是美国尚未建立一个统一的中央情报机构，某个个人和某一个机构都只掌握这些征候的一小部分。当时在夏威夷美国海军有三个情报单位，美国陆军有两个情报单位，联邦调查局还有情报人员，但情报信息分散孤立、烟囱林立却互不相联、沟通整合共享不畅，也是当时美国情报系统没能做出预警的重要原因之一。在这样的情况下,有谁能够揭开这"战争的迷雾"？珍珠港事件前，美国的情报机构主要分布在陆军和海军内部，其他政府部门也有少量分布。情报信息分散、缺乏共享的现状在驻扎夏威夷的美军情报机构中有着十分鲜明的体现。当时海军在夏威夷的三个情报单位中，两个是分别对金梅尔以及第14海军军区司令布洛赫海军少将负责的舰队情报部（Fleet Intelligence）和反间谍部门（Counter Espionage），还有一个是同时服务金梅尔和布洛赫的作战情报部（Combat Intelligence）。陆军有两个情报单位，分别是情报部（The Main G-2）和隶属陆军航空队的特别情报部（The Special G-2 Unit for the Army Air Corps），分别对驻夏威夷陆军最高长官沃尔特·肖特中将、参谋长沃尔特·菲利普斯上校以及夏威夷陆军航空兵指挥官马丁少将负责。除此之外，联邦调查局在夏威夷的单位担负了部分反间谍任务。这些单位不仅职责不同，而且隶属关系也各不相同，互相之间没有明确的法定联系，单位之间条块分割、各自为战是常态，加之情报工作的保密特性，以及陆军和海军之间的竞争关系，双方情报单位缺乏合作关系，甚至有时还相互封锁消息，如果必须想要谈合作，都得"靠关系""走后门"，情报共享和情报交换根本无从谈起。

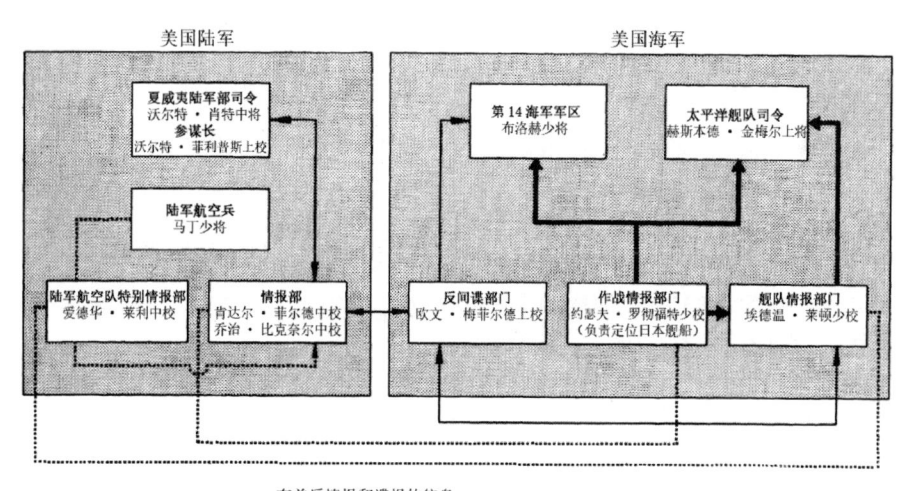

主要通信路径

珍珠港事件发生以后，美国国会立即着手调查，金梅尔和肖特不仅去华盛顿参加听证会被"过了堂"，而且都被降了军职，双双被

美国海军情报工作的杰出领导

埃德温·莱顿（Edwin T. Layton，1903年4月7日—1984年4月12日），美国海军少将，曾先后担任过第二次世界大战中的美国太平洋舰队情报官和美国海军情报学院院长，朝鲜战争初期还担任过美国海军远东司令部的情报负责人。

1924年，莱顿从海军学院毕业，开始了自己的海军生涯。随后，莱顿被海军派往日本东京学习日语，这为他日后从事对日情报工作打下了语言基础。1932年，莱顿受命赴北平任海军助理武官。随后，莱顿还曾在"宾夕法尼亚号"战列舰和美国驻日大使馆任职。

在珍珠港遇袭的前一天，埃德温·莱顿就任太平洋舰队总司令金梅尔上将的作战情报官，负责太平洋地区所有的情报工作，可谓时运欠佳。虽然在珍珠港事件中莱顿表现不佳，但在随后到来的中途岛海战前的情报准备中，他和罗彻福特通力合作，成功破译出日军电报中的"AF"代表中途岛，对美军取得战役胜利起到了决定性的作用。

勒令退休。调查一直持续到第二次世界大战结束后。

珍珠港的血与恨深深烙印在美国人的心上，美国一心寻找战机以报珍珠港之仇。接替金梅尔担任太平洋舰队司令的美国海军五星上将切斯特·威廉·尼米兹，时年58岁，同样希望寻机与日本海军一决高下。尼米兹把舰队情报处负责人埃德温·莱顿中校叫到办公室，对他说："我对舰队的小伙子们充满信心，现在要提振士气尽快扳回局面，哈尔西已经被我派往马绍尔群岛，但我要你钻进山本五十六的脑子里，告诉我他下一步到底要干什么，不能再让哈尔西的航母编队钻进他的陷阱了……"

世间的事情往往无巧不成书，珍珠港事件发生后仅仅一个月，一次偶然的机会让太平洋舰队没费多大的气力就破译了日本海军密码。

1942年1月初，日本海军第6潜艇战队从菲律宾棉兰老岛达沃出航，前往澳大利亚北部达尔文港进行第3次战斗出航，任务是布雷封锁达尔文港。日本海军当时只有4艘布雷潜艇，全部集中在第6潜艇战队使用。1月20日，其中的"伊-124"布雷潜艇被澳大利亚海军扫雷艇的深水炸弹击中，被迫机动逃离。闻讯赶来的美澳海军驱逐舰、水上飞机、扫雷艇轮番投下深水炸弹，战斗从下午一点半一直持续到晚上近8点，"伊-124"再也没有了动静。第二天，美澳海军部队确认了"伊-124"的沉没位置在水面下50米处，并做了标记。

2月26日，美国潜艇母舰"霍兰"号赶到"伊-124"沉没地点，并派出潜水员进行打捞作业。在指挥舱铁制台桌的抽屉里，潜水员发现了几个红色皮的本子。这些本子正是美国海军梦寐以求的电报密码本，美国海军此行收获颇丰，还缴获了日本海军使用的"JN-25b"密码本和商船用"S"密码。

如获至宝的美国人火速派专机将密码本送往夏威夷。在警卫森严的珍珠港第14海军军区司令部大楼的地下室里，120名电台监听员、密码破译员、翻译和情报分析员正在夜以继日地工作，每周工作时间高达八九十个小时。埃德温·莱顿带着手下人一番苦干，不久美国人就对日本海军的动向一清二楚了。但日本人并不清楚这一切，他们还以为那些密码本随着沉没的"伊-124"正静悄悄地长眠于南太平洋的海底。在5月4日爆发的珊瑚海海战中，美日双方各击沉击伤对方两艘航母，美军在莱顿团队提供的准确的情报支援下，成功挫败了日军的战略企图，缓解了巴布亚新几内亚的危机，为澳大利亚保住了屏障。恰巧，从4月开始，日本海军的电报往来开始异常，频次不断增加，多次提到一个代号"AF"的地方，这引起了莱顿和情报分析工作主要负责人约瑟夫·罗彻福特少校的高度关注。经过分析后，莱顿随即在司令官办公室将这一情况向尼米兹做了汇报——几周之后，日本联合舰队会攻击中途岛。而此时，华盛顿恰好命令尼米兹将舰队继续部署在珊瑚海。

罗彻福特绰号"魔术大师"，此人常常不修边幅，穿着军装，脚下却是一双毛绒拖鞋,军装外面还搭着酒红色灯芯绒睡衣,但此人却有着天生的情报分析头脑,能够从纷繁杂乱的事物中抓住别人关注不到的重点。他的记忆力过人,在浩如烟海的电文中,能清清楚楚记住两个月以前的内容。经过对以往日本海军电文的多方分析求证,罗彻福特认为,日本海军电报中提到的"AF"就是中途岛,日本海军将对中途岛发起一次大规模进攻作战。

美国海军本土的情报部门收到了同样的信息,同样注意到"AF"的高频次出现,但判断却与太平洋舰队情报部门的大相径庭。他们认为,这很可能是位于南太平洋某处的地点。

对日本海军的动向判断是涉及美国太平洋舰队兵力部署的重大问题,莱顿不敢掉以轻心。他把两种意见同时向尼米兹做了汇报。尼米兹的高明之处就在于他不会轻易做出选择,而是要亲自去听一听两种意见之间的逻辑差别。他对莱顿说:"走吧,到情报处去。我该见见你们这群情报天才了。"

约瑟夫·罗彻福特曾在日本待过多年,是美军中有名的日本通。喜欢柯南·道尔的他,在密码本的帮助下很快便参透了与"跳

美国海军的关键先生

约瑟夫·罗彻福特(Joseph Rochefort,1900年5月12日—1976年7月20日),美国海军上校,获得过海军杰出服务奖章(Navy Distinguished Service Medal)和总统自由勋章(Presidential Medal of Freedom)。第二次世界大战结束后,罗彻福特负责领导华盛顿的太平洋战略情报小组。他在密码分析和情报分析方面极具天赋,最终遭他人嫉妒而沦为了政治斗争的牺牲品。

1918年,尚未高中毕业的罗彻福特怀着理想和抱负加入了美国海军。在上级的推荐下,罗彻福特前往华盛顿参加海军密码分析班的培训,从此与情报和密码结下了不解之缘。

舞的小人"有异曲同工之妙的"JN-25b"密码的玄机,并成功领导了破译工作。当军容严整的尼米兹在作战情报部见到这个军装下面穿着毛绒拖鞋、外面还搭着酒红色灯芯绒睡衣的怪咖军官时并没有生气,而是亲切地说道:"带我参观一下吧,顺便给我讲讲你们的魔术。"罗彻福特呆呆地问:"像观光一样吗?"尼米兹说:"没错。"

进入报房后,罗彻福特边走边讲:"一切从这里(电台收报)开始,通过位于荷兰港、萨摩亚、瓦胡岛和中途岛的四个测向站,我们大约可以截获日本加密无线电通信大约60%的内容,因为里面还有很多代号和暗语,我们的密码破译只能解读其中40%的内容,也就是可以获悉大约四分之一的日本海军加密通信。""讲讲你们和华盛顿的分歧,"尼米兹关切地说道。"我们收到的信息是一样的,但是在分析过程中我们确实遇到了分歧,从截获的日本加密通信中,我们和华盛顿都认为日本将对这个代号为'AF'的点发动攻击,我们认为是中途岛,但华盛顿却认为是在南太平洋,"罗彻福特边说边拿出一份缴获的日本海军地图,"看,经线区域代码'A'和纬线区域代码'F'的交汇处就是中途岛。"尼米兹停顿了一下:"有没有更确切的证据?"罗彻福特翻了翻眼睛:"长官!是这样的,假设你要办婚礼,虽然我没有收到请柬,但是我听说某天大酒店会有活动,还有人把岛上的玫瑰花都买光了,好乐队接到了预约,这就是情报能给你带来的东西——线索,而非明确的答案。""长官,罗彻福特记忆力过人,他能在浩如烟海的电文中,记住两个月以前的东西,从日军往来的电文分析,AF也只能是中途岛,如果您不信他,我们以后估计都得说日语了,"莱顿说着并再次把期待的目光投向了尼米兹。"我通常不会相信打着领带还穿着毛绒拖鞋的人,不过我会想办法把'企业号'从珊瑚海撤出来,"尼米兹边说边点燃了一支香烟,"但你们也得让华府确信,日本人的目标是中途岛。"尼米兹边走边说,显然这句话是一把双刃剑。

为了进一步证实"AF"就是中途岛，罗彻福特和他手下的情报分析人员冥思苦想，直到分析员贾斯柏想出了一个试探日军的主意——出太平洋舰队通知驻中途岛部队指挥官，用明码电报发出报文：岛上淡水设施坏了。日本人上当了。48小时后，截获的日军密电称："AF"缺少淡水。这样就牢牢地锁死了证据，证明了"AF"就是中途岛。

中途岛，位于太平洋中部，陆地面积为5平方千米，是北美与亚洲的海上交通要冲，由于该岛地处太平洋航路的中途，故名中途岛。太平洋战争爆发时，它是美国的海军航空站。中途岛海战计划亦是由山本五十六一手策划的，他身高只有1米59，但内心却倔强坚强，这次日军作战目的是威慑并伺机消灭残余的美军太平洋舰队。为实施进攻中途岛的作战计划，日本决定投入所有能调集的海军兵力参加战斗，总共调集了各类舰艇200余艘、舰载飞机700余架，由联合舰队总司令山本五十六海军上将统一指挥，包括3艘主力战列舰和4艘主力航空母舰。山本五十六并不知道，此时，千里之外的尼米兹正在阅读着他的作战计划……

随着中途岛海战日期的临近，日本联合舰队发出的电文越来越多。莱顿和罗彻福特每日频繁地通过保密电话分析情况，交换看法，基本摸清了日本人的作战计划。5月25日，罗彻福特向尼米兹报告最新发现：日本联合舰队将在6月3日进攻阿留申群岛，牵制美军，6月4日主攻中途岛，并介绍了联合舰队的兵力分配情况。莱顿根据最新的情报资料和对中途岛附近的气象、风力和洋流的分析，推断日军进攻中途岛的舰队将来自西北方向，方位是325度，在距中途岛175海里处，时间是6月4日早晨6时。

尼米兹随即开始排兵布阵，调集了包括3艘航母在内的所有兵力在中途岛东北海域展开,隐蔽待机。而这其中还包括因为参与珊瑚海海战而正在珍珠港进行大修的"约克城号"。在维修工人的奋力拼搏下,原本需要90天维修工期的"约克城号"只经过了72小时便"满血复活"。

6月4日清晨,日本航母编队长官南云忠一,按计划下令由主力舰队4艘航母上同时起飞的108架飞机,发动对中途岛的第一次攻击。而此时,岛上的美军飞机早已升空,日军企图以第一次攻击摧毁美军基地飞机的目的未能达成。同时,中途岛派出的"卡塔林娜"式侦察机也发回了发现日军航空母舰的报告——与莱顿的推断仅仅相差5度、5海里和5分钟。在浩瀚的大洋上,这简直就算不上是误差!随即,中途岛上已经起飞的26架飞机对南云忠一的航母编队展开了攻击,尽管此战中美机损失较多,但却让南云忠一误认为岛上的飞机并未被完全消灭,随即下令已经装载鱼雷的第二波次舰载机换装高爆炸弹,准备再次袭击中途岛。日本航空母舰上忙成了一片,地勤人员把装好鱼雷的飞机拖回下面的机库甲板,卸下鱼雷,装上炸弹,可就在换炸弹的时候,日本侦察机发现了目标,距中途岛只有300千米处有10艘美国军舰迎面驶来。南云大吃一惊,当发现有美国航空母舰时,他急令各航空母舰:再将炸弹卸掉换装鱼雷。这时飞机都装好炸弹了,又要换装鱼雷,地勤人员不禁口出怨言,军械员索性将炸弹胡乱地堆放在甲板上,此时的航母就像一个一点就燃的火药桶。美国第16特混舰队驶至距日舰240千米处时,舰队指挥官斯普鲁恩斯一声令下,"企业号"和"大黄蜂号"航空母舰上的俯冲轰炸机、鱼雷攻击机和战斗机直扑日舰而来。不过,由于日本"零"式战斗机超强的机动性和空战能力再加上航母强大的防空火力网,第一批出动的15架美国鱼雷攻击机均被击落,第2批26架被击落20架,所投的炸弹和鱼雷无一命中。日军大获全胜,从上到下无不欢欣鼓舞,但此时甲板上到处都是胡堆乱放的炸弹、鱼雷和加油管,一架飞机也无法起飞。

描绘美军"无畏式"俯冲轰炸机攻击"赤城号"的画作

正当日本水兵准备清理杂物,让飞机升空作战时,大祸终于临头了,美国的数十架"无畏式"俯冲轰炸机,呼啸着直向日军"赤城号"和"加贺号"航空母舰扑来。此时的日本战斗机正在低空拦截美国鱼雷攻击机,舰上的高炮也在攻击鱼雷攻击机,舰队上空"门户大开",美军俯冲轰炸机乘虚而入,对日本航空母舰实施了猛烈的攻击。两颗重磅炸弹落到了"赤城号"上,当时正有40余架日本飞机在甲板上加油,炸弹引发了横七竖八躺在甲板上的炸弹、鱼雷和汽油连环爆炸,"赤城号"瞬间成了人间炼狱,随即沉入了冰冷的太平洋。"加贺号"也被4颗重磅炸弹击中,瞬间燃起熊熊烈火,随"赤城号"而去。另一艘日本主力航空母舰"苍龙号"也未能幸免于难,17架俯冲轰炸机朝它发动了猛攻,3颗重磅炸弹精准地落在"苍龙号"上,全舰大火遍布、越烧越烈,最终也难逃覆灭的命运。残存的"飞龙号"航空母舰集结了舰上全部力量拼死攻击，虽然它最终重创了美舰"约克城号"，但自身也遭受了灭顶之灾。

山本五十六眼见大势已去，不得不向联合舰队下达了撤退的命令，消失在茫茫大海之中。此战，美军以损失一艘航母的代价击沉了日本4艘重型主力航空母舰。从此，日本海军实力大减，太平洋战争的形势发生了转折，日军进入了战略被动。而破译日本海军中途岛进攻计划的秘密，则在很多年之后才被解密。

美国海军珍珠港的悲剧与耻辱，输在了情报分析的失误。中途岛海战的大胜，又成在了太平洋舰队情报分析人员的准确成功的预测。正所谓"败也情析，成也情析"。

总统才能拍板的大事儿

在第二次世界大战的战前准备和战争进程中，美国情报界的生意开始兴旺发达起来，各家情报机构互相招兵买马、扩大地盘。但向来是"我的地盘我做主"的情报机构，我行我素，互不买账，各自为战又钩心斗角。虽然这充分发挥了各家情报机构的竞争优势，却延误了不少情报战机，也让美国总统罗斯福心烦头疼不已。

1938年末，为扩大反情报工作，罗斯福给联邦调查局专门拨款30万美元，这让其他情报机构很不服气。联邦调查局局长埃德加·胡佛乘机拟出一项规划，要求与陆、海军情报办公机构不定期交换情报，但是这两家单位并不买他的账。同时，国务院、财政部等其他非军事情报机构也不愿意削弱自己的情报职能，谁都看不惯联邦调查局一家独大的局面。情报界一时吵得不可开交。老奸巨猾的胡佛找了个机会，把这一堆烂摊子又推给了白宫。这时希特勒已经占领了奥地利和捷克斯洛伐克，而且德意日三国都已开始动手，国际形势十分紧张，国内的这些情报精英不但交不出罗斯福需要的东西，竟然还为争夺控制权吵个没完！

素有将情报职能在各情报机构间进行分割想法的罗斯福，开始慢慢转变，试图通过改革情报体制，以创造更高的情报效益。

罗斯福先是从整合反间谍情报开始着手。1939年6月26日，罗斯福发出秘密指示：要求联邦调查局、陆军军事情报处、海军情报办公室联合负责所有间谍、反间谍以及颠覆破坏活动的调查工作。这个机制会议被称为跨部门情报委员会，每周在联邦调查局召开一次例会，由出席会议的各情报机构负责人轮流主持，美国国务院也要指派一名高级官员担任顾问。但由于军队情报机构的负责人任期仅为两年，人员变化不定，胡佛却是联邦调查局的"不倒翁"，会议又在联邦调查局召开，胡佛成了事实上的"常任主席"。

联邦调查局总部——埃德加·胡佛大楼

1939年9月6日，也就是欧洲战事爆发后的第5天，罗斯福向美国公众发表讲话。他在过去密令的基础上对情报界进一步调整，宣布联邦调查局"将负责与间谍事务有关的所有调查"。他下令美境内所有执法人员要向联邦调查局提供"与间谍、反间谍、破坏、捣乱活动和违反中立政策相关的所有情报"。罗斯福表示，美国参战前，他要"确保国家不发生类似1914年、1915年和1916年以及1917年初那样的事件"。

这样，各情报机构的间谍、反间谍领域的情报出口都集中到了联邦调查局手中，胡佛独享向白宫报告与间谍、反间谍有关情报的垄断权力。他还游说罗斯福总统进一步采取行动，把所有情报来源的整合与分析权都集中到联邦调查局。

集中的权力让埃德加·胡佛的野心越来越大，他试图在自己的有生之年实现美国情报界大一统的局面，并建立一个范围遍布全球的秘密情报机构，并负责开展隐蔽行动。在他和美国国务院负责外交情报事务的助理国务卿阿道夫·伯利的共同努力下，隶属于联邦调查局的特别情报处正式成立，并开展了大量的工作。然而，事与愿违，美国情报界的最后协调权和隐蔽行动的主导权终究没有落到联邦调查局手里。这是因为另一个情报强人的出现打碎了胡佛的美梦。这个人就是威廉·约瑟夫·多诺万。

美国中央情报局之父

威廉·约瑟夫·多诺万（William Joseph Donovan，1883年1月1日—1959年2月8日）美国中央情报局之父，战略情报局局长。

1883年，威廉·约瑟夫·多诺万出生在纽约州的布法罗。这个男孩的家庭是来自爱尔兰的移民，他父母都是虔诚的天主教徒，以至于多诺万年轻时一度想成为一名牧师。后来，多诺万考入了圣约瑟夫学院和尼亚加拉大学。为了更漂亮的文凭和更可靠的前途，他随后又考入哥伦比亚大学学习法律。在这里，多诺万不仅遇到了一位非常重要的同学，还成了大学橄榄球队的明星。1907年，24岁的多诺万顺利毕业并成了一名律师。

1912年，怀揣着报国梦想的多诺万先后加入纽约国民警卫队、第69爱尔兰军团。第一次世界大战期间，多诺万所在部队被召入联邦服役，他也随之加入美国陆军第165军团"彩虹"师。还是上尉军衔的他就随陆军上将潘兴出征墨西哥，有段时间天天长途行军，搞得他的部下怨声载道。但这种强度的行军对于橄榄球运动员出身的多诺万来说根本不算什么，身为军官的多诺万对着手下牢骚满腹的军士们大吼："你们这帮小子！这算什么？看看我！大气儿都没喘！你们为什么就吃不消！"有人在队伍后面悄声地说："我们可不像你，野蛮的比尔。"这个外号也慢慢在军队里传开，大家都知道了有个"野蛮的比尔"。后来，这个外号也传到了多诺万的耳中。多诺万不但不生气还挺高兴，此后开始以"野蛮的比尔"自居。多诺万把打橄榄球中横冲直撞的勇猛、不畏对手的精神、狡诈灵动的经验还有团队协作的理念都毫无保留地照搬到战场上来。在作战中，多诺万不仅展现了领导才华还英勇顽强，并曾三度负伤。1918年7月18日，他因在马恩河战役中英勇抵抗被授予荣誉勋章。到战争结束时，立下赫赫战功的多诺万已经晋升为上校。随着第一次世界大战的结束，多诺万也离开了军队。野心勃勃的他开始瞄准政界，可是运气并不好，连续几次竞选州长都以失败告终，不过终于在1924年坐上了美国司法部副部长的位子（日后的联邦调查局局长埃德加·胡佛此时是他的下属）。随着好友赫伯特·胡佛入主白宫，多诺万一度认为，自己会被任命为司法部部长。可是由于种种原因，他都没能如愿，在随后的州长竞选中又一次失利。"野蛮的比尔"随即拍拍屁股走人了，在华尔街开了一家律师事务所。后来白宫又曾邀请他担任海军部副部长，他觉得没劲，便不客气地拒绝了……

多诺万是一个典型的美国佬，性格极其豪爽，社交广泛，律师事务所的生意一直蒸蒸日上，很快发了大财。不过这个老兄是个闲不住的人，挣钱与他的美式情怀比起来算不得什么，他很快就把事务所交给合伙人，自己跑到欧洲各个战场上去游历。在欧洲，他目睹了德国装甲铁骑闪电般的凌厉攻势，分析了轴心国的活动态势和走向，并考察了英法等国的抵抗运动。回到美国后，多诺万撰写了一大堆分析报告，最后得出来的结论是——美国要尽早做好全面的战争准备。圈子很重要，多诺万在哥伦比亚大学结识的好同学不是别人，正是美国白宫的新主人——罗斯福，两人曾因为学术上的争吵慢慢变成了至交。多诺万关于美国迟早要参战的观点也与罗斯福不谋而合。随后，他作为非官方特使访问英国，与英国官员进行会谈，旨在弄清在欧洲正处于孤立无援状态的英国能否抵挡德国纳粹的侵略。通过与英国军情六处负责人斯图尔特·孟席斯上校、乔治六世国王、温斯顿·丘吉尔以及其他英国政府和军事领导人的会晤，美国需要一种集中搜集外国情报手段的念头反复出现在多诺万的脑海里……返回美国后，多诺万向罗斯福总统提供了令人满意的情报——他说，英国人可以挺住，但需要更多的驱逐舰，于是两国达成了《驱逐舰换基地协议》，为美国向英国提供武器弹药打开了闸门。

1939年9月1日，德国对波兰发起"闪电战"，英法随后对德宣战，第二次世界大战正式爆发。忧心忡忡的罗斯福关注着战争在欧洲的蔓延和对世界的影响。他感到美国再不可能像以前一样独善其身，应该高度关注这场战争。他和在哥伦比亚大学的同学多诺万谈起此事时，发现两人的看法不谋而合。

多诺万当时是华尔街社交场上的活跃人物，曾参加过第一次世界大战，官至陆军上校，退出军界后多次竞选州长未果。此时学法律出身的多诺万已经把律师事务所开到世界各地，不但在美国，而且在世界上结交甚广。

1940年12月16日，罗斯福委派多诺万以个人代表身份，赴英国、巴尔干、北非和地中海考察战争形势和谍报工作经验。在此期间，多诺万已经在心中开始勾勒未来打情报战的蓝图。

在英国，多诺万受到了热情接待。对德国感到力不从心的丘吉尔，此时一心想把美国拉入战局，就对多诺万敞开了大门，多诺万想看什么就给看什么，绝不含糊。对英国情报机构的参观以及与英国军情六处负责人斯图尔特·孟席斯上校的会谈，令多诺万感触良多。1940年5月法国沦陷后，英国面临着德国的进攻，新上任的首相温斯顿·丘吉尔正在寻求美国的帮助，因此他也亲自与多诺万进行了长谈。他极力说服多诺万在美国建立中央情报机构，并开展广泛深入的英美情报合作，多诺万也深为英国情报建设水平所折服。尽管美国独立战争打出的旗号就是反对英王的暴政，但与英王乔治六世的会见还是让多诺万倍感荣耀。游历考察了一圈之后，多诺万于1941年3月返回美国，开始埋头苦干，撰写考察报告。4月26日，多诺万在提交给罗斯福总统的报告中建议成立中央情报组织，提出了统一协调和集中分析各来源情报的设想，他最为重要的参照系就是英国情报系统。

当然，此时给总统谏言的不仅是多诺万，胡佛也提出了相近的建议，而罗斯福总统因深受情报系统分散孤立的困扰也在思考此事。因此，6月18日，罗斯福发布了组建情报协调局的行政命令，赋予其情报搜集、协调、分析与发布的职能，以求提供政府现在无法得到的对国家安全至关重要的情报。这是美国历史上第一次出现具备中央情报职能的独立情报机构，标志着美国情报体制的重大变革。

7月11日，罗斯福总统任命多诺万为情报协调局的第一任局长。后来，多诺万被称为"美国中央情报局之父"。

在罗斯福的支持下，多诺万从预算部门要来了45万美元的拨款，在白宫附近几间破旧的大楼里开始工作。协调局设有5个专业机构部门：秘密情报处，从事谍报工作；特别行动处，从事破坏与颠覆活动；反情报处，从事防谍工作；心理战行动处，制造和传播黑色宣传；作训处，训练打入敌占区的游击分队。另外，还有财务管理、通信联系、人员招聘后勤等部门。多诺万运用灵活的社交手腕，招募了一大帮精英分子。这里面有哈佛大学的知名学者，著名诗人、商人富翁、银行家、电影导演、剧作家等，全都是显赫人物，个个精明强干，神通广大。情报协调局的工作分公开和隐蔽两部分：公开活动主要是指由学者们对情报进行专门的分析和研究；隐蔽工作主要是指在敌后从事破坏和颠覆活动。

几个月后，情报协调局的工作人员从最初的几十人猛增到600多人，在华盛顿和纽约很多地方都设有大大小小的办事处。随着机构不断变大的，还有多诺万的野心，他想把机构规模再扩大一倍。情报协调局的快速发展虽然没有一统美国情报界，但还是给罗斯福提供了源源不断的情报报告，罗斯福总统也基本肯定了多诺万的工作。

好景不长，情报协调局成立后不久，震惊美国的珍珠港事件就爆发了，情报协调局并未能预测到日本的突袭。美国人的官僚思维逻辑也比较有意思，他们认为，对于情报协调局实力太弱、没有必要的权威、情报共享情况堪忧的最佳解决方案是加钱、加资源，以至于多诺万一度不仅拥有600多名员工，还坐拥1000万美元的预算。

这个既不属于司法系统（有联邦调查局）又不属于美国军方（有陆军、海军情报机构）的情报机构，自然会引起他们的反感甚至是敌意。随之而来的就是，情报协调局根本接触不到其他部门提供的情报产品，也根本没有办法开展综合性的情报分析。弗里德曼他们提供的"魔术"情报就连多诺万也看不到，所以排除"噪音"获取"信号"的工作，情报协调局根本做不到。这些老牌情报机构都想压多诺万一头，其他重要的情报源也对其多方保密。

罗斯福总统一边赞同将情报协调局移交给参联会的想法，另一边也希望将情报协调局的外国情报服务从军事上分离出来。因此，罗斯福提出将战争宣传等任务从情报协调局剥离，其余部分成立一个新的机构。

珍珠港事件的爆发使罗斯福下定了决心。1942年6月13日，在参谋长联席会议和多诺万的联合建议下，罗斯福下令将情报协调局与军方情报力量结合，成立美国战略情报局，多诺万任局长，同时由美国陆军上校晋升为少将。

1942年6月23日，参谋长联席会议发布指令，要求战略情报局按照参谋长联席会议、陆军情报处、海军情报办公室的需求组织开展情报研究、执行颠覆活动，提供参谋长联席会议和其他军事部门所需要的情报。除了根据其他单位获取的情报开展情报综合研究，战略情报局还要开展破坏、谍报、反间谍和部署、实施秘密行动，其组织架构大致从情报协调局延续而来，下设秘密情报处、特种作战处、研究分析处、反间谍部（X-2）、心理作战处、海上运输部等机构，而原先从事战时宣传的机构由战时新闻局接管。战略情报局人员多达25000人之众。

战略情报局曾使用过的标志之一

战时情报需求旺盛，战略情报局成立后广纳人才，全力以赴地提供综合性情报，情报分析能力提升很快。研究分析处共撰写报送了2000多份研究报告，涉及各个国家和地区的基本情况，如对象国的经济资源、地理情况、交通线建设、国民士气、军事能力、登陆场地、战略目标、情报组织等综合情报。罗斯福总统等美国决策层对这些情报十分重视，尽管情报分析本身不具备决策作用，但其提供的情报分析和建议在战略和战役决策的过程中发挥了重要作用，极大地提高了综合情报效益。

从1943年开始，美国陆军航空队第八航空队开始对德国的飞机制造工厂和滚珠轴承工厂进行轰炸，以削弱德国的航空制造能力，但从德国飞机升空等种种迹象表明，轰炸行动并没有取得应有的效果，这种轰炸对德国航空制造能力影响甚微。战略情报局研究分析处的"敌方目标委员会"通过情报分析建议，改为轰炸德国石油加工厂，这就等于卡死了德国军事工业能力的瓶颈，将导致德国军工制造能力的直线下降。美军决策层采纳了这一建议。从1944年春天开始，第八航空队改变了战略轰炸的目标，开始对德国的石油加工厂进行大规模轰炸，德国的石油产量直线下降。由于石油短缺，不但德国军工生产受到严重影响，已经列装的德国的飞机和坦克也无法训练和作战，德军战斗力受到严重削弱。

除了情报分析这项工作外，战略情报局还养了一票发明家与科学家，他们开展的工作跟007系列电影中的Q博士差不多。研发工作由战略情报局研究开发处负责，专门负责研制和开发情报工作、颠覆行动所需要的工具，如为潜入敌区的特务制造伪钞和身份证，生产特工使用的武器，包括消焰子弹、无声手枪和各种爆炸装置。

研究开发处处长斯坦利·洛弗尔是个异想天开的家伙。他听说希特勒爱吃素，于是萌发了一个怪主意：在希特勒食用的蔬菜中注入雌激素，长此以往，他的胡子就会掉光，声音会变得像女人一样尖厉。听说日本人特别讲究个人卫生，他便发明了一种腹泻药，他认为可以把药物偷偷运往中国的沦陷区，那里的儿童在拥挤的街道上可以跟在日本兵后面，将药物喷洒在他们的臀部上，透过裤子，就能刺激日本兵腹泻，影响日军的正常秩序。他还研发了一种叫作"凯西·琼斯"的精巧装置，专门用于破坏铁路，它可用磁铁吸在火车头下部，以保证火车在进入隧道中爆炸，以便追求破坏效果最大化。

珍珠港事件后，情报协调局提出了不少荒唐的作战建议，如有人建议轰炸日本火山，以便造成火山喷发，将日本埋葬在熔岩和灰烬中，由于这个计划实在太离谱最终付诸东流。不仅如此，他们还试图捕获蝙蝠，打算利用轰炸机从高空投下，袭扰日本民众。总之，很多异想天开的小发明都被列入了研究开发处的工作范畴，为战略情报局的工作平添了不少神秘和乐趣。

美国人的第五纵队

第二次世界大战期间,美国的情报隐蔽行动从无到有,搞得红红火火,为打赢战争立下了不小的功劳。但隐蔽行动对美国来说是个新生事物,原来没有。为此,美国拜了两个师傅,一个是德国,一个是英国。联邦调查局局长胡佛从德国在拉美的谍报活动受到启发,一番努力之后成立了特别情报处。而师从英国情报机构的战略情报局局长多诺万,则效仿英国特别行动执委会的职能,规定由战略情报局特种作战处负责隐蔽行动。

1940年5月,胡佛与美国国务院负责外交情报事务的助理国务卿阿道夫·伯利开始磋商在世界范围内建立美国情报机构的问题。当时,美国社会流传着半是谣言半是事实的传闻:美洲的大西洋沿岸充斥着德国的U形潜艇,德国人在墨西哥、巴西和秘鲁经营的间谍网络正在疯狂活动。伯利提出,由联邦调查局对纳粹特务进行一次大清查,从哈瓦那一直到里约热内卢建立美国情报网,追查德国特务,培训当地秘密警察。

1940年7月1日,联邦调查局特别情报处正式成立,资金由总统开设的秘密账户提供。胡佛要求联邦调查局纽约负责人福克斯沃思任特别情报处负责人,迅速找到对轴心国开展间谍工作的方法。彼时,大约有100万名德国和日本侨民生活在巴西、阿根廷、智利和秘鲁。他们在当地经营着矿产、黄金和白银的开采,还出产稀有和重要的战略物资,如白金和工业钻石。日本人掌握的航线从墨西哥延伸至南极洲,德国在南美的影响力也相当惊人。

1940年8月,特别情报处在纽约洛克菲勒广场30号4332室开办了进出口服务公司,由洛克菲勒担任地产中介商。名义上,这家进出口公司为客户提供国际贸易服务。实际上，这里是联邦调查局特工到海外执行任务的美国总据点。为此，联邦特工们伪造了各种各样的身份，如《新闻周刊》记者，美林证券公司的中间商，果品公司、阿莫尔肉类公司、美国电话与电报公司或美国钢铁公司的董事或经理。他们的任务是秘密调查纳粹和苏联特务，在北起墨西哥和古巴，南到巴西和阿根廷的拉丁美洲建立特工网络，同时搜集和报告当地政治、经济和外交方面的秘密情报。

今日的纽约洛克菲勒广场

联邦调查局招募了数百名新人，从 1940 年的 898 名特工增加到 1941 年的 1596 人，在原有员额基础上增加了 80%。到 1943 年，该局编制更是增加了 3 倍，拥有特工 4591 名、保障人员 7422 名。一方面，因为他们只接受过短暂培训，连派驻国家的基本情况都没能完全掌握，就被派赴国外，因此真正能履行使命任务的特工极少。此外，当时联邦调查局在渗透方面的经验也十分不足，这些问题都让联邦特工在目标国家陷入了尴尬的处境。其间，特别情报处处长佩斯·福克斯沃思以伪造身份，随同威尔逊·洛克菲勒率领的代表团，对14个美洲国家进行了为期2个月的考察，结果发现，绝大多数特工根本不知道该怎么办事。特工们知道拉美有纳粹分子，但不知道他们在哪里，也不清楚如何追踪。从外派特工那里得到的间谍线索和情报极少，而这少之又少的情报价值也很低。有一段时间，通过这一手段上报到国务院、陆军或海军的情报，总会受到情报用户对情报来源的怀疑，以及对情报质量的不满。

胡佛想要的是功劳，而不是批评，因此数度想把特别情报处转交出去，无奈却无人接盘。

和联邦调查局不同的是，战略情报局既效仿了英国的情报隐蔽行动体制，又接管了海军的情报实体。战略情报局转为美军编制后，与全盘作战计划紧密衔接，因此其隐蔽行动不但家底雄厚，而且比联邦调查局的起点要高上不少。当时，美国海军情报办公室的"K"是管理海军谍报人员的影子机构，全部都交给了战略情报局，成为其秘密工作的主要班底。

战略情报局的隐蔽行动是一项准军事行动，要人要枪时，也并不总是能够得到战区指挥官的配合和支持，总是要费上不少劲儿，但美国人的韧劲最终帮助他们成功了。

作为盟军中国战区参谋长的史迪威将军，在美国海军梅乐斯中校奉命前来执行隐蔽行动任务时，他的内心显然不太愉快。对于这种不受战区指挥权约束的特别行动机构，史迪威将军十分不愿配合。在某种程度上，他甚至认为，这是一种"非法行动"。对于梅乐斯提出要枪的请求，史迪威毫不客气地回答说："我已经给了英国人12000支汤姆逊卡宾枪，你如果需要的话就去印度找英国人要吧。"

就这样，梅乐斯中校和卡尔·艾夫勒少校被史迪威的一句话支到了印度新德里。令史迪威将军大跌眼镜的是，梅乐斯竟然"虎口夺食"，从英国佬那里要来了枪支弹药。梅乐斯后来著书感谢英国人的慷慨，给了他不少枪支弹药和后勤物资并运到重庆。而事实是，英军驻印度司令韦维尔元帅的军衔要比梅乐斯高得多，如果没有英国高层对美国开展隐蔽行动的支持，估计梅乐斯什么东西都要不到。

美国军界内部工作秩序的杂乱无章也使事情雪上加霜。梅乐斯直到1942年9月20日才被明确任命为战略情报局驻远东协调官，实际上，仅有卡尔·艾夫勒少校独自在缅甸组建101特遣队并开展敌后活动，与梅乐斯之间的相互协调甚少。不但战略情报局会向前方发出指示，美国海军也会提出各种各样的要求，史迪威当然还有他自己的想法。一时间，围绕隐蔽行动如何展开，美军内部龃龉不断、难以协调。好在梅乐斯原本是太平洋舰队的外派人员，任务也由太平洋舰队指定。战略情报局成立之后，多诺万才把中国区的任务从海军要到了自己的手里。行动开始初期，美国海军和太平洋舰队给了梅乐斯不少支持，派出了无线电人员、气象测绘人员等归他领导。但事情永远不会一帆风顺，当美国海军驻科伦坡的李墨斯上校带着20多名英军密码破译人员前来报到时，因飞机在缅甸失事全部身亡。

虽然梅乐斯行动受挫，但并未影响101特遣队开展隐蔽行动。1943年1月末，12顶降落伞悄然降落在缅甸北部的亚热带森林里。在接下来的三年时间里，这里一直活跃着一支百余人的小队伍。这就是由艾夫勒少校领导的101特遣队，他们负责在敌后从事情报搜集活动，通过游击行动骚扰日本人，确定陆军航空兵轰炸的目标，以及营救被击落的盟军飞行员。

101特遣队主要依赖缅甸少数民族的支持，特别是具有强烈反日情绪的克钦族。101特遣队吸收了很多当地的克钦人为骨干，他们以这个人迹罕至、像地狱一样的森林为据点，行踪不定，在整个缅甸搞游击、破坏和营救，神出鬼没，杀敌无数。有人说，101特遣队为盟军在缅甸的交通线史迪威公路保驾护航，并为保证该公路的最后通车发挥了巨大作用。1944年盟军进攻缅甸时，101特遣队和克钦族的游击队员积极搜集情报，散布谣言，破坏关键设施，援救被击落的盟军飞行员，进攻孤立的日军据点。

在突破腊戍防御阵地的战斗中，他们以400人对战依托阵地防守的700名日军，在美军炮火的掩护下，一鼓作气攻破了日军的防御阵地，以7人伤亡的代价对日军造成了281人的伤亡。又经过10天的连续战斗，他们一举拿下了日军重兵防守的交通枢纽罗列姆，不仅摧毁了日军的4座大型仓库，还炸毁了日军的运输线，一度让日军陷入补给困境。此役，日军伤亡1247人，而克钦战士仅阵亡37名。到1945年7月12日101特遣队解散时，已经取得了令人印象深刻的成绩。据官方统计，虽然损失了大约22名美国人，但101特遣队杀死了5428名日本人，救出了574名盟军人员。

其实，被后人不断演绎成神话的战略情报局缅甸101特遣队的事迹，只不过是战略情报局在中国战区隐蔽行动的一小部分，但足以说明战略情报局在隐蔽行动上的力度和强度。

1941年年底，美英达成协议，盟军将于次年底进入北非，开辟新战场，代号"火炬"行动。然而，此时华盛顿对北非的形势简直是一无所知。战略情报局迅速接管了美国在北非的情报机构，并委派海军陆战队上校威廉·埃迪为负责人。

埃迪手握200万美元的巨款踏上了北非的土地，并与原先法国在此的秘密地下组织接上了头。乱世之中，有钱当然好办事儿。当地的部落和宗教首领很快便向埃迪抛出了橄榄枝。随着酋长和祭司的指令，上千名信徒都临时归埃迪调遣。他们不仅帮盟军偷偷运输武器弹药，还帮盟军四处搜集有关敌军的情报。大量有关北非海岸的防御工事和维希法国军力的情报被源源不断地送到了北非远征军司令艾森豪威尔将军的手上。

为了保证盟军队伍针对北非的战略意图不被轴心国发现，战略情报局手下的间谍开始四处散布假消息，说远征军要去法属西非海岸的达喀尔，而盟军集结在直布罗陀的大批舰船则是为了救援被围的马耳他。德国人居然相信了这一消息，组织了专门的空中力量紧盯"开往马耳他的盟军舰队"。

1942年11月8日，守卫北非海港的法国维希政府的海军和德国士兵同往常一样开展着战备巡逻，丝毫不知道一场大战正在悄然逼近。当"开往马耳他的舰队"出现在这里时，不仅7架德国飞机还在几百英里外的邦角半岛上空盘旋，就连海港的守军也大为惊讶。战略情报局乘机指挥法国地下组织举行暴动，埃迪的特工则为登陆的盟军提供地图、带路、介绍敌军的设防情况和要塞位置。虽然战斗进行得依旧激烈，但在战略情报局前期的努力下，北非登陆毫无疑问地以盟军胜利告终。此役使战略情报局在军界声名鹊起，它提供情报的准确性和活动令华盛顿和军方刮目相看。军方的高级将领慢慢地开始接受这个新成立的情报机构，认为它是一个很好的合作伙伴。自此以后，战略情报局又一次扩大了自己的活动范围。

在欧洲战场，美国情报人员开始秘密地四处联络反法西斯力量，并开展各种秘密行动。1941年12月22日至1942年1月14日在美国华盛顿举行的美英参谋长会议一致认为，在敌后开展颠覆活动对于落实反法西斯最高战略必不可少。1942年8月在纽芬兰举行的罗斯福和丘吉尔会晤则再次强调了轰炸、封锁、颠覆活动是有效打击纳粹战争机器根基——经济、人民士气以及他们对于获胜的希望的最有效手段。这些事务均由战略情报局特种作战处负责，特种作战处也与英国特种作战局结下深厚的友谊。

在首任处长陆军上校普雷斯顿·古德费罗的领导下，特种作战处的特工承袭了战友们在缅甸和北非的卓越的工作传统。1944年法国诺曼底登陆行动中，在盟军登陆前，英国秘密情报局、法国中央情报行动局和美国战略情报局特种作战处的特工，按照三人一组编成了"苏赛克斯"小队，他们乘坐军机，趁夜色空降至法国。与法国地下抵抗组织一起秘密行动，破坏桥梁、道路和其他关键设施，以迟滞德军的行动。到1945年8月，45支"苏赛克斯"小队向盟军提供了800多份情报。在诺曼底登陆成功后，由乔治·巴顿将军率领部队冲出诺曼底滩头阵地，收拢部队向东南方向进攻。巴顿将军在正面战场的所向披靡，离不开法国抵抗组织、战略情报局、特种作战局提供的各种战术情报以及他们广泛开展的破坏行动的支持。这种模式很快被推广至所有西线部队，最高统帅部情报处更是给予了"苏赛克斯"高度评价，认为他们的情报"极有帮助"，其准确程度"令人满意"。最高统帅部立即采取措施，进一步提高破坏活动的作战价值。艾森豪威尔要求从华盛顿增派战略情报局工作人员，投入抵抗组织支援小组。

总而言之，隐蔽行动对于美军来说是一个全新的事物，但却收效颇丰。战后，伴随中央情报局的诞生，隐蔽行动和人力情报行动都被划归美国中央情报局管辖，直至今天。

尼米兹的联合情报观

与此同时，美军军种层次的情报机构改革也一直没有停下。第二次世界大战期间，海军作战部长欧内斯特·金海军上将多次公开抱怨，陆军与海军情报机构的诸多工作总是重叠开展，浪费了大量资源。陆军副参谋长约瑟夫·麦克纳尼中将也毫不避讳地承认，陆军军事情报处是美国陆军一个头疼的问题，以至于陆军情报处在整个第二次世界大战期间都在不断地重组改革，从1941年到1944年，光是情报处处长就换了4任，但每次重组都不成功，其工作状况也没有明显的改观。

而作战需求是最好的黏合剂，美军在战区层次的情报整合一步步走向实用。在尼米兹的大力支持和领导下，太平洋舰队情报系统为赢得中途岛海战立下了汗马功劳。之后，尼米兹并没有满足现状，而是针对原先岛上情报系统的弊病开展了针对性改革。

为了解决之前情报系统各自为战的问题，改革自然而然地聚焦于"情报合作"。在美国海军陆战队司令托马斯·霍尔科姆的建议下，1942年6月24日，尼米兹以原先的作战情报部为基础，成立了太平洋地区情报中心（ICPOA），以保障作战的需要。原作战情报部指挥官罗彻福特升任太平洋地区情报中心主任，作战情报部在中心内承担信号情报职能。7月19日，太平洋地区情报中心开始正式运作。它设有文献中心以处理缴获的日军文件资料，战俘审讯中心以审讯战俘，情报分发中心负责把情报传给舰队，以及敌方装备评估中心和日本空军组，同时，它还在陆军和海军陆战队设立了联络办公室。1943年9月6日，太平洋舰队成立珍珠港联合参谋部，下设计划处、情报处、作战处和后勤处。原太平洋地区情报中心（ICPOA）再度升级，成为太平洋地区联合情报中心（JICPOA），莱顿担任联合情报中心主任。联合情报中心逐渐合并了太平洋地区的其他情报机构，承担起搜集、比较、评价和分发战略、战术情报的职能。自此，战区内的情报机构开始在同一领导、同一屋檐下工作，打破了之前各个情报机构一盘散沙的局面，而此种联合情报中心后来也发展到各个战区，逐步成为战场情报体系的核心。

同时，美国人也深知，要想打赢第二次世界大战，光靠美国人自己搞情报是远远不够的。因此，在第二次世界大战期间，美国人开展了大量的国际情报合作。首先与美国展开情报合作的就是大英帝国。大英帝国不仅处于与纳粹德国作战的第一线，也是拥有超强情报能力的老牌资本主义情报强国。早在伊丽莎白一世统治的16世纪，英国便开始了间谍、外交、军事情报领域的欺骗行动。英国情报官员对胡佛派去的使者休斯·克莱格进行了培训，主要内容是跟踪和拘捕特务、保护工厂和港口、编制与管理可疑公民和外国人名单、安装隐藏的照相机、在使领馆安插特工以及不被察觉地拆阅邮件。情报实力是开展情报合作的资格证和门槛。英国人在密码破译和隐蔽行动、情报欺骗等方面在战前都是强于美国人的，两国不仅经常互通有无地传递情报产品，在信号情报领域更是开展了广泛而深入的合作。在这一领域，美英两国早在太平洋战争爆发之前就已经开始密谋合作事宜。1940年7月8日，英国驻美大使菲利普·克尔致信罗斯福总统，提议两国即刻启动秘密技术情报交换工作，以应对法西斯国家日益增长的威胁。7月11日，罗斯福在内阁会议上正式同意了该提议。在1941年12月8日美国正式对日宣战后，双方的情报合作进一步深入。

然而，在合作初期，由于缺乏完整规范的协议，两国的合作并不顺畅。罗斯福曾于1942年7月9日不满美国陆军与英国情报合作进展，而去信敦促陆军参谋长马歇尔将军。为了改善这一窘迫境况，加强两国情报合作的稳定性，美英两国在1943年6月10日签订了首个信号情报合作协议——《英国政府密码学校和美国战争部关于特定"特殊情报"的协定》，明确了分享截获的加密信号情报、互设情报联络办公室、美国负责监控日本、英国负责监控德国和意大利等合作事宜。战略分工是情报合作的特殊形式，是盟友间节约情报资源，提高情报效益,相互信任的一种表现。英国负责德国密码破译，美国负责日本密码破译，这也为后来的"五眼联盟"奠定了基础。

在太平洋战区，不仅有尼米兹领导的太平洋舰队，还有麦克阿瑟领导的美国陆军。在澳大利亚，麦克阿瑟建立了联合情报局（AIB），拥有信号、人力等全方位的情报搜集手段。在联合情报局的领导下，由英国人、澳大利亚人和新西兰人组成的情报队伍在日军入侵之前就秘密潜入南太平洋上的小岛，与岛上对盟军友好的原住民一起，组成海岸监视哨，代号为"梳子"系统，密切监视日军的调动情况。

回归自然赋予的密语

除了针对敌方开展情报活动，战争中的美军也十分注意自身的保密问题。美国亚利桑那州阿帕奇县的窗石城是美国纳瓦霍族保留地的首府，这里坐落着一尊风语战士的纪念雕塑，用以纪念在第二次世界大战中为美国情报工作做出杰出贡献的"风语者"——纳瓦霍族密码员。在1941年至1945年的太平洋战争期间，美军和日军为能在战场上掌握主动，都在绞尽脑汁地破译对方通信密码，而纳瓦霍族的语言原始而难懂，据此设计的密语从未被日军破解，保全了太平洋战场上成千上万美军士兵的生命，深刻影响了太平洋战争的进程。美海军陆战队高官赞之曰："如果没有使用纳瓦霍语，我们永远无法攻克硫磺岛。"

日军偷袭珍珠港后，美国对日本宣战，加入了第二次世界大战的战斗。1942年，美军陆战第一师占领了瓜达卡纳尔群岛上的日军机场，由此拉开了太平洋战场上的对日战略反攻。此后，在太平洋战区指挥作战的道格拉斯·麦克阿瑟将军利用"蛙跳战术"打得日军节节败退。当时在前线作战的美国海军陆战队已经配备了营连一级的无线电通信设备，可以根据战场情况及时调动空军和炮兵的火力支援。但因为这些单兵无线电通信设备基本没有保密措施，所以大量的语音通信都被日军截获，日军根据所掌握的情报及时调整战术，这让刚刚进入太平洋战场的美军吃了不少苦头，美军高层为此焦虑不已。虽然弗里德曼编制了强大的美国军用密码机SIGABA，但面对战机稍纵即逝的一线战场，复杂的密码编制体系总是耗时过长，显得力不从心。而使用明文英语通信又容易被日军侦获。为了避免重蹈珍珠港的覆辙，美军在大力破获日本密码的同时也在急切寻找适用于战场即时通信的保密通信措施。

1942年年初，一个名叫菲利普·约翰斯顿的年轻人凭借着自己对纳瓦霍语的直觉，萌生了可以使用纳瓦霍语当作军用密码进行通信的想法。约翰斯顿的父亲是在印第安保留地传教的白人传教士，而他从小就与纳瓦霍族人接触，能流利使用纳瓦霍语。他参加过第一次世界大战，了解美国在第一次世界大战中曾使用印第安土著的巧克陶语编制军用通信规则。

纳瓦霍语之所以可以作为军用即时通信密语，自有其独特之处。纳瓦霍语没有文字，靠族人世代口耳相传而延续。它是一种极为复杂的语言，其语法和发音极为怪异：以语调的强弱来表达不同的语意，同一个音使用4种声调就表达4种不同的意思。这对外界的人来说如闻"鸟语"，非常难懂。更为重要的是，纳瓦霍语是一种世界上几乎无人知晓其存在的语言，纳瓦霍族人仅有55000左右，并且全部生活在美国西南部一隅的新墨西哥州的印第安人保留地。所以，把纳瓦霍语编制成军用即时通信密语是日本人无法破译的，而且可以大大提高通信效率。

为了证实自己的说法，约翰斯顿找了4名纳瓦霍人到圣迭戈的艾略特兵营进行演示。1942年2月28日，美国海军陆战队的克莱顿·沃克尔将军亲自进行了测试。测试结果让他十分满意，于是他建议为太平洋舰队两栖作战部队招募纳瓦霍人当密码员。尽管有人担心军事术语匮乏的纳瓦霍语难以用作军事密码，不过经过一番争论之后，这个建议最终还是通过了。

当然，在决定使用纳瓦霍语做密码之前，美国海军也做了一番调查。结果显示，当时世界上懂得这种语言的非纳瓦霍人不超过 30 个，都是居住在部落里的传教士以及美国科学家，并没有日本人。

于是，美国海军陆战队开始征召会说英语的年轻纳瓦霍人入伍。尽管当时的纳瓦霍人受种族歧视的影响，连投票选举的权利都没有，但他们还是愿意报名参加。切斯特·内兹来自纳瓦霍部落，当时还是一名学生，在寄宿学校学会了英语。1942 年初，海军陆战队征兵人员来到内兹所在的学校，寻找能说一口流利纳瓦霍语和英语的年轻纳瓦霍人。征兵人员告诉学生们要找 30 个人，但不能告诉他们执行什么任务，直到他们完成所有的培训。内兹十分感兴趣，自告奋勇地站了出来，并直言不讳地讲："报告！我愿意报名！我觉得你们的衣服很好看！在部队里也不会饿肚子！"

1942 年 5 月 5 日，经过严格选拔和培训，内兹及另外 28 名纳瓦霍族新兵组成了美国海军陆战队第 382 野战排，人称"风语者"。为了创造一种日军无法破解的密码，他们从自然界中寻求灵感，设计出了由 211 个密码组成的纳瓦霍密码本。因为纳瓦霍词汇中没有军事术语，密码编写者们便将常用的军事术语和纳瓦霍词汇对应起来，用鸟类命名飞机，"猫头鹰"指侦察机，"燕子"指鱼雷机；用鱼类命名舰船，"鲸鱼"指战列舰，"鲨鱼"指驱逐舰。

密码设计完成后，美海军情报机构的军官们花了 3 周的时间试图破译一条用这种密码编写的信息，结果没有成功。这种密码甚至连普通的纳瓦霍族人都无法理解。29 名"风语者"被锁在房间内长达 13 周，以熟练默记所有密码，然后将密码本全部销毁，以免落入敌手。最终，印第安"人体密码机"以复杂难解的土著语言作为密码为美军传递信息，使美军在情报战中占得先机。

这些印第安人有的在陆军，奔赴了欧洲战场，有的在海军，奔向了太平洋战场，被大家熟知的当然就是在美国海军陆战队服役的士兵。他们随部队登陆一个个岛屿，同守岛日军展开惨烈的夺岛作战。刚被分配到作战军队时，"风语者"并不被信任。同时因为他们的任务保密，而他们的黑头发、黄皮肤又跟日本人很像，这些纳瓦霍士兵还差点倒在自家人的枪口下。当"风语者"开始稳健地传递情报后，白人士兵们开始像对待国王一样，尊称他们为"酋长"。

在接下来的战斗中，美军使用"人体密码机"创造了"不可破译的密码"神话：他们编码和解码的速度比任何密码机都要快；他们可以从飞机或坦克等移动平台上传递密码；他们编制的密码从未被日本人破解，保全了太平洋战场上成千上万美军士兵的性命。

因为是密码，所以当前方信息传回大本营后必须要有人来破译，将纳瓦霍语翻译成英文然后再将命令转换语言后发出去。这看似简单，但对一般人来说则是难于上青天。由于极难破译，因此这种密码也被称为"无敌密码"。

这里举个太平洋战场上的例子来说明一下陆战队员是如何请求炮火支援的。首先，海军军舰发送密语至陆战队的监视阵地；然后，这些侦察员将指令发送至前线正在激烈交火的陆战队员处；接着，前线的"风语者"接收信息然后向监视阵地反馈坐标等重要信息；最后，监视阵地上报战舰，战舰向敌阵地展开炮击。如此精密的情报闭环也就意味着，如果一支小队的"风语者"牺牲，那么另一支部队就要接替他们投入战斗，否则这条"秘密通信"线路就会中断。

作为美国海军的秘密武器，每个"风语者"都肩负着美军的至高机密，因此，他们也受到了特别的"照顾"。每个纳瓦霍译电员都由一名海军士兵贴身保护,一方面,确保其人身安全;另一方面,如果译电员即将被日军俘获,保护者必须杀死他以保证密码不被外泄……

"风语者"建功无数,而硫磺岛战役则是他们的"封神之作"。硫磺岛战役是太平洋战争中最激烈的战斗之一,日本军坚守该岛,并利用其松软的土质与天然的洞穴修筑工事,美军历时一个月、付出相当重的伤亡才占领日军防守的硫磺岛,最终美军阵亡6821名士兵、伤21865人,日军阵亡22703人,只有1083人被俘。

惨烈的硫磺岛滩涂争夺战

1944年,美日战争正如火如荼展开,双方的岛屿攻守是太平洋战场的重要作战形式。1944年2月,当美军收复马绍尔群岛以及对加罗林群岛的楚克发动毁灭性的空中打击后,日军大本营开始重新评估情势。为抵御美军的行动,日军建立了一个环形防卫圈——"绝对国防圈",南北向的加罗林群岛至马里亚纳群岛即为其中一道岛屿防线,两个群岛的北部即是硫磺岛,最后便是日本本土了。1944年8月美军收复关岛,同年12月20日登陆菲律宾莱特岛。在其后的莱特湾海战中,美军基本消灭了日本帝国海军主力,因此美军取消了原本在 1945 年 2 月底 3 月初登陆吕宋岛或台湾岛的作战计划，改为抢占硫磺岛后直接攻击冲绳及日本本土。

马绍尔群岛沦陷后，日军加强了硫磺岛的军事力量，硫磺岛和小笠原诸岛成为防止美军空袭日本本土的最后一道防线。早在 1944 年 10 月 7 日，美军已经计划攻占硫磺岛，作为轰炸日本本土的空军基地，投入总兵力达 7 万人。12 月 13 日，日本海军侦察机发现有 170 艘美军战舰向硫磺岛驶来，日军已经做好准备。他们的战术方针是，在美军登陆时不暴露任何火力，直到美军进入内地 500 米时，集中所有火力消灭滩头的美军有生力量。1945 年 2 月 19 日，硫磺岛战役正式打响。

在战斗开始的 48 小时里，6 名"风语者"通宵达旦地工作，共收发了 800 多条关于硫磺岛的消息，没有出现任何差错。尽管日军有出色的密码破译者，可是他们从来没能突破纳瓦霍语密码。日军的一个中将说，他们可以轻易地破解美国陆军、陆军航空队的通信密语，但一直搞不懂海军陆战队在说什么。他们截获了这些通信，但对这种近乎"天书"般的语言感到束手无策。战场上，日军开始伺机俘获纳瓦霍族士兵。当时的日本参谋本部情报部部长有末精三回忆称："我们曾经抓住了一名'风语者'，逼迫他来破译纳瓦霍语密码，但其余的'风语者'为了保证纳瓦霍密码的安全试图杀死这名被俘的'风语者'。"战后，当这名被俘者与战友重逢时说："尽管你们那样对我，我始终没有出卖你们和美国。"

第二次世界大战时期，交战双方都为了破译对方的密电绞尽脑汁。从中途岛海战到诺曼底登陆，战役的失败方都在密电上栽了跟头。丘吉尔曾经评价密码员是"下了金蛋却从不叫唤的鹅"，这足以显示出密码员的重要性。

第二次世界大战结束后，美国军方认为这些密码员可能会再派上用场，因而不宜暴露。他们回到了家乡，却无法脱密，在战后漫长的和平岁月里一直奉命对自己的过去"保持沉默"。直到1968年，"风语者"被美国官方正式解密，世人才得以一睹这些无名英雄的真容。

2001年7月26日，小布什总统为沉默了半个多世纪的"风语者"颁发了美国政府最高勋章——国会荣誉奖章。包括内兹在内的4名白发苍苍的"风语者"含泪接受了这迟来半个世纪的荣誉，而其他的25人早已离开人世。纳瓦霍密码是基于原始土著语进行加密的方法，这种方法作为一种小范围使用、应急备份的加密手段，即便在今天仍有一定的存在价值，在军事活动中也可以派上比较简单的用场。

小布什总统为"风语者"颁发国会荣誉奖章

你宣誓你效忠，都没用

美国是个移民国家，有大量的日德裔美国人，还有大量没有归化的侨民。当战争风云飘荡之时，这些人首先成为被怀疑的对象。是忠于祖国，还是忠于归化国？表面上看，这是一个不成问题的问题，但实际上在反间谍机构的眼中，所有人都有间谍嫌疑。

在太平洋战争爆发前的最后一个夏天，美国和日本早已处于外交僵局，表面上风平浪静，暗地里硝烟四起。美国各大情报机构不仅紧紧地盯着日本方面的一举一动，也开始着手关注国内日裔公民及非公民的情况。在此之前，美国国会于 1940 年 6 月通过了《外侨登记法》(Alien Registration Act)，授权司法部对美国 14 岁以上的 500 万名外侨进行登记。

珍珠港事件的第二天，《洛杉矶时报》发表社论，指出加州是一个危险的地区，呼吁民众保持机警和敏锐的目光，积极配合军事防御工作，共同对付间谍、颠覆者和"第五纵队"分子，国内反日情绪随之爆发。与此同时，美国联邦调查局也在美国西海岸锁定了包括 736 名日本人在内的敌侨。情报部门之所以这么快就能动作起来，是因为早在 1918 年，美国情报机构就开始收集居住在夏威夷和美国西海岸的日本人的有关情报。随着第二次世界大战的爆发，到 1939 年，美国司法部会同联邦调查局、海军情报办公室和陆军军事情报处开始着手调查"危险分子"的情况。1941 年，随着美日关系日益紧张，这三家情报机构也规定了明确的任务分工：联邦调查局全面负责调查公民所进行的"颠覆和破坏活动"；陆军军事情报处和海军情报办公室各自负责在陆、海军中服役的日裔美国人的调查工作。

随着美国联邦调查局等情报机构以反情报为借口开展一系列逮捕行动的同时，美国反日舆论的论调愈发激进。1942 年 1 月 5 日，MBS 广播公司的约翰·休斯开启了一个为期一个月的专题报道，专门攻击生活在加州的日本人。1 月 27 日，哥伦比亚广播公司评论员爱德华·默罗（Edward Murrow）告诉西雅图的听众："假如西雅图遭到轰炸，就是华盛顿大学中一些穿毛衣的家伙干的（仅日本人和部分亚洲人穿毛衣）！"《时代》杂志更是以"国门中的陌生人"为题，报道了日本"第五纵队"在夏威夷的活动。《洛杉矶时报》的社论激进地宣称："毒蛇总归是毒蛇，不论它在哪里产蛋；一个由日本父母所生的日裔美国人依然是日本人，而不是美国人。"将美国国内二代日裔公民也推上了风口浪尖。《华盛顿邮报》也推波助澜，毫不掩饰，大肆报道。

随着排外舆论不断升级，排外组织也开始四处活动起来，"美国军团"加州分部、华盛顿州分部、俄勒冈州分部强烈要求将西海岸日本人迁往内陆。

与此同时，其他组织如"黄金西部土生子女会""蔬菜种植者—运输者协会"和"加州农场组织协会"都要求将日本人赶出加州。不仅如此，这种怒火也蔓延到了加州政界。加州州长公开在报纸上发表文章，声称"如果明天将所有的日本佬赶走，那么白人农场主将接管那些土地，生产日本佬种植的一切东西。"加州司法部部长厄尔·沃伦也要求联邦当局从西海岸的敏感地区迁移出日本人。他警告说，加州的日本人"极可能是全民防御体系中的唯一弱点，如果不采取措施，还可能造成珍珠港事件的重演"。来自洛杉矶的众议员利兰·福特致函战争部部长史汀生、海军部部长弗兰克·诺克斯和联邦调查局局长胡佛，要求将所有的日本人，不论是否为公民，全部关入集中营。慢慢地，驱赶日裔的论调蔓延至西海岸几乎所有的州，各州议员还要求罗斯福总统授权战争部，将所有的敌侨以及包括拥有双重国籍的美国公民全部控制起来。而加州则更领先一步，16个县通过了迁移日本人的决议。洛杉矶县则直接解雇了所有日裔人员，加州人事委员会宣布所有敌侨的后代禁止在政府机构就业，但在执行过程中仅仅是针对日本人的。

从美国西海岸开始蔓延的反日情绪逐渐引起了华盛顿联邦政府的关注。如何对待西海岸日本人的问题在美国决策层引发了极大的争论。珍珠港事件后不久，海军部部长诺克斯就向新闻界发表声明："我认为，整个战争中最为有效的第五纵队已经开始在夏威夷开展活动。"12月19日，诺克斯在内阁会议上建议将所有日本侨民拘押到美国本土的外围岛屿上。两天之后，美国驻夏威夷军事指挥官迪洛斯·埃蒙斯发表广播讲话，表达了同海军部不同的观点，他指出："联邦机构没有建立任何大规模集中营的设想，任何人，不论是公民还是侨民，如果没有涉及到破坏活动，都不必担忧……我们必须以忠诚和背叛区别自己的人民。"而华盛顿方面却考虑从夏威夷迁出所有的日本人。另一个焦点集中在美国西海岸。美国西海岸与太平洋直接相接，太平洋战争爆发时，西海岸共居住了114000名意大利人、97000多名德国人和127533名日本人。到1941年12月中旬，联邦调查局拘留了1370名日本人。当时被拘留的日本人主要是各种社区组织的领导人、日语学校的教员、报纸编辑、传教士等。这些人被暂时关在由移民归化局负责的几个拘留营中，包括新墨西哥的圣菲和洛兹堡、得克萨斯的克里斯特尔城和偶戈维尔、路易斯安娜的利文斯顿、蒙大拿的米苏拉堡和北达科他的林肯堡。在太平洋战争爆发的最初几周，几乎所有敌侨都遭受了同等烈度的驱逐。然而，没过多久，日本人就开始遭受歧视性的对待。西部防区指挥官约翰·德威特中将在珍珠港事件两个星期后，就签署了一项搜捕计划，为的是防止日本侨民向日方发送无线电信号。然而，1942年1月，联邦通信委员会指出德威特将军的担心毫无依据，反倒是德威特将军借此限制了某些特定区域的日本人的行动自由。随后，一些情报人员也开始反对针对日本人的大规模迁移计划。1941年12月中旬，直接对罗斯福总统负责的情报官员约翰·斯坦贝克进言："迄今为止没有任何理由怀疑日裔公民的忠诚。"拉尔夫·范迪曼也在一份报告中指出，从西海岸大规模迁移日本人是不必要、不实际的。就连胡佛局长也向罗斯福报告说，联邦调查局最初准备逮捕的所有嫌疑人员已全部被拘禁，包括1291名日本人（夏威夷367人，本土924人）、

857 名德国人和 147 名意大利人。他认为西部防区指挥部的主张和做法简直就是歇斯底里、缺乏判断。胡佛向司法部提交的报告显示，他主张针对那些可能实施自杀式袭击的日本人予以拘禁，不应因为出于安全的考虑大规模地迁移日本人。1942 年 2 月 7 日，在总统午餐会上，司法部部长弗朗西斯·比德尔指出对日本人"没有理由进行大规模的迁移"。战争部部长史汀生也认为大规模迁移日本人"将在我们的宪法制度上打开一个巨大的缺口"。

然而，胳膊毕竟拗不过大腿，总统罗斯福是坚决主张大规模迁移在美侨居和非侨居日裔的。2 月 11 日，罗斯福会见史汀生，再次强调了他的观点，会后不久，战争部部长助理约翰·麦克洛伊打电话给旧金山宪兵总司令办公室，通知侨民处主任卡尔·本德特森："总统同意你们可以做你们认为必要的一切事情，他说可能会出现一些反应，但这是由军事需要决定的。"三天后，德威特向战争部提交了一份正式报告，建议迁移西海岸所有日本人，共计 11.2 万人。虽然比德尔坚决反对，但在罗斯福总统的授权之下，2 月 19 日，大规模迁移活动还是开始了。从 3 月 2 日德威特将军发布第一号公告，将西海岸划分为第 1 军事区和第 2 军事区，命令在第 1 军事区的"日本、德国和意大利侨民或日裔"全部迁移出去，到 8 月份的五个月左右的时间里，近 11 万美国日裔被迁移至美国内陆实施大规模拘留。西海岸的日本人只留下 800 名医院病人、孤儿和残疾人，以及大约 600 名日本人的异族配偶和混血后代……

有意思的是，在远离美国本土的夏威夷，对日本人的拘禁反而没有大规模的铺开。1942 年 1 月 10 日，战争部致函埃蒙斯将军，就从瓦胡岛迁移日本人的问题征询他的意见，却得到了埃蒙斯否定的回复。原因很简单，珍珠港战后重建需要大量的劳动力，而仅瓦胡岛一屿，日本人就占其劳动力的 90%，此外，大规模拘禁日本人也只能往美国

日裔美国人被送上通往集中营的火车

本土迁移，不仅需要大量的船只还需要安排专人对他们进行看守。虽然华盛顿方面反复向埃蒙斯施压，但埃蒙斯还是扛住了来自各方的压力。拟从夏威夷迁出的日本人，从10万人减少到2万人，又减少到5000人，最终以埃蒙斯拘禁1504名日本人（979名侨民、525名公民）而告终。

再说美国本土上的日本人，他们可就没有生活在夏威夷的日本人那么幸运了。军方不仅对他们实施了拘禁，迫使他们部分人与爱人、孩子分离。更糟糕的是，拘禁这些日本人的拘留营十分简陋。吃饭要去集体食堂，洗澡是公共浴池，所有的拖鞋、服装都是统一的号码，这极大程度地改变了这些日本人的生活方式。不仅如此，拘留营基本都是长排的用油毛毯搭起来的小木头屋子，里面仅有一只炉子、一盏吊灯、一张铁板吊床及垫子，不少住所甚至是用马厩或者牲口棚改造而来的，里面还能闻到牲畜的粪便味。日本人在拘留营中工作，不论其技术如何，每月工资一律在12～19美元，拘留营的周边是武装巡逻的哨兵。

美国政府设在加利福尼亚州的一处集中营

　　这种恶劣的生活条件迫使不少日本人起来反抗，许多日本人要求放弃美国国籍，不少第二代日本人也主动要求返回日本本土。然而，部分日本人却走上了截然相反的道路。战时美国对人力的巨大需求，迫使美国当局逐步改变了拘禁日本人的政策。1942年10月，陆军情报处要求罗斯福同意允许征募日本人入伍。该处在报告中称："在经过个人测试之后，应允许忠诚的日裔美国人加入美国陆海军。"1943年2月1日，罗斯福批准了这一提议，并致函战争部部长史汀生，要求史汀生招收忠诚度测试合格的日裔加入美军。为此，美国军方开始采取行动征募被拘留的日裔入伍。1943年2月6日，军方在所有的拘留营中对日本人进行"忠诚测验"，明确回答以下两个问题者方能应征入伍：

　　第27题：你愿意在战争中为美国效力吗？不论被派往何处？

　　第28题：你愿意宣誓无条件效忠于美利坚合众国，坚定地保卫美国不受任何或一切来自外来或内部力量的攻击吗？你愿意宣誓绝不以任何形式效忠或服从日本天皇或任何其他国家政府、势力或组织吗？

在 10 个拘留营中，共有 75000 名日本人填写了问卷。对于"第 28 题"，65000 人做了肯定的回答，6700 人做了否定的回答，还有一些人拒绝回答。在图利湖，1/3 的人拒绝登记……随后，不少美籍日裔加入了美国军队并开始奔赴战场，虽然一开始美军内部对他们还是戴着有色眼镜的，甚至有时还将身着美军军装的他们当作敌人误伤，但他们为了表现自己对美国的忠心，作战英勇、恪守军纪，对于那些给予自己机会证明自己能力的白人上级，他们往往会感激涕零、舍生忘死……

事实上，在第二次世界大战爆发前，约有 5000 名美籍日裔在美军中服役。珍珠港事件爆发后，美国国内反日情绪高涨。日裔士兵多数被开除军籍，而且很快被列为 4-F 级（不宜服役）或 4-C 级（敌侨）人员。而埃蒙斯将军 1942 年在夏威夷率先组建了第 100 营，该营接受训练后于 1943 年 9 月被派往北非和意大利，参加了解放意大利的战斗，其中 300 人阵亡，600 人负伤，最终荣获"紫心营"的美誉。1944 年 6 月，第 100 营同由日裔组成的第 422 步兵团合并，参加了在法国和德国的战斗，在战场上阵亡 600 人，负伤 9486 人。第 422 步兵团共获 18143 枚勋章，其中包括 1 枚国会荣誉勋章、47 枚杰出十字勋章、350 枚银星勋章、810 枚铜星勋章和 3600 枚紫心勋章，成为美国军事史上获得荣誉勋章最多的部队。

除了参加正面战场作战，还有大量的日裔美国人参与了美国的情报工作。早在 1941 年，美国陆军情报机构就实施了一项高度保密的情报培训计划——在美国西海岸招募并训练第二代日裔美国人，让他们从事日军军事情报的翻译工作。珍珠港事件爆发后，美国陆军招募了 60 名第二代日裔美国人在位于旧金山的美军基地内开展情报训练工作。6 个月后，瓜岛战役爆发。与此同时，训练班中第一批 35 名毕业生也被美军送上了太平洋战场。1942 年，位于旧金山的日裔情报培训基地被美国战争部搬迁至紧临五大湖的明尼苏达州一个废弃的民间保护组织营地，并正式更名为军事情报语言学校（MISLS）。到两年后塞班岛战役打响之时，已经有1200名日裔情报人员从这里毕业。到1945年美军登陆冲绳岛时，它已经培养了2000名学员。这些日裔情报人员毕业后，很快被分配至庞大的太平洋战场。

1944年，在位于澳大利亚的一个赛马场的盟军情报翻译和分析部（ATIS，1945年迁往菲律宾马尼拉，后迁往日本东京）、位于檀香山一个废弃的家具储藏场的太平洋地区联合情报中心（JICPOA）分部、位于美国马里兰州里奇军营的太平洋地区军事情报研究部（PACMIRS），还有位于印度新德里的东南亚翻译和审讯中心（SEATIC），都可以看到美国日裔情报人员的身影。日本军方不但没有从美军"风语者"那里吸取经验教训，不少日本军队还盲目以为美国大兵不懂日语，很多军事通信都是采用非密格式的语音通信，这些都被美国日裔情报人员悉数侦获、翻译、通报，导致了不少军事秘密直接暴露在美军的眼皮子下面。

不仅如此，正如之前所说，像罗彻福特这种既精通日语又掌握密码破译技术的人才是"稀有物种"一样，战时对日情报的很多基础性工作甚至是一些关键性工作都是由这群美国日裔情报人员完成的，他们活跃在各个领域，在多个情报岗位上提供服务并参加了很多重要的战役，大到击落山本五十六的专机，小到审讯犯人、翻译截取的情报、评估和翻译缴获的各种文件等。

1944年3月下旬，在菲律宾海海战发动前，山本五十六的继任者古贺海军大将乘坐的飞机在菲律宾附近海域坠毁。他携带的战争计划很快被菲律宾抵抗组织获得，并被秘密送往盟军情报翻译和分析部研究。面对日军的文件，那个时候没有互联网，没有谷歌翻译，更没有有道翻译，这种翻译都得靠人工完成。两名美国日裔情报人员连夜加班，迅速将上面的文件转译成英文，并原封不动地转呈给了美军五星上将道格拉斯·麦克阿瑟，麦克阿瑟又将这份重要情报迅速发往位于夏威夷的太平洋地区联合情报中心。正是这份情报，帮助斯普鲁恩斯海军上将在菲律宾海域大败日本海军。在美国第2、第4海军陆战师以及第27陆战师，也都编有美国日裔情报人员，在第27陆战师，一名日裔情报人员通过审问一名俘虏获知日军神风特工队将要进行一次重要的自杀性袭击的时间，并迅速报告了上级。这使得美军及时采取应对措施，保存了力量。在攻陷塞班岛后，盟军士兵从各级日军指挥机构中先后搬出来近50吨重的日军军事资料，这些资料被美军又押送到了夏威夷太平洋地区联合情报中心。这里的美国日裔情报人员负责筛选具有情报价值的资料，部分没有意义的资料会被贴上"无军事价值"的标签，并送回位于美国本土马里兰州里奇军营的太平洋地区军事情报研究部，做二次筛选和研究。而就是在这批资料中，竟然藏着一份"大日本帝国军火库存清单"，一位隶属太平洋地区军事情报研究部的日裔情报人员截住了这份差点石沉大海的重要情报，并逐级上报，而这份情报为美军最新列装的B-29轰炸机提供了准确的轰炸目标。

尽管第二代日裔为美国战胜日本立下了汗马功劳，但是更深入地分析那些加入美军情报系统中的日裔美国人，我们就会发现，对于他们来说，为美国服役而敌人却是自己的母国，这是一段多么奇怪的经历。这也使得这些人在心理上的感受异常复杂，很多日裔美军都曾经矛盾地想过："我是否要翻译日本战俘的日记或通过无线电信号获取的情报，我是否该将战俘审讯记录如实上报……"太平洋战争结束后，日裔情报人员的价值并没有消失。他们马上就被送到了朝鲜战争前线，并在战争中继续发挥着独特的作用。

第四章　无形交锋

"冷战"无疑是美苏两大阵营之间的强强对垒。顾名思义，在此期间这两个超级大国的本土几乎从未爆发过战争。而事实上，从乔治·凯南的"八千字电报"和"富尔顿演说"开始，就一直有两条主线贯穿着"冷战"始终。一条是以危机为代表的"事件线"，如三次柏林危机、古巴导弹危机乃至后来的东欧剧变等；另一条则是以冲突为代表的"战争线"，如朝鲜战争、越南战争、五次中东战争等。这些战争除了宗教问题外，其背后都有资本主义阵营和社会主义阵营两极对垒的影子。

　　也是在这一时期，美国情报界不断巩固发展。伴随《1947年国家安全法案》的生效，为应对"冷战"危机的美国情报界开始茁壮成长——中央情报局、国家侦察办公室、国家安全局、国防情报局等一系列强大的情报机构开始一一建立，逐步形成了"烟囱林立"的情报体系。无论是"冷战"的"事件线"还是"战争线"都有这一系列情报机构的身影。无论是柏林的谍影重重还是几大战场的情报侦察，背后都蕴藏了一段不为人知的秘密。

一部法案建天下

　　第二次世界大战的结束并不代表着美国间谍事业的终结，而是开启了新的篇章。1948年意大利选举被操纵；1953年至1954年，伊朗政府和危地马拉政府相继爆发政变，被恶意颠覆；古巴前领导人菲德尔·卡斯特罗一生遭受多达650余起有组织的暗杀活动；战后日本政界长期被幕后控制。战后的谍影重重看似毫无关联，但其背后又一直有一个幽灵般的身影在左右徘徊,看不见又抓不着,它就是美国中央情报局。

说起美国中央情报局,可谓无人不知,无人不晓。在影视作品中,美国中央情报局的特工无所不能,他们能够上天入地、特种驾驶,他们手持长枪短炮,百发百中,他们都是俊男靓女,西装革履,他们往往出生入死,大破危机,他们时常又深陷层层黑幕,谍影重重。毫无疑问,美国政府最开始组建美国中央情报局,并不是为了给好莱坞拍电影大片找题材的。换言之,培养这些富有神秘色彩的特工,以及缔造影视作品中那些救民于核武、阻"三战"之爆发的故事,并不是美国政府组建美国中央情报局的初衷。那么,美国中央情报局又是因何组建的呢?它在美国政府中又扮演着什么角色呢?前面所说的那些阴谋论又与它有着何种关系呢?

虽说美国中央情报局的建立与《1947年国家安全法案》的生效密不可分,但其实早在《1947年国家安全法案》颁布之前,中央情报局之父威廉·多诺万就为建立中央情报局做出了一系列的努力。

美国总统杜鲁门在《1947年国家安全法案》上签字

前面我们已经讲过，战略情报局在第二次世界大战中为美国立下了汗马功劳。1944年11月18日，眼看第二次世界大战已然接近尾声，战略情报局局长多诺万未雨绸缪，就战后对外情报体制问题向美国总统罗斯福提交了如下建议：成立一个集权情报机构和一个情报顾问委员会。一是改变战时由军方负责情报活动的做法，将和平时期的情报活动直接置于总统的控制之下，任命一位中央情报局局长，由他在总统的指导下全权负责情报事务；二是设立由国务卿、战争部部长、海军部部长等人组成的顾问委员会，职能是向中央情报局局长提供咨询，这一计划史称"多诺万计划"。这便是美国中央情报局的雏形，如果不出意外，计划应该深得罗斯福的欢喜，并很快通过立法得以实施。然而，"多诺万计划"一经提交，便受到了国务院、战争部、海军部、参谋长联席会议以及联邦调查局等各部门情报机构的强烈反对。原因很简单，大家都有自己的情报部门或情报业务，谁也不想在自己的脑袋顶上建个新衙门来管着自己。当然，这些单位反对的理由也十分冠冕堂皇，他们表示"只有松散的情报体制才能确保有效地搜集和分析情报，兼顾多方利益"。这份计划一旦付诸实施，受影响最大的既得利益者无疑是时任美国联邦调查局局长的埃德加·胡佛。为了使"多诺万计划"彻底泡汤，胡佛将这份计划泄露给了媒体。1945年2月，反对罗斯福的《芝加哥论坛报》和《华盛顿时代先驱报》都以醒目标题登出多诺万的这一计划，称"要建立战后超级间谍系统"，"监视公民生活"，将这一机构定义为"美国超级盖世太保"。但这些都没有阻止罗斯福和多诺万推进计划的决心，1945年4月，罗斯福指示多诺万争取各部门情报机构对其计划的支持。

屋漏偏逢连夜雨。就在决心力挺多诺万推进计划的数日后，罗斯福在佐治亚州的温泉因突发脑溢血去世……随后，哈里·杜鲁门继任美国总统。本就不喜欢秘密组织的杜鲁门于9月20日发布了第9621号行政命令——解散战略情报局。其中，研究和分析处与论证处转归国务院，余者由战争部接管。当天，杜鲁门总统还致函国务卿詹姆斯·伯恩斯，希望其组建一个由国务院领导的部际小组，负责制订一份全面的、协调一致的对外情报计划。自此，"多诺万计划"彻底化为泡影。

然而，战略情报局被解散后没多久，杜鲁门就后悔了。在某个风和日丽的上午，杜鲁门在他的椭圆形办公室内，眉头紧锁，翻阅着大量的情报报告，毫无头绪，不禁轻轻叹息一声："有多诺万在的时候真好。"原因何在？很简单，缺乏中央情报组织的协调和分析，美国政府、军方的情报机构各自为政、各管一摊，虽然都埋头苦干，但互不通气，导致杜鲁门的办公桌上时常堆积了厚厚的情报产品，不过既混乱又分散。这些情报有的甚至相互矛盾，让本应消散迷雾、厘清事实的情报职能几尽丧失，使得事情越来越糟糕。

很快，重组中央情报机构的工作便被提上日程。1946年1月，杜鲁门下令成立国家安全委员会，其成员由国务卿、战争部部长、海军部部长和总统军事顾问组成，全面负责美国对外情报活动。委员会下设一个中央情报组，由时任海军情报办公室副主任德西尼·索尔斯少将出任这个组织的主任。新成立的中央情报组将作为执行机构，代替原来战略情报局在海外的情报活动。

伴随美国对苏联的忌惮逐步加剧，一个更为庞大的宏伟计划随即应运而生。1947年3月3日，时任参议院武装部队委员会主席的南达科他州共和党参议员约翰·格尼，在参议院率先提出了这份对于战后美国政府在军事和情报体系建设上具有战略意义的法案，即《1947年国家安全法案》。

该法案提出的五大建议重塑了战后美国的军事和情报体系，并一直沿用至今。

一是建议组建美国空军，将陆军航空兵及其他陆军航空部队从陆军中独立出来，成立美国空军；将原来陆军航空司令的职权全部移交至空军参谋长，并建立空军部，作为主管空军的军种部门。

二是建议设立集中统一的国防部门。法案建议设立国家军事机构，并设立了国防部长一职，作为国家军事机构的首长。将剥离了空军后的陆军指挥单位——战争部更名为陆军部，只负责陆军事务，同海军部和新成立的空军部一起纳入国家军事机构管辖，作为其军种本部，国家军事机构成为统管陆海空三个军种部的统一的军事机构，但三大军种的部长依然保持准内阁成员地位。两年后的1949年修正案将国家军事机构更名为现在的名称国防部（Department of Defence，DOD），并取消三位军种部长的内阁成员地位。

三是建议设立美军参谋长联席会议。确立这个战时罗斯福总统

美军参谋长联席会议

美军参谋长联席会议（Joint Chiefs of Staff）由来已久。虽然参联会在1942年2月9日就召开了首次会议，但一直没有法定地位，只是时任总统罗斯福依据战时总统特权建立起来的跨军种协调参谋机构，当时的成员有莱西上将、陆军参谋长马歇尔上将、海军作战部部长金上将和陆军航空队司令阿诺德上将。1942年7月20日，莱西有了正式职务——总司令参谋长（Chief of Staff to the Commander in Chief）。

《1947年国家安全法案》正式授权建立参谋长联席会议，明确了职能，规定了法定成员为三位军种主官。法案中并没有规定参联会主席，而是依然延续了莱西的职务称谓，规定若设有总司令参谋长的话也是法定成员，还授权建立了由不超过100名军官组成的联合参谋部，作为参联会的下属机构。1949年修正案授权建立了参谋长联席会议主席，但该职务仅为主持人，而无投票权。陆军上将布拉德利成为首位参联会主席，于1949年8月19日正式上任。修正案同时将联合参谋部的组成军官人数限制改为200名。1974年，海军陆战队司令成为正式成员。目前主席的职能定位以及副主席的设定是由《1986年戈德华特－尼科尔斯国防部重组法案》规定的。2012年，国民警卫队司令定为上将职位，成为参联会法定成员。

中央情报局

中央情报局（Central Intelligence Agency, CIA）成立于1947年9月18日，以代替于1945年解散的战略情报局。中央情报局总部设在弗吉尼亚州的兰利，是美国情报界中唯一一个独立的情报部门，直属总统。

今天，走进位于兰利美国中央情报局主楼的一楼主大厅，首先映入眼帘的是在地面上由黑、白、灰三色大理石镶嵌拼接而成的一个巨型中央情报局局徽：在一个巨大镶边的圆形底盘中心，是一面盾牌。盾牌中心是一个有16个尖角的罗盘图形，盾牌上面是美国国鸟白头海雕的头像，外圈写着"美利坚合众国中央情报局"的字样。这个盾牌象征美国中央情报局是保护美国安全的一道强有力的屏障。再往前走不远，右手边以白色大理石包裹着的大厅墙壁上，镌刻着百余颗黑色五角星，分五排整齐地陈列着，像极了墙壁版阿灵顿国家公墓。每颗星代表一个在执行任务中死亡或失踪的情报官员，这其中只有部分人员的名字可以在美国中央情报局的荣誉名册中找到。道格拉斯·迈克基尔南，一位密码破译员——星墙上的"第一颗星"，这个名字直到上墙50年后才被人们知晓。

事实上，从1949年的中国西藏到1992年的非洲索马里，再到2019年的中国香港暴乱，都曾留下过中央情报局间谍的身影，真可谓谍影重重。

临时建立的跨军种协调机构的合法地位，规定了参谋长联席会议的人员名单，并组建联合参谋部。

四是建议成立国家安全委员会。法案授权建立国家安全委员会，作为总统在国家安全领域的跨部门协调参谋机构，法定成员有总统、国务卿、国防部长、三位军种部长和国家安全资源委员会主席。1949年修正案将副总统设为地位仅次于总统的法定成员，并去掉了三位军种部长的法定成员资格，参联会成为法定顾问。

五是建议建立中央情报局。《1947年国家安全法案》授权建立了中央情报局，作为国家安全委员会的下属机构。中央情报局局长同时为中央情报主任，是国家安全委员会的情报顾问，也是整个情报界的总协调人。1949年《中央情报局法案》授权中央情报局可以采用秘密财政和人员组织。

1947年7月26日，杜鲁门在"空军一号"上签署该法案。9月18日，伴随法案的正式生效，美国中央情报局正式挂牌成立，办公地点设在华盛顿特区的林肯纪念碑附近。

按照《1947年国家安全法案》，美国中央情报局虽然没有国内任务，也没有逮捕权，但是它在美国情报界可谓是举足轻重、如日中天。法案规定，美国中央情报局具备五大职能，此后这五大职能逐步演变为情报搜集、情报分析和隐蔽行动三大任务。不仅如此，美国中央情报局局长还是国家安全委员会的情报顾问，使得美国中央情报局成为最接近国家安全决策的情报机构。

同年，在一场关于心理战问题的讨论中，国家安全委员会指出："考虑到以苏联为首的共产党集团和其卫星国正在开展的心理战，使得美国和其他西方大国臭名昭著，活动一败涂地，国家安全委员会认为，美国政府在进行对外情报活动的同时，必须同步开展秘密心理战行动加以辅助，进而促进世界和平，维护美国国家安全。"随后，杜鲁门政府决心对共产党国家发动心理攻势，赋予中央情报局从事海外心理战活动的职能，并派出了大量的间谍特工人员从事隐蔽行动。1951年10月23日的NSC 10/5号文件再次强调开展和加强隐蔽行动的必要性，决定由1951年4月4日建立的心理战略委员会（Psychological Strategy Board）评估重要隐蔽行动计划的可行性，重新赋予中央情报局局长从事隐蔽活动的职责，并要求他与国务院、国防部和心理战略委员会的代表充分协商。至此，杜鲁门政府不仅建立了实施隐蔽行动的一整套组织体系，确定了隐蔽行动的具体内容，而且明确了隐蔽行动的范围和步骤，为日后对苏联政府和以苏联为首的社会主义国家实施颠覆奠定了基础。随后执政的艾森豪威尔政府更是加强了情报工作，特别是隐蔽行动。同时期的中央情报局掌门人杜勒斯曾在战略情报局任职，他不仅老谋深算还特别擅长运用间谍和隐蔽行动。在担任中央情报局局长期间，他将绝大部分时间和精力用于策划间谍和隐蔽行动。1954年，国家安全委员会决定不再单独成立一个从事隐蔽活动的机构，授权中央情报局全面负责间谍、反间谍和隐蔽行动，这更使得杜勒斯放开了手脚。仅1961年至1962年，他就鼓动时任美国总统肯尼迪批准了550项包括向国外友好政治家提供秘密资助、暗杀外国领导人和发动准军事行动在内的隐蔽行动计划。

出师不利

在亚洲大陆的东北部，有一条与中国接壤的狭长半岛，这就是被分为南半部和北半部的朝鲜。历史上的朝鲜是一个国家，第二次世界大战结束以后，同德国柏林一样，被接受日本占领军投降的美国和苏联沿着北纬38度线一分为二，成了两个国家。

1950年6月25日凌晨，朝鲜战争爆发了。在朝鲜以坦克为核心的10万人精锐部队打击下，韩国军队迅速开始土崩瓦解。28日，韩国就丢了首府汉城（今首尔）。7月1日，美军地面部队进入朝鲜开始协助作战。7月7日，联合国安理会在苏联代表缺席的情况下，通过了干涉朝鲜战争的决议，并组成由16国组成的"联合国军"，由美国任命正在日本东京的远东军总司令麦克阿瑟为"联合国军"总司令。8月，美第8集团军的4个师，加上韩国军队的5个师沿大邱、马山、釜山、庆州铁路四边形成了南北约200千米、东西约100千米的长方形"釜山最后防御圈"，蜷缩在朝鲜半岛的东南一隅，苦撑危局。

1950年9月10日深夜，在通往韩国第二大港仁川港的门户八尾岛的一个废弃灯塔里，一个黑色的身影正在用军用无线电同远在东京的上级低声联系："报告，在飞鱼峡入口处发现一个废弃灯塔，修一修可以作为导航灯。"回复："当然，修好后以备战时使用。"这个黑色身影名叫尤金·克拉克，美国海军上尉，隶属远东美军司令部情报处。时年39岁的克拉克已经在远东活动近20年，从澳大利亚到菲律宾都有过他的身影。曾经参加过整个太平洋战争的他，历任登陆舰航海长、通信长、炮长和舰长。长年的海上生活使他具有判定登陆地点适当与否的能力，而且多少能讲一些日语和汉语。

仁川港，位于北纬38度线以南，在朝鲜半岛的蜂腰处西侧，是世界上潮差最大的港口之一，平均潮差6.9米。港前的飞鱼峡最宽处不到2千米，却长达9千米，极易被水雷封锁；港口两侧黄泥淤积，高程150米的月尾岛又正好卡住了仁川港的入口。只要该岛设防坚固，火力配系强大，任何船只都无法从航道强行进入港口，堪称易守难攻的天险。

事实上，早在10天以前，克拉克上尉就带领1名陆军上尉、3名士兵和2名翻译，登上了仁川港以南23千米的永亨岛，执行他于8月26日领受的"特鲁迪·杰克逊"行动任务：侦察登陆地段的具体情况，包括潮汐、滩涂、海堤及月尾岛的防卫状况，为美军登陆仁川提供翔实的情报资料。出发前，对东方人情世故有透彻了解的克拉克除了给自己准备电台、冲锋枪、自动步枪、卡宾枪、手榴弹和数箱子弹外，还带了30箱口粮、2箱威士忌酒，又买了90千克大米和45千克鱼干。这些为后面他与当地人建立合作关系发挥了重要作用。很快克拉克招募了一些当地青年，监视附近岛屿上的300名朝鲜守军的活动。一天夜晚，克拉克靠着舢板划到防波堤边，脱掉衣服检查泥地，他两个膝盖都陷进了脏兮兮的淤泥中，步履维艰。据此，他得出结论，在战斗中全副武装的士兵可能要陷到齐腰深的地方，无法徒步登陆。接着他又对防波堤的高度进行了测量。随后的几天，他派行动小组的其他人对仁川地区朝鲜守军增兵的情况进行了侦察，他自己则发现月尾岛的炮兵掩体增加了许多，又发现朝鲜守军

暗夜大盗

尤金·克拉克（Eugene F. Clark, 1911—1998年）美国海军上尉，曾因在朝鲜战争中的杰出表现获海军十字勋章。1966年，克拉克从美国海军退役，和他的妻子埃尼德在加利福尼亚州和内华达州安享晚年。在其数十年的军旅生涯中，仁川登陆战可谓是克拉克的高光时刻。

在仁川登陆战的前一周，中央情报局联合军事小组发起了代号为"特鲁迪·杰克逊"的秘密行动，计划为登陆行动摸清仁川港的水文情况和朝鲜人民军的布防，确保仁川登陆不出差错。为此，中情局和海军派出了一支以尤金·克拉克为首的突击队，这支队伍由美军和韩军共同组成。1950年9月1日，克拉克带领突击队到达了仁川港附近的永亨岛。因为人手短缺，克拉克便组织岛上的居民开展侦察工作，为其搜集有关仁川港的情报。然而，天有不测风云，朝鲜人很快就得知了克拉克的存在，派出部队对其进行围剿。克拉克依据地形优势，带领小队成员与朝鲜的围剿部队进行了激烈交火。在此过程中，美国海军派出了一艘驱逐舰对克拉克进行了支援。最终，克拉克成功击溃了朝鲜的围剿部队。9月14日晚，克拉克点亮了八尾岛上的灯塔，引导麦克阿瑟的部队成功登陆，取得了仁川登陆战的胜利。尤金·克拉克也因此被冠以"暗夜大盗"的称号。

还没有在飞鱼峡航道中布雷。为了保证情报的准确性，他经常对同一目标派出两个以上的工作小组，只有在报告大体一致的情况下他才向东京发电报上报情况。随着登陆日期的临近，月尾岛、仁川港和汉城地区守军的数量和部署情况，以及详细的潮汐变化情况都随着克拉克的电波被送进了位于东京的美国远东军司令部。

9月14日晚，克拉克按规定时间点燃了灯塔，静静等待着天明……15日5时45分，美军、韩国海军陆战队在美、英300多艘军舰和500多架飞机的火力掩护下，实施了"蓄谋已久的，一举反败为胜的宏伟而绝密的伟大计划"——仁川登陆。

尤金·克拉克为美军在仁川成功登陆提供了准确、翔实、有效的情报，为此，美国海军授予其海军十字勋章。

麦克阿瑟从仁川登陆，不仅拦腰切断了朝鲜势如破竹的精锐之师的后勤补给，也斩断了朝鲜军队的退路。成功登陆后，美第8集团军全线反攻。22日，朝鲜人民军前线部队全线崩溃。23日，金日成向全军下达了向"三八线"北撤的命令，10万人的精锐之师，撤回来不到3万人。10月1日，这一天，位于北京天安门广场的中华人民共和国领导集体和全国各地的人民正在欢庆纪念新中国成立一周年。与此同时，麦克阿瑟指挥的"联合国军"越过了"三八线"，进入朝鲜北部追击朝鲜人民军残部，意图占领朝鲜半岛全境，兵锋直逼中朝边境的鸭绿江……同样还是这一天，朝鲜劳动党最高领导人金日成的亲笔求援信，也向中国发出。7日，就在打着"联合国军"旗号的美军越过"三八线"的同时，中国政府同意派遣中国人民志愿军入朝支援作战的消息，也送到了金日成的耳边。

1950年10月8日，时任西北军政委员会主席的彭德怀将军被任命为中国人民志愿军司令员。即将出征的中国军队开始了紧张的准备……19日，联合国军攻占平壤，随即兵分多路，继续向朝鲜北部快速推进，企图在感恩节前占领全朝鲜。麦克阿瑟宣称："平壤是敌人的首都，它的陷落象征着朝鲜的彻底失败。实际上一切有组织的抵抗已全部停止，只剩下一些游击战来代替它。"之后的历史证明，他的这个结论下得太早了。就在这一天，中国人民志愿军的四个军和三个炮兵师，分三路先后跨过了鸭绿江。而对于这一切，以杜鲁门为首的远在万里之外的美国政府和由远在东京的麦克阿瑟任最高统帅的"联合国军"的指挥机构均毫不知情。

美国在当时也可以称得上是世界头号情报强国，中国政府派遣30万人的部队支援朝鲜为何没有被美国发现？

1950年9月25日晚，中国北京，印度驻华大使潘尼迦正在与中国代总参谋长聂荣臻共进晚餐。在谈及朝鲜问题时，聂荣臻明确表示，中国人民"不打算袖手旁观，让美国人直逼我们的边境"。潘尼迦随后提到了全面战争的破坏力,聂荣臻笑着答道:"我们已经考虑了一切问题,甚至是原子弹。但一个国家不付出牺牲是不能捍卫独立的。"他还指出,仅仅靠空中轰炸是不能赢得一场战争的,而且他也不相信美国会派出作战部队来中国打仗。27日下午,英国驻华盛顿使馆就将这些谈话通报了美国,但美国国务院认为这不过是中国的威胁性宣传而已,至多是对美机侵犯领空和"误炸"表示愤怒。10月2日午夜,周恩来发出了明确无误的警告:如果美国人越过"三八线","我们不能坐视不管,我们要管"。尽管美国政府有人感到了危险,但并未意识到严重性。在多少有点担心的情况下,华盛顿当局大部分人再次把这认为是"恫吓"和外交讹诈而不屑一顾。不仅如此,早在中国军队入朝前,美国方面就已经获得了大量有关的碎片信息。6月,中央情报局就获悉了中国向东北调动了一批新的作战部队的情报,而中央情报局认为其是地方守备军。9月8日,美国中央情报局曾做出中国出兵可能性的评估备忘录,根据来源可靠的情报报告指出,林彪第四野战军的主力部队正由广东地区向北调动。目前四野的主力部队"要么在满洲,要么正在前往满洲的路上"。同月,各情报部门一致认为,中国推迟收复台湾,是打算于近期给予朝鲜某些军事方面的援助。10月初,美国信号情报部队报告称,中国军队的部署已经发生了变化,驻扎在中国东北边境的部队迅速集结。此外,10月6日的一份情报还提及,一船医疗物资正在向北靠近,将送往中朝边境的大连等地区。10月15至21日,越来越多的报告显示,中国军队在边境集结,但都被美国认为是防御性的,"联合国军"方面也认为战争很快就要结束了。这些情况在情报学角度看来,是明显的战争指征……那为什么中国军队入朝作战,美方丝毫没有发觉呢?着魔了吗?答案当然是肯定的。

"锚点失误"对于情报分析人员来说，就好比潜水艇遇上了海中断崖，一旦进去就很难出来。在开展情报分析时，分析人员们往往会以某个起始点为"锚点"，这个起始点通常是某些假设，受到先入为主的影响很大。这个起始点会作为判断事情发展的情况变化的原点，随着新收到的信息对这一个起始点加以调整。但是，这个起始点就像已经抛出去的锚一样牵制着调整的方向和幅度，进而使得最终的估计仍然偏离实际，与最初估计并无大异。

朝鲜战争中美军对中国出兵朝鲜的可能性评估就采用了这种策略。当时，美国情报机构、美国军方甚至美国决策层对于中国是否会介入的最初判断都是否定的。翻开美国中央情报局尘封的档案，我们不难发现大量这样的论调："新中国只有一岁，这个饱经战火洗礼的新国家，方兴未艾、百废待兴。这个国家此时出兵朝鲜，会影响国内的建设发展。""苏联多方举动已经表明，苏联不会出兵，而中国介入朝鲜会损害中苏关系。"美国在进行可能性评估时设定的"锚点"是中国是否出兵朝鲜必须取决于苏联的全球战略，以及自身的国内政治、军事和经济状况。这一先入之见并没有充分意识到，在两大阵营对立的东亚国际紧张局势下，美对朝的军事干预将对中国领导人固有的安全担忧带来什么样的影响，也没有考虑到中国出兵决策中存在的复杂意识形态因素，即中国领导人由美国介入台湾问题引发出的对抗美国的革命激情。无论后来的事态如何发展，美军始终无法摆脱这一抛出去的"锚"所产生的牵制影响，也就是着魔了……此外，麦克阿瑟认为，中国已经错过了最佳的出兵时机，在他看来，中国最佳的出兵时机是在开战前两三个月内。麦克阿瑟还认为，如果中国出兵也是有限介入，兵力不会超过3万人。

中国人民志愿军参加抗美援朝

1950年10月18日,一封密令从志愿军司令部发出,内容如下:

为严格保守秘密,渡江部队每日黄昏开始至翌晨四时即停止,五时以前隐蔽完毕并须切实检查。

美军在朝鲜战争中保持的空中优势也被应用到对中国的侦察上来。仁川登陆后,美军开始派遣侦察机到中朝边境甚至中国境内进行侦察,密切关注中国是否有向朝鲜调动部队的迹象。而有着丰富作战经验的中国军队对付空中侦察的经验更为丰富,从渡江到入境期间他们令行禁止,所有向中朝边境和朝鲜开进的部队,都采取昼伏夜行的办法,数十万大军秘密开进朝鲜,完全未被美军飞机发现。同时,美军也十分重视信号情报工作,美国第8集团军司令沃克还亲自到驻平壤的陆军信号情报部队视察,并命令今后将所截获的情报原件直送他的手中,不像以前那样先写成节略文件后再上交。然而,中国军队在渡江后采取了无线电静默。就这样,美军大量的一线情报侦察力量在战场上就好像瞎子和聋子,看不见也听不到。

随着美军越过"三八线",美军先头部队对中国军队的动向侦察工作也愈发加强。海军上尉尤金·克拉克率领的侦察分队,曾到达过鸭绿江口,并四处打听消息。不久,回来的人报告说,在靠近中国丹东的新义州和邻近朝鲜的中国境内有大规模集结的中国军队,还有人说中国将派30万军队到朝鲜。克拉克把搜集到的这些消息都进行了上报,但各级情报机构的领导都因"锚点失误"而选择性忽略了……时任美国远东军司令部军事情报处处长的威洛比少将尤为如此。朝鲜战争爆发时,他正受命编写一部反映麦克阿瑟功绩的《太平洋战史》,其兴趣根本不在情报工作上。此外,威洛比同麦克阿瑟在很多问题上都持有相同的看法,甚至是在性格上也同麦克阿瑟一样固执、自信,听不进不同意见。威洛比作为麦克阿瑟的亲信,极尽一切可能选择麦克阿瑟可能感兴趣的情报,有情报人员评论说:"威洛比是麦克阿瑟军事情报处的理想人选。他对麦克阿瑟想听到什么一清二楚,他就如法炮制,如此而已。"这样逐级逐层次的影响最终导致了美国情报部门在获取志愿军入朝情报时的失误。

　　10月25日,志愿军第40军第118师在两水洞、丰下洞地区,与由温井向北镇进犯的韩国军步兵第6师第2团前卫加强第3营进行的一次遭遇战,打响了中国抗美援朝第一枪,揭开了抗美援朝战争的序幕。但麦克阿瑟依然认不清现实,拒不承认中国已经干预的事实。中国人民志愿军与朝鲜人民军英勇奋战至11月5日,重创美军"开国元勋师"骑兵第1师,歼灭韩国第6师大部,共歼灭"联合国军"1.5万余人,粉碎了"联合国军"感恩节前占领全朝鲜的企图,美军和韩国军队被打退到清川江以南,此时的麦克阿瑟才承认中国军队的介入。中央情报局也在当天对中国出兵朝鲜的规模和目标进行了细致的评估,一份报告显示:

　　中共目前在朝鲜的军队总数大约在30000～40000人,中共地面部队正在中朝边境以南约30～100英里的各个阵地上和"联合国军"交战……中国进一步的目标似乎是阻止"联合国军"在朝鲜的推进，并使共产党政权在朝鲜土地上继续存留。

谈及美军将领，我想除了钢盔不离脑袋的巴顿将军，大家还会对这样一个人物有着深刻印象——身材高大，身着一身卡其色的军装，扣着一顶美国陆军元帅帽，戴着AO墨镜，叼着玉米芯烟斗，腰间别着一把左轮手枪。他是个不折不扣的军二代，也是西点军校的高富帅，上学期间同时交往了8个女孩子，毕业成绩还是西点军校建校百年来的最高分。他就是道格拉斯·麦克阿瑟，官至美国陆军五星上将，美国远东军总司令，经常不按常理出牌，喜欢出奇制胜，绰号"战刀"。仁川登陆堪称麦克阿瑟生平最得意之作。就是这位喜欢标新立异的将军，扬言称要在感恩节前结束战争，让士兵小伙子们回家过节。而中国人民志愿军赴朝作战的具体情况，"联合国军"方面却依然搞不清楚。到11月中旬，又是这个坏事的威洛比少将，竟然把对中国兵力的评估数字由最多的17万人降低到4.5万人……

11月24日，前期顽强抵抗"联合国军"进攻的中国人民志愿军突然后撤。由于情报失误，麦克阿瑟率领的"联合国军"错误地认为，中国只是派出少量部队，象征性的出兵。于是，"战刀"在朝鲜战场上摆出了"钳形攻势"，由东西两线全线同时进攻的"联合国军"，将像一把巨大铁钳的锋利牙口，准备在24小时内冲破对手的主要防线，毕其功于一役，在12月25日圣诞节前占领朝鲜全境，饮马鸭绿江。

当因情报失误的"联合国军"准备大举进攻之时，中国人民志愿军的一张"大口袋"正向"联合国军"张开。有着"万岁军"之称的中国人民志愿军第38军先围歼了位于德川的韩国第7师，将"联合国军"东西两翼铁钳的支点和结合部一口咬碎，使之分割开来。

随后，38军又趁着夜色长途奔袭至三所里和龙源里，堵住了西线"联合国军"南撤之路和北上之援，而正面的志愿军第50、第39、第66、第40、第42军也大举压上，将西线的"联合国军"彻底"包了饺子"。此时，处于东线的美第10军也被志愿军第20、第26、第27三个军团团包围。此役，志愿军取得超出预定计划的胜利，彻底歼灭韩国军第7、第8师大部及土耳其旅一部，给美军第2、第7师和陆战第1师沉重打击，重创美军第25师、骑兵第1师，共毙伤俘敌3.6万余人，其中美军2.4万余人；缴获与击毁各种火炮1000余门、汽车3000余辆、坦克与装甲车200余辆，缴获飞机6架。

因为严重的情报失误，这一仗彻底折断了麦克阿瑟锋利的"战刀"，并将战线推至"三八线"区域。不巧的是，美国第8集团军司令沃克将军于12月23日因车祸离世，"联合国军"迅速占领朝鲜北半部的企图彻底化为泡影，被迫由进攻转入防御。战场的失利加上损兵折将迫使美国军方不得不临阵换将，安排李奇微将军接替了沃克将军的职务，并兼任"联合国军"地面部队司令。1951年1月李奇微以放弃汉城为战略诱饵，于1951年2月发动反击（即第四次战役），遏制了中国人民志愿军的攻势。在此后的一年多里，李奇微成了中国人民志愿军头痛的对象。1951年4月，李奇微接替道格拉斯·麦克阿瑟，任"联合国军"总司令、驻日盟军最高司令和远东美军总司令，5月晋升上将。

值得一提的是，战争初期的失利使得美军更加注重情报工作。在朝鲜战争期间，美国陆军专门部署了军事情报部门和信号情报侦察两种类型的情报单位以满足作战部队的需要。这也是美军第一次将照片判读人员、审讯人员等编成在团一级的单位。在战区层级，陆军一共设立了三个情报团，其中第500团部署在日本、第513团部署在德国、第525团部署在北卡罗来纳州布拉格堡，这些部队配

美国陆军情报改革

1954年，伴随朝鲜战争的结束，美国陆军成立了陆军情报中心，由邦尼菲斯·坎贝尔少将指挥，统筹管理反情报、影像判读和情报档案工作，试图整合战略情报、战术情报和反情报工作。1962年7月1日，时任美国陆军参谋长乔治·德克尔上将签署命令，正式创建陆军情报和安全部门（Army Security and Intelligence Branch）。虽然这一部门最初仅限于约4000名军官，但涵盖了所有情报领域，包括信号、战略、图像、战术、人力和反情报工作。同年8月1日，外国科学技术中心成立，该机构巩固了陆军的科学技术情报工作。

1965年7月1日，美国陆军情报局（U.S. Army Intelligence Command, USAINTC）在霍拉伯德堡成立。1967年7月1日，陆军情报和安全部门改名为军事情报部门（MI Branch），这一部门也从一个服务保障部门转变为一个作战支援部门。在经历十年的摸索和实践后，1977年1月1日，陆军情报和安全司令部（Intelligence and Security Command，INSCOM）成立。该司令部的主要任务是统管全球机构，并向战区陆军指挥官提供多品类的情报支援。

备了专门的营、连和排来支援师级以下的情报部门。陆军安全局随后也派出了团级规模的编队直接支援战场上的单位。到战争结束时，第501通信侦察团监管着三个附属营和五个连的信号情报侦察行动，以支持驻朝鲜的美国第八军。不仅如此，根据这一仗的经验教训，陆军反情报部队也进一步扩编了自己的力量，驻德国的第66支队和驻加拿大麦克弗森堡的第111支队，都扩编成为团级单位。

三分天注定，七分靠打拼

朝鲜战争爆发之际，美国中央情报局已经成立近3年。但是，在中国是否会出兵干预的问题上，无论是毗邻前线的麦克阿瑟和威洛比，还是远在美国本土的中央情报局都未能成功预测。同时，中央情报局成立后虽然有《1947年国家安全法案》为其保驾护航，然而美国军方和美国联邦调查局依然对其处处提防，甚至掣肘其情报工作，导致美国中央情报局的工作成效依旧不大。为此，美国政府先后任命了两位局长，为中央情报局的情报事业做出了重要贡献。

1950年朝鲜战争爆发之际，美国中央情报局却连一些实质性情报都难以接触，表现平平，一定程度上影响了美国当时的情报工作。不得不说，杜鲁门总统成立的中央情报组作为中央情报局直接的前身，将很多问题都延续至了这个新成立的部门。

首先是人的问题。1945年战略情报局解散后，功勋卓著的研究与分析处划归至美国国务院，秘密情报处与反情报处被划归至陆军部，约10000名工作人员转隶至这两个单位继续工作，但因为受到这些单位"老干部"的排挤，同时也流失了大量的情报人才，甚至连美国情报之父谢尔曼·肯特都跑去耶鲁继续教书去了。而当时新成立的中央情报组，并不具备直接雇佣人员的权利，资金方面也需要向国务院和军方申请。面对人员紧缺的现状，中央情报组不得不向国务院和陆军方面借调情报人才，但这两个部门也不傻，借调来的人员几乎都不具备情报工作的相关背景，根本干不了活儿。1946年9月，时任中央情报组负责报告与评估工作的蒙塔古就曾向中央情报组组长霍伊特·范登堡将军抱怨，各机构都不愿借调高级分析人员，最为突出的就是陆军参谋部情报处，借调给我们的都是"低等人员"。

美国中央情报局成立以后，在人员和资金上都不再受到国务院和军方的制约。新任局长罗斯科·希伦科特着重解决了人员数量的问题。到1950年年末，中央情报局的情报分析核心机构——报告与评估办公室的工作人员达到了709人，较1946年7月已经翻了10倍有余，情报分析人员达到了332人。但是，人员的质量问题依然没有得到很好的解决。

中央情报局总部大楼俯视图

其次是定位的问题。这个所谓的定位并不是《1947年国家安全法案》所定之条款不够清晰，而是因为当时中央情报局的工作现状所导致的定位问题。战略情报局原有人马的分流，导致后来中央情报组乃至中央情报局所提供的情报产品与国务院和军方部门生产的情报产品重合或雷同。为了抢话语、谋出路，当时的中央情报局不得不另辟蹊径开发新的情报产品，但是干着干着就跑题了，提供的情报产品也是五花八门，与谢尔曼·肯特所定义的战略情报相去十万八千里，根本满足不了美国高层的需求，成了一个"四不像"的情报头子。

中央情报局的困境也是当时美国情报界的一个缩影，如果不出意外，这种让人头疼的现状应该会一直持续，直到一个报告的出现，让这一切看起来似乎有了转机。1948年1月13日，在国家安全委员会的组织下，成立了一个由三个非政府机构人员组成的调查小组，对美国中央情报局的工作开展全面的调查评估。这三人之首就是日后大名鼎鼎的中情局之父艾伦·杜勒斯，而调查过后形成的这个报告史称"杜勒斯报告"。

在美国，一切行为都是讲究程序的，出了问题，负责人要到国会参加听证会，把"错误"讲清楚，政府还会责成调查委员对问题进行研究调查，事后会形成一份正式报告。面对当时美国中央情报局的工作现状，艾伦·杜勒斯所在的调查小组也都看在眼里。经过长达一年的细致工作，调查报告正式出台。值得一提的是，在此期间，调查小组还向国家安全委员会提交了一份中期报告，详细论述了隐蔽行动和情报工作之间的关系，强调了二者同样具备的秘密性，明确提出了隐蔽行动应由情报部门而不是军方或其他部门主管的观点，并进行了理论论述，为中央情报局在后续开展隐蔽行动提供了理论支撑。毫无疑问，正式报告全面而又犀利地指出了当时中央情报局所存在的问题，主要有三个方面。第一就是未能充分履行应有的协调职责，导致美国情报界各部门之间的工作重叠现象仍旧存在，而中央情报局和其他情报机构却依然各行其是。第二就是未能完成制作国家情报的职责。报告指出，关于国家情报评估的制作，除去一两件偶发的重大事件，中央情报局根本没有履行这个职责。第三就是对自身和部际职责管理不力，在行使本机构各种职能的时候未能提供及时或有力的支持。换言之，就是上面给你立了法叫你去当老大，你老大当不起来，自己能力又不行，该用到你的时候还指不上。此外，报告还强调"协调情报活动最需要强调一点，就是各机构之间达成一致才能实现最有效的协调"，并指出"报告与评估办公室负责的报告种类过多，制作国家情报也没有让其他情报机构参与，很难形成高质量的国家情报"。同时，针对这些问题，报告也一一提供了解决方案和建议。

面对报告，希伦科特所领导的中央情报局如坐针毡，他们向国家安全委员会提交了一份备忘录，力图"自证清白"，但已经很难颠覆美国高层对中央情报局的认识。

屋漏偏逢连阴雨。1948年4月，时任美国国务卿的马歇尔率代表团去哥伦比亚参加中美洲外交部长会议时，波哥大爆发大暴乱，美国代表团驻地遭到围攻，陷入困境。中央情报局虽然就此情报已提前发出预警，但是由于当时的国务院并没有重视而导致危机发生，这笔糊涂账最终也被算到了中央情报局的头上。这些都为后来的情报改革带来了积极影响。

朝鲜战争的情报失误，不仅让远东美军陷入了僵局，也让希伦科特走下中央情报局局长的宝座回到了海军。希伦科特的继任者沃尔特·史密斯既没有上过西点，也没有读过高中。他16岁从军，24岁参加第一次世界大战，第二次世界大战时曾担任艾森豪威尔将军的参谋长，战后还出任过美国驻苏联大使。就是这位从基层一步步成长起来的德高望重的将军，拥有着完美主义的性格和洞

一位好局长

沃尔特·比德尔·史密斯（Walter Bedell Smith，1895年10月5日—1961年8月9日）昵称"甲壳虫"（Beetle），是美国陆军四星上将，曾任欧洲盟军远征军最高司令艾森豪威尔的参谋长（1944—1945年）。1946—1948年，沃尔特·史密斯受命担任美国驻苏联大使。1950年，沃尔特·史密斯被任命为中央情报局局长，是中情局历史上第四任局长。1953年，他从军队退役，出任副国务卿。

沃尔特·史密斯出生于美国印第安纳州印第安纳波利斯市，年满16岁时，他就加入了印第安纳州的国民警卫队。第一次世界大战爆发后，史密斯被编入美国远征军前往欧洲参加对德作战。战后，他开始了自己的深造之路，先后就读于本宁堡陆军步兵学校、陆军指挥与参谋学院和陆军军事学院。1939年，在乔治·马歇尔的提携下，沃尔特·史密斯成为陆军参谋长助理。1941年5月4日，他被授予中校军衔，同年8月30日，又被提升为上校。参谋长联席会议成立后，1942年1月23日，沃尔特·史密斯被任命为参谋长联席会议秘书。沃尔特·史密斯自1939年就一直担任各型秘书和助理，虽然其资质相较巴顿等名将平平无奇，但不失为一个好的参谋人员和管理人员。

察秋毫的判断力以及无与伦比的执行力。虽然没有过多的情报工作经验，但他在不到3年任期内所做的工作却为中央情报局日后的发展奠定了坚实的基础，使多诺万的梦想成真。同时，他力邀艾伦·杜勒斯出任中央情报局的副局长，而后者更将中央情报局带入了真正的辉煌。

史密斯被认为是中央情报局有史以来最好的局长之一，他在任期内干了两件大事——手术式改革、招兵买马。1950年11月13日，原有的报告与评估办公室更名为研究与报告办公室，不少人认为这仅仅是一次简单的更名，实则不然。机构更名后便开展了大规模的人员调动工作，一部分人员被调入新成立的国家评估办公室，一部分专门从事政治情报分析的人员被调入了国务院情报协调处，一部分人去了政策协调处或特别行动处，一部分人被解雇，只有剩下的一小部分精英被留了下来。

研究与报告办公室的更名实际上是史密斯局长情报改革工作的开始，这是史密斯与主管中央情报局改革工作的威廉·杰克逊副局长筹谋已久的，而改革的重点就是这个被诟病已久的报告与评估办公室。事实上，报告与评估办公室被拆解成为三个部门：首先就是研究与报告办公室——专司经济情报分析；其次就是动态情报办公室——专司提供政治情报，并成为一个独立的政治情报分析部门；最后是国家评估办公室——负责中央情报局一直应该要做却始终没有做好的国家情报评估工作。这三个崭新部门的诞生，从体制上很好地解决了报告与评估办公室或者说中央情报局在情报分析领域职权不明、工作混乱、分析不力的糟糕情况，而且为日后几十年中央情报局的情报分析工作奠定了坚实的基础。

有人可能会好奇，为什么史密斯将军没怎么干过情报工作，针对情报机构的改革却刀刀见血、直击要害呢？因为人家爱看书。美国情报分析之父谢尔曼·肯特在1947年返回耶鲁大学后也没闲着，根据他多年的工作经验,写了本"情报圣经"——《战略情报:为美国世界政策服务》(简称《战略情报》),1949年该书由普林斯顿大学出版。在书中,肯特系统论述了战略情报的定义、战略情报的分析、情报体制建设、情报与决策关系等问题。中央情报局副局长杰克逊认为《战略情报》"一气呵成,妙手天成",是迄今为止最好的一本情报类著作,应该成为国家安全事务官员和情报人员的必读之书,而这两位正副局长的改革工作受到该书很大启迪与指导。肯特也因此被邀请参加中央情报局新组建的国家评估办公室和国家评估委员会,并于1952年1月开始担任国家评估办公室主任和国家评估委员会主席职务,直至1967年12月退休。与谢尔曼·肯特同批受邀参加国家评估办公室工作的还有威廉·兰格、勒德维尔·蒙塔古等8名情报分析界的大拿,他们提供的国家情报评估(NIE)逐渐开始成为影响美国决策层的核心产品。

谢尔曼·肯特和《战略情报》一书

谢尔曼·肯特(Sherman Kent,1903年12月6日—1986年3月11日),美国情报理论专家,美国战略情报分析领域的开拓者,被誉为"战略情报之父""情报分析之父",中央情报局4位最有影响的分析家之一。1997年,在中央情报局成立50周年纪念仪式上,肯特被认为是对中央情报局影响最大的50人之一。

投身情报工作前,谢尔曼·肯特在耶鲁大学担任历史教授。1942年,他加入战略情报

> 局，在研究和分析处担任欧洲—非洲司司长，负责盟军"火炬行动"的战场情报准备工作。在他的影响下，一大批社会科学专家加入了战略情报局，为美国情报理论的成型做出了不可磨灭的贡献。第二次世界大战结束后，肯特结束了在战争学院的任期后回到了耶鲁大学。在此期间，他完成了影响美国情报工作至今的著作《战略情报：为美国世界政策服务》(Strategic Intelligence for American World Policy)。1949年，中央情报局副局长威廉·杰克逊看到这本书时，认为这是最好的一本情报类著作，应该成为国家安全事务官员和情报人员的必读之书。1950年，肯特受邀加入中央情报局，协助哈佛大学的历史学家威廉·兰格建成了中央情报局的国家评估办公室。1967年，肯特从中央情报局退休。在其15年的任期中，肯特带动形成了情报分析中的"历史经验主义流派"，即依据历史事实和分析人员的经验对情况进行研判。谢尔曼·肯特从事战略情报分析工作近30年，丰富的情报实践使他对情报工作形成了独特的看法。他发表了大量有关情报理论的著作和文章，《战略情报：为美国世界政策服务》一书是美国战略情报研究的奠基之作，也是美国情报分析人员的必读教材和美国大学情报研究课程的核心书目。
>
> 　　2000年，中央情报局成立了谢尔曼·肯特情报分析学校，致力于在情报分析的艺术和科学领域追求专业精神。谢尔曼·肯特一生可谓"三不朽"：立德——"战略情报之父""情报分析之父"；立言——《战略情报：为美国世界政策服务》；立功——开创了美国情报分析的先河。

　　20世纪50年代的美国中央情报局兰利总部不仅充满了谍影和情报工作，也有着风流韵事。1958年的一天，一位中央情报局的工作人员准备向局长做例行汇报，他敲了半天门，未见任何反应，随即轻轻推开门准备看一下，谁知道明明应该正在会客的局长办公室却空无一人，然而此时从办公室的更衣间传出了急促的敲门声和呼喊声。这位工作人员费了好半天劲儿才把这个不知道怎么锁上的门打开，里面先走出来的是一位留着咖啡色短卷发的中年贵妇。这位满身珠翠的女人正是当时的希腊王后弗雷德里卡，她后面跟出来一位体态肥壮，戴着小圆眼镜的中年绅士，两人显然是刚刚缠绵过。而这位给希腊国王戴绿帽子的风流绅士，正是史密斯将军的继任者——艾伦·杜勒斯。也正是他，让中央情报局进入了黄金时期。

　　1953年2月26日，前情报调查小组成员、时任中央情报局副局长的杜勒斯升任中央情报局局长，他由史密斯手中继承下来的研究和分析团队确保了评估文件的可靠性和权威性。同样是新上任的艾森豪威尔总统非常重视中央情报局，为中央情报局提供了充足的

隐蔽行动之王

艾伦·杜勒斯（Allen Welsh Dulles，1893年4月7日—1969年1月29日），是美国历史上最长的一任中央情报局局长（1953—1961年），开创了中央情报局的新纪元。在美国中央情报局的入口处竖立着他的塑像，上书"纪念他以及我们身边的一切"。他的哥哥约翰·杜勒斯是艾森豪威尔政府的国务卿，这一条件为艾伦·杜勒斯扩大中央情报局的职权提供了诸多便利。

1916年，杜勒斯从普林斯顿大学毕业后加入了外交部门。在欧洲担任外交官期间，杜勒斯充分利用身份的特殊性搜集各国的情报。第二次世界大战爆发后，杜勒斯被任命为美国战略情报局的瑞士站站长，从事对德情报工作。1945年3月，杜勒斯参与了盟军的"日出计划"，与德国党卫军副总指挥卡尔·沃尔夫展开和谈。虽然谈判并不顺利，但是"日出计划"基本上还是达成了目的，杜勒斯功不可没。

1953年，杜勒斯被任命为中央情报局局长，是中央情报局史上第一个以文职身份担任局长的人。在他的领导下，中央情报局一路高歌猛进，先后针对危地马拉、伊朗和古巴等国进行了隐蔽行动和秘密行动。1961年9月，由于入侵猪湾行动失败，杜勒斯迫于压力辞职，就此离开了钟爱的岗位。1969年1月29日，杜勒斯死于肺炎和流感，葬于巴尔的摩的格林蒙特公墓。

财政支持，让中央情报局参与各个层次的外交政策讨论。此外，他还大大提高了国家安全委员会在决策系统中的地位，随之而来的是国家安全委员会在起草政策文件前都要仔细研读中央情报局的国家情报评估报告，以做到言之有据。除了强大的情报分析能力，U-2高空侦察机和隐蔽行动也相继登上历史的舞台，组在一起堪称三驾马车，由杜勒斯驱赶着，带着中央情报局乃至美国情报界迈进黄金时期。

在杜勒斯执掌中央情报局的近十年时间内，隐蔽行动的开展几乎不受任何机构的制约，就连艾森豪威尔总统几乎也不过问其中细节。随着伊朗民族阵线领导人穆罕默德·摩萨台的逐渐掌权，美国在伊朗的经济利益逐步受到压缩。1953年，中央情报局制订了推翻摩萨台的计划……几经辗转，伊朗爆发政变，摩萨台最终下狱。美国不仅获得了伊朗石油40%的产权，也守住了遏制苏联的主要阵地。无独有偶，1954年，危地马拉新任领导人雅各布·阿本斯因为开展土地改革，触动了美国联合水果公司的经济利益。美国中央情报局再度出手，筹划并实施了"成功行动"，找到了阿本斯的替代者卡洛斯·阿马斯，组织了游击队和空投部队，建立了无线电台，不断散布舆论发动心理攻势，最终推翻了危地马拉的民主政权。有了这两个成功的案例，杜勒斯可谓放开了手脚：1955 年，支持阿根廷军人推翻左翼的阿根廷庇隆政府；同年，颠覆哥斯达黎加的何塞·菲格雷斯；1958 年，帮助美军入侵印度尼西亚；同年，支持中国西藏的反叛活动并开始颠覆印尼总统苏加诺的秘密活动；20 世纪 60 年代后，暗杀伊拉克领导人阿卜杜勒·卡塞姆、埃及总统纳赛尔和多米尼加总统拉斐尔·特鲁希略，唆使和支持加纳当地亲美右翼反对和抵制恩克鲁玛政权……这一切几乎把艾伦·杜勒斯推上了其政治生涯的顶峰，不少人叫嚣着要复制"危地马拉式的成功"。

前面所讲的诸多改革，其核心目的只有一个——集权。从管理学角度讲的协调，必须要有一个高于其他共同生产者的人员或机构，居中行使协调的职责，这有利于情报的生产，但也必须要求集权。第二次世界大战结束后，美军各军种内部都保留了自己的情报机构和情报力量。事实上，中央情报局组建初期，各个机构与部门之间相互掣肘的状态在美国军方内部同样存在。就驻外武官来说，陆军和海军在每个大使馆都要安排自己的武官，而这些武官只代表自己军种的利益，并不代表整个美军。虽然杜鲁门总统对当时的美国情报系统实行了大刀阔斧的改革，以更好地应对"冷战"背景下的国际安全形势，然而此次大规模的改革并没有很好地提升国防情报系统的运作效率。珍珠港事件后金梅尔和肖特的解职，并没有改变各军种情报部门战前相互独立甚至是敌对的状态，依旧各自搜集、生产并分发情报。因此，艾森豪威尔总统于 1960 年组建了一个联合研究小组，就如何更加有效地组织军事情报活动展开调查。1961年2月，在吸纳了联合研究小组的建议后，国防部长罗伯特·麦克纳马拉授权参谋长联席会议制订一个全面管理国防部情报活动的计划，参谋长联席会议于当年7月提交了相关计划。根据计划，国防部成立了一个全新的军事情报管理机构——国防情报局。8月1日，麦克纳马拉颁布了题为"国防情报局"的国防部长第5105.21号指令。1962年10月1日，作为日后美国情报界重要成员的国防情报局正式挂牌，它也是国防部对外军事情报的主要"生产者和管理者"，负责"为国家决策者、军事人员等情报用户提供及时、客观的全源性军事情报，以协助其应对全频谱冲突类型中的各种威胁和挑战"，其中部分专业性的军事情报无需呈送中央情报局。

位于华盛顿特区的国防情报局总部

刚成立的时候，国防情报局的雇员少得可怜，蜷缩在借来的办公室工作。而它的出现，也引起了各个军种情报机构的反感并试图抵制其发展。无奈，直接归国防部长领导的国防情报局不仅有个好爸爸，而且自身也争气。对古巴导弹危机的情报分析和在越南战争中提供的适时又准确的情报让它站稳了脚跟。与此同时，在国防情报局的主导下，美军于1962年成立国防情报学院。次年，阿灵顿情报生产中心和数据自动处理中心以及情报分发中心相继成立。1965年，武官系统也被国防情报局接手。随着"冷战"进程的不断推进，国防情报局逐渐进入美国高级军事指挥官和国家高层的视野，并扮演了举足轻重的角色。

当然，在"冷战"初期成立的不只美国中央情报局和国防情报局这两家单位，还有很多家神秘的情报部门。正是这些情报部门，在"冷战"期间为美利坚发挥了重要的作用。

危机中的情报较量

1962年10月16日，时间刚过9点，刚刚读完来自中央情报局的紧急报告的美国总统约翰·肯尼迪如坐针毡。报告的核心内容很简单：一架U-2侦察机在古巴发现了导弹基地。

看完报告，约翰·肯尼迪马上打电话给他的弟弟罗伯特·肯尼迪，他在电话里这样说道："罗伯特，我们遇上大麻烦了！"时任美国司法部长的罗伯特接到电话后，立刻动身前往美国白宫。几乎与此同时，所有美国国家安全委员会的成员都接到了参加紧急会议的通知……

11点45分，会议正式开始。中央情报局首先开始做情况汇报，与会的中央情报局图像分析专家带来了清晰的照片、地图和指示棒。从照片上可以清晰地看到，在古巴圣克里斯托瓦尔附近的一块空地上有一座发射台和许多发射导弹的建筑物，甚至还有一枚中程弹道导弹。鉴定专家确信，这些发射装置上安装的是核武器……而当时，全世界只有美国、英国、法国和苏联这四个国家拥有核武器，同为北大西洋公约国组织的英法不可能在美国邻近部署核武器，这些导弹来自苏联几乎是毫无疑问的。对于这个判定，肯尼迪的决策班子都没有异议。

古巴，位于南美洲加勒比海北部，是一个群岛国家，它最大的古巴岛与美国佛罗里达州只有一水之隔，因此，古巴在历史上一直被称为美国的后花园、度假胜地和游乐场。而古巴与美国最近的地方相距仅有217千米，相当于中国台湾海峡北口的宽度。这个距离对于导弹来说几乎是近在咫尺。据估计，当时射程为几百千米的短程弹道导弹从古巴飞出，最多只需要2分钟就可以覆盖整个佛罗里达州，如果是射程为1000千米以上的中程弹道导弹，只需要5分钟就可以覆盖全美三分之一的领土。在古巴部署中程弹道导弹，极大程度上压缩了美国针对导弹袭击的预警和反制时间，使美国的国家安全受到了空前的威胁。

1959年1月，菲德尔·卡斯特罗领导古巴人民取得了革命的胜利，成立了古巴共和国。革命胜利以后，卡斯特罗在古巴推行国有化政策，下令将美国公司所有的土地和资产收归国有，然后把它们分配给古巴人民。古巴还向苏联购买更为廉价的石油，但是美国工厂却拒绝提炼苏联来的石油，这让古巴工业一下子面临困境。卡斯特罗随即决定，接管这些国外的炼油厂。卡斯特罗的这些做法都大大损害了美国的利益，因此，古巴和美国的关系跌至了冰点。就在这个时候，苏联抓住了机会。1960年5月8日，苏联正式与古巴恢复外交关系。在9月2日的万人集会上，卡斯特罗向800万古巴人民及全世界宣读了著名的《哈瓦那宣言》，强烈谴责美国对拉丁美洲的侵略扩张政策。这一切彻底激怒了美国。1961年1月5日，美国与古巴正式断绝外交关系。

1961年1月20日，约翰·肯尼迪宣誓就任美国总统，并任命艾伦·杜勒斯继续掌管美国中央情报局。22日，在讨论入侵古巴的会议上，杜勒斯向肯尼迪大肆推销利用古巴流亡分子入侵古巴的想法，并反复强调了形势的紧迫性。25日，肯尼迪授权中央情报局可以继续在古巴实施之前正在进行的隐蔽行动。杜勒斯则一直认为，"应该搞点大动静出来——发动一两次大规模的两栖登陆入侵行动，彻底震慑古巴政权，这样才能产生应有的心理威慑"，并且他一直没有停下对隐蔽行动的推销。迫于竞选时消灭古巴政权的承诺，以及对在危地马拉集训的古巴流亡人员如何安置的顾虑，肯尼迪总统最终同意了杜勒斯的想法。4月4日，在国家安全委员会议上，杜勒斯和他主管行动处的副手比赛尔详细介绍了"猪湾"行动计划：先以飞机轰炸古巴的机场，摧毁卡斯特罗的空军力量，而后由古巴流亡人员组成的古巴旅实施抢滩登陆，并在滩头建立基地作为跳板，让古巴流亡政府迅速进入古巴。两天后，肯尼迪总统正式批准了这一看似天衣无缝的计划。但是，考虑到要尽量削弱美国参与背景所造成的国际影响，他将实施轰炸的飞机数量由16架B-26减到了8架。

4月15日拂晓，从尼加拉瓜起飞的8架带有古巴标志的B-26轰炸机对古巴哈瓦那、圣地亚哥等地的机场进行了轰炸，但古巴方面组织起了强大的防空火力进行反击，1架轰炸机被击落，2名飞行员当场丧命，且轰炸只对古巴空军造成了有限的打击。随即，古巴外长在联合国大力谴责了美国破坏古巴领土完整的行径。迫于舆论压力，肯尼迪总统被迫取消了原定于登陆当天的第二次空袭任务。

4月17日，由美国策划、组织、训练的大约由1400名古巴武装分子组成的古巴旅在猪湾登陆。按照杜勒斯之前的计划，这次登陆应该很顺利，但因为没有空中支援，古巴旅还没有登陆便遭到了古巴坦克的猛烈攻击和古巴军队强有力的抵抗，许多运输军火和通信设备的船只被击沉，滩头阵地根本无法建立。到了18日晚上，肯尼迪在比赛尔的再三劝说下，好不容易又批准了一次空袭，命令海军的6架喷气式攻击机在翌日早晨前往海滩上空支援登陆，而从尼加拉瓜起飞的B-26轰炸机将对卡斯特罗的空中力量和地面部队再进行一次空中打击。搞笑的是，由于时间安排方面的误差，B-26轰炸机提前飞到了海滩上空，而"天鹰"攻击机还在甲板上尚未起飞。结果，B-26轰炸机遭到了古巴T-33喷气教练机的肆意攻击，又有两架B-26被击落……卡斯特罗领导英勇的古巴人民，只用了2天时间就粉碎了中央情报局的"猪湾"行动，古巴旅阵亡89人，1197人宣告投降。这次失败的行动直接造成了杜勒斯的政治滑铁卢，肯尼迪总统一怒之下撤换了他和比赛尔。艾伦·杜勒斯也就此离开了兰利，离开了他钟爱一生的事业。

被俘的古巴旅士兵

1962年8月23日，中央情报局的报告显示，近期苏联的船只在古巴港口活动频繁，甚至有人看到从苏联船只上卸下了由帆布罩着的长长的管状庞然大物。中央情报局由此推测，苏联正在向古巴运送进攻性武器。但是这份报告并没有引起肯尼迪总统的重视。9月4日，肯尼迪还公开发表声明说："据我所知，古巴没有进攻性武器。"而事实上，这个时候，即将运送苏联核导弹的运输船"因斯基尔卡"号已经出发了。这艘有着三层甲板，可以到达北极的破冰船，于1962年8月31日17时从位于黑海的军港出发，于9月16日在苏联最大的海军基地科拉湾停泊，装载了960吨物资并开始西行前往古巴，而其中就有42枚核弹头和著名的苏制SS-3中程弹道导弹。

在人类发现第一只黑天鹅以前，一直认为天鹅只有白的，而黑天鹅的出现极大程度上颠覆了人们的认知。灰犀牛则是草原上常见的生物，它们身高体大，看似笨重，当它们向你奔来时，你往往会觉得它们行动缓慢，不足以构成威胁，但它们爆发力极强，当它们临近你时，危机已经不可避免。"黑天鹅"事件指的是概率极小、基本不会发生的事儿，"灰犀牛"事件则指的是习以为常、见怪不怪的潜在危机，但两者其一一旦爆发，影响巨大。在我看来，几乎每次情报失误的背后都隐藏着一组"黑天鹅"和"灰犀牛"，就好像古巴导弹危机的预警失误一样，不是因为没有搜集到信息，而是对信息分析的不足。

苏联与古巴相距11000千米，苏联为何不远万里，冒着把"冷战"变成热战的风险在美国后院古巴部署导弹呢？是为了回应北约在土耳其部署导弹，还是为了使"冷战"核威慑更进一步？这让当时包括中央情报局在内的整个美国领导智囊团都百思不得其解。其实原因很简单，在赫鲁晓夫1972年出版的回忆录中写得清清楚楚，那就是——保卫古巴。猪湾的入侵行动坚定了赫鲁晓夫保卫古巴共产主义革命胜利果实的决心，而这一点却是美国方面始料未及的。所谓"黑天鹅"，是当时苏联从未在华约国家部署过导弹，而一上来就在古巴部署进攻性的中程弹道导弹，这是从未发生过的小概率事件；

所谓"灰犀牛",是当时中央情报局已经收到了很多关于苏联正在对古巴军事援助的信息,但是并没有意识到危机的临近。此外,在整个事件中,以中央情报局为首的情报系统收到了过多的"噪音"。早在危机爆发以前,中央情报局就收到了大量有关苏联可能在古巴部署导弹的情报,而这些导弹到底是地空导弹还是中程弹道导弹,情报分析人员却无从得知。巧合的是,在前面珍珠港事件中,我们讲到"信号"与"噪音"理论的提出者情报学家罗伯特·沃尔斯泰特的著名论著《珍珠港:预警与决策》,恰巧在1962年这一年出版。

1962年10月18日,美国国家安全委员会会议已经开了整整两天。美国军方的强硬派坚决主张,应该直接轰炸古巴的导弹基地,彻底消除威胁。而另一些保守派官员则认为,应该实施海上封锁,给苏联留有余地。1962年10月22日晚上7点,肯尼迪总统在他的书房向全美及全世界人民发表了电视讲话,他宣布,苏联正在古巴部署进攻性导弹,为此,美国将对一切正在驶向古巴的进攻性武器装备实施海上封锁。消息一出,震惊了世界。但此时的莫斯科却是一片静默,在肯尼迪发表电视讲话的13个小时里,苏联没有任何反应……直到10月23日下午3点,苏联塔斯社才发表了第一份声明。这份声明称,如果美国要对苏联正常行驶的船只进行干预,苏联则将不得不采取必要和适当的措施,以保卫自己的权利。面对苏联的强硬表态,美国则予以更加强硬的回击:10月23日晚上,68个空军中队和由8艘航空母舰在内共90艘军舰组成的庞大舰队出动了。舰队从佛罗里达到波多黎各,形成了扇形防线,彻底封锁了古巴海域。上百架B-52、70架B-58轰炸机都已装弹完毕,随时做好战斗准备。90架B-52轰炸机携带着氢弹在大西洋上空待命。100枚"阿特拉斯"、50枚"大力神"、12枚"民兵"洲际弹道导弹也在发射架上等待着来自白宫的号令……同时，肯尼迪总统正式宣布，海上封锁将于格林尼治时间10月24日10时30分开始，而此时，28艘苏联船只正在向加勒比海驶来……时间节点不断临近，所有人都捏了一把汗，突然，一艘来自美国国家安全局的信号测量船侦测到，行驶在苏联运输船最前面的"加加林号"和"科米莱斯号"紧急停车，随即，10余艘苏联船只开始掉头返航……这一情报通过舰队径直送往美国白宫，至此，肯尼迪总统和他的海军舰队终于松了一口气。

但危机并没有远去，U-2侦察机带回的图像显示，在古巴建设的中程弹道导弹基地仍在加紧施工。10月25日，在联合国召开的紧急会议上，美国代表史蒂文森以缓慢而又清晰的口吻，正式向苏联（代表）发难："让我问你一个简单的问题，你承不承认苏联已经或正在古巴部署、配置中程和中远程导弹基地？（请回答）是或不是？"正在苏联代表以俄式英语闪烁其词的时候，史蒂文森突然打开了黑板架，向众人展示了美国U-2侦察机拍摄的照片证据。在这些照片上，苏联的导弹基地清晰可见。就是这些证据，引得联合国大会一片哗然。因为，在此之前苏联政府一直宣称，他们没有向古巴运送进攻性武器，无疑苏联对全世界撒了谎，而舆论也随之一边倒地倾向了美国，苏联方面慌了阵脚。

26日，赫鲁晓夫开始与肯尼迪总统相互交换私人信件以求和平解决此次危机，这更让肯尼迪总统摸清了下令调转船头的赫鲁晓夫的心理。28日，肯尼迪与赫鲁晓夫最终达成了协议：苏联停止在古巴的导弹基地的建设工作，并拆除被美国称之为具有"进攻性"的武器，而美国保证绝不会对古巴实施进攻和入侵。另外，美苏达成秘密"导弹交易"协定，美国答应苏联以秘密的方式撤走部署在土耳其的导弹。自此，差点引发人类核大战的"惊魂13天"彻底落下了帷幕。

越战中的情报战

古巴导弹危机的顺利解决使得美国政府更加坚定了遏制共产主义蔓延的决心。于是，危机结束后没多久，美国又在中南半岛发动了一场新的战争。

中南半岛，是位于东南亚的一个半岛，为亚洲南部三大半岛之一。按照美国人的说法，因其位置临近印度和中国，受到印度和中国的影响，故国际上也称其为"印度支那"。

越南地处中南半岛东部，北与中国接壤，西与老挝、柬埔寨交界，东面和南面临南海。自秦始皇后一千多年的时间里，越南中北部都是中国历朝历代的管辖范围。因唐朝时设立了安南都护府，越南又被称为"安南"。五代十国时期，以京族为主的越南人搞起了独立。此后随着中国王朝的更迭，这个弹丸之地几经易主，但大多时期都以中国附属国的形象出现。随着大航海时代的开启，荷兰人、法国人都开始涉足这片土地，在传教士的影响下，基督教开始兴起。在殖民利益的驱使下，法国以报复越南王权因宗教矛盾镇压法国传教士为由，开始出兵蚕食这一地区。1885年，中法战争结束，清政府与法国签订《中法新约》，放弃了对越南的宗主权。自此，越南沦为法属殖民地，阮氏王朝名存实亡，法国的印度支那联邦总督进驻越南西贡（今胡志明市），并以越南为据点，开始了对老挝和柬埔寨的殖民统治。慢慢地，法国人建立起了自己的行政系统和城镇体系，他们不仅修建了市政厅、法院和学校，就连法国文化也开始在越南的富人阶级中流行起来。此外，民族主义开始滋生。也就是在这一时期，一位名叫阮必成的青年逐渐成长起来，他就是越南民主共和国缔造者，第一任越南社会主义共和国主席、总理，越南劳动党（今越南共产党）中央委员会第一任主席——胡志明。

怀着救黎民于倒悬的豪情壮志，1911年6月5日，胡志明离开祖国到海外寻求救国之道。他先后到法国、英国、美国和法属非洲殖民地国家游历，最终接受了马克思列宁主义，加入了法国共产党。1930年2月3日，胡志明（此时化名阮爱国）在中国香港九龙召开会议，成立越南共产党，党的政治纲领提出的革命目标是，打倒法帝国主义和封建集团，使祖国完全独立。1940年，伴随着法国在欧洲的陷落，日本法西斯入侵越南。在越南共产党的领导下，越南人民掀起了反抗日本侵略者的革命高潮。

年轻时的胡志明

第二次世界大战结束后，日本法西斯被逐出越南，阮朝末代皇帝保大帝亦宣布退位。9月2日，胡志明领导的越盟（即后来的越南共产党）在越南北方的河内宣布独立，胡志明发表《独立宣言》，宣布越南民主共和国成立（即"北越"）。但原本应该享受战后和平的越南却命途多舛。21天后，法国殖民军卷土重来，不仅占领了西贡，还扶持保大帝出任国家元首，在越南南方建立了"越南国"。面对法国人的入侵，怒发冲冠的胡志明号召南方同胞奋起反抗，并动员全国力量支援南方解放。在共产主义同盟阵线支援下，越南获得了来自中国和苏联的军事及物资援助并开始了长达近9年的抗法战争。1954年3月13日下午，北越与法国之间的奠边府战役打响。5月7日，战役以北越胜利告终。7月21日，有关结束越南、老挝、柬埔寨战争的印度支那问题的《日内瓦协议》得以签署。《日内瓦协议》规定，越南以北纬17度为界，南北分治，北方由胡志明领导，南方由保大帝领导，直到1956年统一选举为止。

别人家的事儿为啥还要有外人参与，战争结束了还得让人家分家呢？这其中自然少不了美国人的干预，更少不了美国中央情报局的影子。随着"冷战"的爆发，遏制共产主义的种子在美国朝野上下几乎所有人的脑子里生根发芽。以美国中央情报局为首的美国情报界也一直在关注着越南的局势。面对在中苏援助下不断壮大的北越和不断失势的法国殖民力量，一种关于"共产主义多米诺骨牌"的说法自美国情报系统开始蔓延，直到美国最高领导层。为此，早在北越抗法战争期间，美国就为法国提供了大量的军事和物资援助。越南南北分治后，北越更加被美国视为共产主义威胁。1955年7月17日，美国终于撕毁了《日内瓦协议》，取代法国在越南南方的地位，首相吴廷琰在美国支持下发动政变，废黜保大帝，自己当了总统，建立了越南共和国（即所谓"南越"）。事实上，美国早在1955年1月法军撤离之际就向南越派遣了大量的军事人员，将"美驻印支军事援助顾问团"改为"美驻南越军事援助顾问团"。出于担心，随后西贡吴廷琰傀儡政权发动了大规模"肃共""灭共"运动，对赤手空拳的南越人民进行暴力镇压。到50年代末，美国已经控制了南越的经济命脉和军队，并不断向南越输送武器装备，在南越建立了多个海空军基地。面对南方政权的腐朽统治和美国的不断渗透，越南人民坚持斗争，开始了反对美国侵略，争取实现国家统一的民族解放战争。

一方面，随着北越与南越之间的冲突不断升级，美国也不断向南越增派驻军。1961年4月底，肯尼迪再次向越南增派军事顾问并派遣了首批美国特种部队，以进一步加强在南越的特种作战行动。5月14日，400名美军特种兵和100名军事顾问踏上了南越的土地。在越南茂密的丛林中，这些美国军人分散在南越军队的营连建制中，一同开展剿灭"越共"的行动。而另一方面，美国似乎看走了眼，选了极为暴力的吴氏兄弟执掌南越政权。这哥俩的独裁统治不仅受到了南越人民的极力反对，就连自己人也看不过去了。1963年，南越政权内讧加深。为了保住美国对南越的绝对统治，中央情报局策划了军事政变推翻吴廷琰，随后杨文明、阮庆等军人相继上台执政。自1963年下半年起，越南南方民族解放阵线的攻势急剧加强，美国的隐蔽行动濒临破产。军事形势的恶化促使肯尼迪政府考虑战争升级。12月中旬，时任美国国防部长麦克纳马拉从西贡带回计划草案，经五角大楼"反叛乱"专家维克托·克鲁拉克少将为首的一个部际委员会审议修改后，这个草案最终变成了由U-2侦察机实施情报侦察、空投小队实施渗透破坏、海空力量实施经济封锁打击的"34A"行动。而越共三届九中全会后，南方革命战争进入了一个新高潮。美国中央情报局就1964年开头几个月的南越形势惊呼，在所有4个军区中，西贡政府军都处于劣势。不仅如此，从1963年11月到1965年1月，在西贡先后发生了三起政变，算上吴氏兄弟，政权五次更迭，急坏了美国白宫和国防部。于是，直接出兵介入越南的计划被五角大楼提上日程。到1964年5月底，美军就圈定了准备空袭的北越的94个目标，大规模的调兵计划也已制订完成……

战争一触即发，有人又给睡意正浓的时任美国总统约翰逊送来了枕头。1964年8月2日，在距离越南陆地数十海里的北部湾海域，平静的海面上吹着海风，与正在燃烧着熊熊战火的陆上战区形成了鲜明对比。美国海军"马多克斯号"驱逐舰正在此片公海海域打着执行"水文地理研究"的幌子干着"34A"行动任务。突然，三艘不明国籍的鱼雷艇突然出现在海平面上，向"马多克斯号"高速驶来，并投放了鱼雷实施攻击。战斗警报迅即响彻了整个"马多克斯号"。在舰长奥吉尔的沉着指挥下，一艘鱼雷艇被击沉，另外两艘鱼雷艇仓皇逃窜……通过打扫战场，美军发现这些鱼雷艇隶属北越海军。两天后，"马多克斯号"和另一艘驱逐舰"特纳·乔伊号"再次报告称，它们在同一海域再次遭到了北越鱼雷艇的攻击，在猛烈的火力攻击下，对手被击退……

以上就是当时美国海军所官宣的"北部湾事件"。美国国家安全局的信号情报也印证了这一事件——8月4日北越方面的无线电通信称："我们损失了两艘船。"这样一来，正愁没有升级战争规模借口的约翰逊立刻公开发表电视演说，下令对北越政权采取报复性打击。与此同时，64架美军战机从正在执行"34A"行动的"提康德罗加"号航母上公然进入北越领空，对义安、鸿基和清化实施了轰炸。第二天，约翰逊一手拿着国防部提交的报告，一手抄起国家安全局破译的密电，兴冲冲地来到国会，要求国会允许他动用美国武装部队反击北越的袭击行动。8月7日，美国国会通过《东京湾决议》，批准总统采取所有必要的措施抵抗任何针对美国军队的武装袭击。国会的决议为约翰逊总统下令全面介入越南战争开了绿灯，大量美军士兵和武器装备进入越南。美军直接

"蛟龙夫人" U-2侦察机

1953年苏联进行的热核爆炸和图-20"熊"式远程轰炸机的问世，触动了艾森豪威尔的神经。为了时刻保证处于战略主动地位，及时掌握对手在干什么，一款由美国中央情报局和美国空军共同主导，洛克希德公司研制生产的高空侦察机——U-2高空侦察机就此问世，并于1955年8月完成首飞。这个像是巨大的十字架的家伙，可以往来于15000～22000米的高空，远远超出当时侦察对象国最先进战斗机的最高升限，在此后长达半个世纪的时间内，全球各地都有它的身影。

中央情报局雇佣的美国空军退役人员，以洛克希德公司雇员的身份驾驶这款侦察利器，利用其上的高分辨率摄影组合系统，可以在15000米高空于4小时内拍下宽200千米，长4300千米范围内的地面景物的清晰图像，飞机携带的2500米长的胶卷可以冲印出4000张照片，用于图像情报分析。

介入越南战争，标志着越南战争全面爆发。

　　这事儿看着挺正常的，但却漏洞百出。为什么实力弱小的北越海军非要在公海上公然袭击强悍的美国海军呢？跟你想的一样，这事儿背后确实有阴谋。按照当时在该海域执行空中任务的美军飞行员詹姆斯·斯托克戴尔事后回忆说，8月4日当晚，越南舰艇根本没有出现，美军军舰就是对着漆黑的海域一顿乱扫，而2日发生的冲突也是因为美军舰进入了越南的领海。更令人大跌眼镜的是，看似诚实肯干的美国情报系统这回也说了谎：8月4日当晚，美国国家安全局的密电破译人员出了纰漏，将越南方面通信中"（8月2日）我们损失了两名同志"错误地解译为"我们损失了两艘船"。而在后来，国家安全局的情报人员很快发现了这个错误，不过却将错就错地直接销毁了截获的原始摩尔斯电文……至于是国家安全局的译电人员出了错误，还是美军的阴谋，随着逝去的岁月我们已经不得而知。无论如何，这一切虽然正中了麦克纳马拉和约翰逊的下怀，但却将数十万美军直接拖入了旷日持久的越南战场……

　　起伏的山峦被茂密的雨林遮得密不透风，印着五花八门图案

RF-4C 战术侦察机

RF-4C侦察机由美国麦克唐纳·道格拉斯公司生产制造。麦道公司被波音公司收购后，该型机的制造、保养和维修改由波音公司负责。RF-4C侦察机被称为"鬼怪II"，是美国F-4战斗机的改型。第一架原型机于1964年5月18日首次试飞，1966年8月15日，RF-4C正式列装美国空军，总共订购了505架RF-4C。

相较F-4，RF-4C在不改变气动外形和基本参数的情况下，去掉一定的武器装备，改为安装各型侦察设备。部分RF-4C在执行侦察任务时也会携带数枚AIM-9导弹自卫。不论是在白天还是夜间，不论是在高空还是低空，该型侦察机都能完成各类侦察任务。从越南战争到海湾战争，战场上始终活跃着该机的身影。时至今日，RF-4C已经退出了美军现役。

的各型美军军机倾泻而下的炸弹，不知从哪里冒出的漫山遍野的越南人四处伏击着美军地面部队……这是大多数人脑海中越南战场的画面。这其中最令人印象深刻的无疑是美军的空中轰炸。"北部湾事件"后，美军便开始了针对北越长达三年的轰炸，代号"滚雷"行动。三年中，美军的轰炸强度不断加大，执行任务的军机从每日30～40架次上升到240架次，再到380架次，最高时曾激增至每日749架次。轰炸不仅从仅在白天进行变成了昼夜不间断进行，轰炸区域也从北纬17度线一路向北推进至中越边境地区，轰炸目标从军事设施覆盖到物资后勤补给线……"滚雷"行动期间，美军投入到越南战场的各型军机占全美军机数量的35%，这些军机在三年时间里在这片土地投掷了高达86.4万吨的各种炸弹……

"滚雷"行动自1965年2月7日开始，历时3年多。为了行动的顺利实施，美国在印度支那战区构建了一个庞大的情报支援体系。行动前后，中央情报局、国防情报局、国家安全局、海军情报办公室，以及部署在南越的联合情报军事支援司令部、联合情报中心的情报人员在紧张有序地工作着。他们不仅要向美国的决策层提供有关越南战争进展的战略情报，也要向实施战略轰炸行动的第7航空队和第7舰队的空中力量不断提供关于敌人战略目标、交通运输线、兵力行动以及轰炸效果评估等情报。早在1955年，中央情报局西贡站就在这里秘密地开展了工作，他们组织特工从北越的海岸趁着夜色秘密登陆，然后伺机行动，进行情报搜集，针对交通运输线进行秘密侦察，为寻找轰炸目标、监听北越通信等做准备。1961—1963年，中央情报局西贡站在北越陆陆续续安插了近250名间谍，获得了关于北越军营、机场、铁路、公路、桥梁、雷达阵地，以及各种物资仓库等重要目标的丰富的情报资料。在法国人离开西贡这片伤心地之际，美国人就顺手接管了他们留在南越和老挝的信号监听站。

美国国家安全局的雇员进驻了这里，秘密监听着北越的各类密电信息并实施破译。不仅如此，在中央情报局西贡站的突发奇想下，他们改装了"瑞安147E"无人机，为其装上了雷达干扰和信号转发装置，以迷惑北越方面的防空预警雷达。除此之外，在北越上空还有兼具拍照功能和配备ALQ-61电子侦察系统的RA-5C"民团团员"侦察机。但是越南地面覆盖着茂密的丛林，这使得它和U-2、RF-4C及RF-101侦察机几乎成了瞎子，啥也看不见。俗话说得好，强龙压不过地头蛇，美国人要想玩转这里，为何不联合南越的军事情报力量呢？事实上，美国人早就拉着他们进了联合情报中心共同开展情报工作。然而，他们对南越的情报人员极不信任，信号情报等秘密手段情报一律不与南越共享。南越人一看美国人如此，也不把通过自己谍报人员掌握的核心优势情报提供给他们。本来金发碧眼、身材高大的美国人就对越南的丛林水土不服，加上美国和南越方面的相互掣肘，情报工作成效有限……相反，作为美国人对手的北越军队却依托主场优势，把情报工作搞得有声有色。虽然不像美军有着信号情报侦察和航空图像情报侦察等各种高科技手段，但人家就靠人这一关键因素获取了大量的情报。先不说安插在南越方面的间谍，光是"渗透在越南每一粒沙子中"的越共基层组织和人民群众就让美军惶惶不可终日。按照美军越战老兵的说法，无论是空军基地还是海军港口，甚至是在西贡和海军陆战队防线内美国人"自己的地盘上"，"安全感"这个词在词典里是翻不到的——几乎到处都是北越共产党的眼线，军队还没开拔人家就知道你们要去哪里，然后从林子里突然冒出来……除了苏联方面援助的"萨姆-2"防空导弹系统所配备的雷达，北越还利用人力情报网络构建了一个人力防空情报预警体系。他们利用沿海高地设立观察哨，判明美军的主攻方向。虽然后来美军使用"百舌鸟"反辐射导弹对北越防空雷达部队予以打击，但北越的防空部队在每个营和连都设立了数名远方观察哨，采用人力和雷达相结合的手段，一次又一次地击落了美军军机。就这样，在"滚雷"行动期间，美对越南北部空袭共10.77万次，但北越军队共击落敌机900多架，不仅美军"空中优势不可打破"的神话就此荡然无存，而且通过轰炸切断越南北方对南方的人员和物资补给，以及摧毁南北方军民抵抗意志的战略目的也没有达成。越南成了美军心中的痛……终于，迫于政治、经济危机和国内外的压力，在越美第28次巴黎会谈之后，美国宣布从1968年11月1日起，"全面停止"对越南北方的轰炸和炮击，只是保持每天平均出动10架次左右的各型侦察机，加强对越南北方的侦察。

美军在越南的雨林中艰难行进

"滚雷"行动开始后，美军的地面部队开始进入北越作战，但在北越特有的地理环境和人民战争下，美军陷入了旷日持久的战争泥淖。1975年4月17日，在美国驻西贡大使馆内，中央情报局的情报官员弗兰克·施纳普在密室里秘密会见了他们安插在越南人民军内部的一名高阶谍报人员。这名手握"百威"牌美国啤酒，叼着"沙龙"牌美国香烟的间谍不紧不慢地告诉了弗兰克一个如同晴天霹雳的绝密情报：越南人民军准备在 5 月 19 日胡志明生日这一天拿下西贡，如果不出意外，总攻发起的日期不会晚于 5 月 1 日……虽然美国新任总统福特放弃了继续战争，并将所有的美国人撤离了这个伤心地，但越南战场上的谍影重重已经深深地写进了美国情报史……

事实上，从 20 世纪 50 年代起，美国和南越就开始在北越军政方面安插大量的间谍，但是越南茂密的丛林不仅仅有利于掩护军事行动和伪装、隐藏目标，还使得大量美国特工失踪在茂密的丛林里或死于收到北越民众通风报信的越南人民军的枪口之下。但也有少部分谍报人员成功打入内部，生于 1923 年的武文波就是其中之一，这个间谍在身份暴露之前已经坐到了华城县委领导的位子。像影视作品中一样，武文波在美国情报系统里以代号示人——X92。当然，为了应对越共方面的反情报工作，他有多个代号和化名，以混淆视听。最初，他同自己的上线在自己的住所交换情报，慢慢地，随着他的位子不断提高，他们开始升级自己的情报交换方式：在去集会的拖拉机上互换装有情报的文件夹；在思清加油站和富润十字路口，他们用着美国国家安全局研发的可自动语音转编码的双向无线电对讲设备传递加密情报。大量的政策文件和人员名单都被秘密地传递出去。到 1972 年底，北越中央提出了签署《巴黎协定》的条件草案，作为被征求意见的县委领导，武文波将文件立刻通报给上线，以便他们及时制定应对之策……

在越南南方的越共也没闲着。1970 年 5 月，美国中央情报局提交的报告显示："在南越的政府机关、军队、警察、情报机关或同美国有关的机构中，为北越工作的人员达 3 万人。"由于拥有语言和文化优势，他们在南越政权内部安排了大量的情报人员，角色繁多，身份各异，却都在为越方广泛搜集情报。同时，他们还对南越政权的人员进行策反和拉拢。在民族主义的政治优势下，这种策反和拉拢往往很成功。加之人民战争的模式，南越几乎处处都是北越方面的耳目。据越南总参谋长文进勇将军在回忆录中说："我们没有侦察机，只能依赖潜入敌军阵营的居民的报告进行对空炮击，这些报告非常准确。"正是在这种环境下，美军迟迟不能取得战争的胜利，相反，美国国内反战情绪高涨，国际政治舆论劣势加剧。

自此，越南成了美国人永远的伤心地……

窃取空中的电波

事实上，在《1947年国家安全法案》颁布后，美国情报界还迎来了一位全新而又神秘的成员。从20世纪50年代直到21世纪的今天，它都在兢兢业业地工作着。虽然你可能不知道它的存在，但它却早就悄悄潜伏在你身边，无时无刻不在搜集着你的敏感信息，并为美国国家安全局提供关键的情报。

现在，我们把时间线拉到2021年。比如前一天晚上，你看了美剧《美国海军罪案调查处》。这一季，里面提到了一个部门——美国国家安全局（National Security Agency，简写为NSA），一位金发碧眼的美女从这个部门被派遣至海军罪案调查处参加工作。今天早上醒来，你打开你三星手机的网页浏览器，想在网上查查有关这个部门的资料。当你输入"美国国家安全局"，然后点击"搜索"，打开了网页……恭喜你！你上了美国国家安全局的监控名单！你以为我在讲笑话？不！我可以负责任地告诉你，这是事实。那么，这一切是如何发生的呢？答案藏在万里之外的美国。

美国国家安全局的总部大厦

当你驾车从美国白宫出发，向西北行驶 32 分钟，你就能来到位于距华盛顿 45 千米的马里兰州米德堡市巴尔的摩—华盛顿公园（已经永久关闭）。在距离公园几百米远的森林中，你会看到一片占地 15 公顷的建筑群、一口口白色"大锅"（学名：抛物线卫星天线）和一个巨大的露天停车场，这就是我们这一节的主角——美国国家安全局的总部所在地。这个规模比美国中央情报局总部还要大的建筑群有个绰号——"神秘迷宫"。靠近这里的车辆，都要经过全副武装的精良警力检查。大院门前设置了数道路障，以防止外人闯入。为防止电子窃听，这些数层高的建筑内部都安装了一层铜网。在这幢大楼中，数以千计的密码学、计算机学以及语言学博士正在紧张有序地开展着工作。在这里工作的雇员必须是美国公民，必须经过繁复的背景审核、心理测验和测谎测试，手机等任何带有记录功能的设备都不能带进办公大楼。在现代化门禁系统大规模装配前，这里的工作人员甚至不能保留自己办公室的钥匙，下班后工作人员要把钥匙放进带有条形码的盒子里，再放进钥匙自动贩卖机中，这套系统能够追踪谁拿着哪一把钥匙进了哪间办公室。这里搜集的情报将呈交给美国国家领导人，决定美国的命运。

我们再将时间线拉回1949年。前面，我们已经讲过，从雅德利的"黑室"到第二次世界大战中的信号情报处，信号情报机构在美国军政两界可谓功勋卓著。《1947年国家安全法案》的出台，标志着美国现代情报安全体系框架雏形的诞生，也使美国国会加速了推进情报集权的步伐。为了更好地应对"冷战"威胁，在美国国防部的主导下，1949年5月20日，美国陆军安全局和美国海军通信情报局进行了整合，新组建了武装部队安全局（AFSA），并归属美国国防部领导。这个机构负责除陆、海、空三军单独进行的信号情报和通信保密以外的相关工作。但是，这部分工作同美国国防情报局接手的武官系统一样，各军种之间各自为政、混乱不堪，武装部队安全局局长甚至没法向一线部队下达任务，用"政令不出安全局"概括一点都不过分。

而在朝鲜战争爆发之际，本应发挥重要作用的信号情报机构却让人大跌眼镜。在战争爆发前的一周，武装部队安全局甚至还没有把朝鲜视为关注目标。档案显示，在当时武装部队安全局关注的国家层级的优先级中，朝鲜仅仅位列第二列的第十五位。大部分位于日本本土的地面监听站依旧把苏联定为主要工作对象。直到战争开始前，负责监听朝鲜的信号情报站只有两个，总共才搜集了200份电报，而且其中没有任何一份电报经过分析处理，因为当时的武装部队安全局连一本朝鲜语字典都没有，更别说情报经验丰富的朝鲜语专家和分析专家了。

但其实美国信号情报工作委员会还是在战前侦获了一部分关于中国兵力调动的重要情报。到1950年9月，武装部队安全局已经证实了有6个军的中国军队集结在朝鲜边境附近的满洲里，鸭绿江的各个渡口已经被军方征用。在战争爆发后，武装部队安全局的专家彻夜工作，通过分析中国志愿军电台的通信数量、通联网络、通联频次并配合战场兵力调动情况，已经大致摸清了中国人民志愿军的兵力编成和编制序列，但这仍然没有达到美军在第二次世界大战中的水准。为此，1951年12月，时任中央情报局局长兼美国中央情报主任的沃尔特·史密斯将军建议针对这个"光辉不再"的信号情报体系开展一场调查活动。1952年，在中央情报局及国务院的鼓动下，杜鲁门设立了信号情报改革委员会，即布拉内尔委员会。布拉内尔委员会向杜鲁门递交报告，称信号情报工作是国家责任，这一报告正中杜鲁门的下怀，于是，杜鲁门一纸密令，于1952年11月4日成立了一个"不存在的政府部门"，即美国国家安全局。

20世纪50年代，信号情报手段是美国国家最高机密，被认为是绝密事务，很长一段时间以来（到1975年），美国白宫备忘录和国会报告中但凡提及该局名称的地方都被隐去了，人们一般称国家安全局为"No Such Agency"（不存在的政府部门），而国家安全局的工作人员更是戏称"NSA就是Never Say Anything"。这也是为什么在当年提及美国情报机构时，很少有人会把国家安全局放在中央情报局和联邦调查局之前，甚至有人都不知道有这么个部门的存在。

美国对于情报工作看得很重，军事、政治、外交、安全、经济、科技等各行各业都有情报的身影。从情报获取手段来看，美国情报种类繁多，如果把他们看成一帮好兄弟，比较出名的是老大——人力情报，因为他干的事情动静都比较大，好莱坞还经常给他拍大片，其主管单位就是美国中央情报局。但是，这里面还有一个兄弟，它的名气虽然不及大哥，但是人家默默无闻，7×24小时在线，一年365天不休假，兢兢业业干活，可谓是十足的高产选手。有关资料显示，美国情报界每日通过它获取的情报数量大约占其情报总量的85%，这就是信号情报。在今天的美国，信号情报的主管单位就是美国国家安全局。

美国国家安全局的信号情报手段固然很好，看着也不像中央情报局的特工们那样，没事儿要搞个什么暗杀这种担着掉脑袋风险的活儿，但是开展这类情报工作非常烧钱。他们所使用的通信侦察卫星，一颗就要上亿美元，与之配套的则是价值不菲的地面卫星接收站。除此之外，还有五花八门的侦察飞机和信号测量船等。这些设备上至外太空，下至海底光缆，遍布全球。渐渐地，美国国家安全局在英国、加拿大、澳大利亚、日本、韩国、新西兰等一大批国家都建起了自己的监听站。苏联宇航员弗拉基米尔·科马罗因所乘飞船撞击地面时爆燃而发出的惨叫，哥伦比亚贩毒集团的秘密电话，波音与空客就沙特阿拉伯订单竞争时空客行贿沙特官员的行径都没能逃过他们的耳目。

如果要我简明扼要地描述这个新建的国家安全局的职能，我觉得称之为"耳目与神盾"最合适不过，即侦收各国的通信信号，破解后获取情报，同时为美国政府及美国军方提供最优加密方案，保证通信和利益安全。而支撑"耳目与神盾"正常运作的则是算数。我说的算数可不是数自己的手指头，而是以密码学为基础的加密与解密。加密与解密，才是美国国家安全局的核心能力——国家安全局的前身早在第二次世界大战期间就创造了密码并破译了敌方的密码。当时的文物就存放在国家安全局密码博物馆的深处。如今，我们走进国家安全局的大楼，沿着曲折幽长的走廊来到国家密码博物馆的库房，打开厚重的铁门，呈现在眼前的是一排排木质货架，上面陈列了形式各样的服役于第二次世界大战期间的加密与解密设备，这些设备代表着密码学的历史。

加密语音通信是美国国家安全局与其前身数十年来不断努力得以改进的成果。要知道，传达信息的最好方式就是通过人声。在

1943年之前，没有加密人声的设备。而在这一年，美国政府和私营企业合作，造出了一个由一排排电子机柜组成，需要13个人操作，重达55吨的大型语音加密设备——希格莎莉（SIGSALY）。在希格莎莉的作用下，位于华盛顿的马歇尔将军可以通过电话联系大洋彼岸的麦克阿瑟将军，而不必担心谈话内容被偷听。前面我们已经讲了，在第二次世界大战期间，图灵缔造的图灵机协助盟军破解了德国著名的密码系统恩尼格玛，帮助盟军取得了第二次世界大战的胜利。1946年，美国人约翰·冯·诺依曼以图灵机为原型，造出了人类历史上的第一台计算机。而美国国家安全局则将计算机的计算能力发挥到了极致……破译密码，本质就是数学公式和计算能力的叠加。正常来说，破译一套正常的加密算法，你可能要尝试70万亿种组合。如今，我们使用的苹果Mac电脑运算能力大约每秒可以尝试10万个组合，这样算下来，破译这套加密系统需要22年。但是，让国家安全局去干同样的事情，他们可能只需要几秒钟。为啥？因为他们有个秘密武器。这个家伙的个头大约

希格莎莉（SIGSALY）

1936年，美国贝尔实验室开始研究如何将语音信号转化为数字信号，然后再将数字信号转化为语音信号。在1939年的纽约世博会上，贝尔实验室展示了基于这一想法制成的语音合成器。第二次世界大战爆发后，美英双方迫切需要对领导人的电话线路进行加密，贝尔实验室的这项研究进入了美国军方的视线。在英国相关研究的帮助下，1943年，贝尔实验室成功研制出了希格莎莉，这型数字语音加密设备能够确保罗斯福和丘吉尔之间的通话安全。第一台希格莎莉被安装在美国国防部五角大楼中，第二台希格莎莉则安装在英国伦敦塞尔弗里奇百货公司的地下室中。美军前前后后一共订购了12台希格莎莉。

希格莎莉使用录音带或光盘来记录通话者的声音，每个媒介只能记录12分钟的语音，因此该机器在使用时需要大量的语音传输介质。每台希格莎莉重达55吨，机器使用了大量的真空管，工作功率30千瓦，单台造价约合1943年的100万美元。

有1个篮球馆那么大，还需成排的制冷设备——超级计算机。超级计算机并不是因为他个头超级大，而是因为它的计算速度很快。在超级计算机的帮助下，国家安全局的分析师们能够从成千上万条信号信息中筛选出最有价值的那一条。

堂兄弟"五眼联盟"

讲完美国国家安全局和美国信号情报工作的故事，就不得不再讲一下堂兄弟"五眼联盟"的故事。

1957年的一天，英国政府通信总部的定密人员正同往常一样，针对截获的情报做着繁琐而严谨的定密工作。在情报生产环节中，定密是一项很重要的环节，也决定着这份情报最终会送到哪些密级的人员手上。只见他拿起一份情报，浏览之后盖上了"绝密"字样的红色印戳，而对于随后的一份情报，他却盖上了另一个印戳，上面赫然印着这样一行字样："秘密——澳、加、新、英、美眼睛均可"。而这里的"眼睛"，指的就是澳大利亚、加拿大、新西兰、美国和英国这五个国家。"五眼联盟（五只眼）"的说法也由此而来，并被沿用至今。

世界上有各种各样的神秘组织，他们在暗处操控着世界秩序，就好像共济会一样。而"五眼联盟"就是情报界的"共济会"。他们能量巨大，极度排外、不接纳任何"异类"，自诞生以来，世界上的诸多事件都有着他们的身影，也许在你的身边，就存在着他们的耳目。

这一全世界最神秘、最强大的情报联盟由美国、英国、澳大利亚、加拿大、新西兰的情报机构共同组成，这五个国家组成的情报联盟内部互联互通、不断交流信息，从他国窃取来的商业数据和科研成果也在这些国家的政府部门和公司企业之间共享。20世纪50年代后，

"五眼联盟"的成员国就逐步组建了一个由120颗卫星和遍布五国的监听站组成、名为"梯阵"的庞大监听系统。他们依托其强大的监听能力，监听着苏联以及所有非联盟国的通信情报……

为什么是这五个国家？为什么连其他资本主义阵营的国家都不放过？这一切还要从古老的部落、新生的语言与"血浓于水"的故事讲起。

在第二次鸦片战争期间，尽管美国并未参战，但在英法联军攻打大沽炮台时，在附近负责观察战场并担任美军舰队指挥的约西亚·塔特纳尔准将却下令开火支援英法联军。当被下属质问为什么要参与这场无关的战争和为什么要帮助英国佬时，塔特纳尔准将的回答是"血浓于水"（Blood is thicker than water）。

4世纪，日耳曼人在欧洲进行了大规模的迁徙，其中有两个部落从欧洲大陆跨海来到了不列颠岛，一个叫盎格鲁（Anglo），另一个叫撒克逊（Saxons）。这两个部落凭借着自身日耳曼人英勇善战的种族天赋，很快就将岛上

遍布全球的"耳目"

"梯阵"系统（Echelon system）诞生在第二次世界大战结束后的1948年。当时为了服务于美苏两大军事集团进行"冷战"的需要，由美国牵头在全球范围内建立了代号为"梯阵"（Echelon）的监听网络，对苏联和东欧社会主义国家的政治、经济、军事动向进行严密监控。具体的负责机构包括美国国家安全局、英国政府通信总部、加拿大通信安全机构、澳大利亚国防安全局和新西兰通信安全总局。

依据美英于1946年签订的秘密协议，"梯阵"系统逐步在上述各国建立了大型的监听站，利用太空中的间谍卫星，可以对世界上任何一个国家对内对外的一切电子通信——电话、电报、传真、电子邮件，以及包括短波、民用航空和航海通信在内的各种无线电信号进行窃听。作为"五眼联盟"的一部分，各国"梯阵"系统的监控范围和其在"五眼联盟"中的责任区基本一致。

苏联解体，冷战结束后，为了充分利用"梯阵"系统，美国还将这套系统用于商业竞争来为美国企业谋利。随着中美两国竞争局面的出现，想必美国还会进一步加大对"梯阵"系统的投资，从而保持自身的信息优势。

的原住民凯尔特人赶进了偏远的山区（即现今的苏格兰和威尔士），自己当上了不列颠的主人，成为岛上的主体民族。还生活在欧洲大陆上的日耳曼同胞们因此将盎格鲁人生活的地方称为盎格兰（Engla-lond），这也就是我们日后熟知的"英格兰"的由来。但是盎格鲁－撒克逊（Anglo-Saxons）人的民族构成并没有这么简单。8世纪，维京人入侵不列颠并建立了殖民点。不过由于人数较少，很快就融合到了盎格鲁－撒克逊人之中，他们使用的语言即古英语。

11世纪，来自法国诺曼底地区的威廉公爵入侵不列颠并大获成功，加冕为英格兰的国王，并且开始打压岛上的盎格鲁－撒克逊血统贵族。受法国人统治的盎格鲁－撒克逊人虽然没有被法国人同化，保持着自己的民族特色，但还是受到了法国文化的影响，最明显的就是语言。外来的统治阶级说法语，本地的底层人民说古英语，由于底层人民文化水平不高，丢失了很多古英语的特色，并且在与贵族的交流中借用了很多法语词汇，慢慢地形成了脱胎于古日耳曼语、混合了大量法语单词的英语。英法百年战争之后，英国国王丢失了大部分的海外属地，从此专心于岛内事务，慢慢地在文化上被盎格鲁－撒克逊人同化。从此，"盎格鲁－撒克逊"成为了全英格兰人的种族名称。英国清教徒在北美开辟殖民地之后，"盎格鲁－撒克逊"这一名称也被带到了北美大陆。美国建国之后，英语被定为国家语言，其他国家的移民也改说了英语。从此，包括澳大利亚、加拿大、新西兰人在内，语言和外貌上差别不大的说英语的白人也就被统称为盎格鲁－撒克逊人后裔。

"五眼联盟"由澳、加、新、英、美这五个国家组成，这五国民族主体都是由盎格鲁－撒克逊人组成，他们之间同宗同源、同文同种，一荣俱荣、一损俱损。时至今日，虽然这五个国家在国际上偶有争吵，但在遇到挑战时，就会像信奉"血浓于水"的塔特纳尔准将一样，统一步调、一致对外，好像就是一个整体，而这也是"五眼联盟"极度排外的原因。

毫无疑问，"五眼联盟"是"冷战"背景下催生的产物，而它的雏形却诞生于第二次世界大战。1941年的欧洲大陆，已几乎沦陷于纳粹法西斯的统治之下，德国西面轰炸英国，东面准备入侵苏联。英国首相丘吉尔如芒在背、寝食难安，他十几次致电他的远房表亲——时任美国总统的富兰克林·罗斯福。不仅如此，他还多次飞赴华盛顿游说，希望能够把美国拉下水。毕竟，打虎亲兄弟，美英联合在一起必将是打给世界反法西斯同盟的一针强心剂。然而，罗斯福每次都以同样的理由拒绝了他："国内反战情绪很高啊，就算我想打也打不了。"但是，丘吉尔没有死心，而是煞费苦心地继续劝说。有好几次，他去华盛顿串门都赖着不走，因为他很清楚，只有把美国拉下水才是战胜希特勒的唯一方法。而这一边，希特勒的装甲铁骑随着历史的车轮滚滚向前。1941年6月，随着苏德边境的一声炮响，希特勒的"巴巴罗萨"计划也由一纸方案变成了数百万法西斯军队对苏联的闪击行动。德国装甲部队势如破竹，三路集团军全面开花，苏联虽然在边境部署了三个方面军，带甲百万，但依然全线溃败，65万苏联红军在基辅沦为了德军的阶下囚。到7月15日，德军占领斯摩棱斯克。此时纳粹距离苏联首都莫斯科，仅剩380千米了，兵锋直逼莫斯科，眼看着希特勒年底就要在克里姆林宫过年了。7月28日凌晨2点20分，心灰意冷的丘吉尔抱着最后一丝希望再次致电罗斯福："苏联要被灭了，英国也就不远了，到时候我们成为流亡政府就去你们那过年，彼时德国和日本一个从大西洋看着你，一个从太平洋盯着你……唇亡齿寒……你们到底参不参战……"面对丘吉尔的语重心长，罗斯福这样讲："对德宣战，还不到时候，不过我们可以从道义上支持你们，就是精神上支持你（虽然物资运送一直也没停过)。"于是，两周以后，罗斯福和丘吉尔一同登上了一艘位于大西洋的战舰，并共同签署了《大西洋宪章》。这个宪章虽然没有什么实质性内容，但却向全世界传达了一个信号——美国不久便会参战，这也让当时的世界反法西斯同盟看到了久违的光明。也就是在公布《大西洋宪章》的美国重巡洋舰"奥古斯塔号"上，这两位杰出的"盎格鲁－撒克逊"后裔谈到了情报合作，并秘密地签署了《美英通信情报协议》，毕竟，情报本身就是见不得光的东西，美英之间的情报共享也不代表美国对德国宣战。《情报合作协议》的签署，为赢得反法西斯战争胜利而开展的情报工作打下了良好的基础，也一改此前两国情报合作方面混乱不堪的局面。珍珠港事件后，迫切想要破解日本海军通信密码的美国，也秘密组织信号情报部门于1943年4月派人前往英国布莱彻庄园，与英国密码人员交流学习德国恩尼格玛的破解经验和技术。6月，双方再次签订协议，进一步建立了情报共享和人员交流机制，以共同应对日本、德国海军的威胁。第二次世界大战结束以后，"冷战"接踵而至，成功破解日本和德国密码的英美双方决定将合作延续下去。1946年3月5日，为了共同对抗以苏联为首的社会主义阵营，英美两国再次签订了《英美防卫协定》(UKUSA Agreement)，确定共同搜集、分享与苏联以及其他华约国家有关的通信情报，开启了两国的"铁杆盟友"之路。伴随"冷战"铁幕的拉开，为加强针对社会主义阵营的情报工作，加之"非我族类，其心必异"的共同认知，两国不约而同地想到了与自己同种同源且为英联邦成员国的加拿大、澳大利亚和新西兰。在美英鼓动下，加拿大于1948年加入美英情报联盟，澳、新也于1956年加入。至此，这五个国家组成的所谓"五眼联盟"秘密情报组织悄然地登上了历史的舞台。①

伴随"冷战"的进程,"五眼联盟"也正式开张营业了,"盎格鲁－撒克逊"的后裔们不得不坐下来好好商量商量,天下这么大,"非我族类"这么多,事儿这么多,大家各自埋头苦干浪费资源,怎么着也得分分工吧。翻开世界地图,我们不难发现:美国作为"带头大哥"和与他同是北美防空体系成员的"小弟"加拿大处于美洲;英国作为五兄弟的"老二",把控着欧洲英伦三岛;剩余两位"小弟"澳大利亚和新西兰则处于西太平洋。他们把世界地图"划"出了一个大三角——不仅地跨南北半球和东西两大洋,还毗邻欧洲、亚太两大全球战略重点地区,因而拥有监控全球信号情报的地理优势。依托得天独厚的优势,它们也定下了明确的分工:美国负责监控拉美、亚洲、苏联(俄罗斯)的亚洲部分和中国北方地区;英国负责欧洲、非洲和苏联(俄罗斯)的欧洲部分;澳大利亚负责东南亚和中国南部地区;新西兰负责西太平洋地区;加拿大主要负责苏联的俄罗斯北部地区("冷战"后也负责中南美洲地区)。

作为情报联盟,五国的首要协议便是承诺"彼此间不开展间谍活动",在此基础上再"一致对外",共同获取和分享情报。"冷战"期间,除了专注对抗以苏联为首的华约国家之外,这个联盟的触角可谓无处不在,忙得热火朝天:肥裤子、破礼帽、小胡子、大头鞋,再加上一根从来都不舍得离手的拐杖——著名喜剧表演家卓别林,用他的表情和动作将美国默片带到最高峰。从他的首部电影开始,卓别林对社会底层人物的真实描绘吸引了左翼知识分子,遂被认为是共产主义支持者,被无情地列为"五眼联盟"的监控对象;著名

---

① Anthony R Wells, *Between Five Eyes: 50 Years of Intelligence Sharing*, Casemate, Havertown, 2020.

的南非国父、诺贝尔奖获得者、南非前总统纳尔逊·曼德拉，是一位积极的反种族隔离人士，在其就任南非总统前，也是非洲人国民大会的武装组织"民族之矛"的领袖，因为领导反种族隔离运动，被无情地列为"五眼联盟"的监控对象；1972年，美国家喻户晓的影星简·方达孤身乘坐苏联飞机前往"敌人阵地"河内，巡视被炸的平民地区，探访挤满伤者的医院，并发表演讲，宣扬反战，抨击美国政府的侵略行为，也被无情地列为"五眼联盟"的监控对象；著名的披头士乐队主唱约翰·列侬作为反越战积极分子，亦被无情地列为"五眼联盟"的监控对象……

美苏间谍斗法（一）——窃听风云

虽然"五眼联盟"在"冷战"期间开展了大量的工作，但如今回首过往，"冷战"期间最为精彩的还是美苏斗法的情报故事。

1956年，德国的春雨下得异常地大，雨水渗进土地造成了苏联通信电缆的短路。4月3日，在东德境内的索恩法尔德公路上，一小队苏联通信兵正沿着通信电缆认真开展着检修工作。突然，一名士兵惊讶地发现原本应该平整的电缆线束竟然搭接出了一条包着厚铅皮的杂线。凭借一名通信兵应有的机警，他将这条杂线从土里拽了出来，并顺着这条线一直寻到了一个看似荒废的竖井。这小队通信兵顺着竖井来到地下，进入了一条水平的隧道。在隧道的不远处，一扇钢筋混凝土的大门堵住了去路，门上用德文和俄文写着"严禁入内——奉总司令命令"。毫无疑问，这背后就是美国人精心建设的有史以来最大的窃听工程"柏林隧道"。当初美国人为了防止苏联人发现这个入口，就在上面写了"禁止入内"的字样。但是这缓兵之计的小伎俩却并没有骗过苏联士兵。通信兵在大门面前迷惑不解，他们隐隐觉察到这扇门背后隐藏着什么，又惶恐于门上的命令，不知如何是好。经过一阵慌乱和争吵，他们终于得到指示，被批准打开大门。很快，大门上被安上了炸药，随着一声巨响，大门被炸开，全副武装的士兵立刻冲了进去。"柏林隧道"大白于天下。当时有3名美国人正在里面工作，他们在仓皇逃跑时竟忘记将电灯和窃听器关闭，一壶咖啡还在电炉上煮着。这一惊天秘密就这样见了光……

第二次世界大战结束后，德国也被柏林墙一分为二，成了联邦德国（西德）和民主德国（东德），而东西德也自然而然地成为美苏相互安插间谍、侦获情报的最前线。苏联历来重视人力情报工作，早在第二次世界大战期间就培养、发展了大量的间谍人员，更是打造了赫赫有名的"剑桥五杰"。

而刚刚由杜勒斯接手的美国中央情报局也没有停下对苏渗透的脚步。除了信号情报机构截获空中的无线电信号那种工作方式外，依托间谍安装窃听装置获取情报也是美苏情报机构获取情报的一种重要手段。在1948年以前，美国就已经开始了对苏联的窃听战。第二次世界大战结束后，美国对苏联情报的窃听技术更是得到了飞速的发展。因为第二次世界大战后有很多在苏联工作过的西方科学家来到美国，他们非常了解苏联的通信技术，所以，美国在窃听技术上进行了有针对性的改进，进展也比较迅速。由于当时无线电信号经常会被拦截，保密性欠佳，所以苏联又重新开始使用比较安全的陆上通信线路，采用高频信号传输。但是，美国中央情报局的电信专家卡尔·纳尔森发明了一种特殊技术，可以从电缆上把加密的电讯信号的回波收集起来，再通过技术处理，就可以把信号还原成原来清晰的通信内容。而美国中央情报局可谓将这种方式发挥到了极致。

早在1951年，美英两国情报机构就在维也纳联合实施了地下窃听苏军电缆通信的"白银"行动。1953年8月，美国中央情报局在华盛顿召开了如何窃听苏联电话的专题会议，最终他们计划在联邦德国实施一项前所未有的庞大窃听计划，代号"黄金"行动。1954年1月20日，杜勒斯正式签批了这一项目。按照计划，美国人将在东西德交界处挖掘一条深约5.5米、总长约2.5千米、直径约2米的地下隧道，隧道将延伸至东柏林境内约450米，依托隧道内部署的窃听设备和苏联的地下通信电缆，可以窃听卡尔斯霍斯特的苏联空军司令部与柏林连线的陆上通信。

为了掩人耳目，美陆军工程部队把施工现场伪装成正在建造无线电雷达站的样子；他们进入东德境内后，每天仅仅开凿几米的距离以免发出过大的噪声；他们还在离东西德交界处91米的地方建了一个巨大的地下仓库用来存放从隧道里挖出来的3100多吨泥土。

窃听小装备

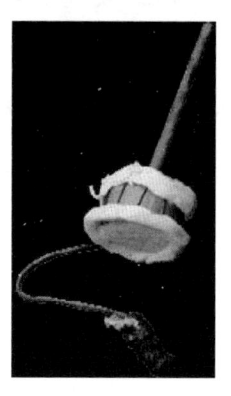

磁力麦克风。"冷战"期间，美国驻东欧大使馆发现了许多类似的麦克风。连接在麦克风上的长木管使它可以深深地嵌在墙上，通过管子末端的一个小针孔则可以接收房间里的对话。

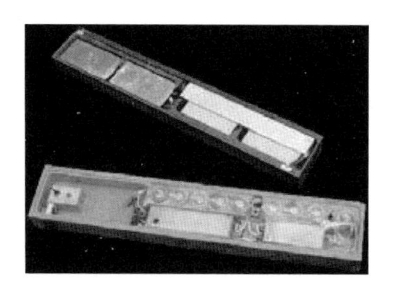

隐蔽发射机。"冷战"期间，从美国驻东欧和非洲的大使馆中发现的"空投"（drop）发射机。当时大多数大使馆办公家具都是橡木做的，这些发射机被安置在碾磨或层压板的盒子里，看起来像是家具的一部分。外国情报机构会收买使馆工作人员（通常是清洁人员），在美国使馆中安装这类窃听设备。安装人员可以在清洁家具时把发射机从口袋里抽出来，把它牢牢地压在桌子或咖啡桌的底部。

为了精确找到直径只有 5 厘米的目标电缆线位置，中央情报局人员假装在东西柏林的交界处打棒球，他们故意把球远远地打到民主德国管辖的区域。然而这一把戏面对持友好态度的民主德国卫兵时并没有成功，他们见有球过来，便把球抛回西区。无奈之下，两名中央情报局特工只好化装成美国大兵，假装驱车去东柏林执行交涉公务。他们在预定的地点停车，伪装成车轮漏气，要换车胎。借此机会，他们冒着风险把两个小型无线电发射装置放在选定的位置上，这才使隧道挖掘有了精确的方位。

工程进行得十分艰难，不是会遇到地下水，就是会遇到奇臭无比的化粪池排放区，美军工兵只好头戴防毒面具、身着防水服去工作。每次工作结束，工兵们脱下胶制防水服时，里面倒出的汗水足足有一碗。从 1954 年 8 月到 1955 年 2 月，中央情报局在英国情报机构的协助下，用了近 7 个月的时间，耗费了 3000 多万美元，终于将隧道挖好。

整个隧道网一共截听了 28 条通信线路，隧道的四壁全用厚铁板镶接而成，铁板表面贴有隔音材料。隧道内装有空调设备来调节温度和湿度，用水泵来排除渗出的地下水。隧道的主体工程是窃听室，里面设有交换台和 432 个扩音器，它们和东柏林的那条地下电缆中的电话线路一一对应，一共记录了 44.3 万条通信，涉及 38.6 万人，还有苏联东部的 7.5 万人。

他们在大仓库里安置了 600 台录音机，会把所有的通信内容全部录下来，平均每天要使用 800 盘录音磁带，打印至少 4000 米长的文传打字带。录音室里非常繁忙，机房工作人员的汗水和录音机散发出来的热量增加了录音室里的潮气，墙壁上挂着水珠，经常要中断录音工作，用空调设备来排除室内的水汽。

隧道内部实拍

每个星期，中央情报局总部都会派出专机将录音磁带运回华盛顿处理，然后将材料分送到中央情报局和英国情报机构，经过翻译后，供分析人员研究。为了分析这些录音，中央情报局组织了50名精通俄语和德语的人员在一间狭小的密室里轮班从事翻译工作。人们给这间密室起了个绰号叫"袜厂"，因为在这栋房子的四周看不见窗户，钢板把四面围挡得严严实实，远看起来就像一台织袜机。如此设计这栋房子的目的，是防止室内无线电信号向外扩散，被苏方接收。

重要情报源源不断地由此流向中央情报局，中央情报局的良苦用心似乎终于得到了回报。从依托这些通信材料生产的1750份情报产品中可以看出，中央情报局掌握到苏联夸大了在东德的驻军实力，证实了民主德国的铁路线处于严重失修状态，并分析排除了苏联会向西柏林发动突然进攻的可能性。同时，他们还获知，苏军在东德修筑了特殊的武器库，并分析推测苏联人可能会在东德部署原子弹。

正当美国人大喜过望之时，阴霾已经悄然而至。1956年苏联出兵匈牙利，中央情报局竟然没有从"柏林隧道"中获得一条有用的情报。美国人开始产生了怀疑——难道苏联人已经发现了隧道的秘密？就在中央情报局的专家刚刚产生这种怀疑不久后，一场突如其来的大暴雨就引发了最开始苏联士兵发现隧道的一幕。

此时柏林卫戍区的苏军司令正巧外出，由代理司令主持日常工作。他随即向柏林的记者介绍了如何发现隧道的经过，还让记者们参观了隧道及其内部的各种设施。顿时，这条特大新闻出现在了世界各大报刊上。社会主义阵营的国家纷纷谴责美国情报机构的卑劣行径，而西方舆论则高唱赞歌。但不能否认的是，"柏林隧道"为美国带来了大量的情报，这些积压的录音直到两年半以后才被中央情报局处理完毕，有的早已失去了时效。

要知道能够培养出像佐尔格这样王牌间谍的谍报机构可不是吃素的。美国人最初对苏联人知晓"柏林隧道"的怀疑并不是错误的。事实上，苏联人早在美国动工开凿隧道之前就已经知道了美国人的计划，但为了保护情报来源，苏联人并未在一开始就大张旗鼓地寻找这条隧道，只是密令不得依托有线通信网传递绝密信息。

中央情报局联合美国陆军工程部队修建"柏林隧道"的保密工作已经做得非常到位了，但为什么依旧被苏联人知晓了呢？翻开有关"黄金"行动的档案不难发现，1953年12月15日、17日和18日在伦敦举行的有关"黄金"行动的英美联合会议的代表名单上，除了麦卡锡议员、米尔恩议员等人外，还有一个英国人的名字——乔治·布莱克。而这位时任英国军情六处的情报人员却是一位秘密效力于苏联的共产主义者。

乔治·布莱克在第二次世界大战结束后以外交人员的掩护身份在英国驻韩国汉城使馆工作，实则是效力于英国军情六处的情报人员。朝鲜战争爆发后，布莱克成了朝鲜人民军的俘虏。身在战俘营中，布莱克时常能够目睹美国人对朝鲜无差别轰炸的残暴行径，再加上苏联意识形态专家格列戈里·库兹米奇的持续影响，布莱克转变了信仰。朝鲜战争结束后，布莱克辗转回到英国，不但作为"至死不屈的战俘人员"受到了表彰，还继续在英国军情六处任职。1955年春，布莱克被派到了西柏林，担任秘密情报局驻柏林工作站技术行动部副主任，专门搜集有关苏联驻民主德国军队行动的情报，并择机策反苏联军官。所以，这一时期布莱克与苏联情报部门可以光明正大的来往，而他的上级还以为他是出于策反工作的需要。至此，布莱克凭借英国情报部门和美国中央情报局的特殊关系，了解到了"黄金"行动更为具体的情况。这才是"柏林隧道"没有得到任何关于1956年苏联出兵匈牙利的原因。这位传奇老人在他的间谍生涯中为苏联提供了大量的情报，虽然不免牢狱之灾，但却幸运地两度越狱，最终辗转来到莫斯科，并在这里安度了晚年。

间谍传奇

2007年11月12日，俄罗斯联邦对外情报局总部举行了一场特别的庆祝活动，主角是曾经在"冷战"初期名噪一时的双面间谍乔治·布莱克。当晚，俄罗斯联邦对外情报局局长、前总理米哈伊尔·弗拉德科夫亲自向布莱克颁发了象征国家最高荣誉的"友谊勋章"，俄罗斯总统普京也发来贺电表示祝贺。俄政府的这一举动再一次勾起了整个世界对于布莱克的回忆……布莱克被捕后被英国当局判处了42年徒刑，这是英国自废除死刑以后最为严厉的处罚。而之所以判他42年徒刑，是因为在他为苏联服务的7年当中，有42名为英国或美法等西方国家服务的间谍因为他的揭露而被克格勃灭口。另有说法称，由于布莱克曾将英国军情六处的"战斗序列"，包括全局工作人员名单和工作情况全都交给了苏联方面，因此导致至少数百名英国间谍被秘密处死，一度使英国在苏联等国的间谍网络瘫痪。仅布莱克在西柏林任职的4年当中，英国辛辛苦苦在共产主义国家招募的400名间谍就被他全部揭露给了苏联。

乔治·布莱克（George Blake，1922年11月11日—2020年12月26日），1922

年生于荷兰鹿特丹，13 岁时，父亲因病去世，布莱克不得已只好前往埃及开罗的姑母家寄居。布莱克在开罗只生活了三年，但这三年的经历对他一生都有重大影响。布莱克在开罗期间一直跟随在叔叔亨利·库里尔身边，库里尔是一名共产主义者，后来成为了埃及共产党的领导人。正处在少年时期的布莱克深受叔叔的影响，这一阶段的布莱克对共产主义有了初步的了解。

成年后，布莱克加入了英国海军。之后不久，他就正式被海军情报部门吸纳为成员，踏上了间谍之路。1947 年，布莱克进入了外交部。1949 年，布莱克在担任代理理事几个月后，就被通知派往汉城任职。朝鲜战争爆发后，众多西方国家的使馆人员都成了朝鲜人民军的战俘，这其中就包括英国公使馆里的所有人员。苏联和朝鲜的政治宣传员开始对布莱克等被俘人员进行社会主义宣传，但长期从事间谍活动的布莱克对于这种政治宣传却不屑一顾。见多次宣传教育不起作用，苏联派出了意识形态专家库兹米奇来策反"顽固不化"的布莱克，但仍无济于事。然而，布莱克在战俘营中多次目睹美国轰炸机对朝鲜毫无抵抗能力的百姓狂轰滥炸，这让早就看清了李承晚政权昏庸腐败的他对西方世界在朝鲜进行的这场战争的性质产生了怀疑，而且一年多战俘营的生活，让他对于共产主义有了更加全面深刻的认识，甚至开始向往共产主义。于是在他被俘 17 个月后，他主动找到库兹米奇，声称自己已经信仰共产主义，并且愿意为苏联服务。

1953 年 3 月朝鲜战争即将结束之际，布莱克和其他英国使馆被俘人员在苏联驻华大使馆的安排下返回了英国。在经过短暂的休养之后，布莱克就被分配到军情六处克伦威尔街分部工作，专门负责窃听和检查外交邮袋。第一个因他而毙命的是叛逃到西柏林的民主德国国家安全局局长比亚韦克中将。布莱克被调往西柏林后，竟然就和比亚韦克住在一条街上，对周围出没的人员极度敏感的布莱克很快就发现了这个克格勃一直在追杀的人，因此马上将这个情报通知了苏联克格勃总部。1956 年 2 月的一天，比亚韦克一时放松警惕独自出门散步的时候，被埋伏的克格勃特工暗杀了。第二名死在布莱克手中的大人物，是美国中央情报局潜伏在苏联格鲁乌特种部队内部的一条大鱼——格鲁乌高级官员彼得·波波夫。在布莱克提供的情报的帮助下，还没等美国中央情报局开始营救他，克格勃就将波波夫召回了莫斯科，最终他在传递情报时当场被捕，受尽折磨之后被处死。但乔治·布莱克的好运也就此用尽了，在除掉 CIA 间谍波兰总参情报部副部长迈克尔·戈伦涅夫斯基的过程中，他的身份也暴露了。被捕后，他被关在沃姆伍德·斯克拉布监狱，并被判处 42 年有期徒刑。而乔治·布莱克的好运似乎又回来了，在狱友的帮助下，他两度越狱，最终经民主德国成功到达了莫斯科。2020 年 12 月 26 日，这位传奇间谍在莫斯科郊外的别墅中去世，享年 98 岁。

美苏间谍斗法（二）——世纪冤案

毫无疑问，间谍的破坏力是巨大的。乔治·布莱克将"柏林隧道"的建设计划偷偷告诉苏联人的同时就注定了"黄金"行动在某种意义上要成为废铁行动。但其实美国人对苏联间谍的问题早已头痛不已，也早早开始了反间工作。

1953年6月19日，犹太教安息日，在美国纽约州辛辛那提监狱一条长长的走廊里，几名执法人员正押解一对头戴面罩、身负镣铐的中年夫妇缓慢地前进着。此时，这对名叫朱丽叶斯和艾瑟尔·罗森伯格的犹太裔美国夫妇不仅吸引了监狱里所有囚犯的目光，也吸引着美国乃至世界人民的目光。在走廊的尽头有一扇铁门，铁门背后是辛辛那提监狱的终极刑具——电椅。与此同时，在监狱外有两名小男孩正高举着一块牌子，上面赫然写着"请不要杀死我们的爸爸妈妈"。但他们的愿望和周围大批的抗议人群的愿望还是落空了，当晚8点，朱丽叶斯和艾瑟尔·罗森伯格先后在这把电椅上被结束了生命。自1890年辛辛那提监狱开始使用电椅起，先后有27人在此遭受处决，其中有25人是因为谋杀罪，剩下的两人便是罗森伯格夫妇，而他们的罪名竟是间谍罪。

罗森伯格夫妇

艾瑟尔·格林格拉斯1915年出生于一个纽约贫民家庭，15岁从中学毕业后，进入一家船业公司做了秘书。在此期间，她结识了比她小3岁的朱丽叶斯，两人很快坠入爱河，并于1939年结婚，成为了罗森伯格夫妇。婚后的生活十分甜蜜，艾瑟尔辞掉工作做起了全职主妇。第二次世界大战爆发后，朱丽叶斯在一个军工企业任工程师，待遇优厚。1945年战争结束后，朱丽叶斯自己创立了一家小型电气设备公司，一家人已经过上了舒适的中产阶级生活。1943年和1947年，他们的两个儿子相继出生。在邻居和朋友眼中，这家人父慈子孝，简直就是模范家庭。那么，这样一对平民夫妇到底干了什么，致使他们因间谍罪被判处死刑的呢？

怀有这样疑问的人不在少数。1953年2月12日，白宫的新主人艾森豪威尔在他的椭圆形办公室内正在阅读着一份长达300多页的报告。这份报告显示，罗森伯格夫妇向苏联人提供了美国制造原子弹的技术情报。而提供这份调查报告的正是鼎鼎大名的联邦调查局局长胡佛，还有当时纽约南区的著名法官欧文·考夫曼。这样一对平民夫妇都没有离开过纽约，又是怎么和原子弹

麦卡锡主义

麦卡锡主义广义上是指用大规模的宣传和不加以区分的指责，特别是没有足够证据的指控，造成对他人人格和名誉的诽谤。这个词语源于20世纪50年代以美国共和党参议员约瑟夫·雷蒙德·麦卡锡为代表的一种政治态度。麦卡锡认为共产党渗透了美国政府的一些部门以及其他机构。为了阻止国家被颠覆，他用大规模的宣传和不加以区分的指责，制造了一系列的调查和听证曝光这些"渗透"。虽然很多被指控者是无辜的，但却因为这些指控被列入了黑名单，并失去了工作。

在麦卡锡时代，不少美国人被指认为共产党人或同情共产主义者，被迫接受来自政府或私营部门、委员会等不合理的调查和审问。被怀疑的对象主要是政府雇员、好莱坞娱乐界人士、教育界和工会成员。虽然没有足够证据能证明任何事实，但嫌疑人依然会被定罪，个人真实或可疑的左派信仰都在麦卡锡主义的影响下被大肆夸张。罗森伯格夫妇就是在这种氛围下被判有罪，最终被送上了电椅，成了世纪冤案。

在1954年的"陆军—麦卡锡听证会"上，麦卡锡遭遇了他的"滑铁卢"，自此风光不再。从20世纪50年代中期起，麦卡锡主义逐渐衰败，主要原因是公众支持度的下降和美国最高法院的反对。美国第14任首席大法官厄尔·沃伦的判决最终从法律上终结了麦卡锡主义。

扯上关系的呢？

美国人通过"曼哈顿计划"造出的原子弹不仅将日本广岛和长崎夷为平地，也奠定了美国世界霸主的地位。然而，1949年8月29日在哈萨克斯坦的荒原上，一声巨响彻底粉碎了美国人的美梦。苏联也造出了属于自己的原子弹。怀着对苏联技术能力的怀疑，在美国情报界也诞生了一个全新的词汇"原子弹间谍"，胡佛带领着联邦调查局的探员们开始了对"原子弹间谍"的全面调查。从当时的案件记录来看，1944年，美英情报机构采用"特殊手段"盯上了时任英国哈威尔原子能科研中心理论物理组组长的德裔英国物理学家克劳斯·福克斯。福克斯不仅曾在原子弹的诞生地——新墨西哥州的洛斯阿拉莫斯这个小镇工作过，也有机会接触到"曼哈顿计划"的部分情况。在英国军情五处的顺藤摸瓜下，福克斯于1950年2月在英国落网。在军情五处审讯专家威廉·斯卡顿的心理攻势下，福克斯坦白了自己的间谍行为，并供出了一位名叫哈里·古德的中间人。哈里·古德落网后为了保命，非常配合地招认了自己的上线——以苏联驻纽约领事馆副参赞为掩护身份的克格勃间谍安纳托利·雅科夫列夫。同时，哈里还交代，有一位美国陆军军官给他透露过关于"曼哈顿计划"的情报，但是他只知道这位军官的妻子名字叫露丝。在联邦调查局的大力侦查下，这位军官的身份很快也浮出了水面——美国陆军军官大卫·格林格拉斯。而这位格林格拉斯，恰恰就是罗森伯格夫人的弟弟。格林格拉斯面对"原子弹间谍"的指控吓得魂飞魄散，称自己是受了姐夫朱丽叶斯的蛊惑。在此之前，身为犹太裔的朱丽叶斯在第二次世界大战期间看尽了纳粹德国对犹太人的破坏，加之苏联处在抗击法西斯主义的最前线，于是这位拿着纽约大学电子工程硕士学位的高才生也渐渐地开始倾向共产主义。在美国军工企业工作的朱丽叶斯确实在第二次世界大战期间为苏联提供过一些关于美国军工技术的情报，于是 1945 年朱丽叶斯也遭到了解雇。在朱丽叶斯的朋友中，有一位名叫约翰，操着一口纯正英国口音的人，他的真实身份正是克格勃的间谍人员费克利索夫。费克利索夫不仅是朱丽叶斯的上线，也是之前我们提到过的苏联驻纽约领事馆副参赞安纳托利·雅科夫列夫的下线，还是克劳斯·福克斯的招募者。大卫·格林格拉斯在洛斯阿拉莫斯工作的消息正是他告诉的朱丽叶斯。于是，一个潜伏在美国境内的"原子弹间谍网"就这样浮出了水面。

机警的费克利索夫早就嗅到了危险的气息，脚底抹油跑回了苏联，而安纳托利·雅科列夫又拥有外交豁免权，于是，罗森伯格自然成了美国人的重点调查对象。为了弄清罗森伯格在此事中到底涉足多深，1950 年 6 月 16 日早上 8 点，联邦调查局的探员敲开了罗森伯格夫妇家的大门问询情况。面对来自妻弟的指控，朱丽叶斯矢口否认。由于没有十足的证据，探员只好空手返回。

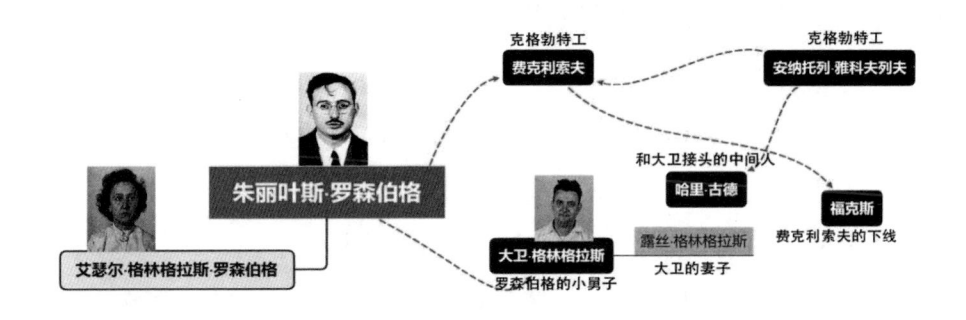

罗森伯格夫妇被牵涉进的间谍关系网络

在那个麦卡锡主义盛行的年代，由埃德加·胡佛、考夫曼法官和公诉人律师罗伊·科恩组成的团队对朱丽叶斯提起了诉讼。7 月 17 日早上 8 点，朱丽叶斯在家中被突然破门的执法人员带走，随后联邦调查局也抄了他的家。为了撬开朱丽叶斯的嘴，8 月 11 日，联邦调查局在大街上公开逮捕了艾瑟尔·罗森伯格，并将她送进了位于纽约西区的格林尼治女子监狱。

在随后进行的长达8个月的立案调查中，格林格拉斯夫妇和其他证人提供了更多的证据。大卫·格林格拉斯交代，面对罗森伯格夫妇长期的共产主义宣传，他和妻子露丝"迫于亲人的压力"曾于1945年6月以一个果冻盒子为接头暗号，在新墨西哥州的阿尔布开克与前来接头的哈里·古德交换了情报并获得了500美元的酬劳。除此之外，警方还在被告家中找到了一些朱丽叶斯的出境签证照片。在经过对为他拍摄这些照片的摄影师的调查核实，证实了朱丽叶斯有逃往墨西哥的打算。因此可以断定，朱丽叶斯确实是一名长期潜伏在美国国内的苏联间谍。本案获取的情报数量之多、内容之广，简直到了令人难以想象的地步，其中涉及航空技术、电子技术和引爆技术。不仅如此，朱丽叶斯还为苏联提供了"曼哈顿计划"中的爆炸透镜技术。而苏联能够准确地击落美国飞行员弗兰西斯·加里·鲍尔斯驾驶的U-2飞机也与朱丽叶斯提供的技术情报有关。

检察署在掌握了充分证据之后对罗森伯格夫妇提起诉讼。法院定于1951年3月6日，对这起特大间谍案进行开庭审理。最终，这个间谍网中只有罗森伯格夫妇被判处了死刑。

然而，半个世纪后的一场采访才揭露了这场"世纪冤案"的面纱。出狱后过起隐居生活的大卫·格林格拉斯在2001年接受美国哥伦比亚广播公司的采访时，出人意料地表示自己曾在50年前的审判时做了伪证。他坦然承认，当年为了保住自己正在怀孕的妻子，谎称曾看见姐姐艾瑟尔用一台"雷明顿"牌打字机为他打印向莫斯科传递情报的副本，并坚定地声称罗森伯格夫妇是这起间谍案件的主谋。此外，在整个事件中，急于利用此事挣"功名"的公诉人律师罗伊·科恩一直都在起着推波助澜的作用……

当格林格拉斯被问及是否为当初的行为感到后悔时,他的回答令人震惊,他表示自己始终认为姐姐当年不为自己辩解而情愿跟朱丽叶斯一块儿去死简直愚蠢至极。但他为自己能活下来感到庆幸,并不对当年出卖家人有任何悔恨。

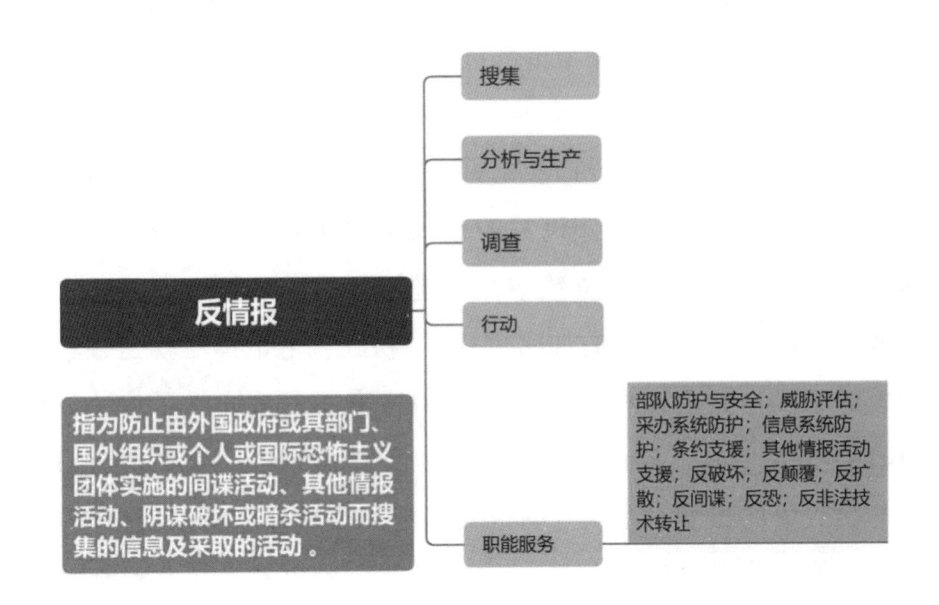

反情报门类构成

美苏间谍斗法(三)——绝密计划

虽然对罗森伯格夫妇判决的争议一直延续至今,但不能否认的是,英美情报机构在开展反间工作中依托"特殊手段"获取情报的成效。毕竟,正是依托这个绝密计划,英美才联手挖出了潜伏在美国的"原子弹间谍网"。

英美情报机构在罗森伯格案中采用的"特殊手段"其实是一

个绝密项目，英美情报机构先后为这个项目更换过十几个名字。在情报领域，历史研究人员更习惯称呼它最后一个名字——"维诺纳（Venona）"计划。为了保密，这个绝密计划最开始只有英美情报系统的少数人知晓。

1927年以来，苏联谍报系统为了防止密码被截获和破译，抛弃了易被窃听和截获的无线电通信方式，严格规定内外联络和传递情报必须经由苏联外交人民委员部进行，特别是在与驻外间谍机关进行密码通信时，使用了一套非常可靠的密码本系统。总部机关在给每封信函加密时，每个词甚至每个字母均用密码本中的一组5位数字表示，而且驻外间谍机关的密码员还要从一个"粉红色笔记本"中任意选出一组5位数字，加进第一组5位数字中。这实际上就是采用了一次一密的加密方式。"粉红色笔记本"就是一本变种版的密码本，莫斯科方面为了保护这套加密系统绞尽脑汁，将"粉红色笔记本"仅有的密钥副本存放在莫斯科。随着1941年6月苏德战争的爆发，苏联方面也开始更加注重保密通信安全问题，他们生产了大约35000组随机数字，并开始更新换代"粉红色笔记本"。而当秘密文本的长度等于或小于随机密钥的长度时，一次一密的加密方式几乎是不可破解的。同时，随着苏德战争的爆发，弗里德曼领导的美国陆军信号情报机构开始高度关注苏联的重要动向。随着美国的参战,时任美国陆军情报处副处长的卡特·克拉克上校的忧虑也越来越重，他担心苏联和德国之间会像瓜分波兰时那样缔结秘密协议，如此这般便会使美国陷入进退两难的境地。于是，1943年2月，在克拉克上校的主导下，一个由美国陆军信号安全局秘密实施的项目在美国华盛顿特区郊外弗吉尼亚的阿灵顿厅正式上马，这个旨在监控苏联外交情报的绝密项目就是"维诺纳"计划。

按理说当时苏联这种采用一次一密附加密钥的密码体系已经非常完备了，但是，无论密码体系设计得有多么完备，也架不住"猪队友"的拆台。

20世纪30年代以后，苏联与美国的外交关系相对而言是比较稳固的。因此苏联人在这种情况下犯下了一系列致命错误，使得这些本来极为安全的加密信息成为存在一些漏洞的隐患，这也使得破译变为了可能。第二次世界大战期间，"剑桥五杰"等苏联间谍从英美发回莫斯科的秘密情报数量非常庞大，自恃安全使得苏联驻美情报机构开始有人无视保密规定，对一些"粉红色笔记本"使用了两次。对于一次一密的加密通信而言，这简直是场灾难。正是因为这个小小的失误，使得美国陆军信号安全局正在研究苏联经贸情报的理查德·哈洛克中尉，首先发现了苏联人的伎俩和漏洞。于是，约占苏联外交通信15.0%的电报得以被部分解译出来。

但是因为美国人不掌握苏联还有附加密钥的"粉红色笔记本"，再加上很多通信内容中使用了大量的暗语和代号，所以，破译工作推进得还是很不顺利。然而，1944年11月，有人给正在犯困的阿灵顿厅的情报人员送来了一个枕头。这个人不是别人，正是鼎鼎有名的战略情报局局长威廉·多诺万将军。在当年的"北极星"行动中，芬兰无线电情报部门秘密地向美国战略情报局特工高价出售了大量有关苏联密码的资料，包括一本在苏芬战争中侦获的部分烧毁的"粉红色笔记本"。出于当时的反法西斯同盟的利益，威廉·多诺万局长奉命将这本烧焦的密码本原件退还给了苏联人，但他不露声色地偷偷复制了一份，并派人秘密地将其送往了阿灵顿厅。

当然，远在莫斯科的苏联密码专家的"猪队友"不仅仅是在苏芬战争遗失密钥的间谍，远在北美洲加拿大的苏联外交人员同样帮助了美国人。苏联驻加拿大武官尼古拉·扎博京和译电员伊戈尔·古先科绝对是压倒这个密码体系的重要人物。尼古拉·扎博京完全没有注意到受西方思想腐化的古先科的变化,还让占先科一个人负责保存和销毁所有的秘密通信,而古先科却把要求保存的文件都复制了,把应销毁的却保存了下来。不仅如此,按照规定,绝密档案应专门放在扎博京的保险柜里,另外一把钥匙由密码室负责人保管,古先科却不仅有钥匙,还阅读并复制了所有的私人档案。当1944年莫斯科准备召回古先科全家的时候,古先科找了理由一拖再拖。1945年9月6日,古先科带着满满一公文包的文件准备叛逃,他先后敲开了加拿大皇家警署、渥太华地方法院、司法部和《渥太华日报》的大门。巧合的是,这些机构都没有接受这个主动"投诚"的人,而认为他是苏联人安排的间谍。终于,在见识到苏联人对这个叛徒的追杀后,加拿大警方对古先科实施了庇护。而在古先科出卖的资料中,除了苏联间谍名单外,还包括详细描述苏联外交通信所用密码的加密方法。拿到附加密钥的破译人员如有神助,1944年苏联外交通信密电的被破译量已经占全年的49%。

  对于"维诺纳"这个秘密以及加德纳的破译方法,苏联人在1947年通过潜伏在陆军安全局里的间谍、密码专家威廉·魏斯班德而知晓,并于1948年开始在全世界范围内改变密码程序,取消了所有一式数份的密码本。此后,苏联的情报加密恢复到完全无法破解的程度。为此,美国联邦调查局派人偷偷潜入格鲁乌在美设立的商业掩护机构"阿姆托尔加"纽约办事处的仓库,偷走了一本苏联密码本和部分文件。虽然其中与使用规则有关的内容已被销毁,但是苏联人还是留下了一些或是加密、或是明文的情报复印件,这些复印件连同密码本一起被偷了出来。1949年秋天,"剑桥五杰"成员金·菲尔比前往华盛顿担任军情六处驻美代表前，被告知了"维诺纳"的秘密，并在到达华盛顿后不久获得了定期了解"维诺纳"破译情况的权利。一直到1951年6月离开前，他都能接触到"维诺纳"的解译文件，并及时地预先通知莫斯科总部。

然而，后事可补，前事难控，莫斯科总部越来越清楚，"维诺纳"计划是一连串即将在几年内爆炸的定时炸弹，对其间谍网来说具有巨大的潜在破坏力。早在1946年底，已经成为美国陆军安全局著名的语音学家和出色的密码破译专家的梅雷迪思·加德纳，带领他的团队，在英国政府通信总部的协助下，破译了战争时期莫斯科情报总部和驻美国情报站之间的通信。1947年夏，加德纳从破译出的情报中积累了大量关于第二次世界大战期间在美国活动的苏联间谍的证据。他同样发现苏联情报总部与驻堪培拉情报站之间竟然反复使用一次性密钥。1948年初，时任英国首相艾德礼派遣军情五处处长帕西·西利托爵士带队的工作小组前往澳大利亚，将此情况通知澳大利亚政府，共同探讨改进澳安全工作的办法，并调查有关苏联情报人员渗透事件。结果，澳大利亚外交部里第一个被挖出的是吉姆·希尔。"维诺纳"计划查明他的代号为"旅行者"，并确定了他发往苏联的电报编号，就此证明他犯有间谍罪行。此后，吉姆由外交部转往联合国，之后在布拉格请求政治避难。随后，外交部第二个苏联间谍"布尔"也被查出。由于这次挫败，苏联在"冷战"期间对澳大利亚内政外交机关的渗透工作从此一蹶不振，再也未能重振旗鼓。1948年，破译工作取得重大突破，美国人成功地破译了1945年由莫斯科总部发出及外站发给总部的几段密码。值得一提的是，正是因为天才的梅雷迪思·加德纳破译了苏联国家安全人民委员部1944年的一封函电，从而发现了"原子弹间谍案"中的克劳斯·福克斯，随后顺藤摸瓜发现了这个潜伏在美国境内的间谍网。

国家安全局官网上有关"维诺纳"计划的文件

今天，我们打开美国国家安全局的官方网站，可以在"HOME-NEWSFEATURES-DECLASSIFIED-DOCUMENTS-VENONA"的路径下找到部分1940—1951年阿灵顿厅情报人员破译的大量苏联密电扫描件的电子版。透过这些字迹模糊的文件我们不难发现，要在"维诺纳"计划的文件中确定每一个人的身份有时是很困难的，因为这些苏联情报人员在文中出现时都是用代号来称呼。更麻烦的是，同一个人在不同的时间有时候会有不同的代号，同一个代号在不同的时间会被用在不同的人身上。到1980年"维诺纳"计划终止，美国人共从25000条电报中破译了3000多份电文。这些电文中共出现了349人，其中甚至包括美国高层。不仅如此，苏联间谍遍布华盛顿、国务院、财政部、战时生产委员会、战时经济委员会、美洲事务协调组织和战争信息办公室等美国政府各个部门，大量的情报被苏联间谍源源不断地窃取。这些间谍中甚至还包括白宫总统顾问劳克林·柯里以及财政部部长助理哈里·德克斯特·怀特等高官。

美苏间谍斗法（四）——鼹鼠人生

在苏联人铺天盖地窃取美国人情报的同时，美国情报机构也没有停下对苏联渗透的脚步。因为苏联封闭的社会体系，美国人很难直接打入苏联军政内部，往往都是使用其情报机构招募的双面间谍或者其他为苏联政府工作的公职人员获取情报。

1980年的一天，在美国弗吉尼亚州兰利的中央情报局总部内召开了一场小型的秘密研讨会。来自美国国防情报局和美国空军的专家面对中央情报局提供的苏联的国防科技情报瞠目结舌。当中央情报局的情报官员问及这些情报资料的价值时，国防情报局和美国空军的专家给出的回答是"大约需要20亿美元及五年的研发时间"。而当国防情报局和美国空军的专家问及中央情报局这些情报的来源之时，中央情报局的官员们却三缄其口。

毫无疑问，这些科研资料是美国中央情报局通过人力情报手段获取的。向中央情报局提供这些资料的正是一个苏联人，而美国人为了获取这些资料仅仅花费了几百万美金而已。

托尔卡契夫的证件照

这位名叫阿道夫·托尔卡契夫的研究人员外表平平，但实际上他不仅掌握着大量关于苏联先进武器中电子设备的核心参数，还有着巨额财产。托尔卡契夫不仅十分聪明，还格外谨慎。为了不暴露自己的"百万身价"，他仅购买了一部普通的小轿车，并且在位于莫斯科郊外的多罗宁购买了一幢不起眼的别墅。每个周末他都会带他的妻子娜塔莉亚去那里休息。

托尔卡契夫被克格勃抓获

1985年5月的一个周末，喝得醉醺醺的托尔卡契夫正坐着妻子娜塔莉亚驾驶的汽车从他们位于多罗宁的别墅取道返回莫斯科市区。此时，托尔卡契夫的欧洲海外账户上已经积累了超过200万美元的资金。除此之外，他的家里还存放着中央情报局驻苏联的间谍陆续支付给他的高达78.95万卢布的现金，而他在无线电研究所工作的月收入才350卢布，当时苏联普通人的月薪约120卢布。对于嗜酒成性的托尔卡契夫来说，这只是一个再普通不过的周末，但当车辆行至半路之时，他们遇到了一起车祸事故现场。托尔卡契夫随即让妻子将车速放慢。"警察"随即将托尔卡契夫夫妇驾驶的车辆引导到路边停下。当托尔卡契夫刚刚跳下车准备交涉之时，一名特工悄无声息地跟上了托尔卡契夫。一切整备就绪后，一名"警察"突然从背后勒住托尔卡契夫喉部，并立刻将一团棉花塞进其嘴中，接着又有4名"警察"从车中跳出，两人抓手，两人抬腿，就这样将托尔卡契夫抬进了停放在旁边的一辆面包车内，并迅速扒光了托尔卡契夫的衣服。

原来，眼前的这一切都是时任克格勃第七局下属特种部队A组（阿尔法小组）指挥官弗拉基米尔·扎伊采夫中校导演的一场大戏——托尔卡契夫最终还是暴露了。克格勃之所以煞费苦心地诱捕托尔卡契夫就是为了防止再次出现苏联外交官奥格罗德尼克事件。奥格罗德尼克20世纪70年代被中情局招募，代号Trigon，在克格勃对其抓捕时吞食氰化物自杀。

在克格勃幽暗的审讯室里，对托尔卡契夫的审讯工作有序地进行着。刚开始，托尔卡契夫还心存侥幸，只承认给中央情报局提供过部分技术材料，但绝不包括绝密情报。当克格勃特工将从他家搜出巨额现金的照片摆在他眼前时，他眼光迷离，彻底崩溃。

按照托尔卡契夫的供词，在工作中，他自认为满腹才华却得不到单位重视，在生活上，他手头拮据，家中常为柴米油盐等琐事困扰。久而久之，他对苏联的体制产生了厌恶，并开始寻找来"快钱"的方式。在20世纪70年代的苏联，这种赚快钱的方式并不多，托尔卡契夫自身所具备的技能也找不到更好的从业方式，于是他产生了一个大胆的想法：做一名间谍。做什么样的间谍最有"钱途"？当然是做美国间谍，于是他开启了寻找"组织"之路。终于，在1979年1月的新年晚会上，他和来自美国中央情报局的情报人员接上了头。

从1978年9月开始到1985年5月被捕为止，在长达6年多的19次秘密接头过程中，他先后向5个美国情报部门的工作人员提供了大量的情报，其中有 236 个胶卷和 5 个微型机，这里面涉及了 54 份无线电制造研究所和仪器制造研究所的机密、绝密材料和相关文件，总共达 8094 页。这些资料包含了大量的火箭设计资料、防空系统资料、雷达资料、苏霍伊战机和米格战机的电子设备资料。正因为托尔卡契夫所提供的机密资料，为美国的各种武器研发项目节约了数十亿美元。

托尔卡契夫深知自己这么做将面临什么样的后果，所以他对美国中央情报局站长关于回报的要求也很高，提出了年薪六位数的报酬，在 1979 年，美国总统的年收入也才刚到六位数。站长与美国方面沟通之后，答应了托尔卡契夫的要求。由于托尔卡契夫提供的资料对美方价值巨大，他因此获得了"亿万间谍"的称号，到 1980 年他的年收入已经超过了美国总统。

为了求得轻判，托尔卡契夫将自己的联络人保罗·斯通博也交代了出去，这人的公开身份是美国驻苏联使馆二秘。随后托尔卡契夫被带到那些给联络人留下秘密暗号或者执行事先议定好的行动的地点，向他们表明他现在一切平安。

1985 年 6 月 13 日，当保罗·斯通博绕了 3 个小时的路，前往秘密地点与托尔卡契夫见面时，绝不会想到，在他周围停着的那辆厢货内，坐着一位克格勃的大人物——克拉西尔尼科夫少将，克格勃专司反间谍的第二局美国处处长，而自己的一举一动，都在他的注视之下。

当保罗·斯通博看到前面不远处停着的一辆日古力轿车时，斯通博松了口气，这是美国中央情报局与托尔卡契夫的约定，车辆停着不动，就证明一切安全。

保罗·斯通博在街道上搜寻了一会儿，看到了站在不远处的托尔卡契夫，并慢慢地朝着他走去。就在这时，一名特工从草丛中突然跃出，如同制住托尔卡契夫时一样制住了他。随后，数名特工上前将其按住，保罗·斯通博被捕。与此同时，他眼睁睁地看着托尔卡契夫被其他几名特工抓住，片刻后，记者的闪光灯闪成一片。

当然，保罗·斯通博看到的并不是真正的托尔卡契夫，而是与托尔卡契夫身材相似的克格勃特工维塔利·希施金，这一切只是让他认为自己被捕是因为托尔卡契夫与他秘密会面被发现。

克格勃特工从斯通博身上搜出了中央情报局的微型密写速溶纸、5部微型摄像机、几盘学习英语的磁带以及12.5万卢布现金（约合15万美元）。保罗·斯通博在被审讯的时候，拒绝回答任何问题，只要求见美国大使。第二天，保罗·斯通博被苏联政府宣布为不受欢迎的人，并被驱逐出境。虽然后来苏联和美国之间并未爆发战争，但托尔卡契夫泄密在1991年的海湾战争中产生了巨大的影响。拥有大量米格战机和苏制防空武器的萨达姆总统誓把伊拉克打造成中东的越南战场，而掌握了大量苏制武器资料的美国人很轻松地就打掉了伊拉克的空军和防空力量。

克格勃特工之所以要在1985年6月13日一起逮捕保罗·斯通博和假冒的托尔卡契夫不是为了别的，就是为了保护自己的情报来源。苏联人的情报恰恰是美国中央情报局的前情报人员提供的。

1983年10月的一天，穷困潦倒的爱德华·霍华德走进了华盛顿康涅狄格大街的苏联领事馆，留下一封信，说他是一位前中央情报局的官员，半年前被莫名其妙地解雇了，为此他非常气愤。他熟知中央情报局在莫斯科的各种机密情况，如果感兴趣可以与他联系。很快，霍华德便与克格勃勾搭在一起。通过霍华德后来提供的中央情报局近年来为"线人"秘密支付现金的账目信息，克格勃很快便发现了托尔卡契夫的秘密。

爱德华·李·霍华德（Edward Lee Howard）

直到后来，叛逃的克格勃第三局情报高官尤尔琴科证实了美国人对霍华德的怀疑。美国司法部发言人称：即使霍华德逃到天涯海角，也要把他缉拿归案！好在苏联没有抛弃霍华德，最后收容了他。2002年7月12日，他猝死在莫斯科郊外的别墅，而此时，包括托尔卡契夫在内的上百人已经因霍华德而命丧黄泉。

无独有偶，苏联人为了保护自己的情报来源可谓费尽心机。1980年11月，克格勃中校马尔季诺夫和妻子来到华盛顿，他的公开身份是苏联驻美国大使馆的一等秘书，实际上是克格勃派往美国搜集科技情报的官员。1982年，马尔季诺夫被中央情报局一名特工盯上了。在大把美金的诱惑下，马尔季诺夫很快便被美国人发展成为双面间谍。不久以后，联邦调查局又成功收买了苏联大使馆的另一名克格勃军官谢尔盖·莫特林少校。他是1980年夏天被派到华盛顿的，同马尔季诺夫一样，其公开身份是大使馆的三等秘书。直到1984年底，莫特林在华盛顿大使馆的任期结束，奉召回国。临行前，他保证继续向美国提供情报。而此时的一切，克格勃的高层都已知晓。虽然他们恨得牙根直痒，但为了保护情报来源也不得不隐忍下来。1986年初,他在与中央情报局的特工人员接头时被逮捕,不久被枪决。1986年11月,当尤尔琴科从华盛顿返回苏联的时候,马尔季诺夫也受命陪同尤尔琴科回国。当时马尔季诺夫的妻子娜塔莉娅觉得事情有些蹊跷,因为她的丈夫通常并不执行这一类的任务。10天之后,娜塔莉娅接到丈夫的一封信,说他在搬运行李时膝盖上旧伤复发,住进了医院,希望她带着孩子回国照料。娜塔莉娅立即动身回国。可是,飞机刚一落地,克格勃官员就把她两个孩子送到她母亲那里,而把她抓到监狱接受审讯。克格勃官员告诉她,马尔季诺夫犯的是叛国罪。在长达两年的时间里,克格勃曾经多次对她进行审讯,而马尔季诺夫已于1987年5月29日被枪决。

告诉苏联人这两个人变节的正是时任美国中央情报局东欧司的反情报处处长阿尔德里奇·埃姆斯。1994年2月21日清晨,闹钟唤醒了沉睡中的阿尔德里奇·埃姆斯,他睁开了惺忪的睡眼,开始了一天的生活。10点半,埃姆斯离开家门,准备去兰利总部上班。打开崭新的"捷豹"牌轿车的车门,他准备启动汽车。突然,车门口出现一个高大的身影,随即,一张卡片递了进来,一个冰冷的声音在埃姆斯耳边响起:"阿尔德里奇·埃姆斯先生,我是联邦调查局的莱斯利·怀泽,因涉嫌间谍案,你被捕了。"怀泽的话音刚落,埃姆斯就瘫在了车里,口中喃喃自语:"完了,这一天终于来了。"

正是因为美国情报机构发展的"鼹鼠"频繁暴露,中央情报局和联邦调查局才启动了背靠背侦查美国情报机构内部"鼹鼠"的行动。通过对数个案件知情人的分析比对,他们终于锁定了入不敷出的埃姆斯。而埃姆斯被联邦调查局逮捕时,他已经秘密为苏联人工作了9年。

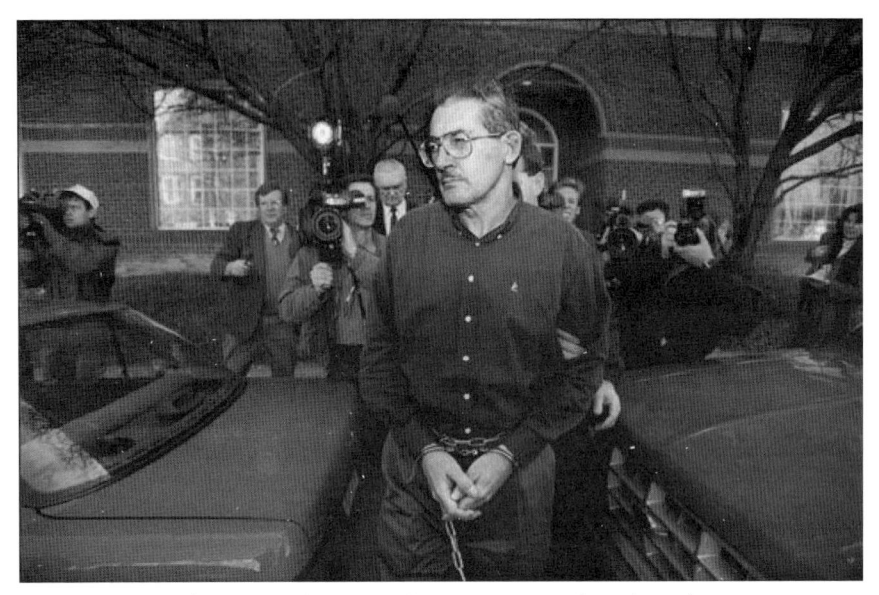

潜藏在美国的苏联"鼹鼠"——阿尔德里奇·埃姆斯

纵观"冷战"期间的美苏间谍斗法故事，除了像"剑桥五杰"那样"心中有主义，视金如粪土"的有着高尚情怀的间谍人员外。大多数都是"半推半就"被对方情报机构拉下水的变节人员，这些变节的人员大多都有着这样共同的特点——工作失意、债台高筑、情场不顺。当然，"冷战"期间的谍影重重只是美苏间谍历史上的一个缩影，直到21世纪的今天，以美国为首的世界大国为了获取情报还在不断地安插各种间谍，他们手段翻新、花样变异，力求将各种掌握核心内幕情报的重要人员拉下水。有的中央情报局的特工甚至会明目张胆、大摇大摆地找上在海外留学的他国高官子女，开诚布公地寻求合作；有的情报机构会"从娃娃抓起"，培养目标国家土生土长的间谍人员进入目标国家的军政两界，并"托关系、走后门、供钱财"地把间谍人员一步一步地送达核心岗位之上；还有的情报机构则会利用高价值人员的生活污点拍照威胁，"弄湿手、拉下水"，想方设法地让他们提供各种情报。

闻名世界的"剑桥五杰"

颠覆游戏

对"冷战"期间美苏的间谍斗法细细量化之后我们会发现，无论是间谍窃密工作还是反间谍工作，美苏可谓是各有千秋。21 世纪的今天，俄罗斯作为苏联最大的继承者，依旧在人力情报工作方面见长。天性使然，与喜欢躲在背后搞事情的美国人不同，战斗民族习惯于亲自潜入到目标场所窃取情报。正是因为如此，直到今天，我们依然会经常见到关于美国逮捕俄罗斯间谍和俄罗斯"暗杀"叛逃间谍的新闻。

即便苏联在人力情报工作方面表现得十分出色，但美国人对情报工作中一项同样是需要靠人完成的任务却表现得更为驾轻就熟、游刃有余。这项工作贯穿了美国的建国史、发展史、战争史。自1893 年 1 月 14 日两个黑影敲开夏威夷火奴鲁鲁美国公使约翰·史蒂文斯家的大门密谋推翻夏威夷女王到 2003 年美国入侵伊拉克的110 年时间里，美国人先后利用这种手段秘密颠覆了 14 个外国政权。

在"冷战"期间，美国人更是将这一手段发挥到了极致。

1953年的美国"麦卡锡主义"早已盛行，苏联已经拥有了核武器，东欧建立了一系列共产主义政权，全新的中华人民共和国在朝鲜战场让美国人碰了一鼻子灰，希腊的共产主义力量日渐强大，斯大林搞起了封锁和禁运。就是在这一大背景下，德怀特·艾森豪威尔入主了美国白宫，而在此之前就与艾森豪威尔结下深厚友谊的约翰·杜勒斯也当选了美国新一届政府的国务卿。这位杜勒斯，正是时任中央情报局局长艾伦·杜勒斯的亲哥哥。亲兄弟两人在当时一个主管美国外交事务，一个主管美国情报工作，他们的权力在美国政坛如日中天。偏巧，这两人都是坚定的反共产主义者。

俗话说得好，新官上任三把火。刚刚当选国务卿的杜勒斯也在仔细地寻找着可以对共产主义下手的地方。恰在此时，一个造访华盛顿的英国情报官员克里斯托弗·伍德豪斯给正在犯困的杜勒斯送来了枕头，他带来的提议与杜勒斯的计划不谋而合。而这一切与石油有着千丝万缕的联系。

石油，工业的血液，继布雷顿森林体系后又一个确立美元全球货币霸主地位的基石。作为老牌资本主义国家和当时的工业强国，英国一直高度重视石油的供应问题，石油也同样是英国在战后恢复军事和经济的重要基础，而这也是这位英国情报官员造访的原因。小小的英伦三岛并没有大型的油田，英国的石油供应主要依托于英国石油公司，这家公司也是继美国《1911年反垄断法案》后世界最大的私营石油公司之一（即国际石油七姊妹之一）。1908年，在发现伊朗马斯吉德苏莱曼一处大型油田后，这家公司应运而生，是首家在中东开采石油的公司。当时这家公司的名字还叫做英国波斯石油公司（1935年更名为英伊石油公司，又在1954年改组成为英国石油公司）。在20世纪上半叶的几十年间，这家公司依靠着两国之间缔结的贸易条约的最惠国条款垄断着伊朗的石油开采、加工和销售。按照条约，这家公司需要将所获利润的 16% 交给伊朗，而事实上，英国人连这可怜的 16% 都要层层克扣，后来伊朗政府派去查账的人发现，这家公司仅 1950 年一年的利润就超过了它过去半个世纪内交给伊朗王室的总和。

英国人开的公司，背后又是大英政府，怎么会有伊朗人去查账呢？

第二次世界大战结束以后，民族主义和反殖民主义席卷了亚洲、非洲还有拉丁美洲。在这样的时代背景下，一位古稀之年的伊朗政治家登上了伊朗政坛的权力巅峰。穆罕默德·摩萨台不仅拥有王室贵族的出身，还是一位不折不扣的理想主义者。这位老者年轻时不仅在巴黎大学完成了文学学士和法学硕士课程，还在瑞士的纳沙泰尔大学获取了法学博士学位，他也是第一位在欧洲大学获得博士学位的伊朗人。第一次世界大战爆发之时，摩萨台还在德黑兰大学任教，后面才开始悠长的政治生涯。

伊朗的民族斗士——穆罕默德·摩萨台

历史总是惊人的相似。同后面卡斯特罗接手古巴一样，摩萨台的执政给英伊石油公司甚至是英国政府带来了致命性的打击。1951年春天，伊朗参议院的一场投票一致通过了关于石油国有化的法令。伴随法令的颁布，遭受英伊石油公司长达半个世纪巧取豪夺的伊朗人民举国欢庆。而这边，英国人终于坐不住了，开始寻求国际组织的帮助。但最终，国际法庭还是驳回了英国方面的诉讼，这便是法学界著名的国际公法案例——英伊石油公司案。法律的手段走不通，英国人便耍起了流氓。为了给伊朗施加压力，他们自己砸坏了在阿巴丹的生产设备，还搞起了封锁和禁运，但这些最终都成了徒劳。无奈之下，他们打起了推翻伊朗政府的主意。迫于美国时任总统杜鲁门和时任国务卿迪安·艾奇逊的压力，英国人没法选择对伊朗实施军事入侵。于是，这个老牌的间谍国家开始搞起了隐蔽行动。他们通过此前在伊朗收买的军官、记者、宗教领导试图发动一场政变，颠覆摩萨台的统治。然而，在英国人刚刚下达行动指令后不久，敏锐的摩萨台就发现了英国人的秘密计划。大多数英国情报官员都有外交使节身份的庇护，摩萨台又不能将他们赶尽杀绝。无奈之下，他只得于1952年10月16日下令关闭了英国使馆，并驱逐了所有的英国外交人员。而两周以后，艾森豪威尔正好赢得了1952年总统大选。同保守的杜鲁门不同，热衷于"冷战"的艾森豪威尔入主白宫吹散了英国人头顶的雾霾。在时任中央情报局中东站站长科米特·罗斯福的斡旋下，英国军情六处的情报官员伍德豪斯代表英国政府秘密地访问了华盛顿。当然，他带去华盛顿的"外交文件"中还包括一份英国军情六处早已草拟好的秘密行动方案。

约翰·杜勒斯当然希望可以在中东搞一场像模像样的颠覆运动，虽然当时的伊朗并不是共产主义制度，但这场运动至少看上去算是对共产主义的一种挑战。这种挑战在他弟弟艾伦·杜勒斯的精准控制下又不会将苏联牵扯进来进而引发两个超级大国的正面冲突。1953年3月4日，新一届美国国家安全委员会在华盛顿白宫就伊朗的政治和石油问题召开了专题会议。这场会议后，秘密颠覆摩萨台政权的行动被美国政府正式提上了日程。在国务院的外交资源和中央情报局的秘密手段双重作用下，摩萨台的政权不再是铁板一块。艾伦·杜勒斯和英国军情六处处长亲自遴选了一名已经退役的将军法兹卢拉·扎赫迪作为这场政变的领导者。与此同时，中央情报局也将100万美元现金的行动经费以外交经费的名义送进了美国驻德黑兰大使馆。在地中海东北部塞浦路斯，美国中央情报局的特工唐纳德·威尔伯和英国军情六处的诺曼·达比斯尔将英国方面最初拟定的行动方案升级成了2.0版本。

按照这份行动方案，情报人员将花费15万美元用于贿赂记者、编辑、伊斯兰宗教领导者，他们将会散播关于摩萨台的不实言论，引导舆论走向，引导民众的不满情绪；当地的混混们和帮派势力也在行动方案的考虑范畴之内，按照方案，他们要假装受摩萨台指使，去袭击一些与摩萨台政见不同的知名人士，进一步煽动民众的不满情绪；法兹卢拉·扎赫迪将军会获得一笔高达13.5万美元的巨款并帮助美国人进一步去拉拢更多的"朋友"。此外，每周都会有1.1万美元用于贿赂和收买伊朗政府官员；待舆论发酵后，"行动日"当天，数千名被收买的游行者将会在议会大厦前抗议摩萨台，要求其辞职下台，如果摩萨台拒绝，忠于法兹卢拉·扎赫迪将军的部队便会将摩萨台逮捕。[①]

---

① Christopher J. Petherick, *The CIA in Iran: The 1953 Coup and the Origins of the US-Iran Divide*, American Free Press, Washington, D.C., 2006

远在大西洋彼岸的两个杜勒斯看着行动方案的复印件，边看边在自己的办公室拍案叫绝。为了确保这个计划能够成功落地，美国中央情报局甚至还利用了美国新闻大肆宣传报道关于摩萨台的不实言论。《纽约时报》将摩萨台称为"独裁者"，《新闻周刊》称在摩萨台的领导下，共产主义正在逐渐"控制"伊朗，而《时代周刊》更是把摩萨台就任伊朗总理说成是反共产主义的灾难。艾伦·杜勒斯还秘密派遣了情报局中东站站长科米特·罗斯福到中央情报局伊朗分站亲自坐镇指挥。这个罗斯福，出身名门（爷爷是西奥多·罗斯福总统，远房堂叔是富兰克林·罗斯福总统），不仅是毕业于哈佛大学的高才生，还是中东问题专家。1953 年 7 月 19 日，时年 37 岁的罗斯福趁着夜色从一条偏远的边界线悄悄地潜入了伊朗。在进一步熟悉情况后，罗斯福很快发现，要想使方案真正落地，摆在他们面前的还有一个巨大的难题，那就是一道来自当时伊朗国王穆罕默德·礼萨·巴列维关于解除摩萨台职务的敕令，并由国王任命亲美的法兹卢拉·扎赫迪将军出任新政府的总理。虽然这道敕令不能完全符合当时伊朗"只有议会有权选举和任免总理"的法律，但有王室的出面，这场政变才能看起来"合法"一些。此时的王室已经是名存实亡，摩萨台就任后，巴列维被软禁在王宫，没有任何实权。为了鼓动巴列维，罗斯福甚至跑去巴黎用一条貂皮大衣收买了他的龙凤胎姐姐阿什拉芙，让阿什拉芙跑来游说巴列维。但当时的巴列维左右为难：一方面，他希望摩萨台滚蛋，这样他就可以像他的父亲礼萨·汗一样做一个真正的国王；另一方面，他又担心行动失败，招来杀身之祸。最终，在负责为伊朗军队提供训练指导的美军准将施瓦茨科普夫的极力劝说下，巴列维才勉强同意签署了敕令。保险起见，巴列维在签署敕令后的第二天便飞去了里海海滨的王室度假地。

8月14日，参与政变的皇家警卫队队长内玛特拉·纳斯里上校拿着国王敕令兴冲冲地包围了摩萨台的府邸。就在纳斯里叫嚣着要摩萨台出来束手就擒之际，一队早已埋伏在这里士兵突然冲出来将他们团团围住并缴了他们的武器。原来，一直关注着巴列维动态的摩萨台早已知道了他们的阴谋，并对他们实施了钓鱼执法。

8月15日，德黑兰的电台里传出了一条广播："政府挫败了一场由国王和'外国势力'策划的政变"。正在里海等待消息的巴列维国王见势不妙，赶紧跑路。他立刻带着索拉雅王后登上了私人飞机飞往了伊拉克巴格达，随后又乘坐商用飞机来到了意大利罗马。另一边，在美国大使馆地下堡垒中的科米特·罗斯福也正在阅读着上级命令他紧急回国的密电。与早已跑路的巴列维国王不同，罗斯福正在盘算着他的手中剩下的底牌。部分军人、警察还有流氓，这些都还是可以控制的人，而他们光收了钱还没办事。剩下的牌该怎么打？

终于，罗斯福下了决心，决定再搏一搏。在随后的两天内，通过死亡威胁和美金诱惑，罗斯福命令两个流氓头子分别带着自己的帮派在伊朗的街头自导自演了一场大戏：一派高喊"摩萨台万岁！共产主义万岁"，另一派则声称誓死也要迎接巴列维国王回国。两个帮派在德黑兰的街头打砸抢烧，有的人甚至还朝清真寺鸣枪。心怀民主的摩萨台见状，不想派军队或是通过武装伊朗人民党对这些暴民实施镇压，而是命令警察上街维持秩序，但这其中的大部分警察都已经被罗斯福等人收买，这些警察出工不出力不说，还加入了这些暴乱。

中央情报局在伊朗掀起了示威、暴乱和政变

这场暴乱愈演愈烈，终于在 8 月 19 日达到了高潮。伴随着太阳攀升到天空的最高点，暴徒们先后冲进了外交部、中央警署还有军队总参谋部，伊朗政府陷入了瘫痪。而就在此时，原先一直躲在美国大使馆地下堡垒中的罗斯福也走了出来，他驱车来到了中央情报局在市内的一处安全屋，准备出场扮演伊朗救世主的扎赫迪将军就住在这里。扎赫迪将军在追随者的簇拥下奔向了德黑兰电台，并通过电台向全国人民宣布"他是国王钦点的合法总理"，而后又赶往了德黑兰军官俱乐部坐镇指挥。

巴列维时代的伊朗庆典

很快，暴民们便将摩萨台的府邸团团围住，但在摩萨台卫队机枪的扫射下，暴民们花了两个多小时依旧没能冲进去，还平白搭上了几十条人命。最终，参加政变的军官调来了坦克。在火炮的轰击下，屋里渐渐地停止了反抗，暴民们一拥而上将屋内洗劫一空，并将这位民族领袖的宅邸付之一炬。虽然摩萨台在护卫们的拼死保护下逃生,但摩萨台的时代终究是一去不复返了。

当记者们冲进罗马饭店就伊朗局势采访巴列维时,这对国王夫妇正在用餐。当得知摩萨台被推翻时,这位英俊的国王愣在了那里,半天才蹦出来一句话:"真的吗?"或许,他并不相信美国人真的能够助他重登王位。

几天后,巴列维返回了伊朗,摩萨台投降被捕,而法兹卢拉·扎赫迪则出任了伊朗总理。巴列维重新掌权后,美英两国也都获得了自己的利益,巴列维和他的艳后过上了纸醉金迷的生活,而伊朗的劳苦民众却依旧生活在水深火热之中。

情报监督

美国人的颠覆行动也就是情报领域的隐蔽行动都是秘密进行的。因为干的不是秘密侦察的事情就是密谋政变的事情,所以包括隐蔽行动在内的大多数情报行动在当时都是绝密。知道这些秘密的人少之又少,但20世纪70年代的一场风波却揭开了美国情报界这最为隐秘的面纱,把他们的事迹公布了出来。而触发这场多米诺骨牌,最终震撼整个美国情报界的却是"几个偷东西的小毛贼"。

在美国华盛顿特区西北的波多马克河畔,有一个由一家五星级饭店、一座高级办公楼和两座豪华公寓楼组成的综合大厦,在大厦的正门入口处,有一个小型人工瀑布,水花飞流直下,"水门大厦"的美称也由此而来。

1972年5月28日,距离美国第38届总统选举还有不到6个月的时间。这天晚上,5名行色可疑的男人集结在了水门大厦楼下,准备潜入位于6楼的美国民主党全国委员会办公室,目的是搜集关于拉里·奥布莱恩的情报。作为民主党主席的奥布莱恩曾多次刁难当时白宫的主人——总统尼克松。当然，这几个人可不是什么简单的窃贼，而是曾经受雇于中央情报局的特工，奉前中央情报局领导霍华德·亨特和戈登·利迪之命而来。亨特和利迪正是当时共和党总统连任竞选委员会的重要成员。这5个人捅开了民主党委员会办公室的大门，神不知鬼不觉地在里面安上了窃听器，又悄悄地成功撤出……

为了以压倒性优势连任美国总统，尼克松从竞选资金中拨付了25万美元，指示身边亲信，找人秘密寻找竞选对手的竞选资料。随后，受亨特和利迪之命的前中央情报局特工阿尔弗雷德·鲍德温住进了街对面的霍华德·约翰逊旅馆，监视着对面的一举一动。然而，意外发生了，安装在奥布莱恩电话上的窃听器失灵了。6月17日，5人只得再次潜入修复窃听装置。凌晨1点，他们捅开了地下停车场楼梯间的门锁并潜入进去。为了方便撤出，总统竞选连任委员会的安全顾问詹姆斯·麦科德还用胶布封住了锁舌，很多大厦的清洁工都有这个习惯。然而，那天他们却不太走运，大厦当值保安弗兰克·威尔斯在第一次巡逻时就已经把白天清洁工在这个门锁封上的胶布撕掉了。当第二次巡逻时，发现异常的威尔斯立刻报了警。3名警探开着便车前来，在警察的枪口之下，5人束手就擒。次日，这起盗窃案引起了《华盛顿邮报》记者鲍勃·伍德沃德的注意，报道被放到了报纸的头版。

因在5人身上发现了2300美元的连号钞票，警方认为案件特殊，便将案件移交给了联邦调查局。时任联邦调查局副局长的马克·费尔特负责调查此案。在前局长埃德加·胡佛去世后，本就因为尼克松而没有得到局长宝座的费尔特早就心存怨气，调查又受到了来自白宫的极力阻挠。一气之下，费尔特化名"深喉"，将"总统竞选连任委员会就是水门案件的幕后主使""连任委员会还针对尼克松的政敌搞过很多破坏"等这些自己所知道的内幕都透露给了记者伍德沃德。

因詹姆斯·麦科德的身份问题，6月19日，伍德沃德在报纸上再次发难，将案件与共和党总统连任竞选委员会联系了起来。同一天，案件中遗留的一本通信录和一张支票也落入了伍德沃德手中。支票正是由霍华德·亨特所签，而通信录上不仅有亨特的名字、电话，还有代表白宫"W.H"的缩写字样。20日，白宫牵涉水门案件的报道被刊登出来……

事实上，尼克松和他的白宫幕僚极力阻止联邦调查局对水门案件的调查还有一个原因。1969年，尼克松初次入主白宫之时，美国正深陷越战的泥淖，民众反战情绪高涨。然而，为了不想一上任就吃败仗的尼克松却秘密命令军方实施了一系列战争扩张计划。1971年6月15日，《纽约时报》开始连载报道，将这些事和五角大楼的绝密文件披露出来，盗取并泄露文件的是就职于美国兰德公司并为美国国防部工作的军事分析家丹尼尔·埃尔斯伯格。为此，尼克松密令白宫幕僚组建了由前中央情报局特工组成的"管子工"特别调查小组，秘密搜集关于丹尼尔的情报，并于9月13日潜入了丹尼尔的心理医生办公室盗取丹尼尔的病例资料。而盗取病例的这几个特工，正是水门案件的主犯。

制衡（Check and Balance）

这里，有必要简单讲一下有关美国的政治常识，因为水门事件和随后而来的情报调查都与之相关。首先我们从美国政法体系的基础"一二三"讲起，即一部基本大法、两个执政党和三权分立体系。

一部基本大法——宪法（Constitution）。《美利坚合众国宪法》（以下简称《宪法》），是美国邦联最初的十三州人民通过的近代世界史上第一部成文联邦宪法，它将孟德斯鸠的三权分立制衡理论作为宪法的核心，创造发展后形成特殊的"双重分权制衡"政府结构。《宪法》是美国的基本大法，各州有权自行立法，但是不得凌驾于宪法之上。《宪法》也是美国的政治基础，所有的政治运行都是建立在《宪法》基础之上的。到 2024 年，《宪法》共有 27 个修正案（Amendment），补充规定了包括女性可以参与选举投票、总统继任程序等一系列重要事务。

两个执政党——共和党和民主党。民主党与共和党是美国轮流执政的两大资产阶级政党，两党本系同宗，美国建国不久后即形成了民主共和党。1825 年，民主共和党分裂后形成两党，两党在禁枪、堕胎、同性恋是否可以结婚上主张不同，在美国政坛更是针锋相对、分庭抗礼。共和党在历史上执政时间较长，亦称"老大党"、右派、保守派，著名总统有林肯、艾森豪威尔、尼克松、里根、特朗普等；民主党亦称左派、自由派，著名总统有罗斯福、杜鲁门、肯尼迪、克林顿、奥巴马等。

三权分立体系——立法、行政和司法三权相互独立。首先是拥有立法权的国会。国会分为参议院（Senate）和众议院（House），人数分别为 100 名（每州 2 名）和 435 名（根据各州人数分配）；两院之下的各类委员会负责日常事务；副总统是参议院院长，但不是议员，只有在投票 50:50 的时候会参与最后表决；副总统由总统任命；议员基本不是民主党员就是共和党员。国会所通过的议案必须经过总统的批准方能生效，美国总统也可以行使否决权。但即使总统否决了这个法案，国会可以通过三分之二两院议员的票数推翻否决。同时总统可以向国会提出各种咨文，包括国情咨文、预算咨文、经济咨文、特别咨文等，其中必要的可建议立法，比如政府财政预算需要得到国会参议院和众议院批准方能生效。

其次是拥有行政权的政府及总统。美国政府分为联邦政府和州政府。按照最初的设计，为了避免联邦政府过度中央集权而变得像英国一样腐败和暴虐。因此，《宪法》规定州权与联邦权力必须区分并保证一定均衡，联邦政府仅负责国家的防务、对外及州际关系等，各州则掌管有关公民权利、法律、治安及一般涉及州的行政事务，各州可通过选举国会议员来影响国家政策。也就是联邦政府只从各州政府的权力中拿走了若干明确列举的权力，州政府则保留着中央政府拿走权力之外的所有权力，所以州政府和联邦政府也会发生争端。此外，美国国务院、司法部、国防部、中央情报局、联邦调查局等行政部门实行总统负责制，各部门领导由总统任命、参议院批准，总统免除他们的职务则无须参议院批准。

最后则是掌管司法权的联邦最高法院。由 9 名大法官组成的联邦最高法院是整个司法系统的最后仲裁者，不仅有权宣布行政机关的行为非法，而且还有权宣布国会通过的法案违宪。此外，包括联邦与各州之间的关系问题、各州法律与《宪法》冲突问题等均由他们裁定。这 9 名大法官任职须由美国总统提名、参议院批准，他们中有自由派、保守派，偶尔还会有摇摆派。按照《宪法》规定，大法官是终身制，可以干到死，但也会因为行为不端被国会弹劾，或自己提出退休。因此，但凡有大法官离职，同期的在任总统一定会提名一个"自己人"。

总的来说，《宪法》秉承了亚里士多德关于法律约束权力，防止人被权力侵蚀，使得权力无限扩大的思想，在一开始就规定了三权分立，美国政治制衡（Check and Balance）的特征也由此而来。虽然这个体制有一定弊端，但国会、政府和最高法院中，没有哪一方是居于绝对地位的，即便是美国总统。但在当时，情报界因为其工作的秘密性，依旧属于只受行政部门管辖的政府机构，国会对其的监管微乎其微。

水门大厦

不知道是害怕被灭口，还是跟总统的封口费没有谈好，1972年7月10日，水门案件中负责窃听的阿尔弗雷德·鲍德温主动联系了联邦调查局。据他讲，事发后他主动联系了竞选委员会，但没有得到任何回应，思来想去，他决定自首，并抖出了亨特和利迪。9月15日，陪审团对亨特和利迪以及5名水门案件主犯提起诉讼。其间，尼克松也没有闲着，白宫先是用"三级盗窃"这个词眼回复了伍德沃德的报道，而后又指派年轻的白宫法律顾问约翰·迪恩前去摆平此事，同时尼克松又在8月29日通过电视向全国公众表示："在我的指导下，总统顾问迪恩先生已在全面调查所有线索。我可以明确地说，调查表明，白宫班子中，本届政府中，受雇人员中，没有人卷入这一荒唐事件。"尼克松精彩的表演成功欺骗了民众。11月7日，尼克松获得了除马萨诸塞州以外的所有选举人票，赢得了其余49个州的拥戴，成功连任总统，政治天平前所未有地一边倒向了共和党人。很快，几名案犯也先后被保释出来，一切看似恢复了平静……

然而,尼克松在连任后颁布的内阁改组方案激怒了民主党,他们把水门案件又一次翻了出来。1973年1月8日,联邦地区法院公开审理了5名水门案件主犯以及约翰·亨特还有戈登·利迪。到1月30日,几人先后被定有罪。2月7日,参议院成立了总统连任调查委员会,查证水门案件中总统竞选连任委员会是否参与非法活动,以及白宫到底有无涉足其中。3月22日,在对水门案的判决听证会上,法官公开宣读的詹姆斯·麦科德的信表明,被告们都曾受到政治压力,让他们承认有罪并三缄其口。而这个政治压力正是来自尼克松的法律顾问约翰·迪恩。眼看纸里包不住火的迪恩于4月6日主动接触了参议院调查委员会。尼克松得知此事后大为恼火,他决定"弃车保帅"。4月17日,尼克松私下约见了迪恩,并递给了一份已经草拟好的辞职信,让迪恩一个人把妨碍司法公正的事情扛下来,好把自己撇干净。迪恩一看,这么大事,自己哪扛得住,不行,还得拉两个垫背的。于是,他向总统提出,自己辞职没问题,但是总统幕僚长鲍勃·霍尔德曼和总统内政顾问约翰·艾尔利希曼也帮着收买嫌犯了,他们两个也得一起辞职。霍尔德曼和艾尔利希曼都是跟随尼克松多年的心腹,是尼克松的左右手,权力之大堪称如日中天。但是,伴君如伴虎,尼克松为了保住自己的总统宝座,不得已,斟酌良久后决定"壮士断腕"。4月28日深夜,在马里兰州戴维营的尼克松辗转反侧不能入睡。次日,他向二人委婉地提出了辞职要求。4月30日,尼克松又在电视上对全国民众一本正经说假话:"很抱歉,有人隐瞒了一些事实,不只是对公众,对你们,也包括我。"

尼克松本以为撇清关系以后就可高枕无忧了,然而,辞职后霍尔德曼和艾尔利希曼怀着"你对我不仁,休怪我对你不义"的愤懑,将尼克松的丑事一个个全部抖搂了出来……同时，司法部部长艾略特·理查德森任命阿奇博尔德·考克斯为特别检察官，开始调查水门一事。尼克松陷入了四面楚歌的境地。参议院更是将调查听证会直接安排了电视直播。1973年6月25日，约翰·迪恩坐上了参议院听证会的证人席，他花了8个小时念了一份长达245页的证词，详细讲述了干预水门事件司法公正的经过，以及总统是如何将隐蔽行动逐渐发展为搜集国内情报，再到搜集政治对手丑闻和策略的过程……就在调查委员会苦于没有证据之时，有人给睡意正浓的人送来了枕头——一个白宫工作人员向调查委员会透露，尼克松的办公室有窃听器录音装置。然而，这并不是中央情报局安排的，而是尼克松本人安排的，目的是在离任后写自传。7月16日，白宫资深工作人员亚历山大·巴特·菲尔德出席听证会时印证了这一事实。于是，特别检察官考克斯开始敦促白宫交出录音带，但尼克松先是不予理睬而后又百般推脱。10月20日，当考克斯再次向尼克松发难之时，尼克松放了大招——命令司法部长理查德森罢免考克斯的职务。但理查德森拒绝了总统的要求，随即辞职，其副手拉克尔·肖斯接任后，也因拒绝罢免考克斯而辞职。最后司法部的第二副部长博克被迫答应罢免考克斯。国内舆论随之哗然，弹劾之声四起。无奈之下，尼克松只好命白宫整理并交出录音带。11月21日，白宫宣布，秘书罗斯·玛丽在转录录音带时"意外"地抹去了水门事件后18分半的录音，而且先后抹了9遍……1974年2月6日，尼克松还是没有交出录音，国会随即启动了弹劾机制，开始起草文件。迫于压力，白宫终于4月30日交出了录音带，但机敏的民众很快发现了这是一份剪辑后的版本，里面很多地方前言不搭后语。在最高法院的一再敦促下，7月24日，白宫终于交出了全部录音，而其中1973年6月23日尼克松与霍尔德曼的对话显示，早在水门案件的6天后，尼克松就有意遮掩此事——因涉案人员是前中央情报局的特工，尼克松授意霍尔德曼联系中央情报局局长理查德·赫尔姆斯会同联邦调查局遮掩此事，而赫尔姆斯拒绝了这一要求。三天后，国会投票通过了总统弹劾文件，内容是妨碍司法公正。随后的两天，国会又通过了两份弹劾文件，内容分别是滥用权力和藐视国会。1974年8月8日，迫于压力，还没有结束任期的尼克松宣布辞职。

《纽约时报》刊登的尼克松辞职消息

尼克松辞职后，时任副总统的福特根据"第25号修正案"继任美国总统，但水门事件造成的影响却依旧没有平息。在水门事件之前，因为"冷战"的背景和越南战争的问题，国会往往迁就着美国总统，因此这一期间总统的权力不断膨胀，隐蔽行动逐渐失控。水门事件后，国会的势头压过了美国总统和美国政府，再加上尼克松利用前情报人员干了这么多非法勾当，天知道中央情报局这些机构还干了什么不可见人的事情的心理。于是，一场关于情报调查的活动如火如荼地开展起来。同时，好事的媒体也在不断挖掘以前中央情报局不为人知的各项隐蔽行动的猛料。

为了更好地应对媒体，时任中央情报局局长施莱辛格和即将担任新局长的科尔命令下属好好梳理了一下近20年来中央情报局开展的隐蔽行动都有哪些，一份长达693页名为"家庭珍宝"（Family Jewels）的清单自此形成。非法监视和窃听国内新闻记者的"模仿鸟计划"，暗中监视华盛顿地区被认为对中央情报局人员与设备构成潜在威胁的持不同政见者，对外国领导人卢蒙巴、卡斯特罗等人的阴谋暗杀计划赫然在列。一些秘密行动计划被透露给了媒体。1974年12月22日，这场揭开情报秘密的活动迎来了高潮，西摩·赫什在《纽约时报》头版头条的报道题为"据报道中央情报局在尼克松时期在美国进行了大规模的反对反战力量与其他持不同政见者的活动"，美国国内舆论一片哗然……

看过中央情报局所呈报的"家庭珍宝"后，福特总统慨叹道，真可谓是触目惊心。水门惊魂未定的福特不想成为第二个尼克松，1975年1月5日，他颁布了一项行政命令，成立了一个由副总统洛克菲勒领导的洛克菲勒委员会，专门调查那些对中央情报局所从事的非法活动的指控。调查报告指出，虽然中央情报局搞了一些不当监听、私拆邮件、调查国内异见人士的非法活动，但大多数行动还是合乎法律的。6月，前副国务卿罗伯特·墨菲领衔成立了墨菲委员会，针对国家安全委员会的监督工作提了若干意见。

与此同时，国会也开始了更为强硬的调查监督工作。1975年1月27日，参议员弗兰克·丘奇领衔成立了丘奇委员会。15个月内，委员会先后对中央情报局、国家安全局、联邦调查局等部门的数百位证人开展了调查，举行了21天的公开听证会，召开了126次全体会议,以及40次小组委员会会议,最后公开发表了关于美国情报界的构成、活动以及职权滥用情况的14份调查报告,并且向国会和情报界提出了183项改革建议。众议院自然也不能不作为,于2月19日成立了一个情报特别委员会来调查对情报界的指控并对国会如何行使情报监督职能提出建议,由众议院军事委员会情报小组委员会主席卢西恩·尼齐出任主席,因此又被称为尼齐委员会。委员会想要把中央情报局几乎全部档案拿走审计。然而,6月5日《纽约时报》披露的中央情报局"家庭珍宝"显示,部分行动尼齐早就知道……尼齐因此在一片声讨中下岗,啥也没来得及做。随后,众议院又于7月17日通过议案,指定奥蒂斯·派克重新出任调查委员会主席继续调查工作,派克委员会吸收了尼齐委员会的大部分班底,虽然委员会拿到了来自美国情报界的大量文件,但其最后起草的调查报告却聚焦在了情报界的负面行动,

> **走进美国情报界的议员们**
>
> 参议院情报特别委员会(Select Committee on Intelligence, SSCI)和众议院常设情报委员会(House Permanent Select Committee on Intelligence, HPSCI)。参议院情报特别委员会成立于1976年,其前身是成立于1975年的"丘奇委员会";众议院常设情报委员会成立于1977年,其前身是成立于1975年的"派克委员会"。两者的成立都源于20世纪70年代情报界缺乏监督,所以各情报机构职责不清和定位不清,呈现出粗放式发展的趋势。两个委员会成立后,针对情报界暴露出的问题展开了调查,为规范美国情报界,引导情报力量发展,促使情报界缓慢变革起到了良好作用。如今的两大情报监督委员会凭借国会掌握"钱袋子"的优势,能对情报界形成有效的制衡,尽力确保情报界在情报授权法案允许的范围内履职尽责。

完全忽视了情报界对于美国国家安全的积极作用。加之丘奇委员会披露的中期调查报告已经对中央情报局等机构造成了极其负面的影响，最终，在白宫和中央情报局的影响下，再加上两党之间的分歧，这份调查报告流产。

针对美国情报系统的监督包括来自立法、行政和司法的三个方面。从1947年到1974年，美国国会对于情报系统的监督基本上是"放任自流"的状态，负责监督事务的分别是两院军事委员会和拨款委员会，但基本都是装装样子，从而使情报机构越做越大。因1975年成立了一系列调查委员会和调查活动，这一年被称为情报年，是美国正式开始情报监督工作的开端。自此，美国情报机构再也不是仅仅受行政部门领导的总统私产，国会在其中的影响越来越大，而国会议员们对于情报界的监管也由原来的"事后灭火"变成了"日常巡逻"。

情报年对美国情报界造成了很大的冲击。一系列调查报告把本见不得光的情报机构拉上了前台。国会通过的《1974年休斯—赖安法案》更是把隐蔽行动的知悉范围扩大到了数百人，哪还有什么保密可言。美国情报人员的身份、住址等一系列秘密在新闻媒体的推波助澜下不胫而走，甚至传到了敌人的耳朵里。1975年圣诞节的冬夜，中央情报局雅典站站长理查德·韦尔奇和妻子参加完晚会回家的路上被秘密跟踪，最终被杀死在自己家门口。为了避免这种没完没了且让情报工作人员提心吊胆的调查，在派克委员会和丘奇委员会的建议和推动下，国会分别于1976年和1977年建立了专门用于监督美国情报机构的参议院情报特别委员会（SSCI）和众议院常设情报委员会（HPSCI）。

此后，国会颁布了旨在遏制美国国家安全局和其他情报机构滥用权力、窥探美国公民隐私的能力的《1976年外国情报监视法案》。之后，为了避免重蹈尼克松的覆辙，随后的福特、卡特、里根总统分别在1976年、1978年、1981年签署了第11905号、12036

号、12333号等多个行政命令，重申禁止情报机构开展暗杀等隐蔽行动，并对美国情报界的职责、使命和活动范围以及中央情报主任在预算、任务分配和管理方面的权限做出了一系列详细的规定。毕竟，通过拨款控制美国中央情报局的隐蔽行动是一个十分有效的办法。这一切对原先的隐蔽行动造成了极大影响。隐蔽行动占全部情报预算的比例直线下降，在短短7年左右的时间内，竟下滑到不足5%。只是后来随着苏联入侵阿富汗等国际形势的变化，中央情报局用于隐蔽行动的预算比例才开始缓慢回升，但始终都没有恢复到杜勒斯时代的水平。1985年4月24日，众议院的一场投票否决了美国为尼加拉瓜反政府武装拨款1400万美元的提案，这直接导致了中央情报局的财政危机。断人财路犹如杀人父母。时任美国中央情报局局长的威廉·凯西可谓是有苦说不出，无奈之下，中央情报局不得不通过中间方向伊朗出售军火以赚取必要的经费，最终导致了伊朗门事件的发生。

伊朗门

伊朗门事件是里根政府为营救人质同伊朗秘密进行武器交易被披露而引发的政治丑闻事件。里根上台后对伊朗采取强硬外交政策，同时公开反对别国向伊朗提供武器。为了解救被黎巴嫩激进组织扣押的美国人质，从1985年5月开始，美国秘密地与对黎巴嫩激进组织有影响力的伊朗进行商谈，希望以出售武器换取人质。在美国向伊朗出售了几千万美元的武器后，3名人质获释。

1986年11月2日，黎巴嫩杂志《帆船》揭露了这一事件，在美国和国际上引起了一番风波。媒体引用尼克松的水门事件，将此次事件称为伊朗门事件。4日，伊朗议长证实了这一报道，伊朗门事件就此暴露。美国的西欧盟国和阿拉伯世界的友好国家都表达了对美国此举的不满。不久后又揭露出售出这笔武器所获大笔利润转到尼加拉瓜反政府武装之手，所有这些均未通知美国国会，属于违法行为。

1987年，美国参议院、众议院的两个特别调查委员会成立，经过近一年的调查，两个委员会在11月18日公布的报告仍然认为总统应当承担责任。最后因为诺斯等人极力将责任揽在自己身上，里根得以全身而退。

来自星空的偷窥

就在美国国内被水门事件搞得沸沸扬扬之际,一场战争却不约而至。博弈之下,十分世界痛,九分在中东。除了1950年爆发的朝鲜战争和1961年美国介入的越南战争外,中东无异于是美苏两大势力利用宗教问题和地缘冲突试验武器、发动战争角逐的核心舞台。

巴勒斯坦地区,位于亚洲西部地中海东南岸,是一块狭长的三角地带,西面与埃及的西奈半岛相连,北、东、南三面则依次被黎巴嫩、叙利亚、约旦、沙特等阿拉伯国家环绕,古称迦南。犹太教、基督教、伊斯兰教世界三大宗教圣地耶路撒冷就坐落在这里。历史上,犹太人和阿拉伯人都曾在此居住过。公元前13世纪末,希伯来各部落迁入巴勒斯坦,并曾先后建立希伯来王国及以色列王国。此后巴勒斯坦又先后被亚述人、巴比伦人、波斯人及罗马人占领和统治。经过三次大起义后,犹太人几乎全部离开巴勒斯坦,从而结束了犹太民族主体在巴勒斯坦生存的历史。7世纪,阿拉伯人在战胜罗马帝国接管巴勒斯坦后不断迁入,并与当地土著人同化,逐渐形成了现代的巴勒斯坦阿拉伯人。19世纪末,犹太复国主义运动在世界各地兴起,各地的犹太人大批迁入巴勒斯坦。第一次世界大战期间,巴勒斯坦沦为英国的"委任统治地"。英国将其分为两部分:即以约旦河为界把巴勒斯坦分为东西两部分,东部称外约旦(即今约旦王国),西部仍称巴勒斯坦(即今以色列、约旦河西岸和加沙地带)。此后,世界各地的犹太人开始陆续移居巴勒斯坦地区。在犹太人纷纷涌入巴勒斯坦的过程中,犹太人与当地的巴勒斯坦阿拉伯人发生过多次流血冲突。

第二次世界大战以前,中东地区一直都是英国的势力范围,第二次世界大战结束以后，英国国力衰退，美苏都渴望染指这一地区。然而，英国在此经营多年，其影响远非美苏两国可及。于是乎，1947年11月29日，在联合国裁决之下，巴勒斯坦地区被划为犹太和阿拉伯两国分治，耶路撒冷为联合国托管。根据联合国决议，1948年5月14日，在英国的托管期结束前一天的子夜，犹太国以色列正式宣布成立。美苏等国第一时间对以色列表示了承认。按照联合国的分治决议，占地区总人数2/3的阿拉伯国所分领土不仅支离破碎、互不相连，而且只占巴勒斯坦总面积的43%。犹太人虽仅有60万人，不到总人口的1/3，然而其领土却占巴勒斯坦总面积的57%，大部分又位于沿海地带，土地肥沃。再加上地区周围全是阿拉伯国家，卧榻之侧岂容他人酣睡，1948年5月15日，由埃及、约旦、伊拉克、黎巴嫩等国和阿拉伯解放组织组成的4.3万人的部队前来围攻刚建国的以色列。在美苏等国的干预下，战争以阿拉伯国家的失败而告终，以色列完成独立，顺利建国，史称第一次中东战争。然而，好景不长，1956年第二次中东战争爆发。英、法和以色列借口埃及收回苏伊士运河公司和禁止以色列船只通过运河与蒂朗海峡，向埃及发动进攻，企图重新控制运河和镇压阿拉伯民族解放运动。战争又一次以阿拉伯国家的军事失败而告终。随着阿以矛盾和美苏对中东的争夺加剧，1967年，以色列在美国支持下进一步向外扩张，并出动22个旅实施多方向快速突击，4天内占领了西奈半岛、戈兰高地和加沙地区总共6.5万多平方千米的阿拉伯领土，数十万巴勒斯坦阿拉伯人被赶出家园，这便是第三次中东战争。

以色列国小民寡，但却在人类历史上不断刷新着各种军事奇迹。1967年战斗轰炸机从高速公路起飞千里突袭埃及；1976年特种部队千里奔袭乌干达解救人质；1981年以色列空军长途跋涉摧毁伊拉克核反应堆；1982年贝卡谷地空战创造了82∶0的骄人战绩……然而，1973年一言不合就开干的以色列却差点遭受了灭顶之灾……

道不同不相为谋，苏联与以色列渐渐结束了蜜月期，而以色列也与美国走得越来越近。第三次中东战争以后，阿拉伯国家转而投靠苏联，获取了大量先进的武器，蠢蠢欲动，伺机复仇。

第三次中东战争中的以色列机械化部队

1973年10月6日，正值伊斯兰教的斋月和犹太教的赎罪日。按理说这个月应该是双方休整的时间，以色列当天更是停止了一切公务活动。然而，这一天，埃及、叙利亚等阿拉伯国家为收复失地向以色列开战。因为阿拉伯国家巧妙地实施了一系列战略情报欺骗，加上以色列军事情报部部长泽拉的情报失误，"中东珍珠港事件"即第四次中东战争爆发。以军防备松懈，损失惨重。埃及军队不到一星期就控制了苏伊士运河东岸10～15千米的地区。以军仓皇调动迎击的3个装甲旅均遭受严重打击。在苏制反坦克武器的攻击下，以军的王牌装甲部队几乎被全歼。10月9日，叙军夺取了戈兰高地东部大片土地。以军3个装甲步兵旅遭受重创。眼瞅着埃军就要攻陷以军在西奈半岛的战略要地埃特拉和吉迪山口，此后以色列将无险可守，不到数小时，埃及的坦克部队就可以踏平以色列全境……以色列两线作战，处境极为不利。在国家面临生死存亡之际，以色列总理梅厄夫人于10月10日召集紧急内阁会议。会上，以色列定下了"先北后西"的作战方针，以军先放下西奈半岛的埃及军队，调整部署，集中优势兵力于北线阻击叙军，随后以色列紧急开展战争动员，征召集结了40万兵力，开始有序组织反击。与此同时，国防部长达扬、总参谋长埃拉扎尔认为，以色列已经到了最危险的时候，必须要留有后手，如果战局不利，要动用手中具有"绝对战略意义"的原子弹。随后以军很快确定了具体作战方案：部分核弹头由F-4E"鬼怪"式战斗轰炸机携载，另一部分核弹头由"杰里科"地对地导弹发射，攻击目标包括开罗、大马士革等城市，以及尼罗河阿斯旺大坝——埃及建造的世界上最高的水坝。当时以色列拥有的原子弹虽然不算先进，但每颗的原子弹TNT当量都在5万吨以上……中东热核战争一触即发，考虑再三，梅厄夫人也将会议情况通报给了大洋彼岸的美国总统尼克松。

一直在关注战争进程的尼克松听闻后大惊失色，毕竟在中东地区使用核武器不符合美国的战略利益。在电话里，尼克松给"铁娘子"梅厄画了张大饼："我们的情报部门一直在关注着阿拉伯人的动向，有一份情报，我们的情报部门已经掌握了，这份情报可以帮助你们扭转战局，你可一定要稳住内阁，再坚持24小时，绝对不要使用原子弹。"与大多数商业桥段不同，这张饼可是实实在在的，一直在关注中东局势的美国情报部门没有让尼克松和梅厄失望。第二天，美国驻以色列武官便来到以色列国防部，送交了一组绝密照片和美国军方的建议：根据照片显示，在埃及军队进攻的正面上，在姆萨湖和大苦湖之间，从苏伊士运河的北端起大约90千米处，有一个宽7～12千米的间隙，在该处约40千米周围的大片地区兵力空虚，显然是埃军第2集团军和第3集团军的接合部。如能从此间隙实施大纵深穿插突击，将扭转战局，重创阿拉伯军队。

与此同时，以军在北线已重新占领了整个戈兰高地，并越过1967年叙以停火线，深入至叙利亚境内距离大马士革仅32千米处，并打退了伊拉克和约旦的援叙部队。14日，叙利亚组织了大规模反扑，叙以双方展开了一场空前规模的坦克大战。结果叙军遭受重创，被迫转攻为守，开始了战略僵持。在南线，根据美国人提供的情报，16日，以军在阿里埃勒·沙龙少将的率领下，从埃及第2、3军团之间的空隙突入并偷渡苏伊士运河，进入埃及的领土作战，形成了对埃及第3军团的包围之势。至此，战局已发生根本逆转，埃、叙由优势变为劣势，连埃及首都开罗的安全也受到了威胁。10月21日，美苏两国共同向联合国安理会递交了要求双方立即就地停火的提案。22日，联合国安理会通过了美苏提出的338号决议。埃、叙、以分别于22日和24日宣布接受停火，"赎罪日"战争宣告结束。

如果没有美国人提供的情报，那第四次中东战争的胜负如何可能还有悬念，沙龙也不会成为一战成名的以军名将。那么，美国驻以色列武官提供的情报到底是谁搞到的呢？是U-2高空侦察机吗？还是美国又研制出什么新的侦察机了？

1995年2月，从美国白宫传出了一个令世人震惊的消息：美国将解密间谍卫星拍摄的86万幅绝密照片及大量资料。一年后，这批解密照片和资料由中央情报局移交给了美国国家档案馆，全部对公众开放。这86万幅绝密照片，是美国"科罗纳"间谍卫星计划的成果。当年在"赎罪日"战争中美国驻以色列武官提供的图像情报正是当时美国最先进也是最绝密的"大鸟"卫星拍摄的。

20世纪50年代后期，苏联先后发射了世界上第一颗人造地球卫星和第一枚洲际导弹，美国人在大洋彼岸如坐针毡。随着"冷战"不断推进，美国对苏联的军事、科技，特别是导弹核武器的情报需求愈发强烈，U-2侦察机的升空虽然解决了部分问题，但依旧是杯水车薪。1960年，U-2侦察机被苏联击落揭露了美国人的间谍行为。随着丑闻的进一步发酵，美国中央情报局和国防部也决定加强太空军备竞赛。

1958年1月31日，美国成功发射了第一颗人造地球卫星，在军方的强烈要求下，中央情报局秘密地组织了一支力量，研制了一种可以在太空照相侦察并实施胶卷回收的卫星，代号"科罗纳"。1959年2月28日，美国第一代侦察卫星"锁眼1"（Keyhole-1，英文简写"KH-1"）从加利福尼亚范登堡空军基地被秘密地送进太空。这颗照相卫星耗费了915米长的胶卷，拍摄了427万平方千米的苏联领土照片。到1972年2月结束，"科罗纳"计划共进行了144次卫星发射，其中102次带回了有效情报。在12年中，侦察卫星拍摄了86万幅照片，累积覆盖地球表面17.5亿平方千米，其中95%为美国以外地区，光是耗费的胶卷就长达640千米。相比之下，U-2高空侦察机在4年的时间里共出勤24次，侦察范围仅覆盖苏联国土的260万平方千米，费效比显而易见。"锁眼"，顾名思义，从钥匙孔里看看你家到底什么样子。这个系列卫星使用的侦察照相机不断升级，早期的KH-1相机分辨率为12～15米，到KH-5、KH-6时，分辨率提高到1.8～3米。卫星在地球轨道停留的时间，最初只有3天，后增至19天。送回地球的照片，覆盖面积从300万～400万平方千米增加到2880万平方千米。

虽然卫星侦察给美国人带来了一定的福音，但是为了最大限度地获取情报利益，美国中央情报局和以美国空军为代表的美国国防部都在拼命地瓜分这块好吃的"蛋糕"。在资金、人力均有限的情况下，重复工作势必会制约情报生产的效能。为了结束国内各机构在太空领域盲目探索的现状，艾森豪威尔指示国防部长尼尔·麦克尔罗伊于1958年2月在国防部内设立了国防高级研究计划局（Defense Advanced Research Projects Agency，DARPA），作为管理高级军事研究和空间项目的中心机构，以此最大限度地减少各军种之间在太空任务上的内部恶性竞争。

最初，艾森豪威尔总统基于他自己的军事经验，倾向于将美国所有的太空研究集中在国防高级研究计划局内。然而，以副总统理查德·尼克松和麻省理工学院院长詹姆斯·基利安为代表的总统顾问们认为，国防高级研究计划局并不能有效协调美国的空间开发任务，特别是无法解决空间研究既要满足保密的军事需要，又要服务民用空间科学和应用的领域这一矛盾。艾森豪威尔总统随后于1958年7月29日签署了《国家航空和空间法》，建立了负责非军事航空和空间能力研发的国家级部门，这就是鼎鼎有名的美国国家航空和航天局（NASA）。在军事航天领域，1958年艾森豪威尔授权组建了一个由文职人员领导的办公室——美国空军导弹和卫星系统办公室，负责空军的天基侦察卫星计划，这一办公室后来成为国家侦察办公室。

1961年肯尼迪主政后，时任国防部长罗伯特·麦克纳马拉启动了国家侦察计划，以统筹整合同期美国各类航空航天侦察活动（包括所有隐蔽和公开的、空中和天基的侦察活动）。他认为，"国家侦察计划将很快成为满足政治、经济、军事、测绘和情报需求的综合性和关键性的国家安全资源"。因为天基侦察活动当时已经在空军导弹和卫星系统办公室的指挥下开展，所以麦克纳马拉就以该办公室为基础组建了新的国家侦察办公室。新成立的国家侦察办公室从一出生就注定是驰骋在太空中的"王者"。它的诞生本来也就是为了解决中央情报局和国防部之间各自为战的局面。因此，国家侦察办公室成立后，由中情局副局长理查德·比塞尔和空军副部长约瑟夫·查里克共同管理。新成立的国家侦察办公室继承了美国中央情报局和美国国防部天基侦察的全部资产，负责运维国家侦察计划（NRP），当时的"科罗纳"和"萨摩斯"两个天基侦察项目，以及U-2和SR-71高空侦察项目都在此计划范围内。这标志着美国整合统筹天基侦察能力建设发展的机构起点。

侦察卫星初露头角其实并不是在第四次中东战争，而是为1961年9月21日中央情报局的

国防部的附庸

国家侦察办公室（National Reconnaissance Office，NRO）该机构的总部设在五角大楼4C—956，它的公开名称是"太空系统办公室"。国家侦察办公室隶属美国国防部，是美国18家情报机构之一。国家侦察办公室成立于1961年9月6日，负责为美国政府设计、组装并发射侦察卫星，以及协调、搜集和分析从中央情报局以及军事机构的航天飞机、卫星搜集到的情报。国家侦察办公室成立后长期处于保密之中，直到1992年，美国政府才向外界公布了这个机构的存在。按照惯例，国家侦察办公室主任的职位由空军副部长或助理部长来担任，只在少数情况下例外。

《国家情报评估》提供了准确的苏联部署洲际弹道导弹数量——只有14枚。而在此之前，美国情报机构一致判断苏联至少部署了140枚洲际弹道导弹。相比之下，美国此时只拥有24枚"宇宙神"洲际弹道导弹、96枚"北极星"潜地弹道导弹。通过"锁眼"看清了苏联家底的美国人大幅度减少了对准莫斯科的洲际弹道导弹发射装置，在处理柏林危机时也挺直了腰板。事实上，在古巴导弹危机中，侦察卫星也提供了相应的图像证据。

第四次中东战争期间，为以色列提供埃军存在空隙的"密探"就是"锁眼-9"侦察卫星，代号"大鸟"。1971年6月15日首次发

射的"大鸟"卫星配备了铂金·埃尔默公司研制的光学系统,重达9吨,可以在160～265千米的近地空间拍摄分辨率优于30厘米的相片,也正是它获取了有效的情报。当时还没有数码照相设备,"大鸟"只能背着6个硕大的胶卷回收舱上天。照完相片后,带有制动火箭的回收舱由驻夏威夷的美空军第6594试验联队用带有特殊装备的HC-130飞机在空中回收。然后从这里用飞机把胶片送到首都华盛顿郊外的安德鲁斯空军基地,紧接着再送往国家侦察办公室的图像判读中心,该机构负责所有空中侦察任务,包括飞机和卫星侦察。

HC-130飞机正在回收胶片

随着数码照相技术的发展,图像情报传递的速度得到大幅提升。然而,照相侦察卫星也有自己的局限:光学成像系统无法穿过常年覆盖在苏联上空的云层。而雷达成像侦察卫星可以弥补光学成像侦察卫星的不足,由于其波长要比可见光或红外光的波长长得多,因此不仅能全天时、全天候随时对目标成像，还能穿透干燥的地表，发现藏在地下数米深处的设施。在伊拉克入侵科威特的前一天，国家侦察办公室的"锁眼-11"卫星曾准确拍摄到10万名伊军在科威特边境集结，伊军的后勤车辆和运输机还在不断地运送各种作战物资。根据这些信息，中央情报局甚至准确地判断出了伊拉克入侵科威特的时间。1991年1月17日，在美军对伊拉克实施"沙漠风暴"行动之前，萨达姆让共和国卫队进入掩体，以躲避轰炸，保存实力。这一招确实让美国"锁眼-12"卫星成了"睁眼瞎"。不过在此之前，美国首颗雷达成像侦察卫星"长曲棍球"已于1988年12月2日升空。美国利用"长曲棍球"像X光机一样透视了伊拉克沙土的表层，结果使所有藏在沙堆下的伊拉克坦克、管路暴露无遗。从1959年至今，除了照相侦察卫星、电子侦察卫星，侦察卫星家族已经发展出包括跟踪监视舰船信号的海洋监视卫星、追踪导弹发射的导弹预警卫星和核爆探测卫星等在内的庞大家族，成为战略情报搜集、战术侦察、军备控制核查和打击效果评估的常规手段。

一直以来，国家侦察办公室的内部依旧存在中央情报局和国防部的明争暗斗。因"猪湾"行动的失利，比塞尔和杜勒斯纷纷引咎辞职，而中央情报局新派驻的代表并不熟悉业务，逐步削弱了中央情报局在国家侦察办公室的话语权。为了更好地统筹美国侦察卫星的发射、运维和管理工作，国家侦察办公室先后进行了数次改组。海湾战争结束后，世界格局"一超多强"的特征愈加显著，这直接影响了美国情报界。简言之，它们需要处理的日常性侦察活动范围更为扩大，包括战场支援、军控及国际条约履约监督、国际恐怖主义、核生化武器扩散、毒品贩运、环境管理、经济竞争等。国家侦察办公室的职能范围显著扩大，对天基侦察的需求实际上大大增加，需求的重点越来越实时化和动态化。渐渐地，国家侦察办公室开始依托"客户"(clients)和"用户"(users)两种概念方式为美国情报界的重要伙伴提供服务。"客户"一词是指直接向国家侦察办公室提供情报搜集需求、为国家侦察办公室项目提供资金，或在一定程度上有权整合和验证国家侦察办公室发展依据的政府组织。国家安全局、国防情报局，中央情报局和联邦首席信息官都是国家侦察办公室的客户。而"用户"一词则是指所有大量使用国家侦察办公室产品的组织，如美军部队、指挥官和情报分析人员等。

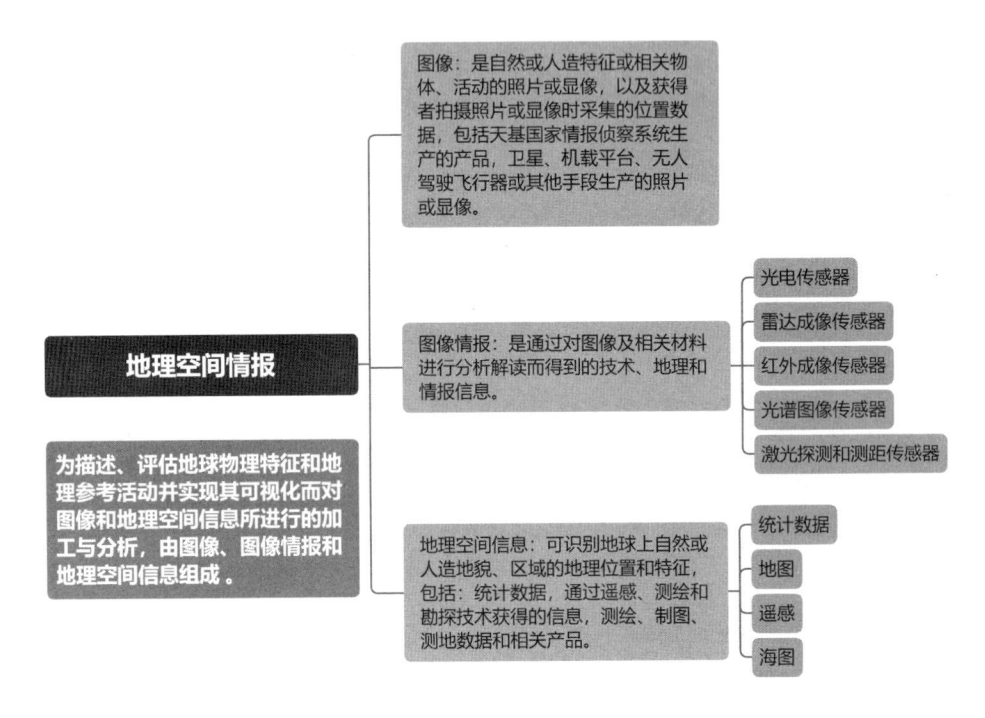

地理空间情报

- 为描述、评估地球物理特征和地理参考活动并实现其可视化而对图像和地理空间信息所进行的加工与分析，由图像、图像情报和地理空间信息组成。

- 图像：是自然或人造特征或相关物体、活动的照片或显像，以及获得者拍摄照片或显像时采集的位置数据，包括天基国家情报侦察系统生产的产品，卫星、机载平台、无人驾驶飞行器或其他手段生产的照片或显像。

- 图像情报：是通过对图像及相关材料进行分析解读而得到的技术、地理和情报信息。
  - 光电传感器
  - 雷达成像传感器
  - 红外成像传感器
  - 光谱图像传感器
  - 激光探测和测距传感器

- 地理空间信息：可识别地球上自然或人造地貌、区域的地理位置和特征，包括：统计数据，通过遥感、测绘和勘探技术获得的信息，测绘、制图、测地数据和相关产品。
  - 统计数据
  - 地图
  - 遥感
  - 海图

地理空间情报门类构成

在2018版美军参联会联合出版物JP3-14《太空行动》中也提到了国家侦察办公室的相应职责：国家侦察办公室是一个联合性组织，主要从事研究、开发、采购、发射和运维必要的天基侦察系统，以满足情报界和国防部的情报需求。国家侦察办公室还参与国防部长和国家情报总监指导下的活动。国家侦察办公室主任的职责包括：

情报支援和预警、监督军控协议履约情况，以及对规划和展开军事行动进行情报支援。国家侦察办公室的联络官员和战区支援代表会派驻各个作战司令部，作为国家侦察办公室与作战司令部及其参谋部门沟通的纽带。国家侦察办公室还会与国防部其他涉及情报业务的下辖机构进行广泛协作，例如地理空间情报需求通过与国家地理空间情报局协作完成，涉及信号情报则主要与国家安全局合作，测量与特征情报则与国防情报局合作。

成功的导演与失败的营救

20世纪70年代的中东早就因为宗教原因热闹非凡，巴勒斯坦地区这边的以色列人忙着跟阿拉伯世界死磕，伊朗那边巴列维国王夫妇骄奢淫逸的生活和对伊斯兰宗教的仇视也为王朝的覆灭埋下了仇恨的种子。

巴列维推翻摩萨台后，虽然只是将摩萨台软禁起来，但在对待摩萨台的同党时，这位年轻的国王展现了他暴戾的一面。包括摩萨台的外交部长侯赛因·法特米在内的数十名重要人士遭到公开逮捕、处决，其中还有不少是青年学生。而另一边的英国政府还是和忙活了半天的美国政府平分了英伊石油公司80%的股份，剩下的20%股份则分给了欧洲其他公司。英伊石油公司的全部利润则要与伊朗方面五五分账。

有了自己的利益，美国人当然要在伊朗投入更多的精力。与此同时，巴列维在"美国爸爸"的庇佑下开始为所欲为。新任的伊朗总理扎赫迪也是极为强势，但在与巴列维的较量中还是黯然离场，被"发配"到了瑞士。在权力的腐化下，巴列维变得越来越强势。

穆罕默德·礼萨·巴列维及其家人

奢靡，成为了巴列维掌权后的一个主旋律。在王宫之外，尚有地方饿殍遍野，而这边的王宫里，巴列维娇艳的王后却在用鲜牛奶沐浴，巴列维则享用着由协和飞机从巴黎空运过来的午餐。自己就是靠着政变夺回的权力，当然也会害怕别人颠覆自己的政权。为了保证自己奢靡的生活可以长期维持下去，巴列维在美国和以色列的帮助下，筹建了一个名为萨瓦克的秘密警察部队。作为对巴列维最忠诚的部下之一，当初在政变中惨遭设伏的王宫卫队长内玛特拉·纳斯里上校掌管了这支臭名昭著的队伍，并获得了少将军衔。在萨瓦克的影响下，伊朗进入了一个以酷刑和恐惧为标志的时代。在外国文化的熏陶下，巴列维开始西化伊朗，妇女们不仅摘下了面纱还获得了选举的权利。这无疑激怒了传统的伊斯兰什叶派教徒，巴列维开始不断打压和他政见相左的报社、政党还有贸易联盟和商业组织。这下可好，只得逼得这些反对人士跑到清真寺和宗教学校避难。

物极必反是亘古不变的真理。在巴列维的统治下，宗教人士开始联合起来，进而在1978年1月爆发了大规模的示威活动，同年8月至12月，罢工及示威活动瘫痪了整个国家。1979年1月，巴列维被迫带着家人流亡海外。两星期后，在外流亡了15年的阿亚图拉·霍梅尼回到德黑兰，受到数百万名伊朗人的欢迎。在不久后的2月11日，游击队和"叛军"通过巷战击败了忠于巴列维的部队，巴列维王朝的政权就此崩塌。

经过了全国公投后，伊朗在1979年4月1日成为伊斯兰共和国，并通过了新的伊朗伊斯兰共和国宪法。霍梅尼在1979年12月成为国家的最高领袖。传统的伊斯兰宗教主义席卷了这片有着2500年历史的土地。正是在这样的背景下，一场危机爆发了。

1979年10月2日，美国接收流亡在外的巴列维，让他在美国接受医治癌症的治疗。霍梅尼及国内左翼团体随即强烈抗议，坚决要求将巴列维遣返回国受审及处死。同美国人的纷争使得革命分子不由得想起26年前的那场政变。

示威人群冲进了美国驻伊朗大使馆

11月4日，伊朗德黑兰美国大使馆的墙外，一群狂热的伊斯兰学生围住了大使馆的正门。人群中高举的霍梅尼照片、正在燃烧的星条旗、越来越急促的口号声与大使馆院内的寂静形成了鲜明的对比。毕竟，墙内墙外分属两个国家、两个文化、两个世界，而他们之间早在26年前就结下了无法调和的矛盾。

不知是哪个学生最先翻过了围墙，冲了进去。随后，铁门上的锁链也被抗议的人群剪断，大批的抗议者蜂拥而入。虽然使馆里还驻扎着一队全副武装的美国海军陆战队士兵，但是，他们不敢朝人群开枪。因为，只要枪声一响，使馆内所有的美国人都会被抗议者的洪荒之力撕得粉碎。使馆内，早已得知消息的工作人员正在焦急地处理馆内的外交文件、情报档案还有美国签证的印章。为了拖延时间，海军陆战队员们不得已向抗议的人群发射了催泪瓦斯。使馆之外的警察早已离开了自己的哨位，政府也没有再派人过来。终于，暴怒的人群冲了进来。此时，除了趁乱逃走的6名美国工作人员外，66名外交官和平民都被扣做人质，还有3名美国外交官在伊朗外交部被俘。一大堆尚未来得及处理的秘密文件和档案也留在了被占领的使馆内。与此同时，远在地球另一边的美国国务院也得知了这一消息。随着伊朗的局势逐渐动荡，美国方面此前已经意识到了威胁并开始了撤侨工作，但当时有4万多人在伊朗，缓慢的撤侨速度终究还是没有赶上危机到来的那一天。美国政府随后进行了一系列恩威并施的谈判，包括停止从伊朗进口石油、驱逐部分伊朗人离开美国以及冻结伊朗在美国的80亿美元资产等，但软硬不吃的霍梅尼依然拒绝释放全部人质。

侥幸逃过一劫的6名美国外交人员（罗伯特·鲍勃·安德斯、马克·列耶克、科拉·列耶克、亨利·莱·里·沙特兹、约瑟夫·斯塔福德和凯瑟琳·斯塔福德）在德黑兰的街头躲躲藏藏。此时，激动的人群和恐怖的气氛已经包围了整个德黑兰甚至是整个伊朗。在宗教主义盛行的背景下，一旦这 6 人被伊朗方面抓到，他们很有可能会被判间谍罪而处死。幸好，他们还知道几处中央情报局安全屋的具体位置。在经过了几天不眠不休，更换了数次住所后，他们终于在一个寒冷的冬夜溜进了加拿大大使馆。加拿大驻伊朗大使肯尼斯·泰勒收留了他们。

此时，中央情报局也获悉了尚有 6 人在外逃命的情况。营救计划很快被美国国务院和中央情报局提上日程。12 月 11 日，就职于美国中央情报局的伪装大师安东尼奥·门德斯领受了这一绝密任务。此时的美国人正在同伊朗人进行着时间的赛跑，参加革命的学生和军人正详细阅读着从美国大使馆搜出来的各种文件，连部分已经被碎纸机绞碎的工作人员信息也被这帮革命者拼了出来。他们发现有人溜走就是时间早晚的问题。

按照当时的情况，门德斯必须想办法渗透到伊朗境内，再将这 6 个人毫发无损地带出来。门德斯深知，这个行动如果能成功，则万事大吉，一旦失败，不仅会引起全世界的关注，还会使中央情报局甚至是美国总统都陷入尴尬的境地，甚至会严重威胁到尚在伊朗手中的美国人质的生命安全。

渗透进伊朗好说，门德斯可以弄个假身份，那么怎么把这 6 个美国人带出来呢？这 6 个人既没有接受过军事训练，也没有情报背景，偷渡显然是徒增风险。按照中央情报局办事的惯例，完全可以给他们弄一套假身份，然后大摇大摆地走进梅赫拉巴德机场离开德黑兰。

但仍有三个问题困扰着门德斯。办哪个国家的身份呢？一个一个带出去还是一起带出去呢？这 6 个人当初为什么来伊朗呢？

第一个问题最好解决。反正他们人已经在加拿大使馆了，索性就弄6套加拿大身份。国务院随即召开了紧急会议,与加拿大商议后便弄了6套假身份。

第二个问题也好办,一个一个弄出去需要往返6次,不仅要编6个背景故事来蒙伊朗海关的检查人员,还会增加暴露的风险。索性还是编一个故事,把这6个人一起弄出去。

最后一个问题不仅愁坏了美国政府的高级官员,也困扰了门德斯良久。此时伊朗方面已将所有打着人道主义在伊活动的西方人士监管了起来。当时还有美国政府的官员建议把这6个人伪装成农作物营养学家,经验老到的门德斯一语道破了其中的破绽:"一月份的伊朗经常被大雪覆盖,压根没有农作物。"要是真的按照那位美国官员的说法组织营救,美国人无疑就是在搞自杀行动。精通化妆术的门德斯还是决定在自己熟悉的行当开展这场营救行动。因为要化妆营救,一位知名的好莱坞化妆师约翰·钱伯斯也被拉了进来。这位年近六旬的时尚老人曾凭借1968年的《人猿星球》获得奥斯卡奖。两人决定搞一个假剧组,拍摄一部科幻类的电影《ARGO》。而远在伊朗的6位美国人则顺理成章地成为了在伊朗沙漠拍摄取景的加拿大籍剧组人员。在全新成立的第六演播工作室里,门德斯在这场他自导自演的大戏中也选了一个重要的角色——一个操着浓厚的爱尔兰口音的电影制片人凯文·科斯塔·哈金斯。做戏当然要做全套,《ARGO》剧组同当时所有的好莱坞大片一样为新电影做起了宣传,甚至骗过了很多美国人。不少投资者轮番给第六演播室打来了电话进行商业咨询。

紧锣密鼓的筹备后,这个代号为"ARGO"的行动也获得了美国总统卡特的批准。门德斯随后溜进了联邦德国的工业之都波恩,他与另一位中央情报局潜伏在那里的渗透专家朱利奥接上了头。在浓重的爱尔兰口音和第六工作室的掩护下,门德斯终于在伊朗领事馆获得了伊朗的签证。

1980年1月25日的德黑兰，天气清新而寒冷，凯文·科斯塔·哈金斯和同样伪装了身份的朱利奥乘坐的航班降落在位于德黑兰西郊的梅赫拉巴德机场。他们两人大摇大摆地下了飞机来到了海关。几乎全世界的海关都是一个样子，过关的时候，海关人员会坐在高高的台子后面，叫你摘下帽子、头巾、眼镜，用入木三分的眼光上下审视着你和你的护照。此时的伊朗海关也不例外。

"您此行的目的？"海关人员也用着同样的口吻审查着门德斯。

"与6名从香港来的商务伙伴在喜来登酒店会面。"门德斯如是回答。

"为什么您没有在自己的国家获得签证？"海关人员举着护照又问道。

门德斯耸耸肩："时间太紧，德国的工作刚结束我就赶过来了。"

最后，海关人员只是点点头并盖上为期一个月的签证。

此时，门德斯的包里不仅装着《ARGO》的脚本、分镜板、摄像机以及从好莱坞一家会所"顺手"拿来的火柴盒，还藏着6张伪造的加拿大护照，以及假发、假胡子、隐形眼镜等伪装道具。虽然身怀惊天秘密，但对于经验丰富的谍报人员来说，他们依旧可以处变不惊。

他们在喜来登酒店办理入住后便去了市中心的瑞士航空办公室，确认了两天后离开的机票。毕竟，要先把退路留好，撤离的时候要是没有航班事情就大了。随后他们便来到了加拿大使馆，在经过美国大使馆时，门德斯清楚地意识到自己还有50多名同胞被困在此处，但他却无能为力，他所能做的仅仅是营救这6个人，而他们的命运尚不可知。

这天晚上，加拿大驻伊朗大使肯尼斯·泰勒在家中举办了晚宴。

成功的"导演"

安东尼奥·约瑟夫·门德斯（Antonio Joseph Mendez，1940年11月15日—2019年1月19日）是前美国中央情报局技术行动官员，专门负责利用伪装技术帮助中央情报局开展秘密行动，他曾在伊朗人质危机中参与代号为"ARGO"的行动，成功营救出6名美国驻伊朗使馆人员。他的传奇故事后被改编成名为《逃离德黑兰（ARGO）》的电影（2012）。

门德斯在技术服务办公室（Office of Technical Service）工作了14年，该办公室位于美国中央情报局兰利总部。门德斯的专长是伪装。该办公室负责各种情报技术的开发和使用，包括在菲德尔·卡斯特罗（Fidel Castro）的雪茄中植入炸药的方法，还开发了装有弹簧的人体模型，这些人体模型会弹跳起来，使一辆空车看上去像是有人在操作。1990年，门德斯从美国中央情报局退休，结束了他长达25年的情报生涯。

此时这6名美国大使馆的工作人员已经在他家里"软禁"了快70天了。他们不敢上街，不敢见人，甚至不知道自己还能活多久。事实上，从他们住进来后，聚会就没断过，有的人只能依靠酒精麻痹自己。但今天的晚宴对他们来说，多了一个陌生的面孔，又是自己的老乡，几个人真的是又激动又彷徨。激动的是，山姆大叔没有忘记他们；彷徨的是，他们以为前来营救他们的应该是钢铁洪流般的美国游骑兵或者是武装到牙齿的三角洲特种部队，而不是像门德斯这样一个外表平平的男人。

晚宴上，门德斯表明了自己的来意，详细阐述了自己的营救方案。当这6人意识到门德斯是他们唯一可以依靠的救命稻草时，他们一个个像第一天上课的孩子一样，认真听着门德斯讲的每一个单词。

接下来两天的时间里，门德斯为他们分发了护照、名片并提供了全新的身份——编剧、第二制片人、导演、摄像师、运输员还有布景设计师。泰勒大使的家瞬间成了美国好莱坞驻伊朗办事处。他们详细背诵着自己的假身份信息，姓名、住址、家庭情况、工作情况等，以及电影剧本的详细内容，准备接受机场官方的问询和检查。

自然，他们紧张得要命。他们会说服机场当局吗？在机场巡逻的全副武装士兵中散发的通缉名单中有他们吗？门德斯则坚信："这不难，我们将能够愚弄所有人。"那天晚上，门德斯和朱利奥从大使馆溜回了喜来登酒店，对计划进行了最后修改。

1月27日，星期天晚上，泰勒大使家里的气氛轻松了起来。6名"演员"经过了一天的强化训练扮演起了全新的角色。晚餐后，门德斯对他们进行了模拟问询，以测试他们的记忆力并给予这6名"演员"最好的心理暗示。

根据门德斯真实经历改编而成的电影《逃离德黑兰（ARGO）》

他们的航班时间是次日早上的 7 时 30 分，这不仅意味着他们要起个大早，也同样意味着在机场检查的伊朗革命委员会的工作人员也会像天色一样昏昏沉沉。在那个没有手机和 APP 的年代，谨慎的门德斯在出发前给机场去了电话，确认了执飞航班已经就位。这一行人带着匆忙借来的行李箱，贴上了红枫叶的外交标识，又装上了为这个好莱坞团队量身定制的行李。在再三确认好护照文件和加拿大使馆为他们准备好的外交文件后，他们出发了。

事情远比想象中的顺利。虽然航班延误了一下，但他们仍旧顺利地登上了飞机。几小时后，瑞士航空 363 航班降落在苏黎世。这是晴朗的一天，尽管冬季的寒冷使乘客从楼梯上下来时变得有些僵硬。安东尼奥·门德斯大步走向航站楼时，他转身看着他的 6 个疲倦但兴高采烈的伙伴离开飞机。这群人身着时尚的奇装怪服，其中两个人还虔诚地亲吻了脚下的柏油碎石地面。

中央情报局的营救行动成功了，远在兰利的情报人员和好莱坞第六工作室的工作人员们相互拥抱庆贺着。但秘密行动终究见不得光，人质事件爆发 87 天后，美国官方宣布，终于迎来了好消息，6 名外交人员是在加拿大官方的帮助下得以回家。事后，门德斯也获得了美国中央情报局授予的最高荣誉勋章。

"ARGO"行动的结束并不代表人质危机的结束。1980 年 2 月 23 日，霍梅尼宣布伊朗议会将会决定美国使馆人质的命运，要求美国遣返巴列维到伊朗，为危害国家的罪名受审，但美国方面依旧没有反应。事实上，美国人也一直在进行两手准备。那边中央情报局的秘密营救行动成功了，这边参谋长联席会议经过了近 4 个月的情报分析和作战筹划后，终于在 3 月中旬拿出了一份详尽的作战计划。按照行动方案，这个复杂的营救方案共分为以下八步。

第一步，由中央情报局在德黑兰潜伏的秘密特工在距离德黑兰

490 千米的沙漠中建立一个运输机编队的降落点，代号"沙漠一号"。

第二步，由 6 架载有直升机燃料、三角洲特种部队和游骑兵等救援人员的 C-130 运输机从阿曼海域的马萨拉岛起飞，前往"沙漠一号"。

第三步，8 架海军 RH-53D 重型直升机从距离伊朗海岸线 50 海里的"尼米兹号"航母上飞往"沙漠一号"，与 C-130 运输机编队会合并补给燃油。

第四步，由直升机将三角洲特种部队运往距离德黑兰 80 千米的"沙漠二号"前进点，救援部队将在当地时间 8 点换乘中央情报局提前备好的 6 辆卡车潜入德黑兰。

第五步，23 时，救援部队将兵分两队。一队由 93 人的三角洲特种部队组成，前往美国大使馆营救 50 多名被困人质。另外一队由 13 名游骑兵组成，前往伊朗外交部营救另外被困的 3 名人质（13 名女性和非裔美国人人质于 1979 年 11 月 19 日和 20 日获释，另 1 名人质因为疾病原因也于 1980 年 7 月 11 日获释）。

第六步，在营救成功后，救援部队将保护人质前往大使馆旁的足球场登上直升机。

第七步，第三队游骑兵将攻占德黑兰南方 56 千米的曼沙里耶机场作为撤离点。空军的 C-141 运输机将运载 80 名游骑兵抵达该基地。

第八步，在人质乘直升机抵达曼沙里耶机场之后就放弃直升机，换乘空军的 C-141 运输机离开伊朗，前往埃及。

军方的作战计划十分完美，按照计划，美军本应像以色列千里奔袭乌干达机场一样上演一场教科书式的救援表演。但意外终究还是发生了。与其说是意外，不如说是当时美军的指挥体制所酿成的一场悲剧或者是闹剧。

经过了近5个月的筹备、训练和调整，行动日期最终在4月中旬确定下来，救援部队将由查理斯·贝克维斯上校指挥，而爱德华·赛弗特上校将负责指挥直升机编队。整个行动的最高指挥官为詹姆斯·沃特陆军少将。任务代号"鹰爪行动"。

1980年4月24日夜，第1架MC-130携带着三角洲部队与指挥官们前往"沙漠一号"，其他5架C-130则将在1小时之后起飞。这架MC-130的任务是在120米超低空穿越伊朗防空网，抵达"沙漠一号"并封锁周围的高速公路，防止出现特殊情况。

但意外还是不约而至，三角洲部队刚刚降落，就碰上了1辆载有45名伊朗人的大巴车。为了防止泄密，美军选择将其全部扣为人质。可祸不单行，他们又碰上了1辆油罐车，而且对方还拒绝停车试图闯岗。三角洲部队不得不用携带的M72 LAW火箭筒将之炸毁，可之后又有1辆皮卡快速闯过了美军封锁，让美军无法拦截。好在之后的5架C-130都成功降落，卸下了全部物资。4架飞机按计划继续留在"沙漠一号"待命，其余2架返回埃及。

但当时的美军并没有建立起一个统一指挥协调特种作战的司令机关，也没有成立单独保障特种作战任务的运输和装备部门。参加任务的部队可谓是五花八门，缺乏足够的联合训练时间。直升机飞行员在亚利桑那训练，而大部分三角洲部队人员则在北卡罗来纳训练。空军飞行员甚至来自数千千米外的佛罗里达或关岛，这也就不难解释为什么任务中会出现如此多的协同问题。RH-53D只是海军的常规直升机，并不适合远距离的特种作战。普通的飞行员们也不具备在复杂地形/气象，如沙漠和沙尘暴中进行夜间超低空渗透的能力。更糟糕的是，沃特少将因为担心被苏联间谍卫星拍到而放弃了进行必要的模拟演习，虽然在执行任务前美军进行了大量的训练，但都仅限于分队层面，导致诸多意外情况未被考虑到。

按照计划，任务至少需要 6 架 RH-53D 直升机才能顺利进行，但意外却接踵而至。在任务开始前，海军原本说好的可以保障 10 架 RH-53D 直升机（8 架执飞、2 架备用），但却因为装备故障只剩 8 架可以执行任务。箭在弦上不得不发，任务就这样赶鸭子上架般地开始了，在第一架 C-130 运输机起飞后两个小时后，一架 RH-53D 的故障灯再次亮起。临时执飞的飞行员并不知道即便是飞机的故障灯亮起也可以至少再飞行 15 小时，而谨慎地选择了迫降。一个小时后，直升机编队又遭遇恶劣天气，虽然冲出了一场沙尘暴但随后的"哈布"低空沙暴再次吞噬了他们，又一架直升机的导航系统发生故障。由于能见度极差再加之需要保持无线电静默，所以其他直升机无法为其提供无线电领航。虽然在中央情报局的《情报摘要》中有相关内容，但飞行员却根本没有应对经验。负责机队的赛弗特上校也无法指挥，只能任由其返航。

截至此时，8 架 RH-53D 直升机已经只剩下了 6 架，而这恰恰是任务所需的最低直升机数量。此时已经到达"沙漠一号"的地面部队，正在焦急地等待着直升机的抵达。他们已经比预计时间迟到一个半小时，救援时间不得不进一步推迟。在随后加油补给时，又一架 RH-53D 直升机的液压报警灯亮起。机队指挥官赛弗特上校随即与贝克维斯上校开始交涉，最后不得不放弃使用这架飞机。由于直升机已经只剩下了 5 架，低于任务要求的最低数量，在不得已的情况下，贝克维斯上校通过卫星电话联系了坐镇埃及的沃特少将。少将又请示了卡特总统，最后只能宣布任务取消，全部人员撤离。

8 架直升机出门，刚飞到一半 3 架就出了问题。这还不是最糟糕的。在撤离时，"沙漠一号"着陆区停放了 4 架 C-130 和 5 架 RH-53D。他们巨大的螺旋桨如电风扇般吹起了大量扬尘，还产生了大量噪声，令现场一片混乱，让指挥官们很难指挥。过低的能见度使得 1 架 RH-53D 的螺旋桨直接撞上了 C-130 的垂尾。随后两架飞机的燃料与弹药引发了巨大的爆炸,将 8 名美军当场炸死,还有 1 名伊朗平民被卷入爆炸身亡。惊魂未定的美军只能快速撤离,连战友的遗体都未能带走。这些遗体在次日凌晨被伊朗军队发现,并拖尸街头以此来嘲笑美国,使这一事件变成了美国历史上巨大的丑闻。

1980 年 7 月 27 日巴列维国王去世,9 月两伊战争爆发。此后,伊朗方面越来越希望能够解决人质危机。1980 年年底,美国国内政局同样发生了变化。在 11 月举行的美国大选中,里根当选为新总统。他在竞选时就严厉谴责伊朗扣押人质的行为。伊朗政府感到,里根上台后很可能采取比卡特更为强硬的政策,如果在新总统上任前解决这一问题,可能会减少一些麻烦。在这种形势下,伊朗和卡特都渴望在卡特离开白宫之前解决人质问题。后来,美国与伊朗经过多次接触,双方同意由阿尔及利亚出面调解。美国立即派出一个秘密使团前往伊朗进行谈判,双方终于在 1981 年 1 月 19 日达成协议,持续一年多的人质问题最终得以解决。1 月 20 日,一架阿尔及利亚飞机载着获释的人质离开德黑兰前往阿尔及利亚,此时距离人质事件发生已经过去 444 天。

无论如何,"鹰爪行动"的惨败还是深深刺痛了美军,让美军开始重视越南战争之后快速下降的特种作战能力。以退役海军上将詹姆斯·霍洛威为首的特别小组对事件进行了深刻的分析,最终发现了该行动中存在的重大问题。产生这种问题的原因由来已久,表面上看,这还是美军各种隔阂以及文官治军表现出来的弊病。一场需要海、陆、空三军共同完成的联合特种救援行动,没有统一的调度和统一的指挥,各个军种之间埋头苦干,不仅训练分开训练,就连装备都是陆军的飞行员去驾驶不熟悉的海军直升机,不出问题就见鬼了。虽然美军在事后进行了反思,但在 1983 年入侵格林纳达时仍旧是换汤不换药。

美国军事力量之所以强大，就是因为他们一直在作战，一直在改革（转型）。此前，美国陆军已经在20世纪70年代针对情报工作开展了一系列改革工作，整合了陆军安全局等各家情报力量，并于1977年1月1日成立了陆军情报与安全司令部。最终，美国在1986年出台了《戈德华特-尼科尔斯国防部重构法案》，重新构建了美军的作战指挥体系，确立了以联合作战司令部主战，各军种主建的军事体制。在全新的军事体制下，美军的十一大联合作战司令部司令能够在自己的区域或领域内统筹指挥各个军种的作战力量。

INSCOM

美国陆军情报与安全司令部（United States Army Intelligence and Security Command，INSCOM）成立于1977年，前身是美国陆军安全局。陆军情报与安全司令部的总部位于弗吉尼亚州贝尔沃堡，隶属美国陆军司令部。成立以后，该司令部先后经历了"冷战"、海湾战争、阿富汗战争和伊拉克战争，并凭借其强大的情报支援能力在历次行动中屡获殊荣。

陆军情报与安全司令部下辖10个旅、3个大队、2个中心。主要任务是为美国陆军进行情报、安全和信息作战，提升国家、战区和战术单位的整合程度，以及帮助维持美国陆军的技术优势。该部门不仅能够满足陆军对情报的特殊需求，还能够协调国家层面能力以达成战役、战术目标。今天，该司令部在情报、安全以及信息作战等领域依旧发挥着不可替代的作用。

第五章　绝对优势

伴随"冷战"的临近结束，美军也完成了一系列的改革工作。在这段时间内，前期受到影响的美国情报工作渐渐恢复了元气。在强大的美国情报界的帮助下，美军依托"全政府"手段能力如虎添翼。

1986年的"黄金峡谷"行动敲开了信息化战争的大门，在随之而来的海湾战争、科索沃战争还有阿富汗战争和伊拉克战争中，美国更是以外科手术式的打击方式和压倒性的绝对优势取胜，在这背后都少不了美国情报界的身影。

在这一阶段，已知的美国情报人物屈指可数。此时的美国情报工作已经不再是独立战争时期仅仅依靠内森·黑尔舍生忘死潜入敌营"亲耳听、亲眼看、亲手拿"的年代了——美国在近地空间拥有各型的侦察卫星，在天上有着五花八门的侦察机，在地面上不仅有他们的特工人员还有各种测量设备和监听站，甚至海上和水下也均被美国的侦察设备覆盖。各型侦察设备逐渐代替了大量的人力情报工作，这也成为当代情报工作的特点之一。

"点穴"之前先认穴

1986年4月2日，环球航空840号的波音727班机同往常一样，从罗马菲乌米奇诺机场起飞赴希腊雅典。起飞和平飞的过程非常顺利，可就当这架载着115名乘客和7名机组人员的航班准备降落在埃利尼康国际机场的前十分钟，意外发生了。10F座位下传来一声巨响——一颗炸弹爆炸了。巨大的冲击力直接把飞机机身炸出了一个大洞。爆炸的冲击和巨大的气压差直接把4名美国人吸出了飞机，其中还包括一个9个月大的婴儿,另有7名乘客在飞机快速失压时被飞溅的碎片划伤。幸亏当值机长理查德·皮特森经验丰富,在他的操纵下,残破的飞机依旧安全着陆,其余的乘客得以生还。3天后,西柏林拉贝勒舞厅又发生爆炸事件,导致45名美国军人伤亡……第一起恐怖袭击发生后,时任美国总统的罗纳德·里根在椭圆形办公室里大发雷霆,勒令中央情报局局长威廉·凯西组织调查。

正处于"冷战"之中的美国情报界可谓枕戈待旦,无时无刻不在关注着苏联和其他社会主义国家的一举一动。6日上午,美国中央情报局向里根报告,利比亚政府的往来密电曾包含有关策划恐怖袭击的内容。

中央情报局之所以调查得如此迅速,是因为早在3月底美国国家安全局就截获并破译了利比亚首都的黎波里同利比亚驻东柏林人民办事处之间的全部来往电报。这些电报显示,的黎波里正指示驻东柏林人民办事处"执行一项秘密计划",这已经引起了美国情报机构的关注。4月4日,人民办事处复电的黎波里"行动即将开始"的密电文也很快被破译出来。西柏林舞厅爆炸事件发生数小时后,人民办事处又电告的黎波里"计划已执行"。接着,的黎波里电示其他驻外机构,要

悲情局长

威廉·约瑟夫·凯西（William Joseph Casey,1913—1987年）,是美国中情局第11任局长,任期长达6年（1981—1986年）,仅次于艾伦·杜勒斯。在其任内发生了著名的伊朗门事件：中央情报局不仅偷偷向伊朗政府倒卖武器,还利用所得利润培植尼加拉瓜的反对派武装,险些将里根总统牵连进去。迫于外界压力,1987年1月,凯西被免去中央情报局局长的职务,同年死于脑癌。凯西的死在一定程度上又挽救了里根,由于行动的主要负责人凯西已然去世,行动的记录也并不完善,加之里根表现出了老年痴呆的症状,伊朗门事件最终不了了之,里根总统也成功巧言否认,得以功成身退。

"学习东柏林人民办事处的榜样"。爆炸事件发生后，中央情报局的分析人员经过缜密的推理与分析，称之为"确凿的证据"。根据进一步的深入分析，这些情报分析人员发现，世界范围的其他十几起恐怖事件都与利比亚领导人卡扎菲有关……因此根据上述"证据"，里根于4月6日下午召集紧急会议，商讨了进一步打击利比亚的军事行动。①

利比亚地处非洲大陆最北部，位于地中海南岸，与埃及、苏丹、乍得、尼日尔、阿尔及利亚和突尼斯相邻，国土面积176万平方千米。近代以来，利比亚先后成为意大利和英法两国的殖民地。1951年12月24日，利比亚独立，此后美利两国一直保持着密切的关系。自1969年9月1日卡扎菲上台后，因其倒向苏联，美利关系开始急转直下，美对利政策也逐渐从支持转为孤立、打击。面对美国的强势打压，卡扎菲毫不示弱，并扬言"在全世界向美帝国主义开战"，不断通过制造恐怖事件来予以反击。

经情报机构调查，美国最终确定卡扎菲对1986年4月的恐怖袭击"有不可推卸的责任"。在这样的背景下，为了对卡扎菲进行报复，有效地遏制恐怖主义的气焰，美国决定对利比亚实施外科手术式精确打击，试图斩首卡扎菲以实现战略威慑。1986年4月9日，由参联会主席威廉·克劳上将负责制订的以"黄金峡谷"为代号的作战计划得到批准。

外科手术式打击（Surgical strike）是指以精确火力或特种作战力量，对某一个特定的要害目标，从远距离上实施迅速、突然的闪击作战行动，通过对目标的彻底摧毁或消灭，以达到特殊的政治、经济、军事目的。实施外科手术式打击的前提是，需要有能够像X光一样可以透视战场的情报，就像医生在做外科手术之前总得知道

---

① Tom Cooper, Arnaud Delande, Albert Grandolini, *Libyan Air Wars. Part 3: 1986-1989*（Africa@War）, Helion and Company, Warwick, 2016

病灶在哪儿一样。在"黄金峡谷"行动前，美军就依托先进的情报能力从太空到深海再到卡扎菲身边，构建了一个全维多域的一体化情报搜集体系，有力完成了情报支撑保障工作。加之出色的保密工作和电磁压制活动，使得战场单向透明程度之大、作战效率之高、作战目的达成之快前所未有，展现了高技术战争的全新样式。因此，军事学家往往称"黄金峡谷"行动是叩开信息化战争之门的第一场战争。

为了实施对利比亚的空袭，美军建起了超强的情报监视网：在近地空间配有"锁眼-11"照相侦察卫星；在高空配有 SR-71"黑鸟"侦察机和 E-2C"鹰眼"预警机；在中空配有各种电子战飞机和直升机；在海上拥有 AN/SLQ-27 电子战系统和刚刚服役的"宙斯盾"舰载指挥控制系统与舰载的 AN/WLR-8 等雷达预警和信号拦截电子侦察系统；在水下有各种对潜搜索和探测设备；甚至在意大利西西里岛以南200千米的兰佩杜萨岛上，还部署着远程大功率岸基雷达和信标台。至此，美军凭借其强大的技术优势构建了多层次、全方位的立体技术情报侦察体系。

即便如此，美国庞大的情报侦察设备依旧不能精准地定位卡扎菲的居所，而精准定位卡扎菲是此次行动的必要前提。因为"黄金峡谷"行动的主要目的之一，就是想通过精确空袭打击，造成"意外"炸死卡扎菲的假象。然而，作为利比亚1号人物，卡扎菲的行程安排本就是最高机密。此外，作为准备天天给美国制造恐怖事件的极端人物，卡扎菲自然也是打起十二分的小心，生怕遭到斩首和暗杀，所以他不仅在通信方面十分注重安全保密，就连住宿也一样，几乎从未在同一个地方过夜超过两晚。在此情况下，通过技术手段很难直接确定他的具体位置。这个时候，就轮到美国中央情报局的特工人员上场了。在实施轰炸的当晚，美国特工收买了卡扎菲的亲信，拖延了卡扎菲更换住所的时间，使得卡扎菲不得不在阿齐齐耶兵营过夜，并确定了他就寝的准确位置。

1986年4月14日19时13分，由28架KC-10和KC-135空中加油机组成的加油机梯队从美驻英费尔福德和米尔登霍尔空军基地起飞。19时36分，美军第48战术航空联队的24架F-111F型战斗轰炸机满载弹药从驻英拉肯希斯空军基地起飞。与此同时，5架担负电子干扰任务的EF-111型电子战飞机亦从费尔福德基地起飞。不到一小时，这57架飞机就集结在了英吉利海峡9100米的上空。突袭机群先后在英吉利海峡、葡萄牙以西海域、阿尔及利亚以北海域和突尼斯以北海域上空完成4次加油，经直布罗陀海峡、西地中海，一路长途奔袭直扑利比亚。

> "鹰眼"预警机
>
> E-2C预警机（代号Hawkeye，俗称"鹰眼"），是美国海军目前使用的唯一一款舰载预警机。E-2型预警机由诺斯罗普·格鲁曼公司于20世纪50年代研发，1960年首飞，1964年1月正式列装美国海军。
>
> E-2C于1971年1月20日首飞，1973年交付美国海军。E-2C是E-2预警机的第三个版本，最新型号为E-2D。除美国海军外，E-2型预警机还装备了埃及、以色列、法国和日本等国。E-2C/D可载5名成员，包括飞行员、副驾驶、雷达参谋、作战信息中心参谋和飞机管制参谋。E-2C/D最大飞行速度648千米/小时，巡航速度474千米/小时，航程2708千米，实用升限10576米，最大留空时间6小时。

4月15日零时20分，16架F-111F战斗轰炸机、4架EF-111电子战飞机率先飞抵距利比亚海岸约500千米的美航母编队上空。零时20分至1时20分，美国海军舰载A-6和A-7攻击机、F/A-18战斗攻击机、EA-6B电子战飞机、E-2C预警机、F-14战斗机、海上搜索救护直升机和其他支援飞机共100余架，先后从"珊瑚海"号和"美国"号航母上起飞，与远航到达的轰炸机群顺利会师。至此，一支由攻击机、战斗机、战斗轰炸机、电子战飞机、预警机、侦察机、反潜机、加油机、搜索救护直升机及其他支援飞机等诸军兵种多机型组成，多达150余架的空中攻击集群在利比亚北部上空集结完毕。

1时54分，4架EF-111电子战飞机和14架EA-6B电子战飞机同时开始实施强电子干扰。与此同时，F/A-18战斗攻击机和A-7攻击机各6架先后发射50枚"百舌鸟"和"哈姆"型高速反辐射（反雷达）导弹，摧毁了的黎波里和班加西的5座雷达站，其他雷达站在威慑之下纷纷关机。6分钟后，利比亚的无线电通信中断，防空雷达全部失灵。

担负主攻任务的F-111F战斗轰炸机和A-6攻击机采用低空突袭战术，使用大量激光制导炸弹，对的黎波里和班加西的5个目标实施了4个波次的轰炸。短短18分钟，行动便宣告结束，美机群迅速撤出战场，仅有1架F-111F战斗轰炸机被击落。舰载机群也于2时46分全部返降各自的航空母舰，除1架F-111F战斗轰炸机返航时因发动机故障被迫降于西班牙，其余全部于10时10分安全返回驻英空军基地。

此次袭击，美军出动各型军机150余架，共投掷炸弹100余吨，基本完成了"黄金峡谷"行动预定计划，摧毁了卡扎菲指挥所、"突击队"训练中心、的黎波里机场军用区、卡扎菲预备指挥所、贝尼纳军用机场5个重要军事目标，炸毁利比亚军用飞机14架，重创波音727飞机1架，炸伤米格-23歼击机、米-8和米-14直升机、伊尔-76运输机多架，摧毁利比亚防空雷达5座，炸死炸伤利比亚军民约700人。此次行动，卡扎菲虽早早被美军锁定，但他在空袭时迅速逃进了地下指挥所，躲过一劫。

值得一提的是，美军还依靠可靠的战场通信链路实现了各情报和作战单元的相互支持、优势互补。正是因为美军强大的情报侦察监控体系，在行动之前就摸清了利比亚防空导弹的部署情况以及五大空袭目标的布防状态，在行动中，他们才可以轻而易举地层层突进、精准打击、定点清除。这次空袭虽然未能将卡扎菲炸死，却炸死了他的养女，炸伤了他两个儿子，这也给他带来了很大的心理威慑。

"黄金峡谷"行动是一场高技术条件下的现代战争，战场情况瞬息万变。为了有效应对实时变化的敌情和战场环境，在行动开始后，美军依旧没有间断情报的搜集工作。通过战前构建的强大情报侦察监控体系，他们不断更新数据以应对变化的情况。在此期间，美军还展现了强大的战场通信能力，通过加密通信数据链路，将地面通信站、通信卫星、航母编队、侦察飞机、预警雷达、预警机、再到各个作战单元连接起来，组成了实时通联的战场通信网络。在强大的战场通信网络保障下，情报得以实现横向共享，各个作战单元可以实时获取最新的情报信息。

在行动中，反情报侦察工作同样出色。担负轰炸任务的 F-111F 配备了 ALR-41 雷达告警器和 APS-109 雷达寻找及警戒设备，一旦发现飞机遭到利比亚雷达扫描跟踪，就会将截获的雷达信号进行分析处理，并向协同作战的 F/A-18 或 A-7 攻击机通报，由它们使用反雷达导弹精确制导将雷达站摧毁，以致很多利比亚的雷达站不敢开机。同时，美军飞机在长途奔袭和实施作战任务中，为了达到掩人耳目、出奇制胜的效果，很好地实施了电磁干扰技术。自英国起飞的战斗轰炸机群在英吉利海峡上空集结之时，编队内 5 架 EF-111 电子战飞机就释放电磁干扰信号，防止他国雷达捕捉机群信号，以保障集结的顺利完成。在行动开始前，美军空中攻击集群内的 EA-6B 和 EF-111 电子战飞机再次释放了电磁信号对利防空预警雷达和通信频段实施电磁干扰。干扰频率几乎横跨从米波到厘米波的通信系统和雷达的电磁频谱，使目标区200千米范围内的利方雷达致盲，无法测出美军飞机的准确位置，利比亚的防空指挥中心和机场通信系统基本陷入瘫痪。不仅如此，电子干扰机还施放假雷达信号，诱骗利军防空导弹，导致大量萨姆-5式防空导弹偏离目标。最终，美军在行动时实现了战场单向透明，保证了机群完成了远距离低空突防并顺利实施轰炸任务。

"黄金峡谷"行动，是美国为维护其在地中海地区的战略利益，以打击国际恐怖主义为由，对利比亚实施的海空联合打击行动。此次行动中，美国海空军作战力量经过长途奔袭，以电子战飞机为先导，首先压制干扰对方的防空系统，而后再出动大批战机实施精确打击，仅用短短23分钟，就摧毁了重点预定目标，迅速达成了作战目的。这次成功的作战也被认为开创了现代外科手术式打击的作战模式，叩开了信息化战争的大门。

从作战角度来看，这次行动堪称是教科书式的范例，但在政治上却未能尽如人意。除了因为地理空间情报不准确，导致对阿齐齐耶兵营袭击时误炸了平民，这次行动还造成了政治层面的遗憾。在行动之前，中央情报局就向白宫提交了分析报告。报告认为，军事袭击利比亚可能无法达成应有的政治目的，反而会使得原本反对卡扎菲的部分中层军官团结在卡扎菲的周围，使得卡扎菲在国内事务中获利。同时，卡扎菲也会采取更为激进的恐怖主义手法实施对美国的报复行动。因为美国最高决策层对于中央情报局的情报分析没有重视，这才导致了1988年12月洛克比空难的发生。

精确制导背后的绵密情报

《一千零一夜》中有一个叫作"辛伯达航海历险记"的故事，讲述了阿拉伯商人辛伯达7次航海历险的经历。他通过航海赚取了大量的财富，过着富足的生活，展现了阿拉伯商人的机智与勇敢。伊拉克首都巴格达就是书中辛伯达的故乡，也是海湾战争的舞台中央。

伊拉克，位于亚洲西南部，阿拉伯半岛东北部，南临科威特、沙特阿拉伯，北接土耳其，西北是叙利亚，伊朗和约旦分列于其东西两侧。作为幼发拉底河和底格里斯河文明的发源地，伊拉克这片土地孕育了一代又一代人，有着长久的历史。进入20世纪后半叶，靠着石油，伊拉克人民过上了富足的生活，国库充盈，几乎家家都住着小院，开着小汽车。1979年，萨达姆·侯赛因上台，正值伊朗末代国王巴列维政权被推翻。这让萨达姆看到了解决伊拉克和伊朗边界（石油）问题的契机。两伊战争随即爆发，一打就是8年。旷日持久的战争不仅拖垮了伊拉克的经济，也使得伊拉克负债累累。这8年间，伊拉克的债务总额高达近700亿美元。此消彼长，伊拉克的军事实力却在此期间快速扩张，号称带甲百万，并拥有大量先进武器，一跃成为阿拉伯世界的军事强国。本来就得借新钱还旧账，举步维艰，而战后重建资金尚需300亿美元，加上高额的军费开支和每年上百亿美元的民用必需品进口费用，伊拉克陷入国家财政危机。没钱了，怎么办？萨达姆自有他的办法，抢劫呗。抢谁呢？于是萨达姆环视四周，便发现了科威特这块肥肉。

伊拉克和科威特互相毗邻，同是中东阿拉伯国家，这两个国家都是重要的石油生产输出大国。截至1989年年底，伊拉克的石油探明储量为1000亿桶，占世界总探明储量的9.98%，仅次于沙特阿拉伯，居世界第二。科威特的石油探明储量为945.25亿桶，占世界总探明储量的9.43%，位居第四。与伊拉克不同，科威特小国寡民、防务单薄，但却富得流油。

瞄准了这块肥肉，萨达姆自然不会放过它。1990年7月25日，在误读了时任美国驻伊拉克大使格拉斯皮的外交措辞后，萨达姆下定了去科威特打劫的决心……与此同时，万里之外的美国情报机构也嗅到了战争的味道。虽然中央情报局的人力情报一直在尝试打入伊拉克军政高层，但在阿拉伯复兴社会党控制下的伊拉克政权采取了极为严格的保密和反情报措施，情报搜集工作难度极大。侦察卫星拍摄的照片成为情报获取的主要来源。自1990年6月起，美国国家侦察办公室就根据国防情报局的请求密令调集了多颗侦察卫星，从太空对准着伊拉克，紧盯这里发生的一切。7月23日，国防情报局开始进行每日两次的"国防特别评估"，详细研究和报告伊拉克不间断的军事集结，并发出了伊拉克可能对科威特采取军事行动的情报预警。1990年8月1日，美情报部门监视发现，部署在伊拉克巴士拉和科威特边境之间的伊军部队人数已经高达15万，包括8个共和国卫队师以及10个炮兵营、1000余辆坦克等。同日，中央情报局、国防情报局和美国中央司令部先后发布了伊拉克即将入侵科威特的情报预警。

与机敏的美国情报部门相对的是美国政府高层。科威特很早就嗅到了危机，并向大哥美国求助。在两伊战争期间，美国为了遏制伊朗也曾经与伊拉克有过一段蜜月期，向伊拉克提供援助等。随着战争的结束，两国关系也渐渐疏远了。为此，时任美国总统老布什特意给老朋友埃及总统穆巴拉克打了电话，让他飞去伊拉克探探究竟。但狡诈的萨达姆连好友穆巴拉克也骗，萨达姆明确表示不会通过武力解决与科威特之间的问题。老布什和白宫自然也相信了，并认为伊拉克的边境增兵只是为了吓唬科威特而已。

但事实的发展证明了美国情报机构的预判。8月2日凌晨2时，伊拉克以石油产量纠纷、领土划界纠纷、债务偿还纠纷为借口，公然入侵科威特，并很快占领了科威特全境。随后，长达数月的海湾危机和美军情报准备工作也就此拉开序幕。

萨达姆终于心满意足地吃掉了嘴边的这块肥肉。不仅如此，伊拉克还侵占了科威特的油田和油港，掠夺走了价值数十亿美元的黄金、外汇和物资，并单方面宣布一笔勾销拖欠科威特的150亿美元借款。

要说这目的都达到了，见好就收吧，但萨达姆的野心远不至此。入侵科威特后，伊拉克不仅在科威特和沙特阿拉伯边境布下重兵，还占领了富含石油资源的科沙两国"中立区"，兵锋直逼沙特，意图进一步控制海湾石油资源，一家独大。几天后，伊拉克居然宣布科威特是伊拉克第十九个省，明目张胆地将其吞并。

一个国家公然吞并另一个主权国家，这种既嚣张又霸道的行为使得国际社会反应强烈。联合国更是谴责伊拉克的行径，称其违反了《联合国宪章》，侵犯人权。同样坐不住的还有那个被萨达姆骗得团团转的老布什。如果让独裁人物萨达姆领导的伊拉克占据世界上五分之一的石油资源，天知道萨达姆会做出什么样的事情来，这既是对美国石油利益的直接冲击，也是对美国的全球战略布局的严重挑战。

怎么解决？出不出兵？打不打？这一系列问题迅速被列为了美国国家安全委员会讨论的议题。在国防情报局的牵头领导下，国家侦察办公室、国家图像与测绘局的地理空间情报、测量与特征情报手段进一步加大了工作力度，美国国家安全局的信号情报手段更是不敢怠慢。中央情报局、国务院情报与研究局的情报分析人员开始没日没夜地加班，全面分析当前的国际形势。经过情报分析人员的缜密评估，他们就当时的国际形势做出了全面的情报分析评估。

一是美国不存在主要对手的威胁。随着柏林墙的倒塌以及东欧剧变的开始，苏联这个美国最主要的对手正陷于国内政治的困局，经济和外交等诸多问题缠身，自顾不暇，如果美国出兵，他们没有能力在背后捅美国一刀。

二是美军进入中东地区作战不会受到阿拉伯国家的抵制。虽然美军进驻阿拉伯地区意味着西方文化进入伊斯兰教诞生地,但沙特阿拉伯、科威特、埃及和土耳其等中东国家军事实力本就单薄,面对伊拉克的扩张威胁,这些国家会对美国采取支持与合作的态度。

三是伊拉克国力有限且多行不义已被孤立。伊拉克的侵略行为已经遭到了全世界舆论的一致谴责,处境相当孤立,加上国力、军力有限,美国有毕其功于一役的把握。

1990年8月4日,老布什在马里兰州的戴维营权衡着利弊。要知道领导好当也不好当,领导的多数工作就是做决断,什么研判情况、研提方案这些事下级都已经给你做好了。下决断容易,但把决断下好下正确却很难。终于,老布什认同了情报部门提供的战略评估,他决心拔掉如鲠在喉的伊拉克,确保石油供应万无一失。当天,代号"沙漠盾牌"的增兵行动计划被确定下来,由美军中央司令部时任司令施瓦茨科普夫上将全权组织实施。经过3个月海空一体、紧锣密鼓的运输,到11月初,海湾地区的美军总兵力达到24.5万人。其中,地面部队17万人,800辆坦克;空军部队3万人,各型飞机444架;海军部队4万人,各型舰船85艘,舰载机553架。同时,为了落实联合国关于制裁伊拉克的协议,在老布什等美国高层的游说下,多个国家组成的联军部队对伊拉克实施了海上禁运和经济封锁。在沙特阿拉伯和伊拉克之间筑起了一道"沙漠盾牌"。[1]

美国海军作战情报中心根据多年积累的情报资源列出了详细的监视清单,明确了涉嫌同伊拉克进行贸易或代表伊拉克进行贸

---

[1] Rick Atkinson, Crusade: *The Untold Story of the Persian Gulf War*, Houghton Mifflin, Indianapolis,1993

易的公司名单，并为实施海上封锁登船检查的联军部队开列了禁运物品清单。中央情报局利用遍布在各大港口和船只上的人力情报网，为联军拦截部队提供了有关船只的最新动向。海湾危机爆发的7个月中，19国海军共165艘舰只对7500余艘商船进行了盘查，登船检查了964艘船只的货舱及货物。其中，有51艘共装载100多万吨禁运物品的船只因违反联合国安理会制裁决议而调转航向。再加上其他阿拉伯国家也切断了伊拉克的石油转运通道，伊拉克石油收益所剩无几，借钱的路子也被封死，伊拉克丧失了入侵科威特之前国家总收入的95%。

要知道，伊拉克与伊朗打了8年仗，萨达姆手下的部队虽然在整体装备上不如联军部队，但确实是一支劲旅，而美军自越战后一直没有参加过大规模战争。为了不让联军部队两眼一抹黑地上战场，美国军事情报机构丝毫不敢怠慢，在危机爆发伊始就开始了全面的战场情报准备（IPB），有针对性地搜集、整理、分析关于伊拉克的军事情报。

战场情报准备

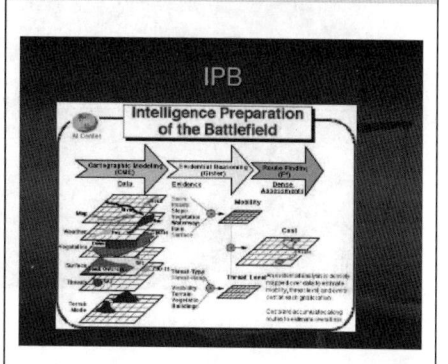

战场情报准备（Intelligence Preparation of the Battlefield, IPB）是分析作战区域内敌方、地形、天气和民事因素中的变量，以确定其对作战行动影响的系统过程。20世纪80年代初，美军就提出了"战场情报准备"这一战场情报工作的新概念，强调通过系统连续性地处理、分析特定地区内敌军威胁与战场环境状况，帮助参谋人员判断和确定敌人的作战能力和弱点。基于这个概念，战场情报准备工作要求将敌军的作战理论与气象、地形、任务和特定战场诸因素结合起来分析，以图表形式展现情报工作成果，从而规范情报工作程序，提高战场情报工作的效率。

战场情报准备分为四个步骤：一是界定作战环境；二是描述作战环境带来的影响；三是评估威胁；四是确定敌方行动方案。战场情报准备是作战环境联合情报准备的有机组成部分，其目的是支援组成部队司令部的单次作战行动。在战役层面，战场情报准备因为支援的是联合部队组成司令部的作战行动，所以通常需要微观分析，要求的细节程度更高。

海湾战争期间驻守在沙特阿拉伯的美军第 24 步兵师

为此，美军开始调整完善机构设置，从各个层级为部队提供有力的情报支援。为了打败伊拉克，国防情报局在五角大楼国家军事情报中心成立了一个特别情报工作组，协调军地各大情报单位获取情报信息，为参联会作战与计划部门提供直接支援，处理美军各大司令部向国家军事情报中心发送的情报需求清单。1990 年 11 月，战区联合军种小组（司令部联合情报行动中心）也正式组建，作为战时情报班子开展情报支援工作——美军联合情报行动中心已成为当今美军情报工作的核心枢纽。

随后便是加大侦察手段投入。为了赢得战争，美国斥巨资动用了当时最为先进的卫星侦察手段。通过临时发射和变轨改道，海湾战争爆发的前 15 天，在海湾地区可执行侦察任务的卫星总数已经高达 50 多颗，组成了包括可见光侦察卫星（6 颗）、合成孔径雷达扫描成像侦察卫星（1 颗）、导弹预警卫星（3 颗）、电子侦察卫星（6 颗）、军事海洋监视卫星（4 组共 16 颗）、全球定位卫星（16 颗）、国防气象卫星（3 颗）在内的，种类齐全、数量庞大的卫星侦察监控体系，在空间和时间上基本达到了全球覆盖和全天候近实时，源源不断地为联军部队提供最新情报。部队抵近侦察同样获取了可观的情报。8月2日伊军入侵科威特后，美军迅速反应，派遣特种部队人员渗透至科沙伊边境及科威特沿海地区进行侦察。8月23日至9月12日，美国海军特种作战小队在科威特沿海执行安全警戒。从10月开始，"海豹"小队一直在沙特边境小镇海夫吉以北活动，包括设置监听站、侦察伊军的指挥所和火力点位置，提供实时情报。

最后便是加强国际情报合作，获取准确的情报信息。美军虽然全球部署，几大区域性联合作战司令部把地球分了一遍，但1990年的海湾地区还不是美军的主场。除了自己加强情报力量，1990年8月，美与科威特国家安全局签订了安全合作的秘密协定，组织和训练反伊势力。美还

作战环境联合情报准备

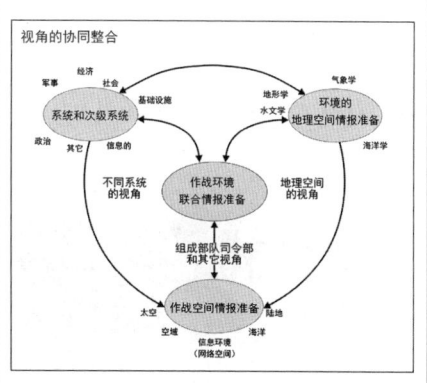

作战环境联合情报准备（Joint intelligence preparation of the operational environment, JIPOE）是联合层级的情报机构生成情报评估、情报判断和其他情报产品的分析流程，从而支援联合部队指挥官的决策过程，是美军情报支援作战机制的重要组成部分。作战环境联合情报准备是一个持续性的过程，主要分为四个步骤：界定作战环境；描述作战环境给行动带来的影响；评估敌方和其他相关参与方的能力；确定敌方和其他相关参与方的行动方案，特别是敌方最可能采取的行动方案，以及对我方完成任务威胁最大的行动方案。

相较战场情报准备而言，一方面，作战环境联合情报准备层级更高，视角更为全面，其目的是通过确定敌方可能的意图和最可能的行动方案来帮助指挥官决策。在战役层面，作战环境联合情报准备可以使用宏观分析方法来鉴别敌方的战略弱点和重心，战场情报准备注重的则是微观分析和更深层次的细节。另一方面，作战环境联合情报准备和战场情报准备相互支撑，互为补充。

与沙特签订情报协议，美国中央司令部得以使用沙特的空中侦察力量。作为盟友，英国、加拿大和澳大利亚也安排情报官进驻美国中

央司令部联合情报行动中心，与美军密切协作，协调自己国家的军事情报侦察活动。为了获取伊拉克所使用的苏制武器装备数量、性能以及伊军训练情况，降低美军损失，美国方面甚至多次与苏联接触，并争取与苏联情报机构的合作。

联军地面部队正赶赴科威特城

"美国战略情报之父"谢尔曼·肯特说情报是知识，那军事情报就是为了赢得军事胜利所必须掌握的知识。战前，美军就已经获取了大量的情报。首先就是敌情，也就是敌人有多少，部署在哪里，有什么作战特点，等等。美国国防情报局先是综合各方面的情报基本掌握了伊军实力：伊拉克军队总兵力120万人，作战飞机770余架(三代及以上战机占比近50%)，坦克5800余辆，装甲车5100余辆，火炮3.8万余门，地对地导弹80余枚。针对美军和多国部队在海湾的大量集结，伊拉克积极向科威特战区增兵。到10月中旬，伊拉克在科威特战区投入的部队占其全部战斗部队的一半，当时部署了27个师，包括共和国卫队8个师。在这27个师里，有9个装甲师或机械化师、17个步兵师和1个特种部队师，总兵力达43.5万余人，装备坦克3600多辆、装甲运兵车2400辆、各种火炮2400多门。同时，美国情报部门还重点评估了伊拉克如果使用大规模杀伤性武器对美军作战行动的影响。不仅如此，联合情报行动中心还详细分析了伊拉克军队在两伊战争期间的战术打法，并与国防情报局联合制作了《他们如何打仗》的小册子，为正在部署的美军部队开小灶，加课加练，科普对手知识，介绍伊拉克的装备、战术以及防御规程。为了方便参战部队更直观地掌握伊军部署情况，陆军情报和战区分析中心的情报人员在结合了卫星获取的测量与特征情报、航空侦察图像后，根据已有资料绘制了科威特战区内伊军的防御态势图，详细标注了伊军兵力编成、部署位置、梯队间隙等信息，省去了作战指挥人员研阅敌情报告的时间。此外，美军针对战场环境进行了缜密的分析。战场环境很好理解，就是战争所处的舞台。这个舞台并不仅限于地形地貌，人文风俗、气象水文、电磁频谱这些同样重要。把舞台的情况搞清楚，戏才能唱好。情报机构为美国中央司令部提供了大量有关中东地区独特的历史、风俗、宗教等风俗民情的情况。根据这些信息，美国中央司令部颁布了一系列包括禁酒令、明确便装要求以及电视节目内容等战时规定。3颗国防气象卫星对战场环境不断监测，持续向联军部队提供战区气象情报。空袭行动受沙尘暴等影响极大，因为沙尘天气不仅能见度差，还会损害飞行器的发动机。通过气象水文预测，联军部队将雨水较多的1～2月定为空袭的窗口期。最后，情报机构综合掌握的伊拉克情况，会同作战部门筛选出了12类详细的空袭目标打击清单，主要包括领导指挥设施、发电设施、电信枢纽、一体化战略防空系统、空军部队及机场、核生化武器研究生产和储存设施、"飞毛腿"导弹及发射架和生产与储存设施、海军部队和港口设施、石油提炼和输送设施、铁路和桥梁、伊拉克陆军部队（包括驻科威特战区的共和国卫队）、军用仓库和生产场地等，并把这些目标的具体参数和坐标位置通报给了一线作战部队。

美军F-14战斗机飞过被伊军点燃的油井

1990年11月29日，联合国安理会通过第678号决议，规定1991年1月15日为伊拉克从科威特撤军的最后期限，否则国际社会有权采取一切必要措施。不知好歹的萨达姆还绑架了人质，妄图逼退联军部队。1月17日凌晨2点39分，一支由9架阿帕奇武装直升机组成的特遣队，精确摧毁了伊沙边境的两座早期预警雷达，在伊拉克严密的防空预警网上撕开了一条口子。随后，8架F-117隐身战机组成的空袭第一梯队奔向了巴格达。2点51分，1架F-117投下了"沙漠风暴"行动中的第一枚炸弹，击中了伊拉克防空指挥司令部。不到5分钟，伊拉克的空军司令部、防空行动中心、通信中心等重要目标先后被F-117投下的炸弹击中。自3点06分起，从波斯湾军舰上发射的52枚"战斧"式巡航导弹继续对伊拉克电力设施和防空指挥力量实施打击。不到4点，伊拉克的防空指挥力量基本陷入瘫痪……"沙漠风暴"自此拉开帷幕。仅行动最初的十天，美国、英国、科威特、沙特阿拉伯、法国、加拿大、意大利和卡塔尔、巴林9国就出动了各型飞机约2万架次，美驻波斯湾和红海的战列舰及潜艇发射了近250枚战斧式巡航导弹，对伊、科境内的军事目标进行了狂轰滥炸。依靠准确的情报支援，联军部队对伊拉克的空袭整整持续了37天，伊空、海军基本失去战斗力，导弹等各种高技术攻击能力被极限削弱，指挥控制系统被摧毁75%，前线部队通信联络发生困难，伊驻科部队后勤补给线基本被切断，伊在科战区的战斗力受到重创……在空中情报侦察提供的情报支援下，联军在随后仅持续了100个小时地面作战中更是势如破竹。2月26日凌晨，就在美军第2装甲骑兵团准备和伊军短兵相接时，得到情报支援的阿帕奇编队已经敲掉了伊军后方的火炮阵地……2月27日，伊拉克宣布无条件接受安理会关于海湾危机的12项决议，海湾战争遂宣告结束。

面对弱者的情报对抗

1998年10月初的一天，法国驻北约军事委员会代表威洛特将军的办公室主任布乃尔少校同往常一样，手提着一只黑色公文包走出了北约总部大楼。而这一天，北约刚刚通过了对南联盟实施空中打击的决定。此时，布乃尔公文包里装着的文件详细列出了北约将出动的飞机数量、攻击目标、首次打击日期、北约在科索沃部署地面部队的具体考虑……在历史上，法国本就与巴尔干国家保持着不错的关系，为了不让南联盟生灵涂炭，布乃尔决定将这些消息透露给他们。早从7月开始，布乃尔就3次秘密接触了南联盟在布鲁塞尔的谍报人员米拉诺维奇上校。这一天，他按照约定，多次换乘交通工具，确认无人跟踪后，秘密地将这些情报交到了米拉诺维奇的手上。

接到情报之后的南联盟高层大为震惊，没想到北约会把自己的军事设施部署地点摸得如此透彻。米洛舍维奇迅速召开紧急会议，商讨应对之策。随着一纸密令从南联盟最高指挥部发出，南联盟军队上下迅速开动起来。按照"以藏为主,保存实力"的战略，南联盟的军工厂开始秘密生产假阵地目标模型，南联盟军队趁着夜色在重要目标附近设置了大量的假阵地、假目标。在军用机场上将一些即将淘汰的飞机暴露在停机坪上，最先进的米格-29战斗机则被转移或藏匿起来。幸得老天眷顾，南联盟境内山峦起伏、植被茂盛、气象复杂，大自然赋予的丛林资源是对付空天侦察平台的天然屏障，茂密的丛林不仅可以阻碍卫星和侦察机的成像系统，还可以有效隔绝藏在树下的坦克、装甲车、火炮所发出的红外信号。不放心的南联盟军队还在附近点起了燃油灯和轮胎。根据最高指挥部的命令，南联盟的导弹部队、装甲部队、机械化部队第一时间拉响了战备号令，化整为零，紧急撤离已经被北约锁定的驻地位置。

而在此之前，远在万里之外的美国中央情报局和国防情报局早已开始关注着这里的一举一动。早在1992年，美国情报机构就开始大肆搜集和分析南联盟的军事情报。1995年，美国侦察卫星还拍摄到了塞尔维亚部队围剿数千名波斯尼亚人的图像。1998年上半年，在美国的主导下，北约开始利用各种手段对南联盟特别是科索沃地区进行侦察监视，对各种军事目标进行精确测量与定位，对南斯拉夫的军队部署和活动进行跟踪监视。

巴尔干半岛不屈的人民

欧洲大陆的南部一共有三个半岛，一个是西班牙、葡萄牙所在的伊比利亚半岛，一个是意大利所在的亚平宁半岛，还有一个就是我们这节故事主角的所在地——巴尔干半岛。

在巴尔干半岛50万平方千米的面积上，包括了阿尔巴尼亚、波斯尼亚和黑塞哥维那（简称"波黑"）、保加利亚、希腊、马其顿、塞尔维亚、黑山、克罗地亚、斯洛文尼亚、罗马尼亚、摩尔多瓦、乌克兰与土耳其的部分土地。半岛西临亚德里亚海和爱琴海，东面是黑海，隔土耳其海峡与亚洲相望，北界是多瑙河及其支流萨瓦河，与欧洲大陆相接处十分宽阔，没有高山阻隔，交通很便利，是欧亚联系的陆桥，南有地中海重要航线，东有博斯普鲁斯海峡和达达尼尔海峡扼黑海的咽喉，地理位置极为重要。

作为兵家咽喉要地的巴尔干半岛长久以来一直饱受战火的摧残。第二次世界大战结束后，在共产党人铁托的领导下，巴尔干半岛上成立了由六个共和国——塞尔维亚、斯洛文尼亚、克罗地亚、波黑、马其顿、黑山以及两个自治省——科索沃与伏伊伏丁那所组成的南斯拉夫联邦人民共和国，与阿尔巴尼亚和意大利等毗邻。自此，这几个国家享受了数十年的和平。然而，好景不长，随着铁托逝世和东欧剧变，南斯拉夫社会主义联邦共和国走向分裂，由塞尔维亚共和国和黑山共和国组成的南斯拉夫联盟共和国（简称"南联盟"）随之成立，并取消了科索沃省的自治权。科索沃原是前南斯拉夫塞尔维亚共和国的一个自治省，面积10887平方千米，人口约200万，90%以上是阿尔巴尼亚族人，塞族、黑山族等七八个民族占10%。南联盟成立后，民族矛盾不断激化，并不断爆发流血冲突。1996年，阿尔巴尼亚族激进分子成立武装组织"科索沃解放军"，开始了武装独立运动。面对阿尔巴尼亚族人的反抗，以米洛舍维奇为首的南联盟和塞尔维亚当局采取强硬镇压措施，派遣大批塞族军队和警察部队进驻科索沃，试图消灭"科索沃解放军"。

同出兵介入海湾危机前一样，美国情报机构的分析人员也做了大量的研究报告。在白宫，美国国家安全委员会听取了中央情报局提供的情报分析评估。

苏联解体、东欧剧变，美国的综合优势足以保证自己世界第一的领导地。然而，随着俄罗斯、中国、印度的崛起，美国的优势地位和生存资源可能会受到制约。俄罗斯继承了苏联的军事实力，美国要对它实施遏制就必须扩张欧洲的势力。南斯拉夫社会主义联邦共和国解体后，其余五国均倒向了北约，只有南联盟亲俄罗斯，对北约甚至是美国来说它是油盐不进。想遏制俄罗斯，就必须解决这块绊脚石。同时，欧洲以及日本同美国之间的经济竞争也会对美国产生一定制约，特别是即将发行的欧元会对美元市场造成一定冲击。北美和西欧是当前对石油最依赖的地区，从全球的石油资源分布来看，亚洲、非洲、拉丁美洲及俄罗斯控制的地区石油资源储存丰富，美国及其他北约国家要控制这些地区的石油资源，尤其是中亚地区的石油，能否控制科索沃是关键。科索沃虽为弹丸之地，国内石油匮乏，但却是重要的石油通道，控制了科索沃就可以将俄罗斯的势力挤出巴尔干，在东方遏制俄罗斯从黑海进入地中海，保护美国在黑海的石油利益，挤压俄罗斯的生存空间，向南加强北约南翼，控制海湾、北非等产油国，最终确保中东石油通道的稳定与安全。

正在装配之中的"长曲棍球"雷达成像侦察卫星

美国最高决策层听取了情报部门提供的分析报告，经过讨论后一致认为需要诉诸武力以达战略目的。美国军方的情报部门更是开足马力行动起来。在行动前，运行轨道划过南联盟上空的北约卫星就已经高达 50 多颗。这 10 余种侦察、气象卫星在南联盟上空悄然编织了一张空间情报数据网，其中包括美国的 2 颗"长曲棍球"雷达成像侦察卫星、3 颗"锁眼-11"图像和数据传输卫星、3 颗能确保得到清晰图像的小型光电成像卫星，以及大量的气象卫星和海洋观测卫星。卫星按照预定轨道运转在地球近地空间，每次飞临南联盟上空，"长曲棍球"雷达成像侦察卫星都会不遗余力地拍摄南联盟境内的照片，它的高分辨率合成孔径雷达能克服云、雾、雨、雪和黑夜的限制，实现全天候侦察；"锁眼-11"卫星的红外传感器更是可以提供分辨率达0.1米的可见光图像和红外图像。与此同时，在美国国家侦察办公室的命令下，原本负责监视伊拉克的5个成像航天器秘密变轨，改道监视南联盟。为了确保空袭不受天气影响，北约的6颗气象卫星和美国的4颗气象卫星也严密监视着南联盟上空的气象变化。

1998年10月6日，北约军队在地中海举行了为期一个月的军事演习，代号"鹰眼"行动，搜集南联盟的主要军事目标分布，并确定了打击重点。12日，北约16国大使在布鲁塞尔召开常设理事会时，北约为空中打击调集的作战飞机基本部署完毕。自"鹰眼"行动开始，北约的侦察机就没离开过南联盟的上空。

1999年3月24日至6月10日，以美国为首的北约在未经联合国授权的情况下，利用科索沃民族问题对南联盟进行了为期78天的空袭，贝尔格莱德等8个城市及其附近的军事目标遭到轰炸。

空袭开始后，美、德、英、法、意的59架各型侦察机往来穿梭于南联盟的上空，U-2R高空战略侦察机、RC-135"联合铆钉"电子侦察机、"捕食者"无人侦察机等昼夜工作，进行拍照、定位、监听、无线电测向，源源不断地获取关于南联盟军队的情况。U-2侦察机再立战功，提供了80%以上的战场图像情报。美国空军部队按照"无情报，不轰炸"的原则，只有在情报支援充分的情况下才会实施轰炸任务。30年前的越战战场上，美军可没这些宝贝，所以只能地毯式轰炸。而现在，在美军空、天侦察平台所获的数据可直接被导弹发射人员输入进导弹弹道计算设备，作为导弹攻击的目标数据。8年前的海湾战争中，精确制导炸弹和导弹仅占美军投弹量的10%，而在8年后，精确制导炸弹和导弹的使用率已经高达100%，4月3日美军仅靠2枚导弹就摧毁了南联盟瓦拉丁大桥。5月7日夜晚，5枚杰达姆精确制导炸弹落在中国驻南联盟大使馆，炸穿了大使官邸和5层的办公楼，当场炸死3名中国记者，炸伤数十人，北约竟然解释说是误炸，原因是使用了一份美国中央情报局过时的地图！与此同时，北约国家在"冷战"期间建立在塞浦路斯、土耳其、希腊、意大利的50余座电子监听站功率全开，密切关注着南联盟的军政通信频道。部署在亚得里亚海的美、英、法航母战斗群和电子监听船也在持续监听来自南联盟最高指挥部和科索沃战地指挥官之间的联络。

在完备的情报侦察体系中，无论其他高技术情报手段如何发展，人力情报都是不可或缺的重要一环，它往往起着不可替代的作用。早在开战之前，美国中央情报局的特工人员就在南联盟首都贝尔格莱德建立了秘密据点，并安插、发展了大量的间谍人员，他们有的以记者身份和联合国观察员的身份进入科索沃地区，秘密搜集南联盟的军事部署以及有关地形的情报。在空袭开始前，北约渗透进入南联盟的间谍人员已经高达400余人。不仅如此，谙熟"敌人的敌人就是自己的朋友"这一道理的美国人，在英国空军特种部队的联络下，于轰炸实施前就同"科索沃解放军"建立了密切联系，并向其提供了电台、移动电话和卫星电话，让"科索沃解放军"动用这些工具向北约发送情报。

为了有效利用这个庞大的情报侦察体系所获的情报资源，美军不得不加强情报管理协调，改善战术情报管理体系。美国国防情报局、国家侦察办公室、国家图像和测绘局、国家安全局以及中央情报局建立了全新的合作模式，通过派遣联络人员进驻国家侦察办公室新设的作战支援办公室（OSO），与军种人员一同工作，协调情报图像传输、确定作战打击目标、开展毁伤效果评估。

"科索沃解放军"

面对北约的降维打击，科索沃的南联盟部队分成若干小队，与平民一起活动。与此同时，南联盟境内的防空控制系统、情报系统和通信系统均从地面转入地下坑道或非军事建筑内。防空部队开始加紧训练雷达机动和接力预警科目即侦察预警系统，采取逐段接力战法，当远程雷达发现敌机出动时立即关机静默，避免被反侦察；估计敌机飞临己方导弹攻击空域时，近程雷达迅速开机搜索目标，指示导弹发射后迅速转移部署。南联盟的外交部门和情报系统也加强了反间谍斗争，不仅参战国的记者全部被驱逐出境，外国人在境内的活动也被限制起来。根据情报，南联盟充分吸取了"黄金峡谷"行动、"沙漠风暴"行动和波黑战争的经验教训，多措并举，采取反侦察手段，一定程度上限制了北约的情报侦察。战争开始后，按照美国及北约的战前情报研判，对南联盟的空中打击不需要很长时间就会逼迫南联盟就范,然而战局开始后并没有按照事前的预判发展。战事一拖再拖,北约只好一而再再而三地扩大空袭的烈度、范围,甚至做好了地面进攻的准备。

除了实体空间的情报对抗,网络空间的情报对抗也崭露头角。早在海湾战争中,美军就用携带计算机病毒的硬件设备瘫痪了伊拉克部分指挥控制系统,这是计算机网络对抗首次应用于战场活动。而在8年后的科索沃战场上,计算机网络领域的情报对抗已经逐渐成为一种全新的情报对抗样式,但这一回在网络领域,胜利女神没有再一次眷顾美军。相反,南联盟通过互联网对北约实施的网络情报对抗,成为此次战争中的最大亮点。在俄罗斯等国"黑客"的帮助下,南联盟的网络情报对抗力量另辟蹊径。战争爆发后,在政府的支持下,南联盟的"黑客"们自发行动起来,通过在网上不断向北约国家以及军队的情报系统倾泻大量虚假信息,阻塞、挤占其情报传输通道资源,导致北约的网络瘫痪,达到了迟滞北约部队情报流通的目的。1999年4月4日,亲南联盟的黑客们释放了"梅利莎""疯牛"等计算机病毒,致使北约的计算机通信系统一度陷入瘫痪,美海军陆战队所有作战部门的电子邮件系统均被"梅利莎"病毒阻塞,美"罗斯福号"航母的计算机也陷入了长达3个小时的瘫痪。网络攻击窃密也崭露头角,南联盟组织了一批精通网络的计算机专家,黑进了北约的电子情报系统,窃取并破译了北约甚至美国部分军事机构存储在计算机网络上的机密文件,获取了部分有利于反空袭作战的情报和资料,为南联盟防空力量争取了主动。

情报宣传也被运用在网络领域。在科索沃战场上,面对北约国家的"三色宣传"攻势,南联盟奋起抗争,捍卫真相。南联盟主要的报纸、电台和一些要害部门都在网上设立了自己的主页,宣传南联盟的政策，反映南联盟遭北约空袭后的实际情况，在网络领域带动了反北约空袭的热潮。

这场为期 78 天的空袭行动共造成了南联盟 1800 人死亡，6000 人受伤，12 条铁路被毁，50 座桥梁被炸，20 所医院被毁，40% 的油库和 30% 的广播电视台受到破坏，经济损失总共达 2000 亿美元。为此，北约投入了 1000 多架飞机、40 多艘舰艇，出动的 32000 多架次飞机共投下炸弹 1.3 万吨。

为避免遭受更大的损失，在俄罗斯出面调停下，南联盟决定与北约进行停战谈判。最终，联合国安理会通过了由西方八国和俄罗斯共同提交的关于政治解决科索沃问题的第 1244 号决议草案。至此，北约宣布战争结束。北约对南联盟的轰炸，是第二次世界大战结束以来欧洲所发生的最大浩劫，也可以说是 20 世纪行将结束前人类文明社会中最严重的人道主义灾难。面对南联盟军民艰苦卓绝的抵抗，北约费尽九牛二虎之力才算体面地结束了对南联盟的空袭。南联盟的防空预警能力还不算太弱，加之机动接力的防空战术，共击落北约飞机 70 多架，甚至还包括一架 F-117 隐形轰炸机。得益于战前扎实的情报保障工作，虽然南联盟的关键基础设施遭到了大规模的破坏，但自身的军事实力并未受到致命毁伤。

三色宣传

按照美国情报理论来讲，情报宣传分为白色、灰色和黑色"三色宣传"。"三色宣传"是美国中央情报局实施隐蔽行动颠覆政府的主要手段之一，美军的心理战部队也会经常使用"三色宣传"配合正面战场行动。白色宣传是指公开表明信息来源的宣传；灰色宣传是指不说明信息来源的宣传；黑色宣传是指隐蔽真实信息来源的宣传。在实施心理作战的过程中，美军往往会根据具体情况实施不同类型的宣传，散布各种假消息，颠倒黑白鼓动人心。

寒冬中的寒冬

从"黄金峡谷"行动到海湾战争,再到科索沃战争,美国在联合情报方面的工作做得可圈可点,很大程度上服务了美国军方的工作,保障了军方顺利遂行了各种各样的军事行动。但随着柏林墙的倒塌与苏联解体,美国失去了主要对手,这也使得美国军政两界中相当一部分精英患上了"敌人缺失症",美国情报界就像航行在茫茫大洋中迷航的巨轮,找不到方向。

失去了主要目标的美国情报界也面临着严重的生存危机,美国又不可能天天打仗,以致美国情报界缺失了任务的牵引。克林顿政府在国内的一片裁撤声中开始大量减少情报机构在国内外的活动并大幅度压缩情报活动的预算:从1990年开始,美国情报界在5年内减少了12%的人员,到1999年人员减少幅度更是扩大到了24%;经费预算则经历了先紧后松的过程,但总体也低于"冷战"期间水平。1993财年的情报预算为300亿美元,到1995财年减少到250亿美元,1997财年266亿美元,1998财年267亿美元,1999财年275亿美元。

1993年干涉索马里事件中情报支援不力、1994年的"埃姆斯间谍案"、1998年印巴核试验情报失误以及美国驻东非使馆遭袭事件等一系列事件的出现,为美国情报界撑过"寒冬"并再度发展提供了动力,其情报活动的规模和强度也迅速恢复,甚至超过了"冷战"中期的水平。但随着"冷战"结束以及全球竞争重点的转移,经贸问题、地区冲突、恐怖主义、大规模杀伤性武器的扩散等一系列被"冷战"阴霾所掩盖的矛盾却逐渐凸显,但恐怖主义迅速滋长的威胁并没有引起美国情报界的足够重视,在此期间,恐怖威胁日益增多。

位于美国纽约曼哈顿西南端的世界贸易中心于1983年竣工,

是纽约的标志性建筑，各国金融机构和工商企业竞相角逐，将在此办公视为进军美国的标志。其南北双子塔均高达400余米，登上楼顶可以俯瞰全纽约，世界各地的游客也都把其最高层作为纽约重要景点观光游览。

1993年2月26日，星期五。12时18分，正是一天中最忙碌的时候，位于世贸中心的人数达十万之众。突然间，只听得"咚"的一声巨响，大楼开始变得摇摇晃晃。当人们还没反应过来什么情况的时候，周围已经是一片漆黑……恐怖袭击发生了，在大楼地下二层停车场的炸弹炸出了一个长60米、宽30米的大坑，整个地下层都被炸穿了。汽车被炸毁，混凝土碎块飞得遍地都是，巨大的冲击波切断了大楼的动力系统，电话中断，电梯停运，大楼内多处起火，浓烟一直冒到400多米的顶层，6名无辜民众罹难，1000多人受伤……虽然案件在司法机构的协作下得以告破，但此次爆炸事件标志着一个新的恐怖主义挑战——恐怖变得毫无界限。

1998年8月7日，美国驻肯尼亚内罗毕和坦桑尼亚达累斯萨拉姆的大使馆同时发生爆炸。内罗毕的美国大使馆位于繁忙的市中心，造成了213人死亡，近4000人受伤；在达累斯萨拉姆的爆炸造成了12人死亡和85人受伤。

2000年10月12日，美国海军阿利·伯克级驱逐舰"科尔号"遭到恐怖分子用装满炸药的小船的袭击，舰身的一侧被炸开一个大洞，17名舰上船员死亡，39人受伤……

尽管美国情报界为应对恐怖袭击做出了一些努力，但这个为"冷战"而生的情报体系一时间很难完成从"旨在应对国家战略问题到应对恐怖主义等个体潜在威胁"的转变。在当时的国家议题排序中，巴以问题、美国与伊斯兰国家关系、印巴局势以及科索沃问题都排在反恐之上。

2001年9月11日,星期二,9点02分,富士银行职员史丹利·普雷纳斯刚出电梯。他边接着客户电话边朝着自己的办公室走去,"'安全通告'说刚才的爆炸声没事儿,一切安好,我马上就到办公室了……"。话音未落,他突然感到一股异常的气流,同时听见了他从未听见过的巨大轰鸣声,顺着声音方向,史丹利朝窗外望去,眼前的景象让他全身都僵住了——只见一架巨大的客机正从自由女神的方向朝他飞来,他甚至可以看清机身上面那个大大"U"字(UNITED),随后,飞机"轰"的一声撞进大楼,史丹利所说的最后一句话是:"上帝!请保佑我!"史丹利工作的地点正是纽约世贸中心南塔81层。

美国纽约世贸中心遇袭

美国国防部五角大楼遇袭

这一天，8 点 46 分，美航 11 次班机撞进纽约世贸中心北塔 93 到 99 层；9 点 03 分，同样是从波士顿飞往洛杉矶的美联航 175 次航班撞进世贸中心南塔的 78 到 84 层。与此同时，负责警戒美国白宫的特勤人员正在疏散工作人员，因为这里很有可能就是下一个受攻击的目标。正当大家向外飞奔的时候，一辆黑色政府公务轿车一个急刹车停在白宫门前，一位身着西服、目光锐利的中年男人从车上跳出来，连车门都没有关就冲了进去。这个人名叫理查德·克拉克，是美国总统反恐安全事务特别顾问。当第一架飞机撞机的时候，克拉克正在离白宫几个街区外的罗纳德·里根大厦开会。出事儿以后，他马上赶回了白宫。

9 点 27 分，位于白宫的克拉克发起了紧急电话会议，参加电话会议的有美国国家安全事务助理康多莉扎·赖斯、副总统切尼、国防部长唐纳德·拉姆斯菲尔德、中央情报局局长乔治·特尼特和联邦调查局局长罗伯特·米勒等。而就在 10 分钟后，噩耗再次响起，从华盛顿飞往洛杉矶的美航 77

反恐特别顾问

理查德·克拉克（Richard A. Clarke，出生于 1950 年 10 月 27 日）在美国国家安全机构中任职长达 30 年，包括国防部、国务院和白宫国家安全委员会等。

理查德·克拉克自里根政府时期就在国防部负责情报工作。1992 年，老布什总统成立了一个反恐安全特别小组，并任命克拉克为小组负责人，旨在协调和统领美国情报界各大机构开展反恐工作，成员包括美国联邦调查局、中央情报局、美国国家安全局和美国司法部等部门的主要官员。1998 年，克林顿总统任命克拉克为总统反恐安全事务特别顾问。小布什当选总统后，克拉克继续留任这一要职。在国家安全委员会任职期间，克拉克先后担任过总统全球事务特别助理、跨国威胁高级主任、国家反恐协调员和总统网络安全特别顾问。

从政府退休后，克拉克曾在哈佛大学肯尼迪学院执教过五年时间。他还在阿联酋政府的邀请下，帮助其建立了一个用以反恐的网络机构。克拉克著有《反击一切敌人：揭秘美国反恐战争内幕》和《网电空间战·美国总统安全顾问：战争就在你身边》等书。

次航班以530英里的时速撞进五角大楼，机身瞬间解体。10点02分，从新泽西飞往旧金山的美联航93次航班，坠毁在宾夕法尼亚州尚克斯维尔镇附近的空地上，机上45人无一生还，而此地距离华盛顿特区大约只有20分钟的飞行时间。9点59分和10点29分，世贸中心双子塔先后垮塌，此时，大楼内还挤满了尚未撤离的市民以及救援人员。

这一天成为所有美国人心中的痛，此次恐怖袭击被称为"9·11"事件。这是发生在美国本土最为严重的恐怖活动，遇难者总数高达2996人，对美经济损失达2000亿美元，对全球经济所造成的损害甚至达到1万亿美元。此次事件对美国民众造成的心理影响极为深远，美国民众在经济及政治上的安全感随之一落千丈。

说起"9·11"事件，大家都会不由自主地将这一事件和恐怖大亨本·拉登联系起来。但事实上，要说清这个故事还得从千里相聚的"圣战"铁三角（两个穆罕默德和拉登）讲起。

2002年11月27日，美国国会通过法案，成立"9·11"事件独立调查委员会，负责对"9·11"事件进行彻底调查。2004年7月22日，经过长达20个月的调查工作，一份长达560页的调查报告正式出炉。与此同时，19名劫机者也闯进了人们的视线，这19名劫机人的领导者名叫穆罕默德·阿塔。

"9·11"当天，阿塔带着其余劫机人以"五五五四"的分组形式分别登上了被劫持的4架飞机。这四组人马均由"飞行员"和"蛮力劫机者"组成，他们战术一致、高度协同。飞机升空后，先由"蛮力劫机者"拿下空勤人员，并帮助"飞行员"进入驾驶舱，"飞行员"关闭飞机雷达应答器后向预定目标发起撞击。"9·11"事发后，联邦调查局第一时间就把阿塔等劫机人的信息通报给了理查德·克拉克。从事情报与反恐工作近30年的克拉克经验丰富。记忆力超群的他几乎能记住所有曾经出现过可能对美国造成威胁的恐怖分子的名字，但这个来自德国汉堡的硕士研究生阿塔没有任何前科，克拉克对他也是闻所未闻。[①]

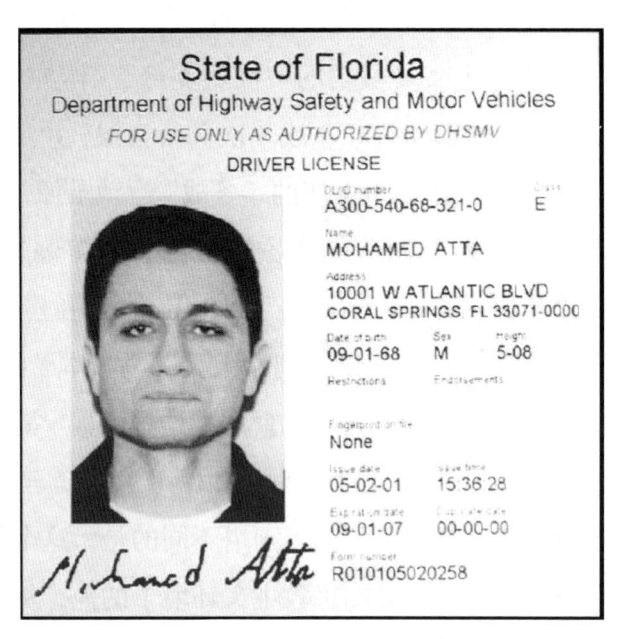

穆罕默德·阿塔的驾照

穆罕默德·阿塔，1968年9月1日出生于埃及卡夫拉谢赫省的一个富户人家，父亲是一位律师，母亲是一位大家闺秀。阿塔是家中最小的孩子，上面有两个姐姐。他从小性格腼腆、彬彬有礼，父亲对他的管教也极为严苛，他唯一的"乐趣"就是学习，没有任何小伙伴。主修建筑学的阿塔从开罗大学毕业后，在父亲的一再逼迫下，考取了汉堡科技大学的奖学金，并于1991年来到德国汉堡开始了留学生涯。在德国留学的阿塔保持着原有的宗教信仰，坚持礼拜祈祷，从未停歇，他滴酒不沾，严格遵循穆斯林的饮食要求，甚至

---

① Richard A. Clarke, *Against All Enemies: Inside America's War on Terror,* Free Press, Washington, D.C.,2004.

会把点心上含有猪油的奶油刮掉。1997年的秋天，经"老乡"介绍，他来到了一家名为阿尔库德的清真寺，这其中不乏激进的穆斯林教徒，他们除了研习《古兰经》，还大谈特谈反犹太人和反美观点。很快，阿塔便被洗脑了，并一跃成为领导者，随后便与另外三位"劫机者"成立了载入全球恐怖主义发展史的"汉堡支部"。作为"汉堡支部"的主要成员，他们每周都要召开3或4次例行会议，并观看"阿尔－卡伊达"组织（"基地"组织）生产的"圣战"运动录像带。1998年，他们集体观看了本·拉登制造的内罗毕美国大使馆爆炸的录像带。"圣战"使这几个年轻人"激动"不已。1999年，他们踏上了朝圣之路，来到了阿富汗，拜见"基地"组织创始人奥萨马·本·拉登。

阿富汗真是一个神奇的地方。也就是在这里，穆罕默德·阿塔遇见了另一个穆罕默德——哈立德·谢赫·穆罕默德，至此，阿塔注定走上一条不归之路。与穆罕默德·阿塔不同的是，这个穆罕默德天生就是个极端分子。出生在极端宗教主义环境下的他，从小接受武装训练，16岁就加入了"穆斯林兄弟会"，20岁便开始热衷于策划各种恐怖运动。在美国留学毕业后，哈立德来到了阿富汗，参加了阿富汗抵抗苏联的武装运动。1993年，哈立德撺掇侄子拉姆兹·约瑟夫策划了纽约世贸中心炸弹袭击；1994年，他图谋暗杀教皇约翰·保罗二世和巴基斯坦总统佩尔韦兹·穆沙拉夫；1995年，他又图谋暗杀美国总统比尔·克林顿和吉米·卡特……1996年，逃过追捕的哈立德再次来到了阿富汗，登门拜见与之臭味相投的本·拉登，大力宣传各种恐怖行动方案，意图拉到"天使轮投资"。但当时"基地"组织刚被苏丹"轰"出来，无心顾及哈立德的游说之词，直到1999年拉登开始物色劫机人选。至此，由"幕后推手"本·拉登负责出资选人、"恐怖军师"哈立德负责精密谋划、"狂热青年"阿塔负责献身劫机的"圣战"铁三角正式组成。

"9·11"事件前，美国拥有15个情报单位，这15个情报单位分属国家安全委员会、国防部、能源部、司法部、财政部等，虽然中央情报局长兼任中央情报主任，但他此时依旧是没有经费分配权和人事任免权，形同虚设。"同行是冤家"，各机构相互间的恶性竞争、相互隔离、相互封锁都是家常便饭，即便在同一个情报机构内部也常常是自行其是。这种情况在苏联解体、美国缺乏重大威胁的情况下更是普遍。中央情报局某高级官员曾称："没有人关注全局，没有人深入分析，预见那道贯通雷云和地面的闪电。"中央情报局虽以情报分析见长，但是联邦调查局得到的信息却要多于中央情报局。美国情报系统内部终究没有实现畅通的情报交流与共享。"如果美国政府各部门能在'9·11'事件发生前把他们获得的情报综合在一起，也许能对这次恐怖袭击起到预警作用。"

在《"9·11"事件调查报告》中我们可以看到，2001年1月20日至9月10日，美国情报机构关于"基地"组织的威胁判断和威胁趋势的预警情报分析报告并不少见，仅中央情报局《总统每日简报》上就至少有40篇与本·拉登有关的情报报告。特别是2001年8月6日的《总统每日简报》，这是当年《总统每日简报》上第36条与本·拉登或者"基地"组织有关的摘要，也是第一次讨论其在美国发动袭击的可能性。报告认为，当前本·拉登准备在美国境内发动袭击，并对美国本土构成了威胁。次日，《高级官员情报简报》沿用了《总统每日简报》的标题。但该简报并未引起国家安全委员会的充分重视，无论是国家安全委员会，还是其下属的反恐安全特别小组均未就此报告内容举行会议。实际上，当时美国总统和决策层仍将威胁重点确立在国外，并在国外采取了一系列行动以防止袭击发生，包括：吸引外国政府加入共同破获恐怖主义阴谋，关闭大使馆，以及停止军演和命令舰队离开巴林等，转移军方财产以免受恐怖袭击。而在国内，这方面工作却少得可怜。

事实上，整个 2001 年春夏两季都充斥着大量关于恐怖威胁的情报。到 2001 年 8 月，美国大多数情报部门都已认识到，威胁报告的数量和严重程度是前所未有的。很多官员称，他们相信某种未知的可怕事情正在计划中，他们渴望能阻止它的发生。

2001 年春，关于恐怖分子威胁和有计划袭击行动的情报数量大幅度增加。3 月底，中央情报局通报称"伊斯兰逊尼派恐怖分子计划攻击美国机构、人员及利益的威胁严重存在"。此后的数周，中央情报局接连发布警告，称恐怖分子正准备在某个国家发动一起袭击行动，这个国家可能是以色列、印度或沙特，并向赖斯提交了这些报告，但均未提及美国本土会存在威胁。5 月，题为"本·拉登的公开露面可能预示着袭击"和"本·拉登的网络计划正在推进"的两份报告被提交给高层官员。6 月 22 日，中央情报局通知所有部门指挥官，"几天以后可能会在美国发生'基地'组织发动的自杀式袭击事件"。25 日，克拉克警告赖斯，有 6 项情报显示"基地"组织成员正在策划袭击行动。某阿拉伯电视媒体报告称，本·拉登称"在接下来的几个星期内将会见证一场重大的惊喜"，并且袭击的目标是美国和以色列。28 日，克拉克写信警告赖斯，基于过去 6 个月的信息，袭击计划"已经到达了一种新的高度"，"国务院、中情局、国防情报局以及国家安全委员会的情报也报告说，可能会在 7 月份出现大规模的恐怖袭击"，但并未得到回应。此外，还有大量关于恐怖袭击的情报充斥在美国政府高层。这些情报好像"狼来了"一样麻痹了这些精英的神经。副总统切尼以及国防部长特别助理等人则认为这些威胁是"基地"组织设下的骗局，旨在引起美国的注意从而消耗美国的资源。同时，美国瓦解"基地"组织的行动已在 20 多个国家展开，几个恐怖分子头目遭到了外国政府的逮捕，这也使得美国高层放松了警惕。

客观地讲，在2001年9月之前，"通过劫持飞机作为自杀式爆炸袭击的工具"和"针对如日中天的美国本土发动大规模恐怖袭击"确实从未出现过，可能超出了当时美国情报机构或美国决策者的认知范畴。但是，失误就是失误，情报失误造成的惨剧已经发生。而且，在针对"9·11"事件的预警失误中，美国中央情报局和联邦调查局有着不可推卸的责任。2001年7月，一名联邦调查局驻凤凰城办事处的特工发出两份内部简报，一份发给总部，一份发给纽约办事处国际反恐小组的两名特工。简报反映，有两名身份可疑、值得调查的人到亚利桑那州的民航学校报名。他怀疑本·拉登有可能有组织地将恐怖分子学员送到美国民航学校接受培训。同时该特工还向联邦调查局总部建议：编制一份民航学校名单；与这些学校进行密切联系；同情报同行一起探讨对本·拉登活动的预测；请求批准获取飞行学校报名者的护照信息。然而，过低的工作效率使得联邦调查局本·拉登专案组和极端原教旨主义科直到"9·11"事件之后才收到这份简报，联邦调查局总部也没有任何一个主管在"9·11"事件之前看过这份简报，而纽约办事处更未采取任何相应措施。克拉克曾公开表示，如果自己看过这份简报，绝不会让"9·11"事件发生。8月15日，一名在明尼苏达州明尼阿波利斯市的泛美国际飞行学校接受飞行培训的阿拉伯人穆萨维引起了联邦调查局当地特工的注意。对飞机一无所知的他，却想学习波音747飞机"起飞和着陆"的操作。联邦调查局特工由此怀疑他是一名极端主义分子，可能准备劫机。但联邦调查局特工并未深入调查，仅以"非法滞留美国"的罪名对其进行了逮捕。一周之后，中央情报局局长特尼特听取了联邦调查局这份题为《伊斯兰极端分子学习飞机驾驶》的简报，从中了解了穆萨维案子的情况。但是特尼特却认为这是联邦调查局负责的案子，便没有和白宫以及联邦调查局的人员讨论此案，竟然也没有将穆萨维学飞行与2001年夏季的威胁报告联系起来。

"9·11"事件发生两年以后，克拉克辞去了总统特别顾问的职务，离开了国家安全委员会。在2004年3月24日的"9·11"事件听证会上，克拉克在他证词的开篇，向全体美国人民致歉，他表示自己辜负了大家，美国政府辜负了大家，尽管他们曾经做出过努力，但"9·11"事件还是发生了，一切都于事无补。对此，他表示深深的歉意，并请求民众原谅。

复仇

"9·11"事件的第二天，时任美国总统的小布什就把此次袭击定性为战争行为，发誓要彻底铲除恐怖分子，缉拿元凶。在美国中央情报局、联邦调查局的联手合作下，藏匿在阿富汗的本·拉登浮出了水面。9月14日，美国国家安全委员会磋商了军事行动计划，4天后国会通过了授权小布什在必要时武力打击恐怖主义的决议，21世纪的第一仗即将开始。

2001年9月至10月间，小布什和国务卿鲍威尔忙得脚底朝天。这边小布什与世界大国领导人频繁的热线沟通，那边国务卿鲍威尔也是坐着飞机到处游说，美国很快拉起了一个庞大的国际反恐联盟。在美国最高领导人的斡旋下，40多个国家同意向美军飞机开放领空并提供机场。通过不断向巴基斯坦、印度、伊朗、乌兹别克斯坦、塔吉克斯坦、土库曼斯坦等阿富汗周边国家示好，美国逐渐孤立了塔利班政权。同时，在中央情报局的联络下，美国也与阿富汗北方联盟等反塔利班的武装组织搭上了关系，基本在战略上对塔利班和拉登的"基地"组织形成了围剿态势。在此期间，美军紧急调集了海陆空三军精锐部队,在9月20日基本完成了对阿富汗武力打击的军事部署。到26日,美军及盟国部队在阿富汗周边地区和海域已经集结了34000余人、飞机近410架、舰艇20艘,其中包括8架F-117隐身攻击机和两个航母战斗群。

阿富汗与塔利班

阿富汗,是一个通过瓦罕走廊与中国西部相接壤,多山的伊斯兰国家,经济落后,交通十分不便。其北部是土库曼斯坦、乌兹别克斯坦以及塔吉克斯坦,南接巴基斯坦,西临伊朗。阿富汗一直饱受战火的摧残,英国和苏联都曾折兵于此。"塔利班",翻译成中文的意思是"宗教的学生",是一个于1994年在巴基斯坦和阿富汗边境成立的组织,成员多是当地不满军阀混战的学生。短短几年,塔利班政权就基本统一了阿富汗全境,成员也越来越壮大,不仅有本地人,还有大量的外籍伊斯兰教徒。塔利班政权视《古兰经》为法律,虽然他们比军阀政权组织更为正规,但是极度歧视女性、崇尚残暴的酷刑、仇视一切异教者。本·拉登领导的"基地"组织与塔利班政权关系密切,不仅有着资金往来,还为塔利班政权培训部队。阿富汗战争爆发后,本·拉登"禁卫军"055旅的上千人化整为零,编入塔利班武装,帮助抵抗联军的进攻。

10月7日,在与阿富汗塔利班政权就交出本·拉登反复磋商无果后,小布什一声令下,美国开始对阿富汗实施代号为"持久自由"的武力打击行动,美国在21世纪的第一场战争正式拉开帷幕。战争开始后,空中力量通过猛烈的火力打击,摧毁了阿总统府、国家广播电视大楼、机场、塔利班武装指挥中心、防空系统、油库、军火库、大型军事基地等一系列重要战略目标,着力消灭塔利班政权的有生力量、摧毁其训练基地和重型武器装备。而后,按照"先北后南"的作战方针,10月31日—11月9日美军先拿下马扎里沙里夫,11月8日—11月13日抢占喀布尔,11月15日—11月24日血战昆都士,11月14日—12月8日逼降坎大哈,基本占领了阿富汗全境。

同时,为了追捕本·拉登和塔利班政权领导人、消灭残存的恐怖分子,美军实施了"托拉波拉山区"围剿和"蟒蛇"行动等数次围剿活动。随着战争进程的不断推进,美军也不断向阿富汗增派兵力，调整军事部署。到 2001 年 11 月底，美军在阿周围地区和海域集结兵力达 55300 人、飞机 510 余架、各型主要舰艇约 40 艘。此外，英国也在战区内部署了 1 个航母战斗群、60 多架空军飞机和 8000 多人的地面部队。虽然美军占领了阿富汗，但极端分子就像杀不完的"小强"一样，依旧在这片土地上滋生，并不断制造恐怖袭击事件，给驻阿美军带来了不少的伤亡。

美军行进在阿富汗的山间小道

阿富汗地区虽然多山，但是与植被茂密的越南不同，这里全是石头山，几乎寸草不生。恐怖分子不是乔装成平民躲在当地人家中，就是藏在山洞里。除了战争初期的常规军事打击外，美军还得应对这些难缠、狡猾、凶残的恐怖分子。为此，美军在阿富汗投入了大量先进的情报侦察平台。与机械化战争不一样的是，原先在针对某一特定区域打击的时候，因为缺乏情报支撑，作战力量无法掌握地点的具体坐标、人数、武器装备情况，但在信息化条件的支撑下，这些原本很难看清的东西都已变得透明。

自"黄金峡谷"行动叩开信息化战争的大门开始，美军的作战样式发生了天翻地覆的变化。在现代战场上，我们几乎再也看不见美军在第二次世界大战期间登陆硫磺岛和塞班岛前依托海军战列舰重炮炮火覆盖整个登陆区域，进行火力压制的场面了。取代漫天炮火的是精确制导打击的战斧式巡航导弹。很多目标刚刚被发现就已被摧毁，察打一体成为了新世纪战争的主要特点。支撑美军实现察打一体的正是美军强大的情报侦察体系——ISR。ISR 平台系统即情报、监视、侦察（Intelligence, Surveillance, Reconnaissance），就是为了搞清这些情况而诞生的，它可以使战场变得透明，更为数字化。阿富汗战争中美军投入的各型侦察平台通过加密而又稳定的Link11、16 数据链路和中继通信卫星及地面固定、移动通信站实现了组网，形成了强大的情报、监视、侦察系统。系统侦察所获的数据源源不断地向各类指挥中心输送，同时也为战场各级指挥人员提供了必要的情报信息。

"伊科诺斯"（ikonos）商业遥感卫星

同海湾战争和科索沃战争一样，美军动用了大量的图像侦察卫星、通信监听卫星、气象卫星。不仅如此，国家图像与测绘局还使用了"伊科诺斯"商业遥感卫星,并单独购买了其阿富汗照片的使用权。美国军地情报部门的各类航空侦察平台也投入到阿富汗战区。这些侦察平台在阿富汗战区中的表现尤为突出,它们可以侦察敌情动向、监视恐怖分子的一举一动。已经服役近半个世纪的U-2高空侦察机再度升空,除了拍摄照片之外,还担负着通信监听任务。无人飞行器也粉墨登场,刚刚列装部队的"全球鹰"无人机被投入了阿富汗战场。作为高空远距离飞行的大型无人侦察机,"全球鹰"的翼展达35.42米、长13.53米,能在19800米高空持续飞行36小时。通过先进的红外侦察和高分辨率合成孔径雷达影像设备,它可以穿透云层侦察目标,并通过数据链路实时回传图像情报。"捕食者"无人机虽然个头小、续航短、升限低,但却短小精悍。美国中央情报局对"捕食者"极为青睐,它不仅可以拍照和窃听通信,还可以挂载"地狱火"导弹实现"发现即打击",把恐怖分子炸上天。"捕食者"获取的侦察影像可以实时回传至美国中央司令部的指挥大厅,情报人员可以借助计算机系统辨识高价值目标,指导空军操作人员实施定点清除。塔利班领导人奥马尔有时会在早7点至9点使用日本生产的无线电通信设备,向隐匿在阿富汗境内的塔利班武装做广播宣传,并要求他们报告情况,还会要求他们尽量避免使用车辆以免遭到美军轰炸。然而,这一切都被美军RC-135"联合铆钉"电子侦察机听得清清楚楚。RC-135同C-135运输机一样,都采用了波音707的机体,只不过在机鼻处安装了一个巨大的黑色整流罩,如同"疣猪"一样,整流罩中的通信侦察设备可侦获音频、话频、电传、电报等信号,其监听的无线电频段广、距离长,在10000米高度可侦测到600~800千米内的电台。E-8C"联合星"也是美军空中ISR平台的重要组成部分,同样是在波音707飞机基础上改造而来的。在11000米高度飞行时,其机载雷达可探测246千米内的地面目标,能在全天候条件下，离前线 100～200 千米外的地方监视 150 千米 × 180 千米的大面积战场区域，能探测、定位、分类及跟踪固定目标和活动目标，"联合星"同样也参加过海湾战争。E-3"望楼"和 E-2C"鹰眼"预警机同样也没有在阿富汗战争中缺席。还有些专门用于支撑特种作战的侦察飞机也被应用于阿富汗战场，凭借其先进的侦察性能，为美军提供了重要的情报。MH-53J"低空铺路者"直升机是美国空军特种作战直升机，装有先进的红外传感器，能够追踪到人体散发的热量，专门用于搜寻塔利班武装分子藏匿的山洞和地道。特种部队使用的微型无人机"微星"也在阿富汗战场亮相，其长度仅为 152 毫米多一点，质量只有 80 克左右，但飞机上安装有微型摄像机和电子侦察设备，能以大约 50 千米的时速在百米上空飞行，执行侦察、监视、中继通信、核生化采样等多种任务。海军陆战队士兵可以通过便携电脑的画面，操纵它侦察到前方 5 千米的情况。

强大的情报、监视、侦察系统平台获取的近实时的情报信息和数据自然要为作战部队服务。与海湾战争不同，在阿富汗战争中，美军的情报工作进一步下沉，在营一级战斗单位都配属了很强的情报力量。美军老牌劲旅第 101 空降师也参与了阿富汗的军事行动。

在"蟒蛇"行动的围剿作战任务中，第 101 空降师部分部队与第 10 山地师第 3 旅组成联合特遣部队。在作战行动中，除了能够看到全副武装的美国大兵外，我们还能看见几名和其他士兵一样全副武装，手握 M4 步枪，还要拿着一部便携式手提电脑的美军军官分布在各个作战单位中。这些带着电脑打仗的军官正是营级单位的情报参谋人员。通过电脑终端机以及 Viasat 通信系统，情报参谋可以进入美军保密因特网协议路由器网（SIPRNet），访问各类情报数据库，从数据库中"拉"出（访问）所需的地图、图像和其他情报产品。智能 3D 地形显示软件（FalconView）可以将已有的地形情报数据自动生成适合营级作战任务需要的地图。这便是美军情报共享"一推一拉"的拉（PULL）机制。推（PUSH），就是上级主动把情报推送给下级单位，以满足其情报需求；拉（PULL），就是各级部队主动访问各类情报电子数据库，从数据库中选取出适用的情报素材，经过剪裁加工，生产出贴合营级单位作战实际需求的情报产品。101 空降师第 187 团第 1 营参加阿富汗战争期间，其情报活动也很好地体现了这一工作原则。部署至巴基斯坦后，该营的情报参谋可以直接访问其战区指挥部门美国第三军联合部队地面司令部（CFLCC）的情报分析和控制部门（ACE），向其提出情报需求，并获取情报支援。ACE 具备强大的情报能力，也是负责汇总各类情报的关键部门，通过情报共享，营里可以掌握丰富的战场情报资源。此外，该营情报参谋还可以同空军部队的攻击终端控制人员（Enlisted Terminal Attack Controller，ETAC，即空军派到其他地面部队引导空军进行精确打击的作战人员，他们在地面对打击目标进行标记，空军进行打击）交换情报，及时更新战场数据。

在"蟒蛇"行动中，第 101 空降师第 187 团第 1 营情报参谋与山地师情报科人员紧密协作，他们通过情报共享机制高效地利

> **"蟒蛇"行动**
>
> "蟒蛇"行动（Operation Anaconda）是美军在阿富汗反恐战争中最大的一次地面战斗行动。此次战斗行动开始于 2002 年 3 月 1 日，美军作战部队、阿富汗"北方联盟"部队以及其他盟国部队（包括加拿大和澳大利亚部队），在靠近巴基斯坦的崎岖山区中打响了猛烈的地面战斗。初期地面交火受挫后，美空中力量及时地提供了近距空中支援，对地面敌军实施了有效打击。"蟒蛇"行动最终取得了成功。3 月 18 日行动结束后，美军夺取了沙希果德峡谷的控制权。

用着来自国防部情报机构和中央情报局等国家级情报机构提供的情报产品，还与陆航部队和空军部队进行情报共享和交流。在行动准备中，Falcon View软件根据数据库中的数据，生成了形象、直观的3D地图，展现了作战地区的地形地貌。这次行动摧毁了两座藏匿塔利班武装的山洞，在战斗中，该营的情报参谋通过单信道战术卫星系统（TACSAT）和旅级单位进行联系，实时报送战况。旅级情报部门也利用该系统将上级掌握的情报及时下发给任务分队。在作战中，任务分队不仅可以联络引导空中打击的美国空军攻击终端控制人员，还可以获得空中警戒及控制系统（AWACS）、联合空军作战中心（CAOC）近实时的情报支援。

第101空降师第187团第1营作为一个小小的营级单位，却能获得国家级的情报支援。这不仅仅是因为在这个小小的营背后有着强大的美国情报界，还因为在行动前，美国军方特意加强了营一级的情报力量。按照编制设计，第101空降师第187团第1营原本仅有营部情报参谋、战场信息协调中心军官和一名军士长3名情报人员。这个营本身其实并不具备情报搜集能力。但是，在开赴阿富汗参战前后，根据师部的命令，该师第311军事情报营D连4名士兵，组成了地面监视雷达分队和战场远程监视传感器分队，配属该营指挥。不仅如此，上级还为该营配属了心理战分队和人力情报分队。除了这些临时配属的情报力量，第101空降师、第10山地师乃至美国第三军联合部队地面司令部的情报部门都可以为这个营级单位提供情报指导；海军陆战队和空军情报部门也与这个小小的营级单位建立了协作交流机制。在这些机制背后，是美国情报界提供的源源不断的国家情报产品。这些参战部队在接到部署任务后，美军从上到下都开始了紧张有序的战场情报准备工作。同"沙漠风暴"中一样，营里面也印发了"阿富汗战场科普小册子"，并加强了每日情况汇总和通报。为了确保作战与情报的同步衔接，该营的情报参谋与作战参谋还在位于坎贝尔堡的作战模拟中心参加了模拟演练。

在阿富汗战争中，基于强大的通信能力，各军种、各部队之间展现了情报"互联、互通、互操作能力"。这场战争虽然使得美军陷入泥潭，但也成了美军的又一个练兵场。

作战理论牵引的情报创新

众所周知，2003年小布什政府以大规模杀伤性武器和与塔利班过从甚密为由挑起了伊拉克战争。有人说美国人出兵的原因是小布什要为萨达姆试图暗杀老布什报仇，有人说小布什是为了完成老布什在20世纪末未竟的使命，有人说美国人为了石油资源，还有人说美国人是想打高原油售价从而赢得货币战争。反正仗已经打完了，大规模杀伤性武器也没有找到，2003年的《国家情报评估》成了背锅侠，拉姆斯菲尔德的"Know与Unknown"绕口令则成了美国对伊拉克战争的官方解释。不过，伊拉克战争已经基本成为信息化战争的样板，也基本反映了信息化条件下局部战争情报战的新发展。

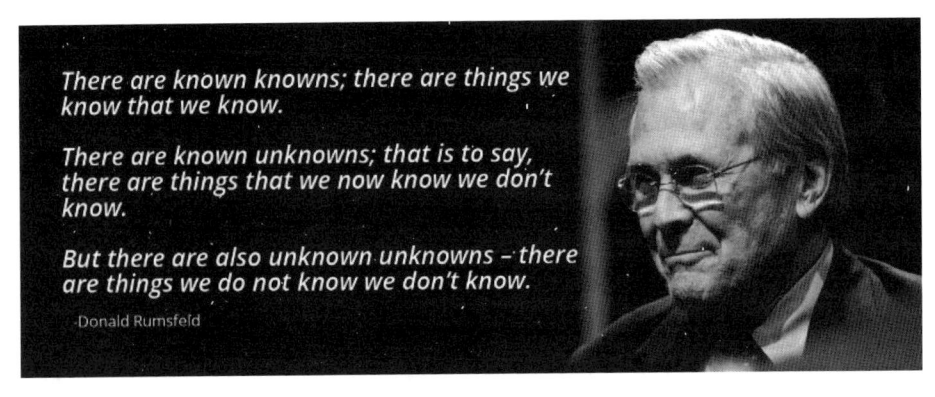

拉姆斯菲尔德的绕口令

1991年海湾战争的大获全胜并没有让美军躺在功劳簿上停滞不前，相反，美军一直在研究与未来战争配套的军事理论。在华盛顿郊外的私人庄园里，一群已经退役的美军高级将领常常聚会，他们除了品尝雪茄和红酒外，还会边打飞碟边围绕现代战争高谈阔论。如何使用比海湾战争少得多的部队在更短的时间内打赢同等规模的地区战争成为了讨论的焦点与核心。与此同时，美国情报部门关于伊拉克存在大规模杀伤性武器的情报判断也被送到了小布什和全体国家安全委员会成员的案头，一场新形势下针对伊拉克的信息化战争呼之欲出。

1996年问世的《震慑与畏惧——迅速制敌之道》一书，堪称美版现代《孙子兵法》，它代表了美军高层和其智囊团队统一的思想——"震慑论"。而"震慑论"就是美军现代战争理论的核心，实际上就是美版"不战而屈人之兵"的体现。要知道，受"冷战"影响，美军长久以来奉行的都是"鲍威尔主义"，即集中力量，大规模砸钱、砸人、砸装备，消灭有生力量，直到把对手打趴下。"冷战"结束以后，苏联的威胁消失了，美国当起了世界老大，一时间没人有资本再跟他叫板。于是乎，如何采用更经济、更综合的手段力量"迅速制敌"，同时避免己方大量伤亡，向敌人发出要么等死、要么投降的信号，影响其领导层和军民抵抗意志，达到"经济适用制胜"目的的"震慑论"正式出台。伴随着这一理论的形成，美军在"联合作战理论"的基础上，先后提出了"快速决定性作战理论""基于效果作战理论""网络中心战理论"。同时，为了保障美国遍布全球的战略利益，围绕应对反介入/区域拒止能力发展，美军开始了如火如荼的军事转型。

新型作战理论自然驱动了新的情报需求，为了实现"迅速制敌"，美军势必要加强对自己、敌人和环境的认知能力；提升行动速度，

反介入/区域拒止

反介入/区域拒止（Antiaccess/Area Denial）即所谓应对反介入，就是针对同一利益有关地区，美军要发展相应的军事能力，不让其他力量干预其部署和作战行动准备。"反介入"可以定义为敌军抑制我军进入作战区域的能力，"区域拒止"的定义则为敌军试图拒止我军在其控制区域内行动自由的能力。而应对区域拒止就是在其他力量盘踞的美国利益攸关区域，美军要有相应的能力，与之抗衡，保障美军事力量可以进入这一区域并发挥影响，保障己方利益。伊拉克战争就是美军新一轮军事转型以来按照其最新作战理论实施的、充分体现其联合作战水平的一场局部战争。

快速反应；拥有强大的战场通信技术；破坏敌人对战场态势的感知能力。这就要求美军必须全面、具体、充分、准确地搜集对手情报，包括地理环境、道路、桥梁、铁路等交通情况、公用设施、工厂、政府所在地、军事和准军事设施、人口统计、重点经济目标（比如油井或金矿），还包括主要的大坝和大桥等；同时还要求美军情报搜集、处理、分发和使用的技术设备要能够适应"迅速制敌"的作战节奏；为了破坏敌人对战场态势的感知能力（防空预警、指挥通信等），除了使用隐形飞机，美军还需要使用激光反传感武器系统、嵌入式计算机病毒等手段，迫使敌人从上至下都无法获取有用的信息，同时还要给敌人提供各种假信息以误导对方。

在美军军事理论创新和军事转型如火如荼地开展之际，美国中央情报局的特工的秘密工作也已经悄然铺开。自2002年5月开始，中央情报局就秘密派遣了大量特工潜入伊拉克境内。他们不仅渗透进了伊拉克政府和军队内部刺探情报，还秘密地开展了一项足以影响战争进程的工作。拱卫巴格达的伊拉克军队精锐共和国卫队自然而然地成了中央情报局特工的渗透对象。

2003年3月19日，共和国卫队的一名旅长犹豫再三后，终于在美国中央情报局特工提供的《同意书》上签了字。同意书上有一行字赫然醒目："同意在美国进攻时，立即放下武器并不做任何的抵抗"。

这名旅长随即叫来了自己的手下交代了后事。中央情报局的特工们一刻也不敢耽误，趁着夜色将这些共和国卫队的军官和他们的家人秘密地送往了萨达姆势力范围之外的伊拉克和土耳其边界地区，然后用民用车辆把他们运送到位于土耳其南部的美军因吉尔利克空军基地，随后又从那里辗转把他们送到美国。直到今天，这些人还在美国生活。

事实上，这名共和国卫队旅长和他手下一起临阵叛逃的军官是320名叛逃军官中的最后一批。早在2002年前，美国中央情报局的特工人员就通过各种人力手段还有开源情报手段获取了伊拉克共和国卫队师长以上军官的个人信息，不仅包括他们的个人履历，还包括他们的家庭住址、电话、手机、E-mail邮箱。随着战事的临近，美国中央情报局的特工人员公然通过电话和电子邮件等方式以美金和东欧美女为诱惑，许诺这些高级军官和他们的家人过上令人梦寐以求的生活。只要在开战后放弃抵抗，他们不仅能够获得巨额的收入，还可以加入美国国籍以保障人身安全。不仅如此，如果他们愿意，甚至可以在战后的过渡政府中担任一定职务的高级官员。在中央情报局的糖衣炮弹下，萨达姆的两个女婿、表兄马希尔、表弟阿里都投降了美国。当战争打响后，共和国卫队7个师中的6个师不是一触即溃就是举了白旗，仅剩下第一共和卫队军的麦地那师还苦撑着危局。

美国中央情报局对伊拉克军政两界的渗透远不止如此，就连萨达姆也差点在战争初期命丧其手。新军事理论更加确定了"斩首"行动的重要性，而萨达姆的行踪也自然而然地成为情报机构的侦察重点。2003年3月20日凌晨，伊拉克战争拉开帷幕。按照开战前美国给伊拉克下达的最后通牒是3月20日晚上8点，而根据中央情报局安插在萨达姆身边的线人报告，萨达姆将于凌晨5时在巴格达南郊的一个私人住宅里召开会议。5时35分，在小布什的指令下，隐形战机采用巡航导弹对萨达姆的住处实施了空袭。突袭虽然没能炸死萨达姆，但也极大程度地威胁了伊拉克高层。"斩首"行动16个小时后，美军的地面部队就开进了伊拉克。

美军这次"斩首"行动并没有炸到萨达姆，但却让萨达姆警惕起来。原来美军的轰炸目标是对的，但萨达姆临时换了位置，逃过了这次轰炸。这使得萨达姆开始怀疑，自己身边的人出现了叛徒。因为萨达姆是靠政变夺得伊拉克政权的，所以他知道身边值得信任的人不多，除了他的儿子，就只有他的贴身秘书阿比德知道他的准确位置，所以萨达姆开始怀疑并测试阿比德。

3月26日，萨达姆对阿比德下达命令，指令要求阿比德袭击位于卡塔尔首都多哈的西方联合军队的指挥部。于是，伊拉克向多哈发射一枚导弹，但在要接近目的地多哈时，被美军的导弹拦截了下来，这打消了萨达姆对阿比德的怀疑，因为导弹是在接近目的地时被打下来的，且美军并没有接着向导弹发射基地进行攻击，这足以证明阿比德没有在这次行动中泄密。所以萨达姆怀疑是阿比德身边的人泄密，于是派大儿子乌代去秘密调查。结果发现，与阿比德走得近的一位共和国卫队上校穆罕默德有一定嫌疑，但却没有搜集到确切的证据证明穆罕默德是叛徒。于是萨达姆便设计了一个陷阱，看穆罕默德是否中计。

萨达姆组织了一场会议，但在开场之前他们就从后门撤离了。果不其然，在开会前十分钟，美军使用四枚重达2000磅（约907千克）的炸弹轰炸该区域，这便证明了萨达姆的怀疑。于是不久之后，穆罕默德便被抓起来处决了。

但是萨达姆对穆罕默德的处决并没有改变战局的发展趋向。43天后，美英联军于5月1日基本占领了伊拉克全境。其间，联军投入参战兵力 28 万余人、飞机 1100 余架、舰船 130 余艘、坦克和装甲车 3000 余辆、直升机 500 余架。一个多月的时间里，在美英联军势如破竹的攻势之下，坐拥 35 万人、240 架作战飞机、3000 余辆坦克及装甲车和 3000 余门火炮的伊拉克军队土崩瓦解。在"斩首"行动之后，美英联军在 3 月 21 日至 4 月 3 日开展了"威胁"行动，综合运用陆、海、空、天、电等多维力量，以空袭、地面进攻、心理战等多种手段集中攻击伊政治和军事等重心目标，强化震慑效果，成功实现了震慑瓦解和攻心夺志的目的。4 月以后，美英联军在伊全线铺开"攻占城市"，并在较短时间内攻下了包括首都巴格达在内的重要城市。巴格达之战结束后，美英联军随即在伊全境展开搜索清剿，搜捕伊军政要，消灭各种反美武装，收缴散落民间的武器。

伊拉克战争中的美英联军情报侦察体系

战争中，联军部队的情报力量拉起了一张情报大网，收集各种关乎战局的重要信息，为联军感知战场态势提供了有力的情报支撑。

在近地空间，美英联军共投入了 100 多颗卫星。其中，在美国使用的 50 多颗空间卫星中，有 20 颗左右专门用于侦察。通过这些卫星，美军可以在不同光照条件下对伊拉克的目标区进行扫描，发现深埋地下的目标和地下工事，跟踪装甲部队、机动导弹，监听伊拉克的卫星通信信号，对已发射的导弹进行预警，掌握并预测伊拉克地区的天气状况。

在伊拉克上空，100 余架美军侦察机及预警机对伊拉克进行了全时段、全方位、大纵深的侦察活动。U-2 侦察机、RC-135 电子侦察机、海军的 P-3 和 EP-3 侦察机以及 10 余种无人侦察机全天候、不间断地工作着，拍摄侦察图像、监听通信内容，并将情报源源不断地传送至指挥机构。E-3B/C 预警机、E-8C 联合监视目标攻击雷达系统飞机和 E-2C 预警机也参加了伊拉克战争。由于战争中伊拉克空军飞机始终没有起飞，美军 E-3B/C 和 E-2C

> 两种预警机主要担负对伊拉克导弹侦测和预警的任务。E-8C飞机一般可在空中持续飞行十几个小时，能在240千米以外探测到敌方的坦克、车辆和导弹发射车的运行情况，并将情报实时发送给己方战机的飞行员，在最短的时间里对目标进行打击，它甚至可以通过估算敌在特定地形上开进的速度而为美军地面部队预估开进的速度。在地面战场，除了美军的特种部队和特工间谍，还有大量他们撒布的传感器。
>
> 联军针对伊拉克南部战区司令"化学阿里"马吉德的两次"斩首"行动的情报均由地面人员提供，虽然第一次马吉德逃脱、第二次因英军的通信故障延误战机，但地面人员传递的情报是准确无误的，也炸死了阿拉伯复兴社会党在巴士拉总部的大量成员。

按照1990年海湾战争的经验，美军在战争初期将进行长时间的空中轰炸，那么在空袭这段时间，伊拉克还是可以进行伪装、躲藏和消耗敌人的。而这一次，美军的战法完全出乎了伊拉克方面的意料，先是夺人眼球的"斩首"行动，而后地面部队就开进了伊拉克。不到43天，中东第一军事强国就被打得七零八落。这与美军对伊拉克长时间的情报积累有着密不可分的关系。

自20世纪90年代初的海湾战争结束以来，美国针对伊拉克的情报工作始终没有放松。在国防情报局的主导下，美军建立了伊拉克作战情报数据库，根据所获情报将伊拉克境内的地形全部数字化，同时将伊拉克总统府、萨达姆官邸、复兴社会党总部、国防部等指挥中枢，新闻部大厦、信号发射基站、伊拉克广播电台以及卫星通信接收系统等通信设施，10个空军基地和机场、2个海军基地、4个防空区、战术导弹发射场等目标的位置、兵器部署等重要兵器装备目标，包括伊拉克陆军常规部队、共和国卫队和共和国特别卫队各师旅的具体部署位置等兵力集团目标，甚至还有电厂、炼油厂等后勤补给设施的地理坐标、重要程度、作战优先等级全部录入了情报数据库。

美军不仅建立了对伊作战情报数据库，而且完成了伊全境的地形数字化，从而将伊境内所有战略、战役级固定目标和大部分战术级固定目标以及伊军部署情况均输入了数据库。作战目标数字化，并分发至相关作战单位，对确保战时不失时机地进行打击，起到了关键作用。此外，1998年，美英曾对伊拉克实施了"沙漠之狐"行动，并在1998年到2003年间多次派侦察机进行侦察，对伊拉克实施空中打击以加强对"禁飞区"的控制。所获情报信息和战斗经验相结合，使联军在战前就对战场情况掌握得十分清楚。

从战争发起后联军突击目标的情况看，美军早已将伊拉克各方面的目标进行了整理分类。其中主要有：包括总统府、萨达姆官邸、新总统府、阿巴西德宫、复兴社会党总部、国防部等在内的指挥目标，包括伊拉克邮电通信大楼、电讯发射塔、指挥中心、情报局大楼、新闻部大厦、伊拉克广播电台、电视台和各种建筑物顶部的天线及卫星接收系统等在内的通信系统目标；包括伊拉克电厂、炼油厂、桥梁和交通枢纽等经济及交通目标等。美军情报和作战部门不仅将这些目标分门别类，而且按其重要程度进行了等级划分。2002年9月，陆续有150名美军特种兵乔装改扮，裹上头巾，从伊拉克边境秘密潜入了伊拉克境内。他们随身携带的不仅有单兵武器，还有先进

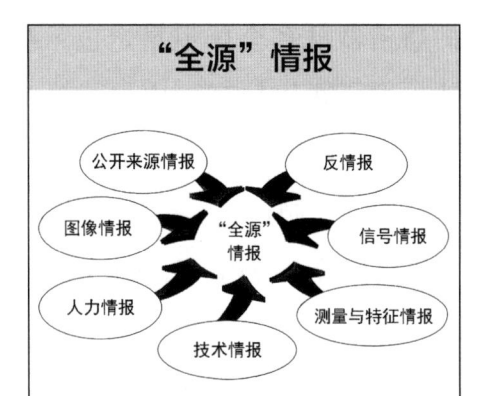

"全源"情报

"全源"情报是美军在联合作战中对情报需求描述的一种术语。简单来讲，"全源"情报和字面理解基本一致，就是在近地空间、空中、地面、海上、水下等使用各种侦察手段，形成图像、信号、人力、测量与特征、公开情报、技术、反情报等多种情报门类相补充的全天候、全天时、全方位的立体侦察网络所获取的情报。态势感知是美空军于20世纪80年代提出的概念，它包括感知（感觉）、理解和预测三个层次。战场态势感知对于各级指挥官来说至关重要，这里面包括要了解作战地域内空中、陆地、海洋、太空，及其所涉及的敌友部队、设施、气象、地形、电磁频谱和信息环境，在这个基础上可以理解、预测敌人的意图、计划采取的行动、能力和弱点等。态势感知是实现战场透视的最高目标，"全源"情报则是实现态势感知的重要支撑。

的通信器材和全球卫星定位系统。这些特种兵几人一组，混进当地人群，在伊拉克境内寻找机动导弹发射装置，跟踪伊拉克高级领导人并标记他们的住所，不间断地搜集有关伊拉克军队的火炮阵地、指挥控制设施、通信系统方面的情报。到开战前，美军秘密渗透进入伊拉克境内的特种作战力量已经超过了500人。

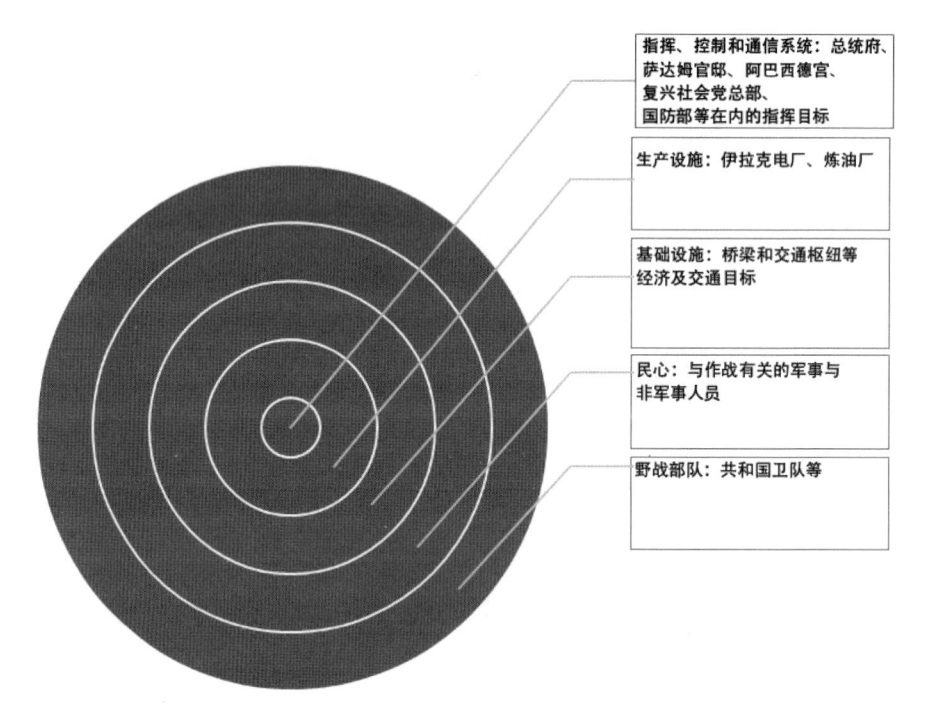

约翰·沃登上校的五环打击理论

在强大的情报体系支撑下，美军在开战之前已经有了十足的情报把握，也避免了战前紧急进行大规模战场情报准备的慌乱，真正做到了"肚里有食，心里不慌"。在此基础上，美军在伊拉克战场首次实现了"全源"情报支撑的态势感知。

12年前的海湾战场，伊拉克军队移动发射车组发射完"飞毛腿"导弹后就逃之夭夭，虽然美军使用了导弹预警卫星可以成功捕获导弹尾焰并通报测量与特征情报，但"爱国者"导弹对其拦截的成功率低得可怜，等美军战机接到命令匆匆赶来时，伊拉克导弹部队早已不见踪影。而在 12 年后，同样还是在伊拉克战场，伊拉克的"阿巴比尔"和"萨穆德"等战术导弹发射完后，仅仅 12 秒，美军的导弹预警卫星就能捕捉到其导弹尾焰发出的红外信号，并将导弹轨迹和坐标数据及时传至位于美国本土的北美航空航天防御司令部，数据处理中心很快就可以计算出必要的作战数据，然后将数据传回位于科威特的"爱国者"防空导弹指挥中心，由"爱国者"导弹系统的相控阵雷达引导末端拦截。从伊军导弹升空到被"爱国者"导弹击中，前后用时不到 100 秒。同样的战场、同样的武器、同样的导弹预警卫星，为何差别如此之大？原因很简单，情报与作战之间需要一块"鲁班石"，C^4ISR 系统就是连接两者的"鲁班石"。

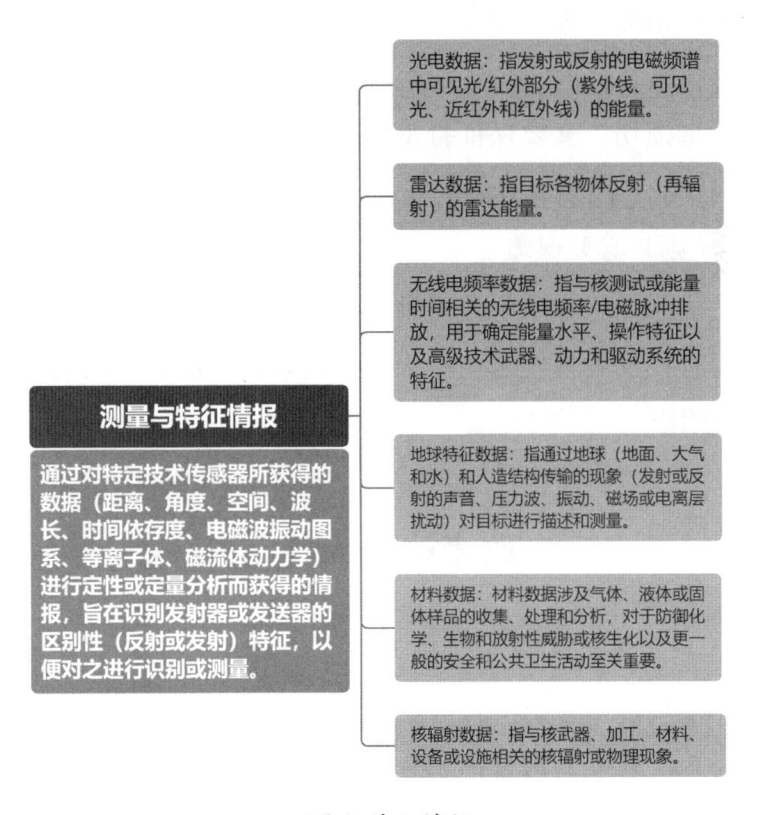

测量与特征情报

通过对特定技术传感器所获得的数据（距离、角度、空间、波长、时间依存度、电磁波振动图系、等离子体、磁流体动力学）进行定性或定量分析而获得的情报，旨在识别发射器或发送器的区别性（反射或发射）特征，以便对之进行识别或测量。

- 光电数据：指发射或反射的电磁频谱中可见光/红外部分（紫外线、可见光、近红外和红外线）的能量。
- 雷达数据：指目标各物体反射（再辐射）的雷达能量。
- 无线电频率数据：指与核测试或能量时间相关的无线电频率/电磁脉冲排放，用于确定能量水平、操作特征以及高级技术武器、动力和驱动系统的特征。
- 地球特征数据：指通过地球（地面、大气和水）和人造结构传输的现象（发射或反射的声音、压力波、振动、磁场或电离层扰动）对目标进行描述和测量。
- 材料数据：材料数据涉及气体、液体或固体样品的收集、处理和分析，对于防御化学、生物和放射性威胁或核生化以及更一般的安全和公共卫生活动至关重要。
- 核辐射数据：指与核武器、加工、材料、设备或设施相关的核辐射或物理现象。

测量与特征情报

C^4ISR系统指的是集指挥（Command）、控制（Control）、通信（Communication）、计算机（Computer）、情报（Intelligence）、监视（Surveillance）和侦察（Reconnaissance）于一身的自动化指挥控制系统，是为适应现代作战空间广阔、时间短促、破坏力大、攻防转换迅速等特点的指挥通信系统。它实质上也是人机结合的智能化信息处理系统，旨在充分利用各种侦察手段和情报来源，加快情报处理速度，减少指挥控制层次，促进情报、指挥和武器系统之间的密切联系，全面提高指挥机构的工作效率和作战部队的反应能力。信息化战争条件下，C^4ISR就是部队的神经系统，它是实现从传感器（情报）到射手（作战）无缝连接的"鲁班石"，它虽然不能使飞机飞得更快、导弹打得更远，但它却是部队作战能力的"倍增器"。

精确作战是"基于效果"作战的必然要求，因为"基于效果"作战要求打击目标时只打击对达成作战目的有较大作用的目标，既要减少附带损伤，又要保证打击的有效性。要达到这一要求，必须实施精确作战，而及时准确的战场情报是实现精确作战的必要前提，C^4ISR系统则是必要保障。

毫无疑问，从军事学角度讲，伊拉克战争是一个成功的经典案例，但没有找到大规模杀伤性武器的结果再一次让美国情报系统蒙上了一层阴影。

改来改去为什么

"9·11"事件不仅是美国人心中的痛，更是整个美国情报界的耻辱。要知道世界是变化的，而此时美国情报界的情报体系，是以杜鲁门总统建立的情报体系为基础发展而来的，主要目的是应对"冷战"。各大情报机构始终监视着苏联的一举一动，中央情报局发展隐蔽行动遏制苏联和共产主义的发展。然而，随着柏林墙的倒塌、苏联的解体，"冷战"已经逝去。因"冷战"而生的"烟囱式"的情报机构虽然在"冷战"期间功勋卓著，但终究还是因为顶层设计的失误问题和规模缩减的问题，在"9·11"事件中遭遇了滑铁卢。为了及时止损，小布什政府开始对情报机构展开大刀阔斧的改革工作。

在后"冷战"时代，苏联解体后美国患上"对手缺失症"，美国需要应对的主要问题也发生了变化。随着世界多极化趋势的加快演进，以及伊朗和朝鲜等地区热点问题都使得美国感到焦虑不安。与此同时，1993年世贸中心大楼爆炸案、1996年驻沙特美军被炸、1998年美国在东非多国大使馆遇袭和2000年"科尔"号驱逐舰爆炸事件等表明，美国面临的是多元化、不确定的威胁类型和难以明确预期未来战场的冲突，因而为应对"冷战"而生的情报体系受到了前所未有的挑战。

苏联解体的巨大冲击，对美国情报界的影响，就是其人力、财力、物力的大幅缩减。面对新的形势，美国情报界自然显得更加无力。举个例子就更好说明这些了。假如苏联要入侵欧洲，通信窃听、侦察卫星、侦察飞机、驻外间谍等，从信号情报、测量与特征情报、图像情报、人力情报等各种手段都可以获取相应的情报信息，从而很好预测这种行为。但是，如果说某个极端宗教主义者，突然有一天被"基地"组织的宣传视频洗脑了，恰巧他又是一个掌握制作爆炸装置技巧的化学老师，他用自己的工资购买了一堆化学原料造出了炸弹，准备在美国本土搞袭击。这相比苏联对欧洲的入侵预测，要难得多。

美国军方其实早就发现了这一变化，并开启了一系列改革工作。2001年小布什上台后，第二次启用了前国防部部长唐纳德·拉姆斯

拉姆斯菲尔德与美国国防转型

唐纳德·亨利·拉姆斯菲尔德（Donald Henry Rumsfeld，1932年7月9日—2021年6月30日），德裔美国人，曾两任国防部长（1975年至1977年，2001年至2005年），是美国政坛中的"鹰派"代表。

2002年1月，在美国国防大学就军事战略调整与部队转型发表讲话时，拉氏称：思维的转变、灵活性和适应能力比仅仅拥有新型作战装备更加重要，如何应对各种不可预知的新威胁是美国正在进行的军事战略调整的主要着眼点。"冷战"结束后，美国所处的安全环境发生了变化，美国面临的不再是明确的对手，而是各种未知的威胁。为此，美国必须放弃20世纪90年代以来"打赢两场几乎同时发生的大规模地区战争"的战略，不再将今后的防务政策针对某个国家或地区，以免对突发事件束手无策。拉氏虽然个性十足、刚愎自用、树敌无数，导致其上台没几年后就卷铺盖回家了，但他上台后成功主导了美军军事转型，在伊拉克战场上得到了实战检验随后又不断改进，而且军事转型也一直延续了下来。

菲尔德。相比一早就开窍的美国军方，美国情报界的动作就晚了一步，不仅未能成功预警"9·11"事件，在随后"伊拉克存在大规模杀伤性武器"的判断问题上又摔了一次大跟头。可想而知，情报改革工作再次呼之欲出。

那么，问题到底出现在哪里？不得不说，自《1947年国家安全法案》开始，美国情报界得到了大力的建设发展，中央情报局、国家安全局、国防情报局等机构都是在此期间建立的。在过去的几十年间，美国也在不断完善自己的情报体系，这个为"冷战"而生的情报体系确实立下了各种汗马功劳，但这其中也确实存在着一些不可忽视的问题。

在"9·11"事件前，美国情报界已经有15个部门。除了美国中央情报局独立于军方和政府部门，其余的情报部门均归属军方和政府部门管辖。因其服务对象和负责工作内容各不相同，我们可以将其大致分为三类：第一类是为总统及国家安全委员会决策服务的国家级情报机构，包括中央情报局、国家安全局、美国国家侦察办公室、国家图像与测绘局；第二类是为政府各部门服务的政府情报机构，包括国务院情报与研究局、司法部的联邦调查局和美国禁毒署的国家安全情报办公室，以及能源部情报与反情报办公室和财政部的情报办公室；第三类是军事情报机构，包括国防情报局、陆军情报局、海军情报办公室、空军情报监视侦察局、海军陆战队情报行动处、海岸警卫队情报机构。"冷战"期间，这一体制虽然历经改革，但总体框架大致没变。①

"9·11"事件前的美国情报界

在这种大框架之下，情报资源和情报手段都是围绕各个情报机构本身发展的，使得各家情报机构的情报能力逐渐变得异常强大，但却没有形成整体合力。比如美国中央情报局以人力情报见长，国家安全局负责信号侦察，国家图像与测绘局负责地理空间情报，等等。然而，这些情报机构基本都是"各扫门前雪"，只对自己的主管

---

① Jeffrey T Richelson, *The U.S. Intelligence Community*, Routledge, New York, 2019.

部门负责，各个情报机构搜集的情报资料，对外总是相互封锁，相互之间没有信息共享。同时，情报机构的力量配置很不合理，出现了许多重复配置和资源浪费。在美国情报界，这种现象被称为"烟囱"式体制。虽然《1947年国家安全法案》设立了以中央情报主任为首的情报协调体制，但中央情报局局长兼任的中央情报主任权限非常有限，对其他情报机构既拨不了银子，又许不了位子。如此，其影响主要限制在中央情报局内，只有在确定《国家情报评估》和国家情报需求方面有一定的发言权，而对情报界的人事、预算等方面的问题均鞭长莫及。

面对这些问题，国家安全委员会和国会都相继做出过一些努力，试图改变这一现状。比如设立由中央情报主任兼任主席的美国情报委员会，协调美国情报界共同生产《国家情报评估》，不断发文提高中央情报主任的权威。但这些基本都没什么作用。直到20世纪90年代，国会成立了多个委员会，着手研究"冷战"后美国情报界的改革问题。1996年，在起草情报改革法案时，国会要求国防部长在任命国家安全局局长、国家图像和测绘局局长和国家侦察办公室主任时，要征得中央情报主任的同意，上述三个部门的年度工作表现，由中央情报主任进行评估；为中央情报主任增设了1名专司情报界管理的副局长；允许中央情报主任在国家安全委员会设立专门的小组委员会，用于确定情报界预算的优先顺序，等等。但这些基本都是治标不治本，缺乏协调统一的问题依旧没有得到根本性改善。

与缺乏协调统一相对的就是整合，而在英语中，"整合"（integrate）与"一体化"（integrated）乃同一词源，美国情报界转型就是通过"整合"这一行动来实现"一体化"这一目标的。

"9·11"事件发生后，美国情报界集权派的努力终于得到了美国举国上下的重视。2001年10月8日，小布什签署第13228号行政令，在白宫成立了国土安全办公室，并于2002年6月7日将其升级为国土安全部，其主要职责就是为了预防美国国内发生的恐怖袭击。国土安全部合并了联邦调查局、国防部等机构中的一些情报力量，以克服情报机构以前存在的因相互封锁而导致情报分析不完整的情况。

"9·11"事件独立调查委员会也同样认识到了这点。在委员会最终形成的报告中，关于"设立内阁级国家情报总监，取代中央情报主任，赋予其预算权、人事权，统一领导美国情报界"，并"建立归属其领导的国家反恐中心"。这些建议得到了国会和政府的认可，改革情报体制和国土安全机制已经呼之欲出。实质上的"一体化"构想和改革始于2004年。当年12月生效的《情报改革与恐怖主义防止法》提出了实现"一体化"的具体步骤，包括建立国家情报主任、国家反恐中心、国家反扩散中心等。至此，美国情报界开始了自"冷战"后最全面的改革工作。

美国总统小布什签署成立国土安全部

从构想和实施来看，改革还是比较科学全面的。第一就是建立了"一体化"的情报领导管理机构。根据《情报改革与恐怖主义防止法》，国家情报总监不仅取代了中央情报主任，隶属国家情报总监办公室的国家反恐中心、国家反扩散中心等多个国家级情报中心也相继成立，目的就是避免各个情报部门之间单打独斗，不能形成合力。同时，为了整合提高人力情报能力，国家情报总监还在中央情报局内部设立了国家秘密行动部，统一领导、管理、指挥美国情报界的人力情报资源。

第二就是建立了"一体化"的情报发展战略计划。2005年，国家情报总监办公室颁布了题为"通过整合与创新实现转型的美国国家情报战略"的《国家情报战略》。此后平均每4年就会有一份国家级的情报战略文件出台，明确情报界的长远战略目标、阶段性工作计划和各个情报机构的具体工作要求。所有这些战略文件共同构成了一个层层分解和落实2004年《情报改革与恐怖主义防止法》的国家情报法规体系，有力地保障了国家情报体系的高效运行。同时，针对人才培养、情报共享等方面也会发布专门的工作计划，中央情报局、国家安全局等机构要根据国家情报战略制定自己的情报（专项）发展战略。为落实《国家情报战略》及相关计划、构想的相关规定，并为部门情报工作提供具体指导，国家情报总监在原中央情报主任指令的基础上重新设立了一套管理情报界的情报指令体系。

第三就是建立了"一体化"的情报人才培养标准。为统一国家情报人才培养工作，国家情报总监在2006年就提出了要建设国家级情报大学的构想。2011年，美国在原国防情报学院的基础上正式组建了新的国家情报大学。目前，国家情报大学拥有"战略情报学硕士学位""情报学学士学位""科技情报学硕士学位"以及特定领域的"情报研究资格证书"的授予权,不同情报机构的学员均可以根据需要参加相应学位或资格证书的课程学习。

第四就是建立了"一体化"的情报信息应用系统。美国情报界各机构很早就开始建立各自的信息系统,然而长期以来大部分信息系统之间互不兼容、互不联通。为了从技术上整合不同的情报网络,2011年,国家情报总监办公室发布了一份《情报界信息技术业界战略 2012—2017》,决定建立一个"单一的、基于标准的、可互操作的、安全的、包含所有安全域的、可完成任务目标并可充分提高整个业界效率和防护能力的信息技术业界架构",从而把不同情报机构相对独立的信息系统及情报共享网络串联起来,使各情报机构在同一个技术平台上高效运作。目前,美国已经初步建成了一个覆盖各情报机构的统一的国家情报技术应用平台——情报界信息技术业界(IC ITE),该技术平台包含支持跨部门即时通信的"情报界桌面"、安全"情报界云"、自主可控的"情报界应用市场"以及跨区域的通联的"情报界网络需求与工程服务"四个组成部分,可以很好地为情报界人员提供"一体化"的信息工作环境。

情报界信息技术业界(IC ITE)示意图

第五就是建立"一体化"的情报文化氛围。美国情报界在其通过的《整合与合作五百日计划》《情报界信息共享战略》《全面改革情报》中都表示,旧的"基于需要而知道"的文化已不合时宜,应该向"基于责任而提供(responsibility to provide)"的文化转变——情报拥有者在保护来源与方法的同时主动将情报提供给相关机构与人员,以最大限度地利用搜集到的情报。随后颁布的《情报界信息共享战略》更是建立了信息共享的奖励制度,从而使情报搜集与分析人员主动要求废弃旧的情报文化。

除此之外,在"9·11"事件发生后,美国情报界的权力也在逐步扩大。首先就是预算一改"冷战"后一路缩水的状态,并开始大幅提升,从2004年的400亿美元逐步攀升至2010年的801亿美元。在巨额预算的支撑下,情报人员队伍数量也得到了大幅提升。同时,在仔细衡量了生命和隐私哪个更重要后,法律方面也给美国情报界开了绿灯。2001年通过的《爱国者法案》,赋予了执法机关调查公民电话、电子邮件通信、医疗、财务等各项记录的权力,进一步加大了情报机构的权力范围,为情报部门履行职责提供了极大的便利。一个崭新的美国情报界逐渐启航。

2005年4月21日,前驻伊拉克大使约翰·内格罗蓬特在小布什的椭圆形办公室宣誓就职,出任首任国家情报总监。次日早晨7点,国家情报总监办公室开始正式运行。至此,有着近60年历史的中央情报主任彻底成为了历史,而国家情报总监成为了美国情报界名副其实的第一人。国家情报总监承担着整合美国情报界的重任,负责监督和指导国家情报计划(NIP)的实施,整合与协调整个情报界的工作,其职能范围综合而言主要有4项:监督、协调、整合与指导情报界活动。2004年的《情报改革与恐怖主义防止法》对此做了详细规定。对于国家情报总监的权力,简而言之就是拥有预算权,并且可以制定各种战略政策和情报指令，以进一步整合美国情报界的资源和工作。颁布政策性文件是国家情报总监行使职责的主要途径，一般来说有三种形式：情报界指令（ICD）、情报界政策备忘录（ICPM）和情报界政策指导（ICPG）。情报界指令是国家情报总监向情报界传达政策指令的主要形式，用于指导情报界管理、情报分析、情报搜集、用户效果、信息管理、人力资源、安全与反情报、科学技术、任务管理共9大方面的政策。情报界政策备忘录和情报界政策指导的级别都低于情报界指令，分别是在正式文件发布之前为情报界提供的政策指导性文件和提供更加详细的政策实施方面的指导文件。

与中央情报主任不同，国家情报总监可以发布情报政策，制定、分配情报预算。如此，国家情报总监看似成了美国情报的"沙皇"。毕竟人家管着财权，你不听话可以少给你拨点钱，还管着一定的人事任免。然而，此"沙皇"非彼沙皇，国家情报总监并没有人们想象的那样权势滔天。长期以来，深受个人自由观念影响的美国人对情报工作存有很深的芥蒂。在见识过纳粹德国的盖世太保后，多数美国人打心底里反感情报机构，他们担心一个强有力的情报机构会侵犯公民的隐私。正是因为这样，历任美国领导者都致力于在建立有效的情报机构和避免大权独揽的情报机构中寻找着平衡点，这也是美国朝野上下的共识。在这样的大环境之下，美国政府怎么可能会自己弄出一个集财权、人事权、行政权、行动权于一身的"情报沙皇"呢？正因为如此，国家情报总监的职责主要局限于情报活动的策划、情报政策的制定以及情报预算的制定与分配。他既不能指派某一个情报机构去搞一个"21世纪版水门事件"，也不能染指各大情报机构的人事安排。不仅如此，虽然国家情报总监管着预算，但是在预算安排方面也没能一手遮天。事实上，美国军方在预算方面还压着国家情报总监一头。因为美国情报界的预算安排其实是由两部分组成的,一部分是国家情报计划(NIP)预算,另一部分是军事情报计划(MIP)预算。国家情报计划包括情报系统的所有计划、项目和活动,以及国家情报总监和其部门机构还有总统安排的项目;军事情报计划则是指专门从事情报活动的军事部门和机构在国防部领导之下服务美国军事行动的项目。如今我们打开国家情报总监的官网,就可以清楚地查到这些年两大预算的安排情况——分配比例逐渐地由2∶1扩大为3∶1,国家情报计划预算逐年增多。从这个数字看,按职权划分,国家情报总监对MIP的影响极为有限,MIP一定程度上算是军方的自留地,表面上看他手上可以管的钱是比军方多。实则不然,NIP中最烧钱的4家单位——国家侦察办公室、国家地理空间情报局、国防情报局和国家安全局都是归人家国防部领导的。这样算下来,国防部及美国各军种情报单位拿走了美国情报界预算的85%。这也束缚住了国家情报总监的手脚。

  国家情报总监作为美国情报界的"沙皇",成了美国情报界的第一人。而如今"沙皇"手下的"哥萨克骑兵"经过不断的发展和改革已经形成了全新的18个部门。这18个部门组成了如今的美国情报界。按照国家情报总监办公室全新的分类,这些部门依旧分为三大类,即"二九七":两个独立机构,国家情报总监办公室和中央情报局;九个国防部部门,国防情报局、国家安全局、国家地理空间情报局、国家侦察办公室,以及陆军、海军、海军陆战队、空军和太空军情报部门;七个其他部门单位,能源部的情报和反情报办公室、国土安全部情报和分析办公室和美国海岸警卫队情报部门、司法部的联邦调查局和美国禁毒署的国家安全情报办公室、国务院情报与研究局,以及财政部的情报和分析办公室。除国家情报总监办公室外,剩余17家单位组成的情报力量堪称是"情报沙皇"国家情报总监的"哥萨克骑兵",是美国情报生产的中流砥柱。

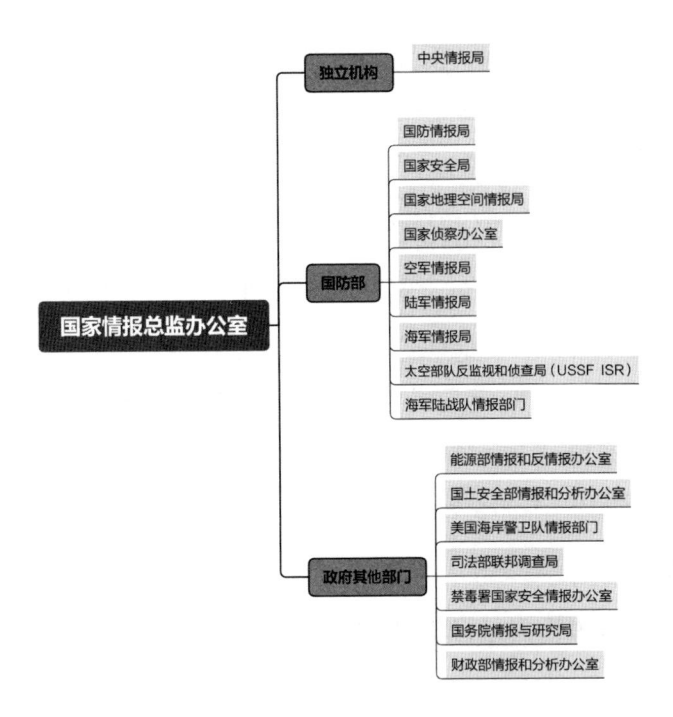

```
                                    ┌─ 独立机构 ── 中央情报局
                                    │
                                    │              ┌─ 国防情报局
                                    │              ├─ 国家安全局
                                    │              ├─ 国家地理空间情报局
                                    │              ├─ 国家侦察办公室
                                    │              ├─ 空军情报局
  国家情报总监办公室 ──────────────┼─ 国防部 ──┼─ 陆军情报局
                                    │              ├─ 海军情报局
                                    │              ├─ 太空部队反监视和侦查局（USSF ISR）
                                    │              └─ 海军陆战队情报部门
                                    │
                                    │                      ┌─ 能源部情报和反情报办公室
                                    │                      ├─ 国土安全部情报和分析办公室
                                    │                      ├─ 美国海岸警卫队情报部门
                                    └─ 政府其他部门 ──────┼─ 司法部联邦调查局
                                                           ├─ 禁毒署国家安全情报办公室
                                                           ├─ 国务院情报与研究局
                                                           └─ 财政部情报和分析办公室
```

美国情报界的 18 个部门

"哥萨克骑兵"中的三大体系分工极为明确。中央情报局主导着对外安全情报阵营。它以人力情报手段见长，负责搜集、分析、评价和分发外国情报，以协助政府决策者对涉及国家安全的事务做出决策。国防部统领着 9 家情报机构，主导着国防军事情报阵营。其中有美国历史最长的情报机构，也有美国情报界开销最大的机构，不愧是"哥萨克骑兵"中的主力军。国防部设有 1 名主管情报工作的副部长，他是美国军事情报部门的主要领导，负责与国家情报总监办公室对接和联系。政府其他部门主导的 7 家情报机构组成了公共安全情报部门。其中，能源部情报和反情报办公室侧重于全球核恐怖主义威胁、核扩散的评估和对国外技术威胁的评价。国土安全部情报和分析办公室主要负责整合、统一有关对国土安全的恐怖威胁的执法和情报工作，其情报和分析重点是边界安全、CBRN（包括爆炸物和传染病）、重要基础设施、国内的极端主义分子，以及旅客进入美国所产生的潜在威胁。国土安全部成立后便接手了海岸警卫队，指导其处理有关海上安全和国土防御的情报。司法部的两大主力分别是联邦调查局和美国禁毒署。后者需要为情报界提供与毒品有关的情报资料。国务院情报与研究局则负责为国务院提供关于全球发展的诠释性分析，并为情报界提供情报评估和其他情报产品。财政部情报和分析办公室主要搜集和处理可能会影响美国财政与货币政策的情报，以及涉及恐怖主义资金资助的情报。

这些"哥萨克骑兵"每年要花费数百亿美元，通过人力情报、信号情报、图像情报、开源情报、测量与特征情报、地理空间情报获取大量关乎美国国家安全和美国利益的情报，内容从最基本的外国军事力量、外交经贸谈判筹码到网络安全攻击窃密、恐怖袭击威胁，甚至包括传染病威胁和南极冰雪的融化程度。

"沙皇"虽然不直接指挥"哥萨克骑兵"攻城略地，但对他们负有管理整合之责。除了通过编制预算、研发战略，他还为情报界的一体化而不懈奋斗着。虽然这些"哥萨克骑兵"各个兵精马壮、身怀绝技，也有着明确的责任分工，但没有"沙皇"的统治还是一盘散沙，难以形成合力。这也是国家情报总监就位后最亟待解决的问题。当然，靠他一个人是不行的，必须要有一座功能完备的"克里姆林宫"进行辅助，即国家情报总监办公室。

按照最初的设计，国家情报总监办公室主要由三大部分组成。第一部分是管理层，主要由几大副总监负责，他们要出台政策、提供指导，使美国情报界提升"业界能力"，加强"任务整合"，提升"国家安全伙伴关系"，加强"战略合作"。这些任务各由一位副总监分管。从2005年开始，这些任务随着环境的变化也在即时调整完善。第二部分是整合美国情报界的实体机构，五大国家级情报中心。第三部分是各类监管机构。成立后，国家情报总监办公室虽历经多次改革，也组建了新的单位，但三驾马车的整体架构不曾改变。

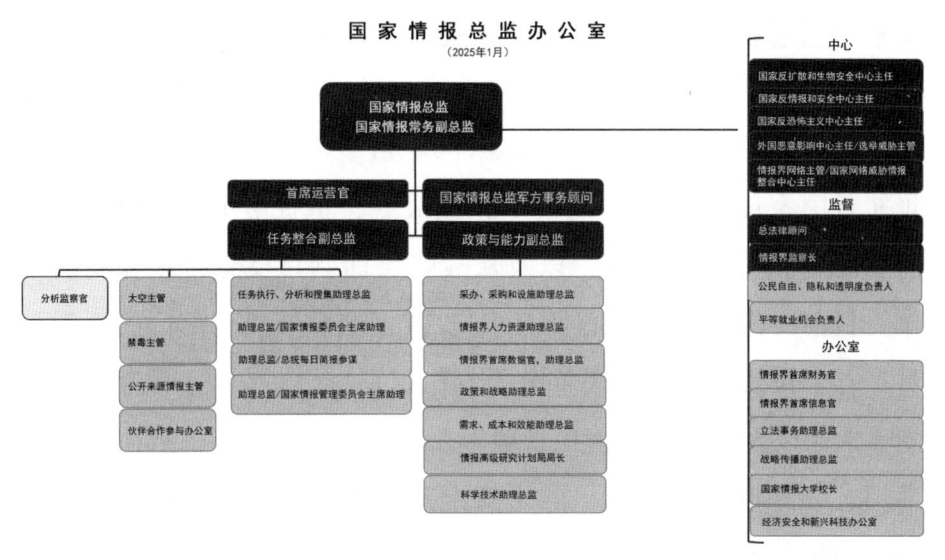

国家情报总监办公室结构图

```
国家情报总监办公室
（2025年1月）

国家情报总监
国家情报常务副总监

中心
- 国家反扩散和生物安全中心主任
- 国家反情报和安全中心主任
- 国家反恐怖主义中心主任
- 外国恶意影响中心主任/选举威胁主管
- 情报界网络主管/国家网络威胁情报整合中心主任

监督
- 总法律顾问
- 情报界监察长
- 公民自由、隐私和透明度负责人
- 平等就业机会负责人

办公室
- 情报界首席财务官
- 情报界首席信息官
- 立法事务助理总监
- 战略传播助理总监
- 国家情报大学校长
- 经济安全和新兴科技办公室

首席运营官
国家情报总监军方事务顾问
任务整合副总监
政策与能力副总监

分析监察官
太空主管
禁毒主管
公开来源情报主管
伙伴合作参与办公室

任务执行、分析和搜集助理总监
助理总监/国家情报委员会主席助理
助理总监/总统每日简报参谋
助理总监/国家情报管理委员会主席助理

采办、采购和设施助理总监
情报界人力资源助理总监
情报界首席数据官、助理总监
政策和战略助理总监
需求、成本和效能助理总监
情报高级研究计划局局长
科学技术助理总监
```

国家情报总监办公室结构图

为保证国家情报工作的正常运转，确保国家情报资源得到恰当使用，美国情报界还专门设计了一系列跨部门、跨机构的国家级情报管理与协调机构，由国家情报总监或副总监担任这些协调机构的主席，以实现国家情报组织水平、垂直两个方向的高效合作与互通。这些重要的协调机构包括联合情报界理事会、国家对外情报委员会、国家情报搜集委员会、情报高级指导小组、情报界第一副职委员会、情报界其他副职委员会等。

最值得关注就是"克里姆林宫"中的国家级情报中心。美国情报界每天大约能搜集到 10 亿条信息，如果信息经过分析人员的分析，去除其中模棱两可和自相矛盾之处，那么生产出的情报就能帮助决策者了解相关情况并最终形成决策。但是要想将所有相关的情报进行分析得出情报产品，仅靠一个情报机构的力量是远远不能达到的。因此，机构间的合作显得尤为重要，国家级情报中心就是为达到这一目的诞生的。国家级情报中心是情报界的"联合作战司令部"，负责围绕某一特定领域和问题，提出需求、制订计划。截至 2020 年，国家情报总监办公室已依据面临的最为紧迫的四大威胁（恐怖主义、大规模杀伤性武器扩散、间谍破坏活动、网络威胁）组建了4个国家级情报中心。比如，针对"9·11"事件的惨痛失利，2004年8月国家反恐中心（NCTC）正式成立，负责整个情报界范围内的反恐情报分析与共享，以及从战略层面制订反恐行动计划的工作。目前，国家反恐中心拥有来自20多个政府机构部门的近千名员工，下设反恐情报、恐怖分子身份识别、行动支援、战略行动规划4大局以及包括国家情报管理、大规模杀伤性武器、反恐等9个部门，领导联邦调查局、国土安全部、中央情报局、国防部、国务院情报与研究局、财政部等多家情报部门反恐机构搜集、分析、生产反恐情报，真正实现了全天候、全源、全政府的情报分析与传送。2005年12月国家反扩散中心（NCPC）成立，负责在情报界内协调反扩散战略计划，以发现情报界在反扩散领域存在的问题和寻求解决方案，它的情报主要来自中央情报局、能源部、联邦调查局的反扩散中心、国防情报局等。虽说美国国父华盛顿本身就是间谍大师，但也不代表美国内部就没有他国间谍的存在。冷战结束后，以"1994年埃姆斯间谍案"为代表的一系列间谍活动接连给美国国家安全造成重大损失，从而引起极大反响，推动了美国反情报工作的改革。2014年11月，国家情报总监办公室建立了国家反情报与安全中心（NCSC），负责推动情报界的反情报与安全防护工作形成一个密切协作的整体，以应对间谍、网络窃密等安全威胁。伴随计算机互联网的发展，网络空间的不断冲突和网络攻击窃密日益频繁。针对这一情况，国家情报总监办公室于2015年2月成立了网络威胁情报整合中心（CTIIC），负责集中分析和处理相关政府部门搜集的网络情报信息，以改变网络情报力量分散配置和使用的现状。与前面三大国家级情报中心不同的是，网络威胁情报整合中心除了要整合来自情报界的情报并上传白宫、国务院、国防部等决策层外，还要将整合的信息下达给国土安全部（国家网络安全与通信整合中心）、联邦调查局（国家网络调查联合工作组）、美军网络空间司令部（隶属国防部，其司令由国家安全局局长兼任，采取"双帽"机制）。

除了四大国家级情报中心外，国家情报总监办公室中还有一支敬业的"管家"队伍。2005年，国家情报总监首次提出要设置多个国家情报管理职位——"任务主管"。他们是国家情报总监就某个特定主题的主要顾问，负责审查与情报界重点目标相关的所有国家情报工作。"管家"的出现使得美国情报界的生产的问题网格化，即将不同机构开展的不同类型的情报工作统一会聚到决策者特别关心的特定专题上。2010年，"任务主管"变更为"国家情报主管"，拥有了更大的管理权限。国家情报主管能够针对其所管辖的领域制定《统一情报战略》，以确保情报界在该领域能够高效开展情报工作。

针对一个人的情报战争

"9·11"事件不仅是所有美国人心中的痛，更是美国情报界的耻辱。2001年后，经历了全面改革的美国情报界十年磨一剑，终于给美国人民交出了一份满意的"答卷"。2011年5月1日深夜11时35分，时任美国总统奥巴马在白宫东厅通过电视向全世界发表声明。银幕中，他一脸严肃，身穿黑色西装，白色衬衫，配了一条深红色领带："晚上好。今天晚上，我终于能向美国人民和全世界宣布，美国指挥的一项行动已经将基地组织的头目奥萨马·本·拉登（Usama Bin Laden）击毙，他要为美国成千上万无辜的男人、女人和儿童的死亡负责……"

奥萨马·本·拉登，1957年出生于沙特阿拉伯的麦加，他的父亲名叫穆罕默德·阿瓦德·本·拉登。老拉登虽然大字不识几个，但他勤劳、机智，极具商业头脑，年轻之时便依靠建筑业发家。他一手创建的"沙特本·拉登集团"几乎包揽了沙特所有的基础建设项目，堪称"沙特基建御用建筑商"，也获取了大量财富。老拉登结婚22次，本·拉登是其第11个妻子所生，在57个兄弟姐妹中排行第17。可能是因为老婆孩子太多无所谓的缘故，在本·拉登四五岁的时候，老拉登便把他的母亲转嫁给了自己公司一个名叫穆罕默德·阿尔·阿塔斯的经理。继父虽对待本·拉登不错，并又和本·拉登的母亲生育了4个孩子。但同其他离异家庭的孩子一样，失落和缺憾从小就伴随着本·拉登。自10万名苏军对阿富汗实施入侵开始，5位美国总统的一系列错误决定促使本·拉登从热血青年成为恐怖主义大亨并最终制造了"9·11"事件。先是卡特总统启动了美国中央情报局在阿富汗的秘密计划，随后里根总统在20世纪80年代又花费了数十亿美元用于训练和装备在阿富汗对苏作战的狂热分子。中央情报局出身的老布什总统又在前任们的基础上，在伊斯兰教圣地沙特阿拉伯建立了永久性的美军军事基地，进一步刺激了这些狂热的宗教主义分子。克林顿总统更是没有意识到这些潜在的威胁，在他的任期内，之前这些由美国人出资资助并亲自培训的狂热宗教主义分子逐渐转变为恐怖分子。对历史不感兴趣也不爱出国考察的小布什总统更是对美国情报界的数次情报报告掉以轻心，最终酿成了这一悲剧。

15岁的本·拉登

本·拉登家族部分成员照

虽然本·拉登的原生家庭不幸福，但老天待他也算公平。1968年，老拉登意外坠机离世，本·拉登从父亲那里继承了3亿美元的资产。很快，本·拉登也成长为一位身高一米九几的帅小伙。中学时代的本·拉登就经历了宗教与政治的洗礼，传统穆斯林观念极强。他开始在每周一和周四斋戒两次，并总是严厉督促同母异父的弟弟妹妹早起去清真寺做晨祷。1976年，本·拉登考入了位于吉达的阿卜杜勒·阿齐兹国王大学。大学期间，虽然本·拉登主修的是经济学，但是却更加热衷于宗教活动，他不仅建立了一个宗教慈善社团，还组织大家花了大量时间研习《古兰经》和"圣战"。同时，凭借着父亲遗留下来的产业，本·拉登靠着建筑业和石油业开始发家致富。

1979年，大学毕业的本·拉登正赶上伊斯兰世界最为动荡的时期——伊朗的宗教革命推翻了亲美的末代国王穆罕默德·礼萨·巴列维，伊斯兰宗教复兴运动达到了高潮。同样是在这一年末，苏联挥师入侵阿富汗并扶植巴布拉克·卡尔迈勒上台，大批的穆斯林逊尼派年轻人加入了抵抗苏联入侵的"圣战"运动。时年22岁血气方刚的本·拉登同样义愤填膺，毅然决然地带着自己的4个妻子和一票子女，告别了沙特的舒适生活，辗转进入了阿富汗兴都库什山脉，参加了抵抗苏联入侵的运动，从此踏上"圣战"之路。他曾出资数百万美元购买机械设备，为反苏游击队修建道路、战壕和医院，还亲自驾驶挖掘机并因此负伤。因为冷战的背景，美国中央情报局亦曾为本·拉登提供了高达2.5亿美元和包括"毒刺"便携式防空导弹等武器在内的军事援助。渐渐地，本·拉登开始招兵买马，建立武装训练基地，并亲自上阵参加战争。

1988年，苏联已经开始撤离这个一发不可收拾的阿富汗，而此时，本·拉登和另一位积极投身"圣战"的埃及医生艾曼·扎瓦赫里（Aymanel Zawahiri）一起，创建了致力于发动更大规模"圣战"的"阿尔-卡伊达"组织（Al-Qaeda，即"基地"组织）。组织成立之初是为了训练和指挥抵抗苏联入侵的"阿富汗义勇军"，但渐渐地这个组织变成了想要"统一所有穆斯林"，拥有遍布50多个国家、多达5000多名成员的极端宗教组织。

1989年阿富汗战争结束后，本·拉登也回到了家乡。一心不忘宗教大业的他，一边做着生意赚着钱，一边支持沙特阿拉伯和也门的反政府运动。1990年，海湾战争爆发，伊拉克入侵科威特，直接威胁到沙特的安全，当本·拉登志愿向沙特阿拉伯提供武器和士兵时，沙特政府不仅拒绝了他，还把美国大兵请进了家门。以本·拉登为代表的一些反对派人士认为，让"美国异教徒进入沙特的领土是对圣教的亵渎"。至此，本·拉登与以美国为代表的西方国家的关系也跌入了冰点。[1]

---

[1] Dalton Fury, *Kill Bin Laden: A Delta Force Commander's Account of the Hunt for the World's Most Wanted Man Hardcover*, St. Martin's Press, New York, 2008.

由于公开反对政府并支持极端组织暴力活动，1990年沙特将本·拉登轰出国门，并于1994年2月正式剥夺了他的公民资格。1992年，本·拉登流亡苏丹。同年，一桩针对驻索马里美军的爆炸发生，被美国情报人员认为是本·拉登操纵之下的第一桩恐怖袭击。迫于外界压力的苏丹也在1996年把本·拉登驱逐出境，本·拉登随即回到了他心目中的"家园"阿富汗，随后在此计划并指导实施了一系列震惊世界的恐怖袭击……

1993年，激进的本·拉登就进入了中央情报局的视线。3年后，中央情报局成立了一个12人反本·拉登小组，这个隶属于中央情报局反恐中心的组织被称为"亚力克站"，主要负责追查分析本·拉登的资金运作，因为当时中央情报局的高层仅认定本·拉登是个为恐怖组织提供资金的商人。1997年，"亚力克站"特工认识到本·拉登并非仅仅是一个资助者，并得到消息称，"基地"组织计划采取对抗美国全球利益的行动。1997年秋，"亚力克站"草拟计划，企图组织阿富汗本地雇佣兵逮捕本·拉登并移交给美国或阿拉伯国家进行审讯。

1998年春，特别行动小组经过长时间的追踪观察后确认，本·拉登就藏在离坎大哈机场仅仅5千米的塔尔纳克庄园内。这个占地100公顷庄园的周围被3米高的围墙保卫着，里面有80多间房子。当时，本·拉登并没有意识到，自己已经处在美国人的监控之中，随身只带了几名保镖，而且常常肆无忌惮地使用卫星电话与手下人联络。计划本来天衣无缝，然而，包括乔治·特尼特局长在内的部分中央情报局高层，因担心任务失败造成的不良影响，取消了逮捕行动，错失了活捉本·拉登的良机。2个月后，由本·拉登策划的美国内罗毕和达累斯萨拉姆大使馆爆炸案发生；17天后，美国国家安全局锁定了本·拉登的卫星电话信号，并支援美军对位于阿富汗

和苏丹境内的恐怖分子训练营地发动了导弹袭击，意图干掉本·拉登及其部属。但当时本·拉登已经悄悄离开，侥幸逃脱。此后，本·拉登的行踪飘忽不定，也再没有用过卫星电话。1999年，美国首次在阿富汗使用了"捕食者"无人侦察机，并发现了本·拉登的踪迹，但苦于未携带武器，只得无功而返。2001年，全副武装的"捕食者"无人侦察机在阿富汗山区搜索到"基地"组织领导人开会的场所，但因为军方对附带损伤的犹豫，再失良机。

悬赏捉拿本·拉登的全球通缉令

"9·11"事件后，美国联邦调查局、美国中央情报局从劫机者的资金链条顺藤摸瓜，很快便锁定了"基地"组织。2001年11

月 14 日，美国政府发出全球通缉令，以 2500 万美元悬赏捉拿这个 1957 年出生、身高在 1.93～1.98 米、体重 73 千克、身材消瘦、左撇子、拄着拐杖名为奥萨马·本·拉登的无国籍人士。

为了抓住本·拉登，联邦调查局、中央情报局、国家安全局、国家侦察办公室、国家图像与测绘局齐上阵，不惜巨资动用了包括卫星跟踪定位、遥感图像侦测、无人机拍照和图像侦察等各种高技术手段。中央情报局甚至请来了鸟类学家和地理教授，对本·拉登公布的录像中的鸟叫声和岩石进行分析，来判断其可能的藏匿地点。2001 年 11 月，根据情报机构的分析判断，美国将搜寻范围集中在阿富汗的托拉搏拉山区一带。该地区平均海拔 4200 米，地形复杂，洞穴繁多，易守难攻。驻阿富汗美军认为本·拉登就藏在阿富汗托拉博拉山谷的山洞内。12 月，美国国防部派出了 50 名"三角洲"特种部队成员和中央情报局的特别小组进入托拉搏拉山区，通过无线电侦测设备截获本·拉登与手下的通信后，特种部队和阿富汗士兵准备对本·拉登和其他藏匿的恐怖分子发起正面强攻。但两军因为"口角"延误了进攻时间，本·拉登再一次逃脱……虽然美军对这里进行了狂轰滥炸，但也于事无补。此后的 10 年间，本·拉登彻底消失，与美国人玩起了"猫捉老鼠"的游戏……

1898 年美西战争接近尾声时，美国夺走了作为西班牙殖民地的古巴，将其纳为保护国，并在位于古巴东部的关塔那摩市东北建立了"关塔那摩美国海军基地"。随后，美国从扶植上位的古巴总统手中获得一份租借关塔那摩湾部分土地的租契，起始日期 1903 年 2 月 23 日，并无截止日期。2002 年 1 月，美军在关塔那摩基地修建了一座大型军事监狱。由于三面临海，一面有重兵把守，并且有仙人掌和灌木形成的天然屏障，拘留者脱逃和外来者闯入的可能性很小。因此，阿富汗战争后，美国将大批"基地"组织和塔利班成员关押于此。该监狱一度关押了来自40多个国家的上千名"恐怖分子"。

传说中的酷刑

中央情报局的审讯人员自然也是关塔那摩的常客。在这里，恐怖分子们会受到极为严酷的审讯，当然，这里的审讯可不是问问你就罢了，在心理防线饱受冲击的同时，中央情报局的特工人员还为恐怖分子准备了"不致命的贴心小菜"——十大强化审讯技术（EIT），即使是再顽强的恐怖分子，在生理极限的作用下也扛不过去。第一种"抓紧注意力"：双手抓住囚犯衣领来回摇。第二种"墙壁技术"：把囚犯拉过来再猛推到墙上，让他的肩胛骨撞在墙上，为了防止囚犯脖颈受伤，要给他围上拧好的毛巾。第三种"控头技术"：单手把囚犯的头压向一边让他不能动，同时手指要避免碰到囚犯的眼睛。第四种"面部冒犯性扇击"：即打耳光，中央情报局明确规定了要打击囚犯的嘴唇至耳朵旁边侧颊部位。第五种"狭窄拘禁"，即关小号，把囚犯塞在狭小的黑暗空间里，让他伸展不开。中央情报局规定原则上关在小箱子里不准超过2小时，关在小房间里不准超过18小时。第六种"虫子拘禁"：在关小号的基础上往小箱子或小屋里放虫子，中央情报局规定不要放能危害性命的虫子。第七种"撑墙"：让囚犯离墙四五英尺远，两脚分开，手臂向前，只用手指支撑在墙上承担全身重量。审讯人绝不允许囚犯变换姿势。第八种"紧张姿态"：让囚犯伸直腿向前或跪着，双手向上，身体后仰45度，长时间不准动。第九种"剥夺睡眠"：以不让睡觉来折磨囚犯，但原则上不超过11天。第十种"水刑"：把囚犯绑在木凳上，脚高于头，不能移动，在嘴上蒙一块布，向上灌水，让囚犯又涨又憋气，像要被淹死的感觉，每次换气时间不超过40秒。据悉，哈立德·谢赫·穆罕默德光水刑就挨了183次。

2003年，"9·11"事件的主谋哈立德·谢赫·穆罕默德被抓获后，也被辗转押送至这里。美方认为他们是"非法战斗人员"，不是战俘，因此不享有《日内瓦公约》所规定的任何权利。同时，这里不属于美国境内，一些在美国应当享受的人权待遇与这里在押的囚犯也毫无关系。时至今日，美国仅起诉了其中10名囚犯，其余被拘留者的身份始终不能得到明确的定义。

关塔那摩监狱

本·拉登自2001年末销声匿迹以后，不打电话、也不上网，美国国家安全局强大的监听能力没有用武之地。"基地"组织组织严密，高度保密，中央情报局的特工人员也打不进去。针对囚犯的审讯成为了获取信息的主要途径。慢慢地，一个"来自科威特的人"浮出了水面。几个恐怖分子再也经受不住酷刑的考验，吐了口：一个名叫阿布·艾哈迈德·阿尔·科威特带过拉登的信息，似乎是本·拉登最亲密的干将。刑讯人员随后又确认了他的照片。在"基地"分子口中，这个人来无影去无踪，只会主动找你并带来本·拉登的指示。然而，哈立德等"基地"组织高层领导和骨干死硬分子却坚决否认他们听过这个人。这引起了中央情报局特工人员的警觉——他们似乎有意在保护这个人。他们终于看到了希望，因为找到"信使"就离拉登更近一步了。但是，一份档案却让已经看见曙光的中央情报局分析人员又一次陷入困惑之中：根据关塔那摩的审讯记录，一个已经"投诚"的"基地"中层指挥人员曾告知中央情报局,这个阿布·艾哈迈德在2001年就已经死了，而且是他亲手埋的。事情又一次变得扑朔迷离起来……

2009年12月30日，阿富汗霍斯特省查普曼的美军军营大门内，7位中央情报局的情报人员正在焦急地等待着什么。忽然，一辆小轿车出现在情报人员的望远镜中。随着车辆越来越近，这几位驻阿情报人员的心情也越来越激动——来人将带来"基地"组织二号人物艾曼·扎瓦赫里的最新动向。很快,车辆停在了军营安全警戒线外，兴奋的情报人员想都没想就叫基地安全主管把人放了进来。8年了，这7位情报人员废寝忘食追捕着本·拉登和研究"基地"组织。这8年来，关于本·拉登的情报越来越少，但恐怖袭击却一直在继续着，"伦敦七七爆炸案"就是扎瓦赫里一手策划的，他们太需要一次胜利了……很快，车辆进了营区大门停在了众人面前。只见从车上下来一个人，他口中念念有词，安全人员搜身检查的话他全当做没听见。随着高呼的"真主万岁"，一声巨响，爆炸扬起的黑烟和尘土弥漫在查普曼军营的上空……中央情报局主厅的墙上，又多了7颗星星，而其中1颗，也就是这7人中的负责人，还是3名孩子的母亲……

这个袭击者名为胡马姆·哈利勒·阿布－穆拉勒·巴拉维，时年36岁，是来自约旦的一名医生。2008年，巴拉维因在极端网站发表激进言论遭到约旦情报总局的逮捕，后经教化不仅"改邪归正"还做起了约旦情报总局的线人，以外国"圣战者"身份潜入"基地"组织内部，为约旦情报机构提供内幕。因拥有医学背景，巴拉维很快赢得了"基地"组织二号人物艾曼·扎瓦赫里的信任，并向上线约旦情报总局官员阿里·本·扎伊德发来了"基地"组织高层会议的视频。这一情况很快由约旦方面通报给了与其开展反恐合作的美国。查普曼军营的会面本来就是为了欢迎这位"英雄"而准备的，没想到却成为了中央情报局历史上最为惨痛的失利之一。扎伊德是约旦国王阿卜杜拉二世·本·侯赛因的亲戚，他和军营的安全主管在这次袭击中也被当场炸死。

这次爆炸，也向世人暴露了美国和约旦之间的反恐合作，但其实，在中东地区，美国情报界的盟友可不少，除了以色列摩萨德以外，还有一位强力干将——巴基斯坦三军情报局（Inter Services Intelligence Directorate，ISI）。"9·11"事件后，巴基斯坦三军情报局迅速投身反恐战争，战绩骄人。"9·11"事件的嫌疑犯中，绝大多数是由他们逮捕的，其中就包括哈立德、拉姆齐·比纳尔谢赫等"基地"组织巨头。2002年9月16日，号称"拉登第二"的拉姆齐落网，当时他正在巴基斯坦卡拉奇市的一套公寓里，此前巴基斯坦三军情报局截听到他的一个电话，随即发现了他的行踪。当时，巴、美特工经过4个小时枪战，才将其制服并活捉。

2008年，奥巴马就任美国总统，也给中央情报局任命了一位新局长莱昂·帕内塔，并让其将抓住本·拉登作为头等大事来

财会出身的局长

莱昂·帕内塔（Leon Panetta，出生于1938年6月28日），美国政坛上的传奇人物和常青藤，是一名意裔美国人。他曾任国会众议院财政委员会的主席，白宫的财政办公室主任、美国中央情报局局长（2009—2011）和国防部长（2011—2013），在美国政界前前后后摸爬滚打40余年，真可谓"流水的总统，铁打的帕内塔"。

1960年，莱昂·帕内塔毕业于加利福尼亚州圣克拉拉大学。1963年，他又加入美国陆军，开始了自己的军旅人生。在陆军服役时，帕内塔主要负责情报业务，这或许为他数十年后担任中央情报局局长埋下了伏笔。1966年，他以中尉军衔退役，投身到了火热的政治生活之中，这一干就是一辈子。2011年5月1日，在他担任中央情报局局长期间，美军在巴基斯坦北部地区击毙本·拉登，帕内塔功不可没。

办，更多的情报资源被调集上来。此前，由巴基斯坦三军情报局向美国提供的疑似"基地"人员和关联人员的电话清单很早就上了美国国家安全局的监控系统。为此，国家安全局研发并使用了一套系统，可以标记姓名、号码，自动识别信息和声音。在米德堡，美国国家安全局无时无刻不在监控着这些可疑的通信，数千个号码，数百万次通话，不敢有丝毫遗漏。2010年6月，事情好像迎来了转机。位于巴基斯坦西北部的一位男子，用阿拉伯语言同他海湾国家的朋友这样讲道："我跟着我以前跟着的人回来了。"电话另一头是一位已知的"基地"组织支持者，很早就已在国家安全局的监控之下。经过信号分析，这个号码通话过后并未被弃用，但只有对外通信时才会开机，而且每次通信的位置都不一样。确信这就是"信使"的情报人员们就像嗅到了血腥味的鲨鱼，迅速行动起来。

2010年7月，为美国中情局服务的几名巴基斯坦人在巴基斯坦白沙瓦地区熙熙攘攘的大街上，尾随上一辆白色铃木SUV并记下了该车的车牌号。情报人员顺藤摸瓜，跟踪发现了SUV的"大本营"——距离巴基斯坦首都伊斯兰堡96千米的阿伯塔巴德市的一座神秘大宅。

国家地理空间情报局制作的本·拉登住所模型

三面环山的阿伯塔巴德是巴基斯坦的一座中型城市，所住人群多是退休军官，在当地属于中产阶级社区。市内有森林研究中心，其东北 8 千米的卡库尔为巴基斯坦军事学院所在地。很快，中央情报局的特工带着监测设备来到了这里，国家地理空间情报局的遥测卫星也从距离地面 1000 千米的太空瞄准了这里……情报人员发现，"信使"进入的大院非常神秘。从卫星图像来看，大院分为东西两部分，东侧成直角三角形，里面有一个平房和一幢三层小楼；西侧成直角梯形，里面是牲口圈。东西院之间夹着大院的主通道，门口是钢板制成的大门。大院的面积是周围房屋的 8 倍大，围墙有 3.6～5.4 米高并安装了带刺的铁丝网和两个安全门，但这里却没有电话和互联网线路。里面的人们自己宰杀牛羊自给自足，甚至连垃圾都自己焚烧处理，几乎足不出户。偶尔，这里还会有访客坐着豪车前来拜访……

这是什么地方？难道本·拉登住在这里而不是藏在阿富汗的山洞中？中央情报局的特工人员继续着 7×24 小时的监视工作；国家地理空间情报局的图像分析人员开始了紧张而又严密的判读

国家地理空间情报局

国家地理空间情报局（National Geospatial-Intelligence Agency, NGA）是美国政府下设的为国家安全而搜集、分析并发布有关地理空间信息的情报机构，隶属美国国防部，是美国情报界 18 家机构之一。国家地理空间情报局总部位于弗吉尼亚州斯普林菲尔德。国家地理空间情报局的前身是国家图像和测绘局（National Imagery and Mapping Agency, NIMA），成立于 1996 年。该局的主要任务是为军事决策者与作战部门提供地理空间情报、影像资料和地理空间数据，并致力于为用户提供特定的地理空间情报分析及相关解决方案。

局如其名，国家地理空间情报局的座右铭取得恰如其分："认知地球，指明道路，了解世界"（Know the Earth. Show the Way. Understand the World）。

工作：根据卫星遥感图像显示，这里住着两户人，"信使"夫妇以及他的兄长和嫂子共4个大人以及几个孩子。经过数月枯燥而乏味的监视后，他们意外地发现，竟然还有第三个女人的存在。在几十厘米识别率的光学卫星图像上人就是个"小白点"，但是这个"小白点"偶尔也出来洗晒衣物，在穆斯林国家，男人不可能干这种事情，同时，她的移动速度明显比前两个女人要慢，可能是年纪大一些的原因。经过漫长而又枯燥的监视后，判读人员又发现了个惊喜，一个身影偶尔会在院子里散步，他们称其为"散步者"。判读人员不敢怠慢，他们利用影子长度和阳光角度试图计算出这个"散步者"的准确身高——因为本·拉登个子很高。虽然误差较大，但还是发现"散步者"确实很高。与此同时，"信使"的身份也被中央情报局坐实——"阿布·科威特"确实是化名，他的真名叫作伊布拉罕·萨伊德，只是之前在审讯时，特工们错用了与他形貌相似的已故哥哥的照片。"信使"往往驱车一两百千米才会开机通信一次。至此，猎杀行动已经箭在弦上。

虽然华盛顿的"红队"情报分析人员认为这里确实有"基地"高层存在，但本·拉登居住此地的可能只有40%～60%，奥巴马依旧下达了行动指令，由联合特种作战司令部所属精锐海豹六队负责执行此次任务，任务代号"海神之矛"。在此之前，海豹六队的队员们已经根据国家地理空间情报局还原的目标建筑模型进行了多次演练，情报部门提供的任务简报队员们也烂熟于心。

2011年5月1日深夜，24名特种兵和1只配有防弹衣帽的军犬，搭乘着2架改装的隐身低噪"黑鹰"直升机，从位于阿富汗的贾拉拉巴德前指基地起飞，在未通报巴基斯坦的情况下，一路采取超低空飞行直扑目标而来。经过40分钟的激战，本·拉登被海豹队员击毙，还缴获了堪比"小型图书馆"的纸质资料、5台电脑、10个硬盘和

100多个DVD、移动闪存等存储设备……

美国人等待这一刻已经近10年！为此，美国发动了两场战争，付出了近6000名士兵阵亡的代价，造成了1.3万亿联邦财政赤字以及超过14万亿美元的国家债务。

友情出场

小布什在任期间发动的两场战争使得美国联邦财政赤字一度飙升，奥巴马继任后也是无力回天。美国也只好继续走着它的印钞发债之路。面对满目疮痍的中东，美国人还得一边提防汽车炸弹，一边协助伊、阿两国的过渡政府开展战后秩序的重塑。屋漏偏逢连夜雨，2011年，利比亚发生武装冲突，反对派要求卡扎菲结束长达42年的独裁统治。以法国为首的北约国家对利比亚政府军出手，要求卡扎菲"退位"，而美国作为北约的"老大"也象征性地参加了这场战争。

描绘北约进攻利比亚的漫画

没有永恒的朋友，只有永恒的利益。洛克比空难后，由于卡扎菲拒绝交出美英调查指控的袭击者，美英及联合国安理会对利比亚实施了经济制裁。

从20世纪末开始，利比亚在长达近10年的经济制裁中蒙受了巨大的损失。1999年，卡扎菲开始寻求出路，不仅同意交出洛克比空难的袭击者，还与美法为首的北约国家积极交好。当年，利比亚逮捕了6名保加利亚籍医护人员，指控其用426名利比亚儿童做实验，导致他们全体感染艾滋病。这6人先后被判处死刑和无期徒刑。但西方国家认为，儿童患病是因为医院不卫生，欧盟一直呼吁卡扎菲释放医护人员。2007年，法国前总统萨科齐的前妻、法国时任第一夫人塞西莉亚率领代表团在利比亚展开斡旋，6名医护人员获释。同年，萨科齐访问利比亚，法利关系正常化。随后，卡扎菲也应邀访问法国。访问期间，卡扎菲在总统府爱丽舍宫附近任性地搭起帐篷，为萨科齐招来不少指责。不过，法国伸出的橄榄枝为利比亚换来了与欧盟之间的伙伴协议，涉及经济、医疗等各个领域，包括扩大利比亚市场准入、放宽利比亚人取得欧盟签证标准等。

另一边，卡扎菲也与正因为"9·11"事件摩拳擦掌准备大干特干打击恐怖分子的美国化干戈为玉帛，甚至是休戚与共。"9·11"事件发生以后，卡扎菲提出与美国合作打击"基地"组织，双方一拍即合。2003年，萨达姆·侯赛因被法庭审理后没多久，卡扎菲宣布放弃大规模杀伤性武器。作为交换条件，美国开始推进与卡扎菲政权关系正常化。2008年，时任美国国务卿赖斯访利，美国与利比亚进入蜜月期。而卡扎菲本人似乎也对康多莉扎·赖斯有着某种特殊的情愫。翻开赖斯的个人回忆录，我们可以看到，赖斯将卡扎菲称为"活在自己世界里的人"。赖斯出访利比亚首都的黎波里时，虽然因为双方谈到巴以问题似乎发生了一点小小的不愉快，但卡扎菲还是坚持要求赖斯单独到自己的私人厨房共进晚餐。这一行程在计划之外，不能陪同进餐的安保小组也极力反对，但赖斯最终还是接受了邀请。她在晚餐结束时收到了卡扎菲为其制作的录像带，里面是赖斯与各国领导人的合影和一首名为《白宫里的黑色花朵》的歌曲，这首歌是由一名利比亚作曲家特意为其创作的。在赖斯结束访问行程前，卡扎菲向她赠送了一枚钻戒、一把鲁特琴和一个刻有自己肖像的小挂盒，这些礼品总价值高达21.2万美元。此后，利比亚与华盛顿的关系开始变得温和起来。

除了外交手段，利比亚的情报系统也开始为利比亚与西方世界修复关系而四处活动。2002年开始，为了打击"基地"组织，不仅美国中央情报局，英国军情六处也开始与利比亚情报机构——外部安全组织（ESO）建立了合作关系。而此时，利比亚与英国之间还没有正式建立外交关系。次年，军情六处反恐部门前负责人马克·艾伦与卡扎菲的亲信、利比亚外长——穆萨·库萨多次会面，并进行谈判。最终，卡扎菲以放弃大规模杀伤性武器为条件，要求英美两国帮其恢复国际声誉。同年，卡扎菲的儿子赛义夫被伦敦政治经济学院录取。英国外交部中东地区部长麦克·奥布莱恩访问了卡扎菲的出生地——利比亚苏尔特。这是自两国自1984年断交以来进行的首次部长级访问。而在此之后，不少合法居住在英国的卡扎菲政权反对者和有恐怖分子嫌疑的利比亚人遭到英国警方的逮捕，英国政府将他们的信息交给了外部安全组织，并将其驱逐出境。

然而，卡扎菲与西方世界毕竟存着国仇家恨，友谊的小船注定是要翻掉的。2009年，卡扎菲大骂联合国安理会是恐怖理事会，他还说奥巴马是非洲之子。2009年末，在利比亚的要求下，苏格兰司法部决定秘密释放已是癌症晚期的洛克比空难嫌犯——迈格拉希，并希望利比亚方面低调处理此事。然而，卡扎菲不仅安排自己的儿子去英国迎接，国内机场还出现了上千人的迎接队伍。这一做法不仅是给洛克比空难家属的伤口上撒盐,让英国政府颜面尽失,也激怒了大洋彼岸的华盛顿。

2011年3月19日,以美国为首的多国联军对利比亚实施了代号为"奥德赛黎明"的空袭行动。多国联军凭借自身超强的信息优势,对利比亚发起了强有力的信息化精确打击作战。

美国的情报工作一如既往的周密。早在3月17日联合国安理会批准武力介入利比亚局势之前,中央情报局就已经秘密派遣了5个特工小组潜入利比亚境内,实施空袭引导、情报搜集、心理策反等任务。北约多国联军随后也派遣了多批特种部队实施地面侦察,并为飞机空袭提供目标指示。虽然卡扎菲将部分防空武器藏在的黎波里的居民区内。但依旧没有逃过这些特工和特种部队士兵的眼睛。中央情报局也迅速与利比亚反对派领导机构"全国过渡委员会"接上了头。在利比亚的政府机构内,暗藏了一名代号为"罗米迪亚"的女间谍,表面上她跟常人无异,但她在办公室的抽屉下、楼层卫生间的马桶盖中,暗藏了多部手机。正是她凭借着7部手机和12张手机SIM卡,机动灵活地侦察并汇报着利比亚重要目标的最新动向,并通过"全国过渡委员会"将情报源源不断地通报给北约方面。在北约成功打击的军事目标中,至少有3个是她提供的情报。而"全国过渡委员会"至少还掌控着15名这样可以提供重要情报的高级别间谍。

2010年9月20日至2011年4月11日,美国国家侦察办公室连续发射了5颗侦察卫星和一颗配合使用的数据中继卫星,进一步强化了美国的天基侦察能力。其侦察卫星的光谱分辨率达到0.1米,雷达分辨率达到0.3米。法国"太阳神-2B"卫星与美国"锁眼-12"卫星一样,具备红外成像功能可执行夜间侦察任务,分辨率达到了0.5米。这些成像侦察卫星,为多国部队查明利比亚部队及其防空火力部署情况、进行空袭效果的评估提供了重要的手段，使指挥官得以及时确定作战方案，高效率实施打击行动。

多国部队使用的多型预警机和侦察机依旧是实施战场情报侦察的中坚力量，在利比亚上空，U-2 侦察机依旧活跃着。1 架 U-2 侦察机以 700 千米每小时的速度在利比亚上空飞行 3～4 个小时，就能侦察到利比亚所有的通信情况。

RC-135V/W 电子侦察机主要用于对利比亚的雷达、加密无线电通信装置进行电子侦察、定位并用于监听利比亚指挥官与部队之间的通话，还可将信息传输给"全球鹰"无人机。在搜捕卡扎菲的过程中，RC-135V/W 电子侦察机也对利比亚的手机及卫星电话的内容进行监听。法国的 C-160G 电子侦察机、英国的"猎迷"R1 电子侦察机、美国的 P-3C 海上反潜巡逻机、西班牙的 CN-235 海上巡逻机也对利比亚战场进行了广泛的侦察，有力地保障了空袭作战的情报。

讲究联合作战一体打击的多国部队自然需要跨域协同一体化的情报支援。多国部队在美军的主导下，充分利用综合信息网、战术数据链传输系统传送通过各种手段、各种渠道获取的近实时的情报信息，构建与指挥平台、作战单元相交联的情报共享数据库，建立了快捷高效的情报共享机制，并经信息系统分析计算和处理，对战场情报信息进行高度融合和相互印证，确保了多方侦察情报的实时共享和高度融合，有力地保障了多国部队保持"制情报权"。美国的卫星通信网用于远程通信和作战指挥控制，可传送语音、数据、照片和活动图像，提供情报、定位及气象信息，预警敌方导弹发射等，并在战争中将情报传回法国海军"戴高乐号"航母等，以此指导战斗机的进攻行动。

"阵风"战斗机从"戴高乐号"航母起飞赶赴利比亚战场

在强大一体的情报支援下，多国部队开展了快速高效的信息共享，为战场行动整体联动提供了有力支持。利比亚政府军最精锐的坦克团70余辆坦克的防空装置还没来得及打开，就遭到了法军的毁灭性打击。拯救美军两名坠机飞行员的行动，仅用3个半小时就顺利完成了。

行动初期，以美国为首的多国联军部队凭借构建的强大而又近实时的情报侦察体系获得了大量的情报信息。在联军指挥部中，指挥参谋人员在计算机系统辅助下，紧张而又有序地工作着。他们需要对所获得的实时情报信息进行准确评估，不断修改作战方案、改变作战进程，为多国部队的作战决策提供可靠依据。多国部队通过对情报信息进行分析处理，支援保障电子战、网络战和心理战的实施，并引导精确火力打击，攻击利比亚关键目标，这是多国部队快速高效完成作战任务的重要前提。

美军在3月19日至4月2日的空袭行动中，以其先进的情报侦察技术和电子战力量为北约其他各国和利比亚反对派提供了60%～70%的情报搜集、侦察任务和100%的电子战任务支援。然而，在美国作战力量退出打击行动后，由于北约其他国家缺乏侦察机和飞行人员，美军依然担负着主要的情报搜集和侦察任务。

约翰·博伊德与OODA

美军情报系统高效一体的运转离不开一个关键概念的支撑，这就不得不讲到一个对美军和美军情报系统产生深远影响的人——约翰·博伊德（1927—1997年），绰号"疯子少校"。

博伊德出身贫苦，从小就有一个蓝天梦。1945年，他应征入伍进入美国陆军航空队，却被派到日本驻守基地，连飞机都没摸过。服完陆军兵役后，博伊德依靠政府《退役军人权利法案》资助考入了爱荷华州立大学，获得经济学学位，毕业后误打误撞加入美国空军。1952年，博伊德获得了飞行员的鹰徽，正式成为战斗机飞行员。此时朝鲜战争的主要战事已经接近尾声，博伊德只是于1953年6月30日在鸭绿江以北（中国境内）击伤一架米格-15。但博伊德在朝鲜战场上表现出来的卓越飞行技巧和战术素养还是受到了关注。战后不久，博伊德就被调到位于内华达州内利斯空军基地担任战术教官。在这里，博伊德的名声慢慢在军界传播开来。博伊德凭借自己高超的飞行技巧，向所有受训学员发出挑战——在近距模拟空战中，他可以先让对手咬住自己，然后在40秒内变被动为主动，咬住对手，让对方无法逃逸。博伊德凭借自己对战斗机的高水平操作，可以在40秒内将拉高、倒飞、俯冲、反咬等高难度动作一气呵成。在6年3000多个小时的对抗飞行中，博伊德从未输过，这个战绩堪称辉煌，而他也获得了"40秒钟博伊德"的绰号。

博伊德恃才傲物、桀骜不驯的性格不讨上级喜欢，因而没有进入训练部和研究部，而被分到了不被看好的教学部，不过博伊德还是争取到了修改教学大纲和教材的权利。由于对空战有着超人的悟性和灵感，1959年，博伊德为美国空军编写了《空中攻击研究》一书，提出了机动与反机动理论。一年内，这本书便成为美国空军战斗机飞行员的基本战术教材，之后更是成为全世界战斗机飞行员的标准空中手册，时至今日，其实质性内容依然没有改变。

在用科学方法研究空战之时，博伊德深刻体会到知识结构严重不足，急需深造充电。1960年，33岁的博伊德带着4个孩子和怀孕的妻子，到乔治亚理工学院学习航空工程。他从热力学中熵的概念获得了灵感，精心的思考换来了科学理论的突破：战斗机的单位剩余功率（SEP）=（推力－阻力）× 速度/重量。在飞行航线里任何一点，SEP较高的一方占优。其核心思想是，战机在空中格斗中，抢占先机的关键不在于速度和推力，而在于战机的能量转换速度。该理论破解了"空战之谜"，把原来只可意会不可言传的空战技巧，转换成简单的数学公式。"能量－机动理论"不仅带来了空战革命，更成为战斗机设计的基本依据，是自然科学解决作战难题的经典之作。美军的三代机、我军歼-10都是按照这一理论设计的。博伊德因此还被称为"F-16、F-18之父"。但因为不懂人情世故，1976年，名满天下的博伊德以上校军衔含恨退役。博伊德苦心钻研了数以千计的自然科学家、社会科学家和军事理论家的著作，并将它们融会贯通，自成一家。他对现代武器装备的发展，对现代战场的流动性和不确定性，对时间、速度、决策、团队精神、精神意志等战争要素的认识，都形成了自己独到的见解，由此提出了OODA循环理论。

> OODA 是 Observe（观察）、Orient（定位）、Decide（决策）和 Act（行动）的缩写。这一理论的核心在于，己方率先快速完成一个 OODA 循环，然后迅速采取行动，干扰、延长、打断甚至操纵对方的 OODA 循环，使对方对于外界变化无力做出反应。而美军的情报系统之所以一直追求速度效率也是基于这一理论。情报效率的提升可以使得决策者可以更快地决策并付诸行动，这就使得己方的 OODA 循环周期低于对手的 OODA 循环周期，从而使对手摸不清楚状况，无力招架。这一理论沿用至今，在美国各大军事期刊上，依旧可以时常看到 OODA 理论的身影。

"棱镜"映照的世界

进入 21 世纪，网络通信技术高速发展。为了避免发生网络"9·11"事件，美国在 2001 年后不仅加大了对国家安全局的预算投入，还在战略司令部之下成立了美国网络空间司令部，专司网络空间作战事宜。与此同时，为了开展大规模反恐，在小布什和奥巴马政府的领导之下，美国国家安全局的网络能力得到了空前的建设和发展，逐步成为了一只几乎失控的"数字巨兽"。

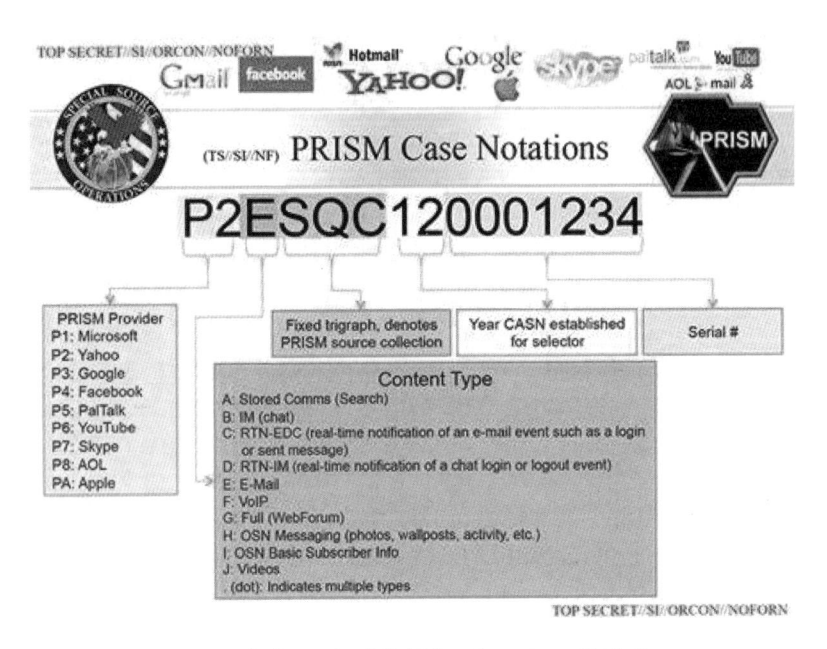

国家安全局"棱镜"项目的一页说明

2013年5月20日,一个咖啡色头发和满脸胡茬、背着电脑包、戴着眼镜的白人青年正缓步走进香港国际机场的到达大厅。在茫茫人群中,他像其他普通游客或商人一样,一点儿也不引人注目,而此时,他随身携带的4台笔记本电脑和闪存设备,却装满了美国政府和情报机构的最高机密。这个持美国护照的青年人以治疗癫痫的名义,从夏威夷飞赴香港,并迅速隐身于九龙区的美丽华大酒店……这个外表文静的年轻人,内心却极为坚定,他此行的目的也极为明确——将自己手中的秘密公布于众。三周之后的6月5日,英国《卫报》率先投出了第一颗舆论炸弹,内容是美国国家安全局有一项代号为"棱镜"(PRISM)的秘密项目,要求美国电信巨头威瑞森公司必须每天上交数百万用户的通话记录。次日,美国《华盛顿邮报》披露称,过去的6年间,美国国家安全局和联邦调查局通过进入微软、谷歌、苹果、雅虎等九大网络巨头的服务器,监控美国公民的电子邮件、聊天记录、视频及照片等秘密资料。美国舆论随之哗然……

这个将美国情报机构"黑客帝国"面纱揭开的青年人名叫爱德华·斯诺登,是一个与美国情报界有着千丝万缕联系的电脑黑客。1983年6月21日出生的爱德华·斯诺登,在美国北卡罗来纳州伊丽莎白城长大,随后移居马里兰州安妮·阿伦德尔县。同样是在这一年,美国国防部将内部互联计算机系统一分为二:一个是军方使用的网络——军事网络(Milnet);另一个则是公众使用的网络——互联网(Internet)。作为互联网的同龄人,斯诺登还没上完高二便退学了,在马里兰社区学院学习计算机知识,但最终还是没有修完学分,只拿了高中同等学力文凭。也就是这个时候,他开始对计算机程序语言产生了浓厚的兴趣,并由此走上了系统工程师之路,寻找网络的秘密。他同大多数电脑极客一样,迷恋电子游戏和日本动漫。2001年,"9·11"事件爆发,使他颇为愤慨。2年后,出身军人世家的他，心怀"匡扶大义"的豪情壮志加入了美国陆军预备役特种部队，一心想要将处在"水深火热"之中的伊拉克人民解救出来。然而上帝好像并不希望他浪费自己的计算机才华，一次训练中，他摔断了腿，4个月后，他退出了军队。随后，他开始在与国家安全局有紧密联系的马里兰大学高级语言研究中心担任保安，该大学距离位于米德堡的国家安全局总部只有24千米。2006年5月，斯诺登凭借着出色的计算机网络技术，在中央情报局找到了一份技术工作，并于2007年以"国务院雇员"的掩护身份外派至瑞士日内瓦，负责网络安保工作。在此期间，他有极高的权限，也接触到了很多机密文件。在一次任务中，他发现美国国家安全局在针对某一个对象通过网络黑客手段实施监控时，也会附带监控一些"无辜的人"。比如他们的妻子、儿女、朋友等，甚至是与这些人有关联的人，而他们的私人聊天记录、笔记本摄像头拍下的实时更衣画面，都在情报机构的监控之中，这与斯诺登崇尚自由和人权的价值观首次产生了碰撞。奥巴马总统上任之初，斯诺登本寄希望于他能取消这些违背美国宪法的监控项目。然而，事与愿违，奥巴马不仅全盘接手了布什总统任期内的各种监控计划，而且他手下的"黑客帝国"还愈发疯狂。

爱德华·斯诺登（Edward Snowden）

2009年，斯诺登向中情局提出了辞职，因为其前中央情报局雇员的背景，他很快进入了IT服务商佩罗系统公司工作，随后斯诺登被派驻日本。不久，佩罗公司便被戴尔公司收购。按照斯诺登的话讲，这些公司对于美国情报界来说就像旋转门一样，换汤不换药，公司一部分雇员实则是为美国情报系统服务的，斯诺登就是其中之一，而且，这些公司销售的很多产品中，都安装有方便美国情报机构进入的"后门"。在被公司派往日本工作中，斯诺登几乎都是在位于日本的美军横田空军基地的国家安全局太平洋技术中心（PTC）度过的，负责项目开发和系统维护。回到美国后，名义上为戴尔公司工作的斯诺登实际上回到了美国中央情报局，为他们整合存储能力以达到云存储的目的。2012年6月21日，斯诺登又被公司从美国本土派往夏威夷，进入了位于瓦胡岛库尼亚菠萝田之下的坑道工作。这个珍珠港时代的巨大坑道的前身是飞机厂，如今已经成为美国国家安全局的关键设施。夏威夷在历史上向来是一个重要的中转站，而如今，美军不仅将这个岛链作为太平洋中船只与飞机的加油站，还把它作为美国通信的重要交换点，其中就包括美国本土48个州和斯诺登之前工作的日本及其他亚洲外站之间交流的情报。

2013年1月，不愿再忍受工作业务与自身价值观相冲突的斯诺登与劳拉·珀特拉斯①取得联系——他想同其他有"正义感"的同事一样，尝试做出一些改变。2月中旬，英国《卫报》评论员格伦·格林沃德收到了斯诺登的电子邮件，他希望能以"加密收发"的方式给格林沃德发一些文件，但格林沃德没有做出任何回应。3月，格林沃德接到了好友珀特拉斯打来的电话，建议他认真对待斯诺登的

---

① 劳拉·珀特拉斯（Laura Poitras），1964年生于美国波士顿，导演与制片人，制作过质疑伊拉克战争的纪录片。

> ## 国家安全局的 4 个分支
>
> 美国国家安全局在全美共设有 4 个地区安全行动中心（RSOC）/地区密码中心（RCC），分别是夏威夷地区安全作战中心（RSOC）/地区密码中心（RCC）、佐治亚地区安全作战中心（RSOC）/地区密码中心（RCC）、得克萨斯地区安全作战中心（RSOC）/地区密码中心（RCC）和科罗拉多地区安全作战中心（RSOC）/地区密码中心（RCC）。根据公开来源材料，除本土以外，国家安全局还在海外设有两个地区安全作战中心（RSOC）/地区密码中心（RCC），一个在欧洲，另一个在阿富汗。地区安全行动中心主要负责识别和防御敌方对美国实施的信号情报侦察、网络攻击，防范内部安全数据泄露等。在这些地区中心中，与我国利益切身相关的就是夏威夷地区安全行动中心（RSOC）/地区密码中心（RCC）。该中心位于夏威夷州瓦胡岛的库尼亚地区，最早设立于 1980 年，主要负责搜集有关外国目标的信号情报和开展网络空间行动。
>
> 斯诺登的单位就是夏威夷地区安全行动中心（RSOC）/地区密码中心（RCC）的一部分。国家威胁管控中心夏威夷分中心大楼被称为罗彻福特大楼，这是为纪念第二次世界大战时期破解日本密码的传奇海军军官、加密分析师约瑟夫·罗彻福特（Joseph Rochefort）。大部分员工称之为罗奇堡，或者简称罗奇。

事。而此时，美国国家安全局的项目承包商博思艾伦咨询公司以 12 万美元的年薪雇佣斯诺登担任国家安全局夏威夷分局的系统管理员。在成为这家公司的合同工期间，斯诺登首次接触到了"公民隐私大数据搜索器——XKeyscore"，他发现这个机构"企图知道全世界所发生的对话和行为"。2013 年 5 月，斯诺登决定"有所行动"，阻止这个即将失控的"黑客帝国"。他偷偷将所接触到的绝密文件通过迷你存储卡从国家安全局的网络中拷贝出来，并将迷你存储卡放在了日日把玩的魔方之中，悄悄带出了坑道。6 月 1 日，格林沃德与珀特拉斯一同来到香港与斯诺登会面，"棱镜门"事件随即爆发。

2013 年 6 月 5 日，斯诺登将"棱镜"监控项目的秘密文件披露给英国《卫报》和美国《华盛顿邮报》，并于 10 日中午离开了美丽华大酒店，行踪不明。22 日，斯诺登的美国护照被美国政府注销。23 日，香港特区政府发表声明，证实斯诺登乘坐俄罗斯航空公司 SU213 航班离开香港，抵达莫斯科。由于美国注销了其护照，斯诺登到达俄罗斯后一直滞留在莫斯科谢列梅捷沃国际机场中转区。7 月 16 日，俄罗斯克里姆林宫的一名前律师阿纳托利·库齐利纳称，斯诺登向俄罗斯移民局提交了临时避难申请。8 月 1 日，阿纳托利·库齐利纳称，斯诺登的临时避难申请已获得批准，允许其在俄罗斯逗留一年。斯诺登当日离开谢列梅捷沃国际机场中转区，进入俄国境内。

上过高中物理的人可能都会接触过这么个玩意儿——三棱玻璃镜，白色的自然光透过它可以被分解为七彩的单色光（因为波长不一样），而搜集和过滤情报信息的"棱镜"计划与其有着异曲同工之妙。

在斯诺登揭开"黑客帝国"的神秘面纱之前，这项代号为"棱镜"的计划作为美国国家安全局和联邦调查局的最高机密从未对外公开。与"棱镜"计划合作的 9 家互联网公司分别是微软、雅虎、谷歌、Facebook、Paltalk、美国在线、Skype、Youtube 和苹果。"棱镜"计划于 2007 年启动，项目年度成本 2000 万美元。自奥巴马上任后日益受重视，仅 2012 年《总统每日简报》中就引用该项目数据 1477 次，美国国家安全局至少有 1/7 的报告都使用了该项目的数据……

有人可能对"进入服务器获取数据"没有概念，这里需要解释一下。如果你是互联网用户，当你使用谷歌浏览器搜索"玻利维亚女总统"的时候，你的搜索记录就会被上传至谷歌公司的服务器，而你观看的视频链接和全部页面浏览记录也会被谷歌公司的服务器收存。与此同时，这些记录也会被美国国家安全局的情报人员"共享"。如果你是 iPhone 用户，你使用 iCloud 存储的文档、照片、视频、通信录、备忘录、日程提醒，甚至是你的输入内容等等这些数据在进入苹果公司服务器的同时，也等于就和"隐私"这个词汇说"拜拜"了。2013 年 6 月 14 日，Facebook 首席法律顾问厄尤特承认，在2012年下半年，美国联邦、州及各级地方政府要求该公司提供用户信息的次数多达一万次。这些资料信息涉及1.8万～1.9万名用户。微软披露，在2012年下半年接到美国各级政府部门发出的6000～7000次用户资料索取要求，这些要求涉及用户多达3.2万名。6月17日，苹果公司承认从2012年12月1日到2013年5月31日的6个月里，美国执法机构提出了4000～5000次索取用户数据的要求，涉及9000～10000个账户或设备。"斯诺登事件"一出，全球震惊。特别是在美国，大众国民的认知都是，如果你要进我家搜查，那得有"搜查令"，你想看我手机里的隐私数据，需要向法庭提交申请令，获批准后才能执行。于是乎公民隐私保护组织开始强烈谴责，表示不管奥巴马政府如何以反恐名义进行申辩，美国情报机构的这些项目、这些行为游走在法律之外，无疑侵犯了公民的隐私和人权。[1]

美国国家安全局犹他数据中心（Utah Data Center）

---

[1] Edward Snowden, *Permanent Record*, Metropolitan Books, New York, 2019.

有人可能认为，数据量这么大，即使是现在我们使用的一些即时通信软件，里面的会话记录和发送的图片视频也在运营商公司服务器上存不了多久，美国国家安全局能看多久呢？美国国家安全局可不傻，你想到的，人家不仅早就想到了，而且早就付诸行动了。

在美国犹他州沃萨奇岭和奥克尔山脉之间的碗状谷地里，有一座叫布拉夫代尔的不起眼小城。2013年10月，这里建起了一座耗资19亿美元、总面积超过5个美国国会大厦的巨大建筑。这座被当地人称为"间谍中心"的建筑就是和"棱镜"有着手足关联的美国国家安全局犹他数据中心，你可以把它理解成由一堆硬盘存储堆积起来的建筑。这个中心的运维费用约为4000万美元每年（主要是电费），有4个25000平方英尺（1平方英尺约等于0.0929平方米）的机房及900万平方英尺的技术支持和设备用房，还有可供3天的备用紧急电力以及60000吨的冷却设备。这个中心的信息存储以"尧"字节为计算单位。"尧"，英文是YottaByte，简称YB。平时我们常用存储计量单位是KB、MB、GB、TB。纸质档案部门的数据容量达到TB的，已经是巨量了，TB以上的计量单位依次是PB\EB\ZB\YB\BB。而1"尧"（YB）则是1024TB的4次方！人类自诞生以来所生产的信息可以被它轻而易举地记录下来……这个巨大的数据中心能够储存100年有价值的通信信息，还可以处理海量的加密数据，例如加密的金融信息、股票买卖、商业交易、法律文件、个人通信等，还有外国的军事和外交机密。简而言之，它不仅可以存储数据，还是互联网大数据的刺探中心、分析中心和解密中心。国家安全局搜集所有的包括尚无法破解的元数据都在其中，留待以后使用。这就像先把保险柜搬回家，等配好了钥匙再打开。

斯诺登的爆料，不仅将"棱镜"项目和"五眼联盟"的诸多行径呈现在世人眼前，也使得我们可以一览美国国家安全局和英国政府通信总部这些信号谍报机构最不为人知的秘密。

斯诺登所曝光的"棱镜门"事件可以说揭开了以美国国家安全局为首的"黑客帝国"面纱的一个边角。随着事件的发展和更多绝密信息的披露，我们不禁慨叹，这个黑客帝国的触角无处不在，可怕至极。

首先就是电信运营商的通信记录。2013年6月5日《卫报》刊登消息称，一名"告密者"出示的法院密令显示，从2013年4月25日至5月19日，美国电信巨头威瑞森公司（Verizon）须每日向美国国家安全局上交数百万用户的通话记录，涉及通话次数、通话时长等内容，但不包括通话内容。如果说美国政府是为了反恐获取通信记录的话，兴许大多数民众还可以理解，毕竟这些记录是不包含通话内容的。就算一个有婚外情的男士经常给他的情人打电话，即使他的老婆是美国国家安全局的雇员，估计也不知道电话内容是什么，那也还算安全，但事实远非如此——如果你老婆是美国国家安全局的，这辈子千万别搞外遇……

在微信等网络即时通信软件还没有普及的年代，手机短信是人们交互的主要方式，而美国国家安全局曾入侵中国电信公司获取了数以百万计的手机短信，并持续攻击清华大学的主干网络以及电信公司亚太环通（Pacnet）香港总部的计算机，该公司营运着亚洲区内最庞大的海底光纤电缆网络。事实上，美国国家安全局每天搜集着来自全球各方的多达2亿多条手机短信，以获知手机用户的所在位置、联系网络或信用卡详情，并肆意地搜集并保存这些手机短信和用户的联系名单。拉丁美洲作为美国的后院自然也在监控之列，只不过直接上升到了总统级别。美国国家安全局曾直接监听或监控巴西总统罗塞夫和墨西哥总统培尼亚的通信信息。他们研发并使用了一种特殊的电脑程序，可以拦截巴西总统罗塞夫的电子邮件及网络聊天内容。墨西哥总统培尼亚早在还是总统候选人时就已经被美国国家安全局盯上，其电子邮件亦曾被秘密窃取。

如果说中国作为一个蓬勃发展的主要竞争对手，拉丁美洲作为美国的后院，这些监控还可以理解，那么欧盟呢？美国国家安全局在欧盟总部及其位于华盛顿和联合国总部的建筑物内都曾安置监控和窃听设备，同时对其内部电脑网络进行渗透，这种监听和网络渗透自2008年就已开始。同样，外国驻美使领馆也没能幸免。美国曾以38个驻美使馆和外交办事处为目标进行情报监视活动，包括欧盟机构以及法国、意大利、希腊等欧洲国家，还包括日本、韩国、印度、土耳其、墨西哥等其他地区盟友。位于美国纽约曼哈顿的联合国总部就更不用说了，美国国家安全局的一个"特殊搜集服务"项目曾入侵联合国总部的内部视频电话会议设备，破解其加密系统，并对联合国总部进行长期监控。

英国政府通信总部大楼

2009年，英国伦敦，在多国领导人云集的20国集团峰会上，"黑客帝国"依旧没有缺席,英国政府通信总部(GCHQ)监听了多个政府代表团通话并获取了他们的电邮信息。虽然在这种级别的峰会中,各国与会领导人都会按本国最高安保标准安排包括专用线路和加密通信的网络保障工作,但包括南非、土耳其以及时任俄罗斯总统的梅德韦杰夫都全部中招。事实上,大批外国政要在大规模监控中都未能幸免。2014年3月29日,德国《明镜》周刊报道,美国国家安全局窃听了包括中国领导人在内的全球122位政要。其中包括德国总理默克尔,美国国家安全局的数据库中存储了300多篇有关她的报告。看来"盎格鲁-撒克逊"的祖训"非我族类,其心必异"真的不是闹着玩的⋯⋯除了直接接入互联网"九大巨头"的服务器获取网络数据外,部分社交网站以及网络软硬件设备也都沦为了"黑客帝国"监控的手段和工具。英国政府通信总部就曾入侵社交网站 LinkedIn,并建立假冒的页面,借此向监控目标的计算机植入恶意软件,以搜集大型电信商甚至石油输出国组织(OPEC)的资料。他们对出口的网络设备也是如此,一旦发现情报目标从美国订购新电脑或其他电子设备后,美国国家安全局就可能会将这些设备截获,转运到自己的秘密工厂,在设备中植入后门监控工具后再送往情报目标,从而通过这些设备实现对目标网络的渗透和控制。美国国家安全局和英国政府通信总部,还会潜伏在有"漏洞"的智能手机应用中,诸如大家熟知的游戏"愤怒的小鸟",就被发现用来获取和传输用户的私人信息。更让人毛骨悚然的是,美国国家安全局每天还会截获数以百万张计的图像,其中包括大约5.5万张具备"面部识别质量的图像"。这些面部图像一旦被滥用,就可以解锁你的智能手机,甚至是操作你的网上银行账户。

2017年4月14日晚,黑客团体影子经纪人(Shadow Brokers)公布了一大批包括"永恒之蓝"在内的美国国家安全局网络攻击工具。这个"永恒之蓝"可利用 Windows 系统的 SMB 漏洞获取系统最高权限。5月12日，疑似朝鲜"网军"在国际互联网上释放了"永恒之蓝"升级版文件加密勒索病毒"Wannacry"。两天后，除朝鲜和蒙古国外，其他接通国际互联网国家的多家高校内网、大型企业内网和政府机构专网全部中招，只有支付高额赎金才能解密恢复文件。

根据爱德华·斯诺登披露的绝密文件显示，美国国家安全局从互联网成立之初，就从未停止过网络攻击窃密武器的研制，时至今日已经可以做到多维、全域、全时覆盖，堪称十足的军火仓库。一马当先的就是手机窃密武器。CANDYGRA 可以用于仿冒 GSM 发射基站的设备。当目标手机进入设备影响范围内时，该设备可通过短信和远程控制中心，实现对目标手机跟踪等目的。该设备可同时监控多达 200 部手机。很多人都喜欢使用苹果公司的 iPhone 手机，因为其优秀的操作系统可以带来流畅的操作和很好的人机交互体验，同时它的非开源编程设计原则也大幅提升了系统的安全性（不容易中病毒）。但是国家安全局的 DROPOUTJEEP 间谍软件就是专门针对 iPhone 设计的，它可以窃取短信、文件、通信录、语音、邮件、摄像头截图、地理位置等信息。远程控制端可以通过短信、GPRS 数据连接等方式向该软件发送控制指令，且控制指令加密传输，隐蔽性强。美国国家安全局研制的 TOTEGHOSTLY 2.0 软件，则专门针对 Windows Mobile 手机操作系统。该软件一旦安装，即可完全获取手机的远程控制权限。通过短信或 GPRS 数据连接后，国家安全局的黑客在远程端的操控界面上可以获取你手机的全部内容……

不少人可能会觉得不接入互联网的物理隔离网络环境就没事儿了，而且，现在很多国家的军队、政府机构以及一些保密单位的网络环境都是物理隔离的，但物理隔离网络并不是"铁板一块"，说不定其中已经被美国国家安全局安插了间谍设备。美国国家安全局研发并使用突破物理隔离网络设备的脚步一直就没有停止过。名为 COTTONMOUTH 的间谍设备可安装在 USB 和网线插头内，主要针对与互联网物理隔离的计算机。该设备以 USB 或网线线缆为天线，可将目标设备中的信息通过无线信号发射至周边的信号监听站；NIGHTSTAND 是专门渗透无线局域网的攻击设备，它可以通过无线局域网，对安装 Windows 系统的目标计算机实施攻击、窃取信息。该设备可同时攻击多个目标，最远攻击距离达到 8 英里。RAGEMASTER 是一款无线电反射器，可以秘密安装在目标计算机的视频连接线缆内，专门用于"窃视"电脑显示器的视频信号。当接收到远程雷达发射的信号时，该设备将携带目标计算机视频信号信息的无线电波反射回去，从而实现对目标计算机视频信息的窃取。为了填满"黑客帝国"的军火仓库，美国国家安全局的黑客和研发人员真可谓是绞尽脑汁、煞费苦心。电脑键盘其实也并不安全，SURLYSPAWN 可专门针对与互联网物理隔离的计算机，安装在键盘连接线内。与 RAGEMASTER 类似，该设备也通过反射雷达波，窃取键盘输入信息。如果你的电脑上有什么不可告人的秘密的话，即使你不插网线也千万别忘了拆除你的 Wi-Fi 模块，记住一定是把它从电脑主板上拆下来，光关闭开关是无济于事的。因为美国国家安全局的 SOMBERKNAVE 和其升级版间谍软件可以自动激活目标计算机的无线局域网模块，并与周边的无线局域网接入点实现连接，将目标计算机秘密接入互联网，从而为远程控制计算机提供便利。

同时，美国国家安全局的专家们也从没停止过针对非合作网络设备生产商产品的研究，并设计研发了一系列设备。HALLUXWATER 就是专门针对华为 Eudemon 200、500 和 1000 系列防火墙的后门软件。该软件安装成功后，可建立与美国国家安全局控制中心的远程通信，使得远程控制端能够秘密读写防火墙存储器、执行指定代码等。该软件具备自我保护功能，即使目标防火墙操作系统升级，其运行也不受影响。IRONCHEF 则是专门针对惠普 Proliant 380DL G5 服务器的后门软件。该软件主要实现对预先植入木马程序的保护功能。通过实时监测木马程序运行情况，该软件一旦监测到木马程序被移除，就将有关信息传回国家安全局控制中心。控制中心可视情对木马程序进行升级，并重新植入目标服务器。

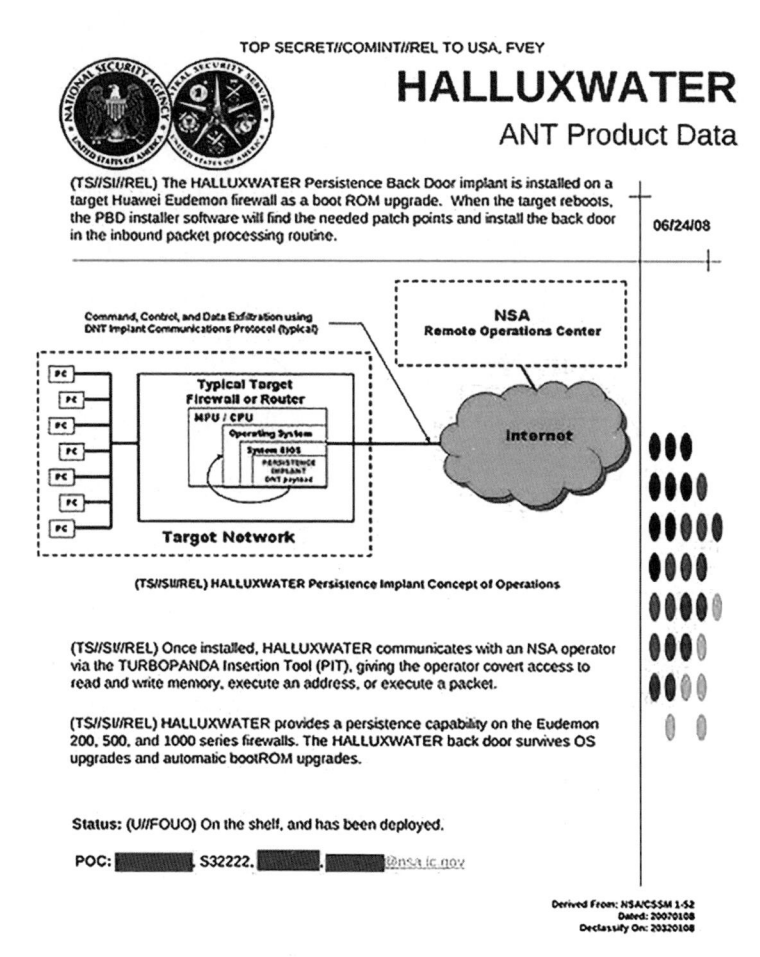

国家安全局 HALLUXWATER 软件介绍截图

随着"黑客帝国"的绝密文件被斯诺登不断披露，"棱镜"之下的冰山也渐渐浮出水面，虽然我们很难知道或可能永远都不会知道这个以美国国家安全局为首的"黑客帝国"到底有多少项目，但是仅仅从斯诺登和媒体机构披露的五花八门的监控项目和监控计划来看，就已经十分触目惊心、令人发指。

首先进入公众视线的就是与"棱镜"计划配套的"上行"计划（Upstream）。这两个项目对于"黑客帝国"来说，就好像攫取互联网数据的左手与右手。与"棱镜"计划从互联网运营商服务器获取数据不同，"上行"计划主要是对流经电信运营商光纤和基础设施的数据进行采集，是美国国家安全局实施网络数据获取的另一个主要方式。在互联网时代，数据就是战斗力，数据就是生产力，攫取了大量数据后，自然而然需要对这些数据进行分类、存储、管理，而美国国家安全局在这一方面一直处于世界领先地位。他们早就研发了用于大数据分析的可视化系统"无界线告密者"（Boundless Informant），美国国家安全局的数据分析人员可以直观地看到其在世界范围内的数据搜集活动概况。根据已披露的由该系统生成的一份绝密地图显示，美国国家安全局的监控范围涉及世界上很大一部分国家和地区，包括美国本土。仅在2013年3月，美国国家安全局通过网络监控项目获得的情报就多达971亿条，电话监听记录更是高达约1248亿条，而来自美国本土的情报也有30亿条。要说美国国家安全局数据分析员们最喜欢也最常用的分析系统应该非"数码黑衣人"（XKeyscore）莫属，也就是斯诺登在夏威夷见到的那个"公民隐私大数据搜索器"。严格来讲，"数码黑衣人"是一个网络监控数据的综合分析系统，在全球拥有约150个监控站点700多台服务器[1]，它可以在充分整合"五

---

① 根据斯诺登交给《卫报》评论员格伦·格林沃德的"41页演示文稿"上的站点分布图显示，在中国南方某地也有1个监控站点。

眼联盟"全球网络监控所获数据的基础上,对全球互联网用户的电子邮件、传输文件、网页访问记录、搜索记录、聊天记录等几乎所有互联网活动数据进行全面搜集,并为情报分析人员提供高度智能化、深度化的网络情报分析和目标实时监控功能。可以提供的具体功能包括目标定位、部分目标的电脑实时操作界面、VPN 通信内容监听[①]、可疑搜索行为跟踪、可疑文件流向追踪、文件内容提取、语言识别跟踪、网络入侵、文件分析等。

此外,美国国家安全局还有大量的互联网数据秘密搜集计划。"肌肉"(Muscular)项目是由美国国家安全局和英国政府通信总部联合运作实施的,即秘密侵入连接雅虎和谷歌公司全球各数据中心的光纤光缆等主要通信链路,并对这些数据链路进行监听,随意收集数亿用户的账户信息,每天发往美国国家安全局总部数据库的数据记录数以百万计。而华为等其他新兴国家的互联网信息企业也是美国国家安全局关注的焦点,"击杀巨人"(Shot Giant)计划使得美国国家安全局成功渗透进了华为公司的计算机网络,并复制了超过 1400 个客户资料和工程师使用的内部培训文件。同时,他们还窃取了华为的电子邮件记录,并获得了个别华为产品的源代码。为了挑选"有价值的"监控对象,美国国家安全局特别设立了"涡轮"(Turbine)计划,自 2010 年开始实施,即通过伪造网站等方式入侵

---

① VPN(虚拟专用网络)的功能是:在公用网络上建立专用网络,进行加密通信。这在企业网络中有广泛应用。VPN 网关通过对数据包的加密和数据包目标地址的转换实现远程访问。VPN 可通过服务器、硬件、软件等多种方式实现。举个例子,假如国际互联网是正常的民用公路,行驶在上面的车辆是数据包,而车里的人就是数据。正常情况下,车辆和人都是有"交警"监管的。而 VPN 就是使用特殊的车辆(即加密通信),使得"交警"看不见车里面到底是什么人,相当于在公用公路上面开了条专道。

到用户的计算机等设备中，从用户设备中搜集各种信息，包括设备的硬件 ID、蓝牙信息、QQ 等常用软件的本地用户文件等。搜集完成之后，美国国家安全局会将这些信息拼合在一起，算法会形成一个相对比较完整的个人特征描述，以辅助决定是否继续监听或者给你安排什么"项目套餐"，而这一切都发生在 686 毫秒内……

　　进入 21 世纪后，随着网络失泄密事件的不断增多，各国政府、军队都采用了隔离网络和文件加密以防范网络窃密事件，但真可谓是"道高一尺，魔高一丈"，美国国家安全局联手美国中央情报局实施了"黑袋"（Black Bag）计划。当美国国家安全局无法通过远程方式入侵目标计算机时，会请求中央情报局协助。中央情报局利用其间谍特工，潜入目标人员家中或办公室，以人工方式侵入目标计算机。2003 年后的 10 年间，中央情报局已经实施此类行动超过 100 次，其目标包括外国政府和军队的通信和计算机系统、跨国公司计算机网络等，主要方式包括在目标计算机或服务器中秘密植入间谍软件、在通信线路上安装窃听器等。该项目主要在东亚、中东、南亚等地区实施，中国是其主要目标。为破解互联网加密技术，以进一步便利网络监控，美国国家安全局和英国政府通信总部分别实施了"奔牛"（Bullrun）和"山崖"（Edgehill）计划，其技术手段主要有 3 种。一是暗中插手国际加密标准的制定。2006 年推出了一项由美国国家标准技术研究院制定且被国际广泛采用的加密技术标准，其副本、弱点及漏洞均掌握在美国国家安全局的手中。二是利用超级计算机实施密码暴力破解。三是与企业联合，在信息安全产品中植入后门。

　　我们很难知道"黑客帝国"中到底存在多少不为人知的秘密，单是看过这些就已经让人不寒而栗……

第六章　走向何方

斯诺登不过是博思艾伦公司一名小小的合同工，他只是在情报大幕上戳了一个小小的洞，就让整个世界为之一颤，也让站在台前的美国政府冒了一身冷汗。无论是美国的"朋友"，还是美国的"敌人"，不仅震惊于美国人搞事情竟然会如此"无节操"和"无下限"，更惊叹于美国情报界的技术竟然如此的硬核和强悍。"棱镜门"之后，世界各国纷纷采取了措施来增强自身的网络安防能力。2015年10月，欧洲法院判决美欧之间签署的《数据安全港》协议失效，美国企业自此不能再依仗政府而直接使用和传输欧盟公民的个人数据。

美国国内，虽然行政和立法都站在情报界的一方，为它的"违法"进行辩护，但是不改不足以平民怨。奥巴马政府为了消除国内外对美国全球监控计划的质疑，重新挽回昔日盟友的信任，开始对情报界进行调整和改革。2014年1月17日，奥巴马发布了第28号总统政策指令：信号情报活动（PDD 28 Signals Intelligence Activities），明确强调信号情报必须基于"法律、行政命令、公告或其他总统指令授权，并根据宪法和相关法律、行政命令、公告和总统指令进行""美国的信号情报活动必须要尊重个人的合法隐私权利"。美利坚大统领为了"棱镜门"一事亲自出手，美国三权分立体系中的另一重要力量——国会自然更不会袖手旁观。自"棱镜门"曝光后，美国参众两院半年内就提出了近30个与网络情报监管相关的提案。美国国内围绕斯诺登究竟是"爱国者"还是"叛国者"展开了一场大讨论，所以国会让子弹飞一会儿。2015年6月，美国国会通过了《美国自由法案2015》（USA Freedom Act of 2015），明确规定情报机构不能不加区分地大规模搜集美国公民的通话数据，情报机构进行监控或获取数据之前，应就每一项具体行动事先向外国情报监视法庭申请，然后据此向电信或互联网公司索取特定记录和数据。如怀疑特定个人与已知或疑似恐怖分子进行接触，需要获取运营商储存的数据，必须事先取得外国情报监视法庭提供的许可文件，才能调取并审查相关数据记录。明面上看，情报机构搜集、获取和处理个人网络数据的活动受到了更为严格的限制，在国际上也要适当尊重外国公民的隐私和权利，但这种承诺并没有掣肘情报界在国内外的任何行动，也没有影响美国官方对待斯诺登的态度——他将被永远钉在美国情报界的耻辱柱上。2016年9月15日，美国国会的众议院常设情报特别委员会发表了一份有关斯诺登案的非机密报告摘要，这份摘要写道："斯诺登对美国的国家安全造成了巨大的破坏，他窃取的大部分文件与影响个人隐私利益的项目无关，而是与美国的对手非常感兴趣的军事、国防和情报项目有关……"该委员会的成员们同时还签署了一封要求时任美国总统奥巴马不要赦免斯诺登的信件，与民权组织要求赦免斯诺登的请愿书针锋相对。

在这一基调下，美国情报界的整改无非是"换个线，换条路"。一方面淡化国内外对监控活动的关注度，另一方面则进一步加大了对网络情报技术研发的资金投入。情报界的预算逐年增长，2016年707亿美元，2017年730亿美元……2021年已经达到了841亿美元，甚至超过了俄罗斯公布的军费预算总额。2014年，犹他数据中心建成，大大提升了整个情报界存储和处理海量数据的能力。而随着数据的增多，对于数据的分析处理需要更强的机器学习和人工智能技术。2019年1月16号，美国国家情报总监办公室发布了《AIM倡议——利用机器增强情报战略》(*The AIM Initiative: A Strategy for Augmenting Intelligence Using Machines*)：旨在利用人工智能、自动化和情报人员增强技术，为情报工作提供最佳的分析和运行方式，从而确保情报界的战略竞争信息优势。

前有阿桑奇，后有斯诺登，但这两件事情都没能阻止情报界的进一步扩张，只是更加隐秘，更加不为人所知。这就等于说，在情报工作上只有一条准线，那就是国家利益高于一切。在这个万物互联的时代，美国国家安全局几乎可以入侵这个世界上任何一台联网的设备，所以互联网上存储的一切信息都毫无秘密可言。在这个公开的网络上不存在美国情报机构能不能的问题，只取决于美国情报界想不想的问题。2020年2月11日，美国《华盛顿邮报》曝光了中央情报局和瑞士加密公司Crypto AG之间的合作，中央情报局会在Crypto AG公司销售的加密设备中植入漏洞，从而为获取相关客户的"加密"通信信息创造了可能。这也是美国情报界人力情报机构和信号情报机构通力合作的"典范"。从国家安全局到网络空间司令部，美国的情报技术实现了跨越式发展。从阿拉伯之春到各种颜色革命，从香港修例风波到苏莱曼尼之死，从美国网军的病毒攻击到网络空间心理攻击，从信息化战争到数字化战争，处处都有隐蔽行动和秘密行动的功劳，更有情报分析部分与其他情报部门通力合作的身影。

从国家安全局到网络空间司令部

2009年至2010年，为有效滞缓伊朗核进程，美国和以色列联合运用"震网"病毒攻击伊朗核设施并取得成功。美国国家安全局背后的网络空间司令部也逐渐浮出水面。美国网军诞生后，世界各国纷纷开始效仿，着力打造自己的网军。美国网军缘何脱胎于国家安全局？又为何和国家安全局采用"双帽"机制？

美国好莱坞有一个系列电影《虎胆龙威》，其中第四部讲述了一个极端犯罪分子利用黑客团队操控交通系统、中断电力系统、盗取银行数据、篡改 F-35 隐形战斗机接收的作战指令内容的故事。里面的情节不仅惊险刺激，也为观众展现了黑客惊人的能力。现在很多电影中都涉及黑客入侵的环节，看似一顿疯狂的代码操作后，就可以进入防护严密的目标系统。实际上，真正的黑客攻击往往要经过前期一系列复杂的渗透工作。按照美国黑客鼻祖凯文·米特尼克的说法，这种渗透需要运用大量的心理学、社会工程学还有计算机网络知识。而在做完渗透工作以后，黑客在这头所操作的电脑界面，跟被黑的电脑界面几乎是一模一样的。而诸如断电、瘫网这种工作，往往不需要一顿操作才能实现，只需要点一下鼠标或者敲击一下回车就可以完成了。

20 世纪 90 年代至 21 世纪初期堪称黑客的天堂，在那个时期，卡巴斯基、迈克菲、小红伞甚至是 360、金山毒霸这类耳熟能详的病毒查杀安全软件还没有普及，电脑用户的防范意识也不高，几乎是个懂点互联网安全技术的人都可以黑进别人的电脑。专司信号情报工作的美国国家安全局自然也不会放过大力发展这个能够为他们带来海量情报资源的情报手段，所以就有了斯诺登揭露的黑客帝国中那五花八门的军火库。在最开始，很多黑客的工作都是外包出去的，不仅如此，各个军种之间也都在埋头建设自己的网络空间作战力量。只知埋头干活不知抬头看路肯定是不行的，到后来，国家安全局的领导发现，这种一事一笔钱、一事一团队、一事一流程的工作模式已经不能满足他们的工作需要，于是乎，国家安全局标准化的黑客团队开始逐步形成了气候。与此同时，美国国防部也发现，进入 21 世纪后，伴随信息技术的快速发展及其在军事领域的广泛应用，网络空间逐步成了继陆、海、空、天、电之后的又一全新作战域。网络空间贯穿多域，全域可达，几乎所有传统与非传统的作战目标都具备网络属性，加之网络空间作战具备天然的隐蔽性和低费效比，世界各大国纷纷争相发展自己的网络空间作战力量。

2009年6月23日,在奥巴马政府的大力推动下,美军网络空间司令部依托战略司令部正式成立,成为其下属二级司令部。出于借鉴发展经验、有效利用资源的考虑,网络空间司令部司令由国家安全局局长兼任(四星上将、军种不限),形成了业内闻名的"双帽"(dual-hat)领导体制,即集侦察与作战两权于一身,两家机构不仅在米德堡同址办公,还共享人力、技术和基础设施等几乎所有资源。2016年12月23日,美国总统奥巴马签署的美国2017财年《国防授权法》授权美军可将网络空间司令部由战略司令部下辖的二级司令部升格为联合作战司令部。2017年8月18日,美国总统特朗普正式宣布升格美军网络空间司令部。从最初的数台计算机联网到国防部信息网络的建成,从利用计算机支援作战到将网络空间视为一个独立作战域,从组建专职部队到成立统管网络空间作战的司令部,从单一网络黑客攻击手段到谱系化网络空间作战武器装备,经过近10年的发展,美军已初步构建起相对完善的网络空间作战能力体系。①

美国国家安全局和网络空间司令部网络整合中心暨联合作战中心内部

---

① 蔡军,于小红. 美国网络空间作战能力建设 [J]. 国防科技,2018,39(03):105-109.

2018年，伴随美军参联会联合出版物JP3-12《网络空间作战》的更新出台，美国网络空间司令部完成了"向一级联合作战司令部升级""所属133支作战小队具备完全作战能力""网络整合中心暨联合作战中心正式投入使用"这三大"里程碑"建设。自此，美网络空间司令部拥有了作战指挥权，缩短了与总统/国防部长之间的指挥链条，不仅在运行管理等方面拥有了更多的主动权，还在争取更多资金支持上增加了话语权；其在陆、海、空和海军陆战队四大军种编设的133支网络任务部队共6187人，集密码破译、信号侦察、网络运行维护和通信职能于一体，已经具备完全作战能力。

最重要的是，网络整合中心暨联合作战中心正式投入使用后，可为美军网络空间作战提供指挥控制与全球整合能力，标志着美国网络作战力量能力的全面提升。这个脱胎于美国信号情报机构——美国国家安全局的网络空间作战能力体系已经实现了跨越式的发展。

美国网络空间司令部缘何脱胎于美国国家安全局这一信号情报机构呢？美国防部又为何采取"双帽"机制呢？美国国家安全局和美国"网军"的区别，就像小偷和强盗的区别。如果把实体空间比作网络空间的话，四通八达的道路就是网络通路，各类大厦和住户就是各类大小信息系统，往来不息的车辆就是数据包，车上的人和物就是数据和信息。代表美国国家安全局的黑客基本上算是小偷，他所要做的就是伪装成修理工等合法身份，骗过大厦的安保，进入你家里盗取各类商业信息，然后高价卖往黑市，这是一个追求尽可能低调，不被人发现的过程，是一个十足的情报活动。而"网军"所要做的，除了要进入大厦盗取各类珍宝外，还会像火烧圆明园的英法联军一样，搞各种破坏，让你后续无法正常运行，这是一个十足的作战行动。然而，在这两个活动的最初阶段，他们都要找到目标、侦察目标、突破大厦安保体系（防火墙、入侵检测系统），在这一个过程中，无论是小偷还是强盗，其所做的工作都是一致的。这两项工作在本质上体现出了高度的同源性，如果不依托国家安全局建设网络空间作战力量的话，意味着美国政府要花费同样的人力、物力、财力构建一支全新的作战力量。所以为了效益最大化，"双帽"机制应运而生。

近年来，美军关于网络空间作战（Cyberspace Operations）已经形成了统一的定义，在美军联合出版物JP3-0《联合作战》、JP3-12《网络空间作战》和2021年1月最新修订的联合出版物JP1-02《国防部军事及相关术语词典》等文件中都将"网络空间作战"定义为"The employment of cyberspace capabilities where the primary purpose is to achieve military objectives or effects in or through cyber space"，即"通过使用网络空间能力，达成在和通过网络空间实现军事目标或效果的首要目标"。

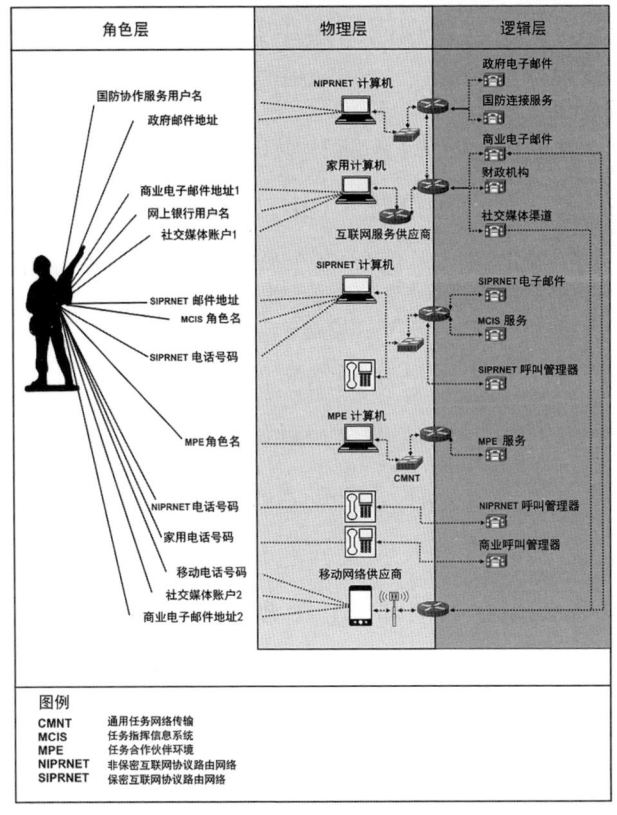

美国对网络空间的界定

按照JP3-12《网络空间作战》联合条令的界定划分，网络空间分为物理网络层、逻辑网络层、网络行为体（Cyber-Persona）层。物理网络层是承载一切的基础，由地理要素和物理网络组件构成，它是数据传输的媒介。地理要素就是网络组件在陆地、空中、海上或太空中的位置。尽管在网络空间内能够以接近光速的速度轻易跨越地缘政治意义上的边界，但仍然存在与物理域相关的主权问题。物理网络组件由硬件、系统软件、支持网络的有线、无线、有线链路、电磁频谱链路、卫星、光学设备等基础设施和电线、电缆、射频、路由器、交换机、服务器和计算机等物理连接器构成。网络空间的物理网络层一直以来都是信号情报的主要目标。逻辑网络层由那些从物理网络层中抽象出来的彼此相关的网络元素构成，即这些抽象元素及其之间的关系与物理网络层中某一条具体网络路径或某一个具体网络节点无必然联系。这可以用一个简单的例子来解释。一个在多个物理位置上的多个服务器托管的网站，其全部内容都可以通过一个单一的统一资源定位符（URL）来访问。例如，百度文库的数据存储于分布在北京、上海等多个物理域中多个位置的服务器内，但是在万维网上只用一个单一的统一资源定位符（www.baidu.com）来代表它。网络行为体层是对网络空间内逻辑网络的更高层次的抽象，它利用逻辑网络层规则建立一种网络空间内个人或实体身份的数字表示方法；网络行为体层由接入网络空间的真实的人构成。网络行为体可能与实际的个人或实体直接相关，包括了个人或实体的简历或企业信息数据、电子邮件、IP地址、网页、电话号码等信息。然而，一个人可以具有多个网络行为体身份，而且每个身份与个人的关联程度也不尽相同。同样，一个单一的网络行为体也可以拥有多个用户。因此，在网络空间内很难实现追责和目标定位。由于网络行为体可能很复杂，有时会同时拥有多个虚拟位置要素，但无一可追溯到单一的物理位置或形式，因此，网络空间作战力量也需要具备强大的情报搜集和分析能力，才能获得对某一网络行为体足够的洞察力和态势感知信息，以实现有效的目标确定并实现联合部队指挥官的预期效果。

信号情报与网络空间作战密不可分，相辅相成。但是，别看网络空间本身就是一种获取情报的手段，真正的网络空间作战离不开全源的情报支援，特别是在网络高度发展的今天，各类情况瞬息万变，情报与网络空间作战已经渐渐地融为一体，逐渐趋于一体化。

2009年至2010年，美国和以色列联合运用"震网"病毒攻击伊朗核设施并取得成功，该事件被认为是网络空间作战走入实战化的里程碑。该计划成功的关键是对伊朗核工业控制软件的精确破坏，而这源于各类情报手段获取到的大量软件承包商信息，情报人员对软件由伊朗到马来西亚、由马来西亚到印度的开发过程实施了精准定位，由此打开了突破口。而如果单纯依靠网络手段突破伊朗核设施的防护，攻击者需要穿过15层防火墙、3个单向数据隔离点和入侵检测系统。情报信息对加快作战进程、确保攻击成功起到了决定性作用。

2016年初，美国防部长授权网络空间司令部对"伊斯兰国"开展作战行动，破坏"伊斯兰国"规划和实施网络攻击美国及其盟友的能力，以支持中央司令部主导的多国联合作战行动。在整个网络打击行动中，美国防部充分发挥了国家安全局情报对网络空间作战的核心支援作用，提供了"伊斯兰国"的网上"财政通道""通信通道""指挥通道"等情报，为攻击行动的成功提供了情报保障。美海军陆战队网络空间司令部司令雷诺兹指出，"在对'伊斯兰国'的网络行动中，确定一个攻击目标需要大量的情报信息，因此攻击行动对国家安全局等情报机构有极大的依赖性。"

在美军网络空间作战情报支援机制中，美军网络空间司令部与国家安全局共用的犹他大数据中心是赋能其开展数据深度分析的核心要素。美军这一以"0""1"代码存储着人类社会所有有价值通信内容的数据中心不仅仅是一个数据库，更是国家安全局用于开展网络空间数据深度关联分析的"案例库""漏洞库""特征库"，甚至还是"武器库"。在传统战争条件下，美军开展情报分析需要像约瑟夫·罗彻福特（Joseph Rochefort）这样的记忆力超群的情报分析人员，他们对脑海中的"数据库"进行检索、对比、分析就能得出相应的情报。现在，犹他大数据中心不仅可以"永久性"地记录网络空间中发生的活动，还可以解决网络空间作战情报支援中超越"人类极限"的问题——"海量信息甄别""深度关联分析""及时智能预警"，为破除"战争迷雾"带来一套全新的解决方案，同时对网络空间威胁进行追踪溯源，并及时进行预警。

时至今日，美国网络空间司令部已经建成了全球最强的网络空间作战力量和体系，形成了全球绝对领先的网络空间威慑力量。在美国2020年大选中，为保证美国大选不再像2016年大选那样受到外部势力的干预，美国网络空间司令部前后共执行了20多次任务，在9个国家开展了11次"前出狩猎"行动，为这次大选的平稳有序展开提供了有力保障。

隐蔽行动与动荡的根源

在中国香港特别行政区"修例风波"中，背后始终有美国中央情报局的影子。自奥巴马第二任期以来，美国政府开始逐步将战略重心转向亚太地区，提出了亚太再平衡战略，中国首当其冲成了美国主要的针对目标。但随着叙利亚战争和乌克兰危机的爆发，美国不得不放缓重返亚太的脚步。但是这一切在2016年底又发生了转变，美国的总统换成了特朗普，这是一个生意人，一个真真正正的资本家。虽然有着"通俄门"的嫌疑，但唐纳德·特朗普战胜了希拉里·克林顿，成为美国第45任总统。不同于以往任何一任美国总统，特朗普虽没有任何政治经历，但却多了许多商业头脑。他意识到仅凭亚太地区盟友，已难以完成对中国的围堵和遏制，所以用"印太"取代了"亚太"一词，初步形成美国的印太战略。2018年，《美国印太战略框架》正式落地，进一步落实了2017年《美国国家安全战略》中的核心内容：美国应通过伙伴关系转型，更灵活的军事战略和更网络化的战略设计，来维护美国在印太地区的影响力和关键国家利益。美国除了向中国发动贸易战外，还频频从四面八方出手遏制中国，可以说经济、政治、军事和外交手段多管齐下，而这些手段都离不了情报界的参与和支持。印太战略已经推出，情报界又怎能不有所行动？正如谢尔曼·肯特在其赫赫有名的巨著《战略情报：为美国世界政策服务》所指出的那样，美国的世界政策已定，情报界便全力以赴。

活跃在香港街头的暴乱分子

香港，自2019年6月开始，慢慢失去了往日的安宁与祥和。戴口罩的"黑衣人"堵塞道路、瘫痪交通、肆意围攻警察、投掷汽油弹……"黑色恐怖"笼罩着香港，暴力活动不断升级。这一切的源头还要从香港的"修例风波"说起。2018年2月，香港20岁少女赴台时遭男友残忍杀害，男友潜逃回港后因法律漏洞而无法受审，香港特区政府遂向立法会递交了《逃犯条例》和《刑事事宜相互法律协助条例》，以打通澳门、台湾、内地和香港间的遣返渠道。然而，一些激进分子却开展了暴力游行示威，大大超出了抗议的合理范畴——他们围堵香港中联办大楼，侮辱中国国徽、国旗，投掷汽油燃烧弹……

而在美国方面，2019年2月底3月初，美国驻港澳总领事开始指责香港特区政府的"修例"和"一国两制"；3月和5月，时任美国副总统彭斯和美国国务卿蓬佩奥先后会见赴美游说的香港反对派人员；6月，美国国会众

东方之珠

香港，全称中华人民共和国香港特别行政区，区域范围包括香港岛、九龙、新界和周围的262个岛屿。陆地总面积为1106.34平方千米，其中港岛80.68平方千米，九龙46.94平方千米，新界978.72平方千米。海域面积为1648.69平方千米。香港属亚热带气候区，但差不多有半年时间近似温带气候。香港是国际金融、航运和贸易中心，经济发达。

香港自古以来就是中国的领土，1840年鸦片战争后被英国占据，1842—1997年间曾受英国殖民统治。冷战期间，香港成为了两大阵营交流的据点，自然也成了贸易中心和间谍天堂。随后，搭上中国改革开放红利的香港更在经贸上一举腾飞。大量产品进出口都走的是香港，涉及海量的订单结算业务和金融业务，香港顺利从制造业转到了服务业，也有了"东方之珠"的美誉。1997年7月1日，我国政府对香港恢复行使主权，中华人民共和国香港特别行政区正式成立。如今的香港以参与"一带一路"建设、粤港澳大湾区建设等国家重大战略为引领，同内地优势互补、协同发展的机制不断完善，香港将更好融入国家发展大局。

议院议长佩洛西赞美"发生在香港的游行是一道美丽的风景线";7月，彭斯、蓬佩奥和时任美国总统国家安全事务助理博尔顿分别会见香港反对派人员;8月，佩洛西再次表示支持;同月，美国驻港澳总领事馆政治部主管朱莉·埃德会见"港独"组织头目黄之锋和罗冠聪，与激进分子联合港大学生会的黄程锋和彭家浩见面。

与此同时，在香港街头巷尾的打砸抢中，更是不乏欧美白人的身影，他们对暴动人员进行组织动员，甚至进行培训。在这段时间内，美国驻港澳总领事馆的"工作人员"倍增，其数量和规模发生的有趣变化，与曾经发生在中东、北非、中亚和东欧地区的一幕幕有惊人的相似。有趣的是，一方面美国政府承认香港问题是中国的内政，另一方面中央情报局的情报人员通过民主基金会的名义早已开始了暗中行动。根据美国国家民主基金会2018年公布的资料，中央情报局在香港开设了3个项目：落实《中华人民共和国香港特别行政区基本法》承诺的政治权利，争取劳工民主权利，以及加强人权和民主组织的活动。这3个项目与这次香港暴乱中暴徒们举起的大旗居然惊人地一致。

香港特区政府在6月15日曾一度让步，宣布暂缓修例，似乎为事态平息创造了可能。但是组织者不会让事态平息，当天下午4点，有一名叫作梁凌杰的男子穿着黄色雨衣，爬上了金钟太古广场门外的一处工棚顶部，展开横幅，上面写道："全面撤回送中，我们不是暴动，释放被捕学生，林郑下台，Help Hong Kong。"在与警察和消防人员对峙数小时后，他不顾劝阻，从棚架上跳下，经抢救无效死亡。他的死亡经过媒体添油加醋地报道后，导致原本已有转机的骚乱进一步恶化，香港爆发了更大规模的游行。在随后的几天里，又有多人效仿梁凌杰自杀，还留下了"反送中"的遗言。

随着香港警方陆续打击暴乱组织者的资金来源、物资集散地和武器制作的作坊后，许多暴乱的头目选择了跑路美国，这场历时数月的"修例风波"最终归于平息。有大量事实表明，这是一场有组织、有动员的活动，有专人负责指挥、协调，有专人负责发物资、发钱，有"调查组"负责侦查情况、实地闹事，还有"媒体组"负责拍照宣传，扭曲事实。很明显，这就是那条屡试不爽的"一条龙"服务：美国中央情报局是幕后影子，国家民主基金会（NED, National Endowment for Democracy）是钱袋子，非暴力行动和战略中心（CANVAS, Center for Applied Nonviolent Action and Strategies）则是培训基地，这三家机构在以往的颜色革命中发挥的核心作用已经是业界公开的秘密。这种"CIA策划，NED资助，CANVAS讲师言传身教"的一系列操作似乎是其对突尼斯、阿尔及利亚、埃及和摩洛哥行动的"致敬"，只可惜这一次没有达到让香港变色的目的。当然，美国中央情报局是打死也不会承认与之有半毛钱的关系。

这里确实有必要说一下隐蔽行动和秘密行动的区别，因为这关系到中央情报局为什么打死不会承认的问题。

拿"隐蔽行动大师"富兰克林和007来比较，一个通过假报纸扰乱英国的军心民意，另一个在谍战片中大战皇家赌场；前一个就是隐蔽行动，后一个则是秘密行动。

隐蔽行动的英文是 Covert action。容易与之混淆的是秘密行动，英文是 Clandestine operation。假如你现在去美国政府随便拎出几个管情报的官员，他们都不一定能说出两者到底有什么分别。

美国不仅在法律上明文规定，中央情报局是唯一被允许执行隐蔽行动的美国政府机构，而且对于隐蔽行动的限定要求也十分多，诸如：必有"书面字据、总统授权"；要保证"即使绝密、国会也知"；还得确保"应急预案完备"和"经费严格使用"。众议院常设情报委员会和参议院情报特别委员会都是担负监督隐蔽行动职责的部门机构。而对于秘密行动，却没有那么多的部门监督和法律条文限制。[1]

那么，到底如何区分呢？给大家举两个例子就清楚了。美国谍战片中有时会出现这样的情节。一个情报官在部署行动前或做完任务简报后，跟特工们特别强调："如果你们当中有人牺牲或被俘，美国政府会感谢你们为国家的付出，但绝不会承认你们的存在！"——那么这些特工即将执行的就是隐蔽行动。另一个例子，2019年10月，美国中情局与库尔德武装、伊拉克情报部门通力协作，终于侦获了号称"本·拉登"继承者、恐怖分子头目巴格达迪的行踪。10月26日晚，精锐的美军三角洲特种部队搭乘由8架黑鹰直升机和阿帕奇武装直升机组成的特遣部队，秘密前往叙利亚的伊德利卜省巴里沙村，一举歼灭了巴格达迪所配备的全部私人武装安保力量，解救了被巴格达迪当作人质的11名儿童，并逼得躲进地道的巴格达迪走投无路，引爆了身上的炸弹背心。次日，美军才公布了这一行动的细节——这就是秘密行动。二者的区别很明显：同样都是带有秘密属性的行动，隐蔽行动的重点在于隐藏行动背后的策划者，而秘密行动的重点在于隐藏行动本身[2]。秘密行动的关键是事前保密，否则行动肯定失败。隐蔽行动永远都不能承认，而秘密行动事后却可以炫耀一把。隐蔽行动的目的在于达成任务目标却不让外界了解谁是主

---

[1] Charles Pasquale, Laura Johnson. Covert Action as an Intelligence Subcomponent of the Information Instrument [J]. JPME Today, 2019, (2): 32-37.

[2] 隐蔽行动与秘密行动不同。按美国《国防部军事与相关术语词典》（Department of Defense Dictionary of Military and Associated Terms）的定义，"隐蔽行动"是指"经专门规划与执行，以便隐藏赞助者的身份或为其提供合理否认（Plausible deniability）的军事行动"；隐蔽行动的重点是隐藏赞助者身份，而非行动本身；换句话说，"秘密"（clandestine）意味着"隐藏"（hidden），而"隐蔽"（covert）则表示"可否认"（"deniable"）。

谋，谁是赞助者，它一般用于破坏活动、暗杀、支持政变或支持颠覆等特殊的行动，实施技巧则包括使用所谓的假旗行动或掩护机构。因为隐蔽行动的敏感性和特殊性以及保密的问题，所以隐蔽行动最终被归为了情报领域，成了中央情报局的看家本领。

为什么时至今日，很多美国情报专业领域的官员甚至是学者对于这两大类活动依旧分不清呢？从《美国法典》第50卷《战争与国防》还有第10卷《武装部队》中的规定来看，隐蔽行动在情报和军事方面没有清晰的界定和划分。同时，《美国法典》第10卷《武装部队》也赋予了美军特种作战司令部处理部分隐蔽行动的权力。

现在很多行动都需要情报力量和军事武装部队的协作完成。很多时候，美国的军事力量都充当了隐蔽行动的行动武器。比如2011年麦克雷文上将领导的刺杀本·拉登行动"海神之矛"，海豹精英在搭乘隐形"黑鹰"直升机越境进入巴基斯坦的时候，是没有通报巴基斯坦军方的。要不是因为一架"黑鹰"意外坠落，这个行动本身根本不会暴露美国人的踪迹。

说白了，隐蔽行动的招式在商战或情场争斗中都随处可见。比如，两个青春躁动的青年才俊，因疯狂追求同一个美人而产生了竞争。如果在1837年的雪夜，他们可能会搞出"枪声响起，一方倒下，另一方抱得美人归"的一幕。当然，这种结局也许会让世界损失一位能写出《假如生活欺骗了你》如此名篇的著名诗人。但如果不是处在一言不合就要决斗的年代，再如果这两位青年中有一个花花肠子比较多，他可以选择很多不光彩的手段来赢得这场竞争。此如，收买记者，让他们在报纸上编造和散播关于竞争者的绯闻/丑闻，说他花天酒地，官司和不良资产缠身；或者像《知否知否》中的顾廷烨，利用贺家公子的娃娃亲让盛明兰对后者产生厌恶；再不行，还可以找几个强盗或者黑社会把对方除掉。反正这些事儿都不

- 458 -

能弄脏自己的手,是打死也不能承认的,毕竟要在美人面前始终营造一个谦谦公子的良好形象。这样,美人自然会顺理成章地到手。

当然,情报领域的隐蔽行动可不像情敌较量那样简单,而是国与国之间在隐蔽战线展开的你死我活的斗争。

1991年2月,海湾战争结束后,当时的40万美国大兵完全有能力荡平伊拉克首都巴格达,但是美国当局却选择了"鸣金收兵"。为什么?就像老布什所说的那样,如果此时荡平伊拉克,美国就会从一个匡扶正义的世界领袖变成一个引起敌意的占领国,这一政治代价是无法估量的。但是,美国从没有放弃对伊拉克萨达姆政权的颠覆行动。美国秘密拨付了高达1亿美元的资金预算,在伊拉克开展宣传活动,掀起了反对萨达姆的运动。为了在伊拉克开展"三色宣传",美国中央情报局利用伦登集团(Rendon Group),大肆宣传不利于萨达姆的半真半假的新闻。同时,中央情报局的特工人员还主动找上了流亡英国的艾哈迈德·沙拉比(Ahmed Chalabi)博士,秘密扶植其建立了反对组织"伊拉克国民大会"。此外,中央情报局还通过第三方不断加大对伊拉克反对派的支持。他们组建了1000人的民兵组织,还不断招兵买马,同伊朗情报组织也有着秘密往来。在确保自己不暴露,不与对手撕破脸的情况下,中央情报局的特工会依靠自身力量开展隐蔽行动或者直接支持反对派武装。"9·11"事件后,美国中央情报局成立准军事小组,在世界各地抓捕和击杀榜上有名的恐怖分子,特别是2002年夏天在伊拉克境内的行动尤为频繁。中央情报局的反恐小组曾秘密地进入伊拉克北部,与支持他们的库尔德"自由斗士"联合起来,寻找并击杀在伊拉克境内的恐怖分子。同时,中央情报局的特工还秘密支持了伊拉克的阿拉伯准军事叛乱组织"蝎子",为他们提供培训、指导、武器、资金等。

民主浪潮背后的网络心理攻击

在强大的美国情报界支持下，脱胎于信号情报的网络空间作战力量、拥有传统优势的人力力量和心理战力量开始联合行动，并频频登上历史舞台。尤其是随着互联网的不断普及与发展，特别是在"阿拉伯之春"爆发以来，各国频频通过网络空间开展心理攻击，网络心理攻击的特点发生嬗变，其作战样式和手法日趋成熟。到底什么是网络心理攻击？

网络拉近了人与人之间的距离，使得地理空间壁垒不断消除。计算机网络的迅猛普及，以及新兴技术的迭代更新，为开展网络心理攻击提供了良好的载体和快速传播的途径。网络社交平台和网络自媒体的诞生，更使得每个网民与互联网可建立双向的信息连接，每个互联网节点都可以自由发声，通过网络影响民众认知已经成为可能。从2010年的"阿拉伯之春"到2019年第一季度印巴冲突中网络空间的博弈较量和委内瑞拉古里水电站断电，这10年与20世纪90年代相比，网络心理攻击的特点发生嬗变，其作战样式和手法日趋成熟，其平战界限更加趋于模糊，其明暗较量贯穿始终，已经悄然成为以美国为首等世界强国开展大国博弈的一种重要手段。

1991年，海湾战争爆发，以美国为首的多国部队实施了人类战争史上第一场高新技术水平的信息化战争。美军利用计算机网络病毒对伊拉克指挥系统进行破坏，来动摇伊方军心、民心，削弱其战斗意志。通过实施网络心理攻击配合空中和地面部队开展进攻作战，网络心理战首次作为一种重要的作战样式登上战争的历史舞台。1994年9月，在经济制裁和外交斡旋未果后，为迫使海地临时军政当局尽快交权，美国总统克林顿果断下令改变战法，遂行网络心理攻击行动。美军利用其军事网络通联优势，向海地领导人展现了克林顿下令攻击的实时画面，以及成群结队的战斗机编队和海军部队开赴战场的场景，对海地领导人进行心理威慑，迫使海地领导塞德拉斯当即无条件接受美方条件，交出政权。1999年，科索沃危机爆发。为垄断国际舆论，北约成立了"网上作战小组"，在互联网上开设了"科索沃危机""北约空袭""贝尔格莱德动态"等网站，每天通过这些网站向全世界公布"战果"，宣传北约的军事优势，以保持对舆论的主导地位。2003年，伊拉克战争爆发，美军建立了网络攻击联合特种部队，广泛借助网络、电子邮件、移动电话、卫星频道插入等技术手段，对伊政府官员、部队和民众实施网络心理攻击，进行心理干预。战争期间，世界各国部分同情伊拉克方面的黑客，也频频对美国互联网发动网络攻击，发出反战蠕虫病毒，并对美国造成了一定损失。在美军对伊拉克进行空袭之后不久，一个亲伊斯兰黑客组织对将近400家美国网站进行了攻击，并在这些网站上留下了反战标语。

  通过对网络心理战的诞生和初期运用的总结分析，我们可以将网络心理战理解为传统心理战在网络空间领域的运用，体现在运用网络战手段达到心理威慑的效果。网络包括军事信息系统、卫星通信系统等，这在网络心理战初期运用的案例中有着很好的体现。随着互联网的不断普及和发展，我们也可以将网络心理战理解为"以计算机网络为媒介或武器，在网络空间开展的心理战"。综合来看，所谓网络心理攻击，就是结合心理学原理，紧紧围绕人这一目标，通过网络空间实施谣言攻势、挑拨离间、破坏暴动等各类手段，施加刺激和影响，迫使受众心理活动受限于某个预定的范围，从而实现在心理上摧毁或影响敌人意志、改变敌人行为的一种攻击作战方式。与传统的心理战和宣传战相比，网络心理攻击可谓"随风潜入夜，润物细无声"，可以在极短的时间内达到传统战法数年的效果。通过大数据分析和人工智能技术，情报机构可以向目标用户推送其感兴趣的内容，利用文本、音乐和短视频等多种形式潜移默化地影响敌方民众。这种"投其所好，主动推送"的方式不仅满足了人类潜意识里的惰性，还可在短时间内使目标接受大量信息，进而立场动摇，信念崩塌。

在网络空间这一媒介的作用下，各种作战行动背后的演员和导演都被隐藏起来。在这一特性下，美国等国家开展了各种各样的作战行动，但又没有充分的证据将其确定下来，使其在政治影响和外交领域都能留有很大的周旋空间。这些新型作战样式可以归为以下几类。

一是影响社会观念，颠覆政权。2010年12月，一名突尼斯小贩在遭到警察粗暴对待后，遂以自焚抗议。有人将此事通过手机录下后上传。在美国国际开发署、美国民主基金会、国际共和学院等美国非政府组织的推波助澜下，该视频通过Twitter、YouTube等社交工具在网络空间大肆宣传传播，促使大量民众继而上街游行，在位23年的总统本·阿里因此下台，紧接着埃及等国家也爆发了相似的"颜色革命"，多数阿拉伯国家政局陷入一片混乱。2019年3月，为进一步扶植委内瑞拉反对派领袖瓜伊多，美军方悍然对委古里水电站进行攻击（委内瑞拉当局声称），使得委古里水电站断电，造成大规模交通拥堵，学校、医院、机场等停止运行，严重影响了委内瑞拉国内民众的日常生活，全面激化了广大民众对马杜罗政府的不满，进而爆发大规模示威和抗议。与此同时，西方媒体大量炮制马杜罗屠杀民众的假新闻，并利用互联网大肆传播报道，使得马杜罗政府一度陷入执政危机，而这些行动都是美国情报机构早已策划好的：NED提供资金，美国中央情报局负责组织群众上街游行，连这个反对派领袖瓜伊多也是由 CANVAS 学校培养出来。这所设在塞尔维亚的培训学校由美国中央情报局资助，专门负责训练反对派人士，教会他们该如何进行"非暴力"的"民主行动"。美国政府通过制裁委内瑞拉对其施加外部压力，再加上美国各大社交平台的推波助澜，运用网络放大虚假消息的影响力，委内瑞拉国内政治危机不断恶化，马杜罗政权面临着严峻挑战。

胡安·瓜伊多（Juan Guaido）

二是代替动能打击，震慑威慑。2010 年，美国和以色列为破坏伊朗核计划，运用"震网"病毒成功袭击了伊朗布什尔核电站的工业控制系统，致使其近 20% 的离心机失灵甚至报废，极大程度上滞缓了伊朗核进程。2016 年 2 月，亚历克斯·吉布尼执导的纪录片《零日》正式上映，聚焦此次攻击行动，披露了美以攻击实施过程。该事件通过网络手段对伊朗直接造成了物理打击，也对世界各国起到了极强的心理威慑。

三是呼应现实斗争，造势夺势。自 2013 年以来，"白头盔"组织作为一个所谓中立、公正的人道救援组织，享受着英美政府提供的大量资金援助，在叙利亚境内开展"人道救援活动"。该组织拍摄伪造的叙化学武器攻击视频，通过互联网社交媒体传播造势，抹黑叙利亚政府，误导民众认知，骗取西方民众的同情。特别是其摆拍的"不哭泣的小男孩"视频在网络上疯狂传播，引发广大民众对叙政府的新一轮指责。2019年2月14日，印控克什米尔地区发生自杀式袭击，导致至少20名印度中央后备警察部队士兵死亡。随后，来自巴基斯坦的黑客攻击了90多个印度政府网站和信息系统设施，印巴关系急剧恶化。2月27日，巴方击落印两架空军战机，并抓获了一名落在巴控克什米尔的印度空军飞行员。印方随即否认飞机被击落以及飞行员被控事实，巴方利用YouTube、Facebook等网络社交媒体软件大肆宣传印度飞行员被俘事实。冲突期间，双方在网络空间开展攻防博弈，呼应现实斗争，通过网络空间持续增加影响，造势夺势。

长期以来，美国情报机构通力合作，在中东和东欧地区掀起了一阵阵血雨腥风，让这些地区的普通民众都陷入了水深火热之中。但是，出来混迟早要还的。在2016年的美国大选中，俄罗斯利用网络心理攻击，也给美国人上了一课，通过互联网和社交媒体成功干预了美国大选。2015年9月，美国联邦调查局发现，疑似"与俄罗斯政府相关"的黑客入侵了民主党全国委员会的电子系统，进而引出了"俄罗斯黑客门"。随着"黑客门"调查的不断深入，特朗普竞选团队的多名成员被曝出与俄罗斯政府高层存在某些"互动"。这一场看似单纯的外部事件开始向"通俄门"演变。2017年1月，美时任国家情报总监克拉柏、中央情报局局长布雷南、国家安全局局长罗杰斯和联邦调查局局长科米联合发布《评估俄罗斯在近期美国总统大选中的活动与意图》报告。该报告显示，因普京当局倾向特朗普执政政策，自2016年3月开始，俄总参谋部情报总局针对美大选活动进行网络攻击，导致民主党官员的电子邮件账户泄密。在此期间，"维基解密"不仅公开了民主党全国委员会高层与党内初选利益攸关方之间的数万封邮件，还曝光了希拉里·克林顿与党内竞争对手伯尼·桑德斯之间的矛盾。到 2016 年 5 月，俄已利用网络手段获取了民主党全国委员会的大量数据，后利用机器人账号以网络水军的手段在 YouTube、Twitter、Facebook 等互联网社交媒体上大肆宣传，并对希拉里在 2015 年爆出的"邮件门"进行渲染和放大，影响选民态度。根据美互联网调查机构显示，自 2016 年 8 月至 11 月大选日，Facebook 的假消息已经高达 870 万条，远超主流媒体的新闻数据（730 万条），特别是大选前，虚假信息的网络传播呈现出"指数级金字塔"增长模式，覆盖大量选民，最终导致希拉里支持率大幅降低。

2017 年 5 月 9 日，时任美国总统特朗普以"科米在大选期间处理'邮件门'不当"为由，解除了他的联邦调查局局长职务，这一事件在华盛顿掀起了轩然大波。由于特朗普在"俄罗斯黑客门"一事上的暧昧态度，引发了人们对其与俄罗斯政府之间关系的担忧。在这一境况下，时任美国司法部副部长的罗森斯坦被迫任命 FBI 前局长罗伯特·米勒为特别检察官，负责调查"通俄门"一事。在经历了 675 天的调查后，2019 年 3 月 22 日，罗伯特·米勒向美国司法部长威廉·巴尔递交了有关"通俄门"的最终调查报告，肯定了俄罗斯政府的"黑客行动"，但对特朗普团队是否与俄政府存在勾结未置可否，这场丑闻最终不了了之。

网络心理攻击与传统的动能武器攻击相比，呈现出非常鲜明的特点。计算机网络的诞生，拉近了人与人之间的距离，也打破了传统安全边界主权标定的意义。网络心理攻击，以流量数据替代了以人员流动、物资流动等要素为支撑的动能攻击，大幅缩短了攻击时间，也不再需要越过传统的地理空间边界来完成。互联网所具有的天然隐蔽性，使得监测、预警、拦截以及反制的难度大大提升。"邮件门""乌克兰断电"等一系列网络心理攻击行为的准备和发起，都具有很强的隐蔽性，使得受攻击方的预警和第三方的事后分析研判难度加大，不易追踪溯源，也会给对手造成"向谁报复"、"在何种情况下报复"以及"如何报复"的困扰。

克劳塞维茨指出："战争是一种暴力行为，而暴力的使用是没有限制的。"在计算机网络高度发展的今天，人类对计算机网络以及与人类生活息息相关的关键基础设施都高度依赖。通过网络空间开展攻击，对网络本身的破坏以及通过网络造成的破坏，都会对人类社会产生极大损害，广泛影响社会心理。网络心理攻击所具有的天然的隐蔽性，颠覆了人们对冷热兵器时代那种刀光剑影、炮火连天的战争认知，极大程度上模糊了平战界限。这类攻击具有"软杀伤"效果，往往对人员、装备不具有直接的摧毁力，在实施时体现不出作战的气氛，易于平时使用，以致被攻击方很难从中判断攻击方的目的和是否已经开战，是否需要转入战时体制。

在网络心理攻击中，网络是手段、是媒介，信息是弹药，实施攻击行动需要二者有机结合。随着互联网技术的不断发展，技术因素渐渐成为直接影响胜负成败的关键因素。没有技术就没有针对电力关键基础设施的精确攻击，没有技术就没有互联网信息以指数级增长模式的大幅传播。网络心理优势与网络技术有着密切的联系，通过技术优势可以获得信息优势，而信息优势可以转化为心理胜势。计算机网络技术是开展互联网心理攻击的基础，在熟练运用网络技术的同时，深刻把握人类心理活动发展规律，制作出影响人心的精良"信息弹药"，夺其心智，影响行为，二者有机结合并举运用，才能达到"1+1>2"的攻击效果。

网络空间使得人、信息系统通过计算机网络这一强大纽带，紧密结合在一起，消除了传统意义上的地理空间壁垒，使得传统物理作战空间的前后方界限不再分明，也使得战术目标和战略目标之间构成了逻辑通路和物理通路。纵观近十年来的网络心理攻击行动，战略、战术的概念在攻击活动中愈发模糊，通过网络空间实施对电力关键基础设施攻击破坏、对国家政要渗透窃密、对民众大肆传播谣言等战术行动，往往可以影响民众认知，进而达到颠覆政权的战略目的，使进攻方不动刀枪即可实现政治图谋。网络心理攻击逐渐呈现出"小规模战术行动"达到"大战略影响"的规律特点。

与传统作战手段相比，网络心理攻击也在一定程度上影响了作战制胜机理。从本质上讲，网络心理攻击本身就是一种作战行动，而作战行动需要多源、全时、准确的情报支援保障。网络空间的诞生，使得情报范畴在军事、政治、外交、安全、经济、科技等领域都得到了延伸：从传统敌对国大选期间选民意向延伸到网络空间中社交媒体人员的年龄层次与地区分布情况，从传统针对关键基础设施的动能打击所需的地理空间坐标延伸到电力系统某个服务器终端的口令或IP地址。这些都是情报资源。基于网络空间获取大量的信息和数据，时刻保障作战需要，是实施网络心理攻击的必要前提。

从网络心理攻击的目的和手法看，攻击行动几乎都是通过网络手段影响民众的心理认知，改变其行为导向，最终达成己方的政治诉求，这也符合传统心理战的内在机理。随着网络空间的发展，从人到物都具有网络属性，而广大民众这一最主要的目标也在网络空间中。能否甄选出最能影响广大民众心理的网络目标开展攻击，是网络心理攻击能否成功的重要因素。通过分析近些年来的案例，我们不难看出，关乎广大民生的政权领导，以及支撑广大民众日常生活的关键基础设施往往是开展网络攻击的首选目标。对这些关键目标进行精心设局和精准打击，往往能实现以点带面、牵一发而动全身的攻击效果。

从十年前的"颜色革命"到 2019 年的"委内瑞拉断电",绝大多数网络心理攻击的时机都在国家政权的不稳定期,特别是在国内政权动荡或国家大选期间。法国社会心理学家古斯塔夫·勒庞认为,选民群体"缺乏推理能力、批判精神,轻信他人、情绪易怒且头脑简单,会反应却不会思考,总的来说过于被情感驱使,缺乏理性"。单个选民的力量可能微不足道,但网络空间的广泛性和快捷性可以瞬间将万千选民联结在一起。时机的选择关乎攻击的成败。在某个特定期间,民众通过网络进行交流互动,使得心理攻击信息不断持续释放,可以迅速将具有相同诉求的个体集合起来,形成一股无法忽视的强大力量。

在技术运用到位的情况下,如果遵循人的心理活动规律,结合政局动荡、经济萧条、政府腐败、生活艰辛等外部因素中的任何一个环节,就能"制造"出最打动人心的信息"弹药",一石激起千层浪,激起"对象国"民众心中积压的不满情绪并迅速传播,达成网络心理攻击的效果。技术性是网络空间的固有属性。从利用网络空间获息情报到针对关键基础设施网络渗透攻击,再到利用社交媒体机器人进行信息传播等,这些都需要很强的技术支撑,而技术保障是需要耗费大量资金的。通过各方对近年来成功案例的揭秘和分析,很多攻击行动的资金支持方是美国民主基金会等具有情报部门背景的非政府组织(当然"黑客门"或"通俄门"肯定是另有金主了):有的在情报部门与军方协作下实施,有的是由情报部门直接实施。因此,网络心理攻击在一定程度上也可以归结为情报范畴中的隐蔽行动,是一种影响外国社会观念、支持友好政治力量的行为,所以美国情报界曾多次强调网络心理攻击的机密性,对于网络攻击发起者、网络攻击的目的和攻击样式都需要做好保密工作,一旦泄露,势必会影响攻击效果,甚至导致攻击失败。

坏眼睛军团在干啥

在美国情报界，没有人不知道威廉·多诺万和他的"坏眼睛军团"。这是多诺万时代战略情报局的研究和分析处的高调团队的低调自称。这帮来自美国东海岸名校的经济学家、历史学家、心理学家、人类学家和政治学家，身着粗花呢衣服，戴着眼镜，书生气十足，他们组成了美国历史上最早的情报分析职业化团队。正是他们在第二次世界大战中，通过对德国工业能力的分析，帮助盟军制订"石油计划"，几乎扼杀了第三帝国的燃料供应，加速了纳粹德国军事帝国的崩溃。

而如今的"坏眼睛军团"又在做什么呢？其实他们还在做老本行，只不过现在的情报分析更加科学化、系统化和理论化。那么，到底什么是情报分析？情报分析又是如何开展的呢？

情报分析从古至今都有，就连原始人类也会开展最简单的情报

结构化情报分析方法

结构化分析方法，或者说技巧性方法，是以一种系统化、透明化的方式，将内部思考过程外化，以便这一过程能够被他人共享、改进和易于批判。结构化分析把要分析的特定问题分解成若干部分，并细化成循序渐进的过程来处理这些部分。这种技巧只指导分析人员如何思考问题，而不是像人们对某种方法所期待的那样，能从中得出一个具体的答案。从本质上来说，结构化分析方法只是克服偏见的方法，并不能代替直觉判断。结构化分析方法有8种类型，分别是分解与可视化、观点生成、情景与指标、假设生成与检验、因果评估、质疑分析、冲突管理和决策支持。

结构化分析方法既适用于以单个分析人员为主的情报活动，也适用于团队或团体的协作活动。这种方法还能帮助分析人员养成5种思维习惯，分别是关键假定、替代解释、不一致的数据、关键驱动力和背景分析。

分析：当树林里的虫鸣鸟叫戛然而止，树林中的叶子又被磨得沙沙作响，他们就会意识到会有猛兽等危险来临。正如《孙子兵法·行军篇》中所说的那样："众树动者，来也；众草多障者，疑也；鸟起者，伏也；兽骇者，覆也。"如果人类不能通过观察周围环境的异样做出分析判断，可能早就灭绝了。

所谓分析，是人脑对客观事物的本质进行认识和能动反映的过程。分析需要将研究对象分为各个部分，并分别加以考察和认识。这需要在分析人员充分了解当前事物的基本情况、动向情况的基础上，与深厚知识积淀和相关经验结合，才能得出最重要的情报分析结果。在商界，这种应用过程可以表现为通过分析市场动向和政策走向的变化针对黄金、股市涨跌的预测。在很多国家的军队中，短波通信依旧是一种主力通信方式，美国等各主要大国的情报机构也都密切关注短波通信。像《永不消失的电波》和《东风雨》中一样，每位报务人员发报的指法都是不尽相同的，就像每个人的签名特征一样各有特点。而如果长期跟踪某一或某几个报务人员的通信，就会对他们愈发熟悉，可以做到通过电波识人，这就是经验和知识的积累。举个例子，有一位专门监听航空短波通信的人员监听到了一架平时一贯明文发报且正常运行的飞机，在一起飞行任务中突然发出"· ··── ─···"的电波，而且还在以"·· ·── ─·· ·"各种间断的组合形式不断重复。按照摩尔斯编码，如果是不懂这个行当的小白可能会将其直接抄译为"EIMTS"和"IEOIE"这种完全不知所云的乱码，但是经验老到的分析人员则会一眼看出其中的奥秘——飞机出问题了。机上的发报人员其实想发的是"···———···"，即"SOS"，但正是因为飞机出现了突发情况，导致报务人员因为紧张而影响了发报手法。

上面只是一个关于情报分析再简单不过的例子，而真正的情报分析难度远比这个高得多。恰恰在这一过程中，这名做出正确分析的资深情报分析人员已经在他的脑海里做了一套问题分析、定性定量和对比印证分析的工作。其实，正是这种问题与方法构成了情报分析的核心。面对信息和情报搜集的失误以及敌方的故意欺骗，如果分析人员有着过硬的情报分析能力，完全可以做到去伪存真。无论科技手段发展到多高的阶段，应用和掌控技术的还是人类自身，最高段位的技术实际上是人的能动意识，即前人积累和总结的一系列操作方法和经验。在西方情报学术领域，最初专家们将其称为"替代分析"，后逐步统一称为"结构化情报分析方法"。[1]

美国的情报研究始于1949年。那一年，美国战略情报之父谢尔曼·肯特出版了一部情报学"圣经"——《战略情报：为美国世界政策服务》，为刚刚组建的美国中央情报局提供了深入浅出的工作理论指导。肯特开启了情报分析专业化的大门，他因此也被美国情报界称为"情报分析之父"。1962年，美国兰德公司的罗伯塔·沃尔斯泰特出版了《珍珠港：预警与决策》一书，从多个时间节点、多个维度深刻剖析了1941年驻珍珠港美军遭日军突袭的原因。自此，情报分析被情报界作为一门正儿八经的学科开始研究起来。

那么，情报分析的魅力到底在于何处呢？在海湾战争之前，美国中央情报局和国防情报局的分析人员就已经针对伊拉克入侵科威特做出了准确的预警。这种针对战争的预警，最直接有效的方式就是截获对方诸如总统通信谈话内容、保密信息网络中的作战文书等核心内幕情报。但是，这种方法往往难度很大，不能完全依赖这种

---

[1] ［美］理查兹·休尔、［美］伦道夫·弗森著，张魁等译：《情报分析：结构化分析方法》，北京：金城出版社，2018年版。

方式。其实还可以通过另一种方法,即情报分析,针对一系列的非直接情报内容开展研究分析,得出同样的结论。在这个本就盛行"忽悠"与"欺骗"的时代,每个人所获的情报往往过于零碎甚至相互矛盾,如何揭开战争的迷雾,透过纷繁复杂的现象看到背后的本质是情报分析的核心目标。珍珠港事件和朝鲜战争预判的情报失误极大地促进了美国的情报分析事业,那些载入历史的误判更是激发了一代又一代美国情报学者对于情报分析理论的研究,经过多年的工作实践和理论积累,形成了诸多成果。

美国学者的研究成果之一:情报失误通常是由于分析的不正确而导致的对数据的忽略或错误的解释。绝大多数因为情报分析缺陷而造成的失误一般都离不开以下几个方面:(1)思维定式——因为固定观点或态度,忽视与其不一致的新数据;(2)锚点思维——决策时过度依赖某一特点或信息的倾向;(3)证实偏见——偏好能够证实某种先入之见或假设的信息,对其是否属实则置之不理;(4)历史类比——利用以往事件为模型,解释当前事件或预测未来趋势;(5)镜像思维——假定被分析对象会像分析人员一样行事;(6)结论过早——根据初步及不完整信息过快得出结论;(7)满意即可——做出满足与某一问题利益相关者所有要求的快速回应。

为了克服这些问题,长期在中央情报局任职、从事情报分析研究的专家理查兹·休尔于1999年出版了著名论著——《情报分析心理学》,为新的分析方法提供了理论基础。休尔引用了主导认知心理学家的观点,解释了人类大脑为何要确立各种思维模型以处理其与生俱来的不确定性,也解释了人脑在感知与其信念吻合的信息时,为何其强烈程度往往要超过其感知矛盾性信息资料,而同时又对作为其判断基础的关键假定丝毫不知。在休尔看来,分析人员通过采用质疑假设、信息结构化和提出替代解释的工作和方法,可以很好地克服情报分析缺陷引发的分析失误。他所提出的"竞争性假设分析方法"就可以很好地用于解决情报分析中的欺骗问题。目前，整个美国情报界也在利用这种方法在计算机系统的辅助下分析问题，帮助分析人员抑制天生的证实偏见倾向。

2011年，美国弗森联合有限责任公司总裁、前美国中央情报局负责拉丁美洲事务的资深美国国家情报官伦道夫·弗森与理查兹·休尔强强联手，结合两人多年的一线情报分析工作实践，以"竞争性假设分析方法"为基础，出版了一本关于"结构化情报分析"的武功秘籍——《情报分析：结构化分析方法》。在书中，两人描述了"结构化分析方法"与其他分析方法的比较结果，其中包括专家的判断和定量方法，提出了8大类55种结构化情报分析方法。他们深入探讨了如何在各类情报分析团队合作中使用各种分析方法，并展望如何将其成功融入情报界、执法界和商界的分析领域。这本著作是从事情报分析工作的人员的必读之作。这套以"竞争性假设分析"为代表的"结构化情报分析方法"的核心就是，将所要分析研究的问题一一解构出来，并将随后仅在个人脑海里所做而不为外人所知和批判的一套全流程分析工作在参与分析的团队中以书面等可视化的形式表达出来，通过大家的合作探讨，一步一步地还原事件的真相，并预测未来的各种可能。这样，可以在一定程度上避免因为思维缺陷造成的情报失误。今天，就像美国中央情报局就本·拉登是否在阿伯塔巴德那座神秘的宅邸中展开情报分析时一样，"结构化情报分析"越来越为美国情报界的分析人员所接受，已经成为美国情报界情报分析的主流方法。

如今，在情报学术研究方面，很多专业顶尖学者更加关注情报分析的相关理论研究，而不是那些惊险刺激的隐蔽行动和秘密行动。对他们来说，情报分析才是情报行业真正的魅力所在。

从天而降的联合情报匕首：苏莱曼尼之死

自"黄金峡谷"行动人类叩开了信息化战争的大门开始，战场情况更加瞬息万变。如何实时、有效、准确获取战场变化情况，掌握、理解、预测战场态势，开展有效的态势感知，对于打赢信息化战争至关重要。情报与作战也渐渐地趋于"一体化"。

别看如今很多强国的导弹库中各型导弹门类齐全，真正打起仗来，没有目标坐标数据的情报支援，导弹发射以后都不知道要打向何方。可以说，从古至今，所有成功的作战行动都是情报先行。美国情报界有18家机构，情报来源五花八门，但国家情报总监办公室治下的四大国家情报中心并不负责为美军直接提供情报支援。那么，为军方整合情报资源的到底是个什么样的部门？又是如何运作的？到底有多重要？

美军是世界上最先实现一体化联合作战、推行情报与作战一体化的军队，关键在于它建立了协调情报与作战一体化配合的专职机构——联合情报行动中心。联合情报行动中心不是一家单独的情报机构，而是美军对应作战指挥体系，分别在国家级、联合作战司令部和联合特遣部队层级设立的相互联系的机构体系。该机构体系专门负责统筹协调情报支援与作战配合一体，是美军从组织制度层面推动情报与作战一体化的核心设计。美军在伊拉克和阿富汗战争中充分检验了该机构体系的效力，随后英国、加拿大以及北约也建立了相应机构。目前，美军在国家级和战区级设有13个常设联合情报行动中心，分别是国家联合作战和情报中心、11大联合司令部的联合情报行动中心、驻韩美军司令部联合情报行动中心，而联合情报行动中心就是美军情报与作战一体化之间的"鲁班石"，是协调美军各类情报行动、整合全源情报资源支援大小作战行动的中心枢纽。在暗杀伊朗名将苏莱曼尼的过程中，特种作战司令部的联合情报行动中心可谓功不可没。

2020年1月3日0时32分，一架从叙利亚首都大马士革飞来，隶属鞑靼之翼航空公司的小型客机平稳地降落在伊拉克巴格达机场的停机坪上。经过短暂的滑行，飞机停驻并放下了悬梯。两位安保人员先行走出飞机机舱，在确认周围环境无误后，一位头发连着络腮胡须尽是银色的男子随后走出了飞机。在停机坪上，一位负责接机的中年男子热情地拥抱了这位远道而来的密友。这两位男子的身份都不简单，接机人是伊拉克什叶派民兵武装"人民动员组织"的副指挥官穆罕迪斯（Abu Mahdi al-Muhandis），而他所迎接的这位密友恰恰就是在伊朗军政两界都能够呼风唤雨的风云人物——伊朗伊斯兰革命卫队圣城旅旅长、少将卡西姆·苏莱曼尼（Qasem Soleimani）。

卡西姆·苏莱曼尼

1957年3月11日出生的苏莱曼尼是伊朗的传奇人物。1979年，年仅22岁的他就参加了伊朗武装革命，之后又参加了两伊战争。戎马一生的他曾是伊朗伊斯兰革命卫队圣城旅的最高指挥官。圣城旅建于两伊战争期间，是隶属于伊斯兰革命卫队的特种部队，主要负责渗透、潜伏、暗杀等多项境外特种作战任务，一度被多个国家认为是世界上由国家支持的、最先进的、资金最充足的境外组织。苏莱曼尼此时主要负责审核伊朗对所有反以色列武装的培训与支援，以及向叙利亚输送军事物资，集军事、外交、情报等大权于一身。他曾指挥过伊拉克境内的反美战斗，还涉嫌派人暗杀沙特驻美大使。苏莱曼尼直接对伊朗最高精神领袖哈梅内伊负责，自1998年来一直担任圣城旅指挥官，他的行动左右着中东局势，是伊朗不折不扣的间谍之王。

离开停机坪后，苏莱曼尼和他的手下先后登上了穆汉迪斯安排的极为普通的"现代"牌和"丰田"牌轿车，准备出关并前往穆汉迪斯在绿区的住宅下榻。夜晚的巴格达机场四下里静悄悄的。打火，起步，两辆轿车一前一后准备开出机场，而危险正在这死一般的沉寂下袭来。无论是穆罕迪斯还是苏莱曼尼，谁都没有想到，这将是他们生命中最后的时刻，又或许二人在反美第一线摸爬滚打这么多年，早已将生死置之度外。

阿布·马赫迪·穆罕迪斯

但此刻的伊拉克是谁的地盘呢？是什叶派穆斯林还是逊尼派穆斯林的呢？是伊拉克人民的吗？都不是，这里的每一寸土地都在美国情报界的监管之下，苏莱曼尼的一举一动已尽收美国人眼底。"猎物"已经出现了，美国人也掏出了早已装弹完毕的猎枪。自2003年以来，巴格达国际机场一直实行严格的安全管制措施，其安全由英国G4S公司在伊拉克情报和国家安全部门的监督下负责。进出机场的普通乘客必须经过多个检查站；高端人士可以走贵宾通道，不过也必须将人员及车辆信息报告给检查站，并由检查站通报至机场安保、国家安全和情报部门以及G4S共享。当然，作为老派间谍，为了避人耳目，苏莱曼尼一行用了假护照过了关，也没有携带智能手机。但就在他们过关的同时，美国中央情报局安插在这里的眼线已经把目视确认"target confirm"的情报悄悄汇报了上去。而美国国家侦察办公室调集的合成孔径雷达卫星也已经对准了这一片区域。1时45分，两辆轿车刚刚行驶到巴格达西郊，苏莱曼尼正在车上闭目养神，殊不知早已潜伏在他们必经之路的中央情报局的特工人员已经将红外激光制导瞄准器对准了这两辆高速行驶的轿车。与此同时，在数千米的高空，一架由美国特种作战司令部（也有消息显示为中央司令部）控制的MQ-9"死神"所携带的地狱火导弹也锁定了这两辆车辆……"fire！"随着美军指挥官的一声令下，两枚地狱火导弹先后直奔两辆轿车袭来，行驶在前方的现代轿车被一击命中。行驶在后方的丰田轿车眼看前方火光冲天，急忙加速转向规避，并躲过了第二枚导弹。而随后袭来的第三枚导弹紧紧地咬住了目标。这枚装有高爆弹头、重达52千克的穿甲弹直接命中了丰田轿车，苏莱曼尼当场殒命。与此同时，在美军特种作战司令部中，行动指挥官"Target eliminated！ Mission completed！"的话音刚落，掌声雷动……

苏莱曼尼乘坐的汽车被击中后起火

2020年1月3日，美军将电影中的桥段以教科书级别的样式用在了苏莱曼尼的身上，彻底挥别了"鹰爪"行动的阴霾。这场秘密行动看似是执行导弹发射任务的无人机立了头功，实则不然。美军无人机固然很先进，但让其通过红外成像传感器，识别一个刚下飞机然后就钻进汽车的人是否是苏莱曼尼，那也是不可能完成的任务。即便是通过手机等系统进行了定位，为了防止错杀，也必须有更为可靠的方式进行确认。在确认目标后，让无人机的操纵人员确认目标的地面情报人员也是关键一环。其实早在苏莱曼尼从大马士革动身前往机场之前，他的秘密行踪就已被美国情报部门锁定了。美国国家安全局通过拦截电话通信，依靠声音频谱特征锁定了苏莱曼尼，并通过三角定位确定了他的位置，还通过社交网络拓扑标记了他随从的手机，而后又通过拦截短信息通信获取了他发给接机人员的航班信息；美国中央情报局的地面特工人员对这一行人员做了面对面的目视确认，并通过激光引导无人机锁定攻击目标；美国国家侦察办公室负责调集卫星变轨并协助国家地理空间情报局开展图像侦察。这一个小小的战术行动就动用了至少3家的情报机构。更难得的是，这些机构居然能够在同一时间将各种行动所必需的情报准确交付到了特种作战司令部。美国之所以有这样的实力和底气，就是因为在特种作战司令部情报局内，设有一个近千人的工作实体——联合情报行动中心。正是这个中心，协调了国家安全局、中央情报局和国家侦察办公室的情报支援行动，将这3家机构的情报行动和情报产品转化为切切实实的暗杀行动依据，并提供给了国家决策层及其下属部队。

美军历来讲究联合作战，而基于共同的目标实现有效的联合是不同军种间形成最大合力、取得作战效能的基本途径。但就作战领域本身而言，由于军队和作战的特殊性，不同军种部队以及作战要素间基于共同作战目标最大程度联合，对于战争胜负尤为重要。美军的联合作战起步最早、历史最悠久、机制最成熟，自第二次世界大战开始就不断地经受战争的检验。"空海一体战""空地一体战""基于效果作战""快速决定性作战""网络中心战""多域战""全域战"，这些迭代更新的理论都是围绕着联合这一主线展开的。

从广义上讲，历史上任何阶段，各作战力量间包括同一军种内部不同兵种间的配合都可以称为联合；从狭义上讲——这也是现代作战中的联合，特指两个或两个以上军种基于共同目标的有效配合。进入信息化时代，得益于信息化通信和网络技术，不同作战力量间的联合程度超越了历史上任何时期，走向了"一体化"联合。这种联合程度上的跃升，成为机械化战争向信息化战争变革的重要标志，也是本次新军事变革深入发展、实现高水平跨越的核心内容。美军作为信息化时代新军事变革的引领者，率先完成了向一体化联合作战的深度变革，其实战联合程度目前在世界上处于最高水平，也最具研究价值。

信息化条件下的一体化联合作战要求各军种作战要素基于信息

技术相互联结，成为一个有机整体。在这种联结中，情报作为依托信息技术在各军种作战要素间传递的实质内容，其地位进一步凸显。它是各军种作战要素联结的黏合剂，是实现联合的基础以及向一体化转变的关键。因此，信息化战争中的情报不仅是作战制胜的核心，更是作战有效联合实现力量倍增的关键。随着情报对作战重要性的跃升，其与作战关系日趋紧密。情报与作战的密切配合对于情报支援作战的效果以及作战能力的提升都极为重要。国内作战和情报支援领域对情报相关问题已经进行了一定程度的宏观研究，但缺少对情报与作战配合的关联性具体化研究。信息化条件下的一体化联合作战对高水平联合程度的要求以及对情报与作战实时同步配合的技术支持和空前要求，也带来了组织体制方面的特别需求。仅靠原有指挥机关情报参谋部门和情报生产单位协调情报和作战已是杯水车薪，需要专门起协调功能的组织机构统筹协调情报与作战配合一体。为此，联合情报行动中心应运而生，并经过不断的完善、发展，已经成为美军联合作战中情报与作战一体化的重要组成部分，地位效能凸显。

美军联合作战开始时间最早，发展历史最长，经验最丰富：从独立战争中陆海军共同行动的约克镇战役到第二次世界大战中陆海空作战力量协作配合的太平洋战争，再到海湾战争中联军紧密协调的"沙漠风暴"行动,直至新世纪伊拉克战争中联军协调一致的"伊拉克自由"行动。伴随信息技术飞速发展，这种整体作战也正由高技术条件下多种作战力量成体系的整体联合，向信息化条件下多种作战力量"内聚一体"效能倍增的方向进行纵深变革。可以说，美军作战经历了机械化条件下的协同作战、高技术条件下的联合作战以及信息化条件下的一体化联合作战三个阶段。情报作为各阶段军种间联合的基础和关键，其与作战的配合也应各阶段不同联合程度所需，经历了从"协同"、"联合"到"一体"的发展历程。联合情报行动中心作为美军协调情报与作战的专职机构，其发展演进也应不同时期作战联合程度对情报与作战配合的相应需求，经历了早期探索、初步发展以及全面推进三个阶段，呈现出不同的机构设置和运行特点，代表了美军从组织制度层面协调情报与作战的实践历程。

自第二次世界大战开始至20世纪80年代末是联合情报行动中心的早期探索阶段。这一时期，美军仍处于机械化战争时代。为了弥补珍珠港事件中情报缺乏共享协调的不足，尼米兹上将积极整合驻夏威夷情报机构。从太平洋地区情报中心（ICPOA）的建立到1943年9月6日太平洋舰队成立珍珠港联合参谋部，太平洋地区情报中心升级成为太平洋地区联合情报中心。联合情报中心逐渐合并了太平洋地区的其他情报机构，承担起搜集、比较、评价和分发战略、战术情报的职能。自此，战区内的情报机构开始在同一领导、同一屋檐下工作，打破了之前各个情报机构一盘散沙的局面。

从海湾战争到20世纪90年代末是联合情报行动中心的初步发展阶段。为了打赢伊拉克，国防情报局在五角大楼国家军事情报中心成立了特别情报工作组，协调军地各大情报单位获取情报信息，为参联会作战与筹划部门提供直接支援，处理美军各大司令部向国家军事情报中心发送的情报需求清单。1990年11月，战区联合军种小组（司令部联合情报行动中心）也正式组建，作为战时情报班子开展情报支援工作。各作战力量在信息技术支持下协作配合，紧密程度超越了机械化战争时代的协同，实现了现代意义上的真正联合。美军基于联合作战以及情报作为支援作战的力量体系与作战指挥体系整体联合的需要，初步建成了常设化的情报与作战协调机构体系。该机构体系各级中心分别对应作战指挥体系各指挥层级，全面协调情报支援体系与作战指挥体系整体联合。

伊拉克战争至今是联合情报行动中心的深度推进阶段。2003年的伊拉克战争是一场高度信息化的战争，标志着信息化战争形态的深层演变，开启了美军一体化联合作战的新阶段。美军一体化联合作战需要情报与作战高度配合，情报作为与作战同等重要的作战行动之一，需要与各阶段作战行动同步一体。美军基于情报与作战同步配合的需要，深度推进联合情报中心机构体系建设，在其基础上建立了联合情报行动中心机构体系。该机构体系以"情报行动化"为目标，统筹情报行动与作战计划和实施同步一体。时至今日，美军已经成立了11个联合作战司令部，其中北方、南方、中央、印太、欧洲、非洲六大区域性司令部把全球分了一遍，网络空间、特种作战、运输、太空、战略五大职能性司令部是指挥美军开展各类职能作战的最高指挥机关，而联合情报行动中心无疑是他们中最重要的组成部分之一。

此外，美国还以法律和条令的形式，明确了情报对作战的支援义务。根据《美国法典》第50卷《战争和国防》以及美军联合出版物《军事行动的联合与国家情报支援》《联合作战》的相关规定，各级美军部队可获取情报力量的支援，各家联合作战司令部可以快捷、全面获得盟国和本国情报力量的支援，美军已形成较为完备的情报支援体系，其运行分层级展开，责任清晰又一体联动。美军设置了三层"情报中心"+"作战中心"的配套支援机构，联合参谋部、作战司令部、联合特遣部队三级单位均设有这两个中心。"作战中心"向"情报中心"提出情报需求，"情报中心"通过美国军方和国家情报机构派驻在该中心的代表，向情报机构部署情报支援任务，汇聚整合各类情报，最后将情报成品提供给本级"作战中心"，而三级"情报中心"也可自下而上请求情报支援。

依照"按需""实时""统筹"三个原则，联合情报行动中心全天候、高效地开展着情报支援工作。"按需"是指情报支援必须以作战指挥官的需求为中心，"情报中心"应"按照适合作战指挥官情报需求的最佳方式组建";情报参谋应预先判断和全面了解作战部队的情报需求,根据需求的优先等级和作战行动的特殊需求,针对性提供情报产品;作战人员可以要求获得现有情报,也可以要求安排新的情报搜集和生产行动。"实时"是因为美军作战力量全球部署,作战行动瞬时即发,情报支援必须是全球可达、实时获取,美军当前主要依靠联合全球情报通信系统(JWICS)、联合可部署情报支援系统(JDISS)等网络系统来满足这一要求。"统筹"是指统筹协调情报与作战,一方面可使情报对作战的支援达到最佳程度,另一方面可避免火力损害情报搜集手段与来源。

情报帝国的《战略》独白

在《大棋局》一书中,美国前国家安全事务助理、地缘战略理论家布热津斯基博士将亚欧大陆视为一个棋盘,是既决定世界今后的稳定与繁荣又决定美国保持世界主导地位的中心舞台。而在这个偌大的棋盘之上,只有5名合格的棋手,分别是法、德、俄、中、印。除了这5个地缘战略大国外,还有5个地缘支轴国家——乌克兰、阿塞拜疆、韩国、土耳其和伊朗。这本书写于20世纪末的1997年。时至今日,许多国际性事件和布热津斯基分析的一样逐一发生。2005年艾哈迈迪·内贾德上台,伊朗决定继续进行铀浓缩活动,进而引发了伊核问题。2008年俄格战争爆发,俄罗斯迅速摆平了格鲁吉亚,换来了高加索地区少有的平静。2012年叙利亚内战爆发,土耳其、俄罗斯、美国和伊朗先后下场干预,把繁荣的叙利亚变为了一片满是残垣断壁的焦土。2014年乌克兰危机爆发,俄罗斯拿下了克里米亚半岛,乌克兰东部的顿巴斯和卢甘斯克地区也闹起了独立,最终演变为了武装冲突。2020年,亚美尼亚和阿塞拜疆围绕纳卡地区再次爆发冲突，最终以阿塞拜疆取胜告终。2021年双方又一次爆发冲突，以停火协议的签订告终。把目光转向朝鲜半岛，朝核问题长久以来一直是东北亚地区安全的心病，难以根治。2022年俄乌战争正式打响，世界和平前景也变得不甚明朗。这些国际性事件看似是独立发生的，实际上背后都有美国情报界的身影。用普京的话说，俄罗斯的战略空间被不断压缩，北约就快要把导弹架到俄罗斯的家门口了；中东地区也被打得残破不堪，但凡有一些实力的国家都遭到了美国的打压甚至是摧毁。

　　只要是美国想要施加影响的地区，就不会少了美国情报界的身影。2003年格鲁吉亚爆发了"玫瑰革命"，萨卡什维利随后上台，并在2008年主动进攻俄罗斯挑起了战争。2004年乌克兰爆发了"橙色革命"，亲美的乌克兰寡头尤先科成功上台。2005年吉尔吉斯斯坦爆发了"郁金香革命"，时任总统阿卡耶夫被迫辞职下台。2010年一场"阿拉伯之春"席卷了整个阿拉伯世界，突尼斯、阿尔及利亚、埃及和叙利亚等国无一幸免，利比亚和叙利亚两国先后爆发内乱和战争。美国中央情报局、国家民主基金会和CANVAS学校构成了美国实施"颜色革命"的三驾马车，把美国的隐蔽行动包装成了"民主和自由的选择"。英国BBC曾经拍摄过一部纪录片，叫作《Facebook如何改变世界：阿拉伯之春》，事实上真正改变世界的并不是哪一个社交软件，而是美国的情报机构。这些情报部门并不在乎真相是什么，真相是什么也并不重要，重要的是美国政府想做什么，美国政府想让世界人民知道什么、看到什么。而通过"旋转门"机制，美国的情报官员实现了在政界、商界、情报界和非政府组织中的无缝切换，极大地便捷了情报行动、对外政策和国家战略之间的配合。不论这些单位的主管怎么换，都是换汤不换药。这也是美国民间存在众多情报智库且发展兴盛的原因之一。这些智库的高管大多是美国情报界或政府退休的高官，可以利用私人关系帮助这些智库拉拢投资，开拓销路。

美国 BBC 拍摄的纪录片

综合以上爆发革命和混乱的地区，可以在亚欧大陆上画出一条隔离带，这条隔离带将俄罗斯和欧洲隔离开，也将俄罗斯的势力驱赶到了中东地区的北部。高加索地区和中亚地区遍布美国人的身影。北约也在冷战结束以后不断东扩，苏联解体后 20 多年来，美国人仍在亚欧大陆上饶有兴趣地包围、遏制俄罗斯。而在包围俄罗斯的过程中，美国人还在全球进行反恐战争，在东亚地区利用朝鲜半岛、中日海上争端和南海问题牵制中国，偶尔还会利用经贸和外交手段割一割西欧和日本的韭菜，法国的阿尔斯通公司就是最好的例证。自新航路开辟以来，从没有一个国家可以像美国一样，利用国际规则、外交拉拢、经济制裁、军事威胁和隐蔽行动，将全世界玩弄于股掌之中，而这一切都是建立在美国绝对的情报优势的基础之上。

美国的国家安全局是世界上最为强大的信号情报机构,通过"棱镜"计划几乎实现了对全世界任何人的监控,还拥有当今世界上最强大的网络空间作战力量,软硬结合成功摧毁了拥有多道安防措施的伊朗核设施的离心机。

美国情报界缘何如此"成功"和"霸道"?这里就不得不说一说美国情报界的纲领性文件——《国家情报战略》。

自美国国家情报总监上任后,每过四五年就会发布一次新版《国家情报战略》,而该战略则是美国国家情报总监办公室最重要的情报战略规划文件,其中会确定美国情报界未来4年的重点工作,以及他们所面临的重大威胁和挑战。2019年1月22日,美国国家情报总监办公室发布了2019年版《美国国家情报战略——构建一体融合的情报界》,为未来一段时间美国情报界的发展指明了前进方向。

美国政府一直标榜自己的公开透明,而在某些层面上确实是公开可查的——美国的战略发展体系就是如此。其实在西方,"战略"一词最早与"将军"同义。在古希腊的伯罗奔尼撒,最早出现Strategos,意思是"将军";接着演化到Strategicon,意思是"为将之道",称为"将道";再往后演化到Strategy,即"战略"。西方对将军强调的不是官位,那么又是什么呢?是"将道",是"战略"。当我们的《左传》中讲"岂将军食之而有不足"的时候,西方强调"岂将军筹之而有不足"。将军是一个筹划的位置,是一个管全盘、管总体、管大局、开展战略谋划的位置。慢慢地,"战略"这一仅适用于军事领域的专有词汇也发展至商界、政界等各个领域。美国几乎所有发展战略文件都是公开的,均有公开资料可查。

美国的战略体系层次分明,就像俄罗斯套娃一样,大娃套小娃,围绕同一目标主题,逐级专业细化。除国家情报战略之外,美战略体系主要由国家战略、国家安全战略、国防战略、国家军事战略和战区战略等构成。国家情报战略并没有打破美国战略体系的层级，而是处于国家安全战略之下，与国防战略一道，从不同侧面共同支撑国家安全战略，进一步充实和完善了美国的战略体系。同样，美国国家情报战略也是美国各情报机构在各情报领域的发展战略的根本指导，就是情报战略规划上那个最大的俄罗斯套娃。由它所构建的情报战略体系，在纵向上体现层级性，在横向上体现多领域性。

从纵向领域来看，国家级情报战略主要有《国家情报战略》《国家反情报战略》《国家信息共享战略》等；部门级情报战略主要有《国防部信息共享战略》《国防部网络空间作战战略》《国土安全部信息共享战略》等；情报界级情报战略主要有《情报界愿景》《情报界信息共享战略》等；机构级情报战略主要有《中央情报局战略意图》《国防情报局战略》《国家地理空间情报局战略》《国家安全局/中央安全局战略》《国家安全局信号情报战略》等。美国情报战略体系纵向各层级之间形成了向下指导与对上支撑的关系，这一关系决定了各层级情报战略之间内在的联系方式，即由上一层级战略的目标分解出下一层级战略的任务；下一层级战略支持上一层级战略确立的目标。

从横向领域来看，美国情报战略体系可划分为若干相互联系又相互独立的平行部分，如反情报、信息共享、网络空间以及情报人力资源等。反情报领域情报战略主要有《国家反情报战略》《联邦调查局反情报国家战略》等；信息共享领域情报战略主要有《国家信息共享战略》《国防部信息共享战略》《国土安全部信息共享战略》《情报界信息共享战略》《联邦调查局国家信息共享战略》等；网络空间情报战略主要有《国防部网络空间行动战略》《空军网络空军蓝图》等；人力资源领域情报战略主要有《情报界人力资源五年战略计划》《国家情报总监办公室人力资源战略计划》《中央情报局多元化与包容性战略》《国家地理空间情报局多元化与包容性战略计划》等。各领域情报战略规定了每一特定领域的目标,整合该领域的行动,在每一个领域中每一个分支都有自己独特的战略类别,并与其他战略相互呼应配合,共同支撑起美国情报战略体系。

《国家情报战略》无疑是由《国家安全战略》所指导形成的,而特朗普政府的《国家安全战略》已经鲜明地指出了"2+3"的竞争对手与外部威胁。从美国的国家战略来看,美国认为,其作战环境正在迅速变化,民族国家之间的战略竞争正在超越暴力极端主义,成为对美国繁荣与安全的核心挑战。"2+3"中的"2"指的就是中国、俄罗斯这两大国家行为体的威胁。总体来看,俄罗斯的军事能力已经不再呈现逐年下降的趋势,相反,其武器装备在不断现代化并致力于发展小众的混合战争能力。同时,俄罗斯的新型外交政策也在致力于树立其大国地位。美国认为,中国作为世界第二大经济体,在"一带一路"倡议的影响作用下,中国整合了经济、外交和信息手段,并在大力发展军事能力,正在逐渐改变第二次世界大战后确立的世界秩序。中国和俄罗斯已经成为美国的主要竞争对手。"2+3"中的"3"则指的是伊朗、朝鲜和新兴技术及恐怖主义带来的威胁。

2019年版《国家情报战略》(以下简称《战略》)更是指出,战略环境正在迅速变化,美国面临着一个日益复杂和不确定的世界。未来几年,美国将面临一些国家的挑战,这些国家利用种种情报手段,使得西方的世界主导地位遭受削弱。[1]

自冷战开始,美国的全部精力都聚焦在苏联这一主要对手身上,无暇顾及其他。当苏联解体以后,美国曾经一度想将中国和伊朗作

---

[1] ODNI, *The National Intelligence Strategy of the United States of America*, ODNI, Washington D.C., 2019.

为主要目标，甚至连欧洲也没有放过。但"9·11"事件的出现，使得美国花了近20年的时间来关注恐怖主义所带来的威胁，就连美国国家情报总监的设立也是源于加强反恐情报的需要。而随着中国经济实力的崛起，美国自然而然也回归了地缘传统，开始锁定它所认为的"势均力敌"的对手。

《国家情报战略》（以下简称《战略》）清晰地表达了美国情报工作战略目标的转变，即美国情报机构不再主要关注打击恐怖主义，而转向所谓在地缘政治范围内威胁到美国的国家，其中最主要的是俄罗斯、中国、朝鲜和伊朗。用美国国家情报总监科茨在报告发布会上的话来说就是："2019年的战略不仅仅是对以前战略的更新，在某些方面，它为我们今天所做的事情提供了渐进式的改进。在其他领域，它为我们的运作方式带来了根本性的变化。"《战略》更是明确指出，俄罗斯、中国、朝鲜和伊朗是美国的"对手"，科茨在2019年1月29日发布的美国年度威胁听证会中则把这几个国家称为"the Big 4"。报告认为，这些对手在传统、非传统、混合和不对称的军事、经济和政治领域均全方位构成对美国的挑战。报告提到，俄罗斯一直在努力"增强其影响力和权威，并可能与美国在多个地区的目标和优先事项发生冲突"。中国的问题则在于追求"军事现代化，以及在环太平洋地区追求经济和领土优势"。不过，与俄罗斯不同，报告认为有机会和中国就共同关心的问题进行合作，比如在朝核问题上。朝鲜的问题是"侵略和继续发展核技术和弹道导弹技术"。伊朗则是"追求更先进的导弹和军事能力，以及继续支持恐怖组织、武装分子和其他中东反美势力"，威胁着美国的利益。

《战略》还强调要应对新技术带来的情报威胁和挑战。这些新技术包括"可能削弱美国太空军事实力的反卫星武器"和"威胁公众对我们全球机构、治理和规范的信心"的网络威胁，以及"人工智能、自动化和高性能计算机。这些新技术创造了经济效益，但也可能给其他国家的军队和间谍服务带来比美国更多的优势。"同时，《战略》依旧指出了恐怖组织和非国家行为体所带来的安全问题，认为其有来自更广泛的行为体的新的不断演变的威胁。

《战略》提出，面对充满对手和威胁的整体战略环境，"一体化、创新、伙伴关系、透明"是四大优先事项。

此外，《战略》还列举分析了美国国家情报战略未来4年的7项任务，包括战略情报、预期情报、当前运营情报3个基本任务目标和网络威胁情报、反恐、反扩散、反间谍和安全4个特定任务目标。其中，前3项是最基本的情报任务，后4项特定任务目标则是基于具体主题而设置，由前3个基本任务目标支撑。

战略情报的主要目的是解决国家安全利益问题，甄别并评估各个国家和非国家实体的能力、活动和意图，以深入了解美国面临的战略环境，预告美国长久利益问题的未来发展，并支持美国国家安全政策和战略决策。《战略》要求美国情报界做到开发并维持获取和评估数据的能力；建立并巩固与重要议题有关的专业能力，识别战略风险与机遇；提供关于战略环境的深入评估、背景和专业知识。预期情报是为了识别和评估新兴的趋势、不断变化的环境和具有潜力的新生事物的相关情报，以挑战存在已久的假设，鼓励新观点，发现新机会，寻找新视角，为美国国家安全提出警告与建议。《战略》要求，要开发定量和数据分析技术，提高识别、分析和预测能力；努力消除文化、技术、人力等多重障碍，将预期情报纳入日常分析工作；突出新兴趋势、环境变化及其机遇或威胁，最大程度提高决策优势；发展综合能力，为服务对象提供及时、重要的情报预警。当前运营情报主要是指在冲突或危机时期，用以支持军事、外交、国土安全和政策用户的时效性很强的情报，同时也为未来运作和期望成功创造机会。《战略》要求，开发情报架构，提供可行、及时和敏捷的情报支持；扩大并加强与国内及国际的合作；开展敏感情报行动，支持国家安全活动。

网络威胁情报主要用于应对恶意网络活动，美国将提高对竞争对手网络行动的认识和理解；扩大网络威胁情报的适当传播及发布范围；提升多领域执法行动能力；检测并了解国家和非国家实体的网络威胁，为国家安全决策、网络安全和各种响应活动提供信息支持；搜集、处理、分析和传播来自国外的网络计划、研发、战术、业务活动等所有情报及其影响。反恐方面则强调加强识别、理解、监督和破坏参与恐怖主义和相关活动的国家和非国家行为体，应对恐怖主义威胁。针对参与恐怖活动的不法分子，美国将搜集、分析、甄别有关情报并警告正在出现和不断变化的威胁、趋势及暴恐极端主义意识形态；拓宽和深化对全球恐怖主义领域的战略认识，提供背景情报。在反扩散方面，《战略》认为，要挫败大规模杀伤性武器威胁，需确保全球大规模杀伤性武器的稳定，破坏对手相关能力，防止相关技术、材料或专业知识的扩散转移；加强美国预测能力和大规模杀伤性武器的危机管理；开发、维护并加强情报能力，以促进对外国大规模杀伤性武器计划、相关技术、材料或专门知识的了解。最后一项任务则是反间谍与安全，目的是解决外国情报机构和内部人员的威胁。美国需要整合情报界活动，提高对威胁和安全漏洞的认识；发展并实施新的能力，推进情报和安全工作，保护民众、技术、信息、基础设施免受威胁；加强与伙伴和利益攸关方的安全信息交流。

《战略》还特别强调，美国情报机构要更加团结、更加高效地调动资源，"我们必须整合，以利用整个情报界的全部人才和工具"。"需要精确统一和集中我们的资源，搜集针对最难目标和最紧迫威胁的信息"。"一体化"是美国情报界未来很长一段时间不可放弃的核心目标。由此可见,"9·11"事件时隔18年后,"一体化"依旧是美国情报界努力的主要方向。

事实上,美国作为当今世界头号强国,其科学技术水平、科技人才保有量无人能出其右,其先进的工作机制模式也是全世界国家争相研究和学习甚至是效仿的主要对象。然而,2020年初全球暴发新冠疫情以来美国却向人们展现了其文化和价值观中冷漠的一面。在应对新冠疫情的过程中,美国联邦政府采取的措施有限,基本上持放任的态度,造成了迄今累计新冠死亡人数逾百万的现实,而且感染病例和死亡病例中以贫困群体、老年群体和少数族裔群体为多。这种"社会达尔文主义"的现象与其私有制资本主义的国家形态密不可分。得天独厚的地理环境优势,使美国本土在建国以来能够一直远离来自外部的战火硝烟,但是与美国相关的战火硝烟却遍布世界各地,正像遍布全球的美国军事基地一样。人们禁不住会想,像美国这样一个强大的帝国,它所描绘的"主要敌人"会不会就是"假想敌",是它所需要的前进的动力?

2021年3月4日,拜登政府发布了关于国家安全的首份重磅文件《临时国家安全战略指南》。按照惯例,《国家安全战略》应该在新任美国总统上任后任期满1年前后发布。虽然当时国际社会处于全球疫情蔓延、经济形势低迷的大背景之下,但拜登政府在上任1个多月即发布此类文件确实不同以往。不仅如此,拜登政府发布的《临时国家安全战略指南》中,有15处提到中国,5次提到俄罗斯。与特朗普版国家安全战略将中俄并列为"挑战现有国际秩序"的国家不同,美新版《临时国家安全战略指南》武断地认为"中国是美国的头号竞争对手"。

美国政府做出这样的战略定位,并不意味着放弃了对俄罗斯等其他竞争对手的关注。在美国政府战略全球布势、美军常态全球部署的大背景下，美国情报界的工作人员和各类情报搜集资产也一直在兢兢业业地工作着，时刻关注着全球范围内的重要情况。2021年6月20日，美国国家情报大学由国防情报局正式移交给了国家情报总监办公室，由单个情报机构的直属培训机构转变为美国情报界最高领导机构主管的综合性教育院校，变成了真正意义上美国整个情报界的大学。转换隶属关系之后，国家情报大学获得更加广阔的发展空间，进一步满足美国情报机构的多样化需求，可源源不断地为情报界输送各类情报人才。

在美国情报界不断辛勤工作、不断建设发展的同时，世界局势在新冠疫情不断反复、全球经济疲软的大背景下，也在发生着深刻变化。苏联解体后，北约集团先后5次东扩，对俄罗斯的战略缓冲区极限压缩。2021年12月，俄外交部就与美国和其他西方国家开展安全保障对话发表声明，要求美国、北约就排除北约进一步东扩的可能提供法律保障。2022年1月10日至13日，俄罗斯分别与美国、北约就安全保障建议开展对话，但未取得实质性成果。1月27日，美国总统拜登与泽连斯基通电话，声称俄罗斯2月军事进攻乌克兰的可能性"非常大"。随后，美国政府又数次发声，表示已经获取了俄罗斯可能于近期入侵乌克兰的情报。在美国的不断"鼓动"下、在俄罗斯以《2014版俄罗斯联邦军事学说》为代表的战略指导下，俄乌冲突于2022年2月24日终于爆发。

在冲突初期，俄罗斯从东北线、东线和南线发起攻势，多路并进，不到半个月便形成了在乌西以乌波边境为缺口，对乌克兰首都基辅的"反C形"包围，在乌东以哈尔科夫为支点对乌军主力部队三面合围、围而不歼的"双钳攻势"。随即，俄乌双方展开了多轮谈判……自2008年俄军"新面貌"军事改革以来,俄军的军事理论、指挥体系、武器装备、通信系统等得到了全方位的更新，又在叙利亚战场得到了检验，历练出以格拉西莫夫为代表的一批"猛将"，可谓兵强马壮、士气正旺。在这次俄乌冲突中，俄军虽在战前通过各类社交媒体释放"战争迷雾"取得了突袭先机，但从总体上看，战事推进得并不顺利。一方面，这可能有俄罗斯"以打促谈"的战略考量；另一方面，也正是因为美国和北约其他国家给乌克兰提供了关键的近实时的情报支援、大量的军事援助以及全面的信息对抗支援，才使得"年轻的"乌克兰具有了与"兵强马壮"的俄罗斯相抗衡的"一战之力"，甚至双方在一定程度上出现了战略相持。

事实上，在如今这个网络高度发达，一部手机可以走天下的信息时代，这场冲突从一开始就变成了"网上直播"和"全民围观"的数字化战争，加之在太空有卫星、近地轨道有星链、低空有无人机，甚至还出现了使用开源情报的"人脸识别追踪"，几乎所有俄罗斯方面的兵力调动都逃不过美利坚情报帝国的"眼睛"。美国情报界无时无刻不在紧密地监视着俄罗斯的一举一动。进入2月，美军增加了部署在临近乌克兰北约国家的情报、监视和侦察资产，包括MQ-9无人机、RC-135电子侦察机和E-3预警机。2月10日，拜登在接受美国全国广播公司（NBC）采访时，警告在乌的美国人迅速撤离，美国政府将不会派兵前往乌克兰救援。随后，拜登政府又几次预言战争日期，一一落空后，2月17日，美国国务卿布林肯在联合国安理会上发表了"鲍威尔式发言"，声称根据美方情报显示，"俄罗斯已走上战争道路，计划将在未来数日内进攻乌克兰"。2月22日，美国国家安全委员会电话会议，确信俄罗斯将在24～48小时内发动进攻，并将这一情报通报给了乌克兰。当天，美军还派出两架RQ-4无人机前往乌克兰北部和东部进行情报、监视与侦察。直至2月24日俄罗斯针对乌克兰开展特别军事行动。可以说美国情报界确实精准预警了俄罗斯对乌克兰的军事行动，但俄罗斯通过社交媒体宣布"撤兵"等一系列行动释放了"战争迷雾"，也在一定程度上抵消了美国方面的情报预警。

回想起一系列战事，比如美曾利用卫星图像精准预警伊拉克入侵科威特、美在"奥德赛黎明"行动中为北约提供大量情报支援的历史，我们有充分理由判断，这一次美国又占了先机。美国情报界的资源、技术、手段和情报分析还是配合到位，非常准确的。

同时，在这场冲突爆发后，也夹杂了以俄乌为主的多方势力于网络空间这个看不见硝烟的第二战场上的激烈较量。在俄乌网络战中，除了有各方通过网络攻击引起系统瘫痪或数据损毁，还有网络信息战对舆论的影响与争夺。在这些领域的对抗中，美国同样为乌克兰提供了大量的情报支援。美国的网络空间司令部向东欧地区派驻了网络防御小队，来协助乌克兰进行网络防御作战；乌克兰方面也加入了北约合作网络防御卓越中心，得以和北约共享网络威胁情报，有效应对俄罗斯的网络攻击。3月17日，负责情报和安全的美国国防部副部长罗纳德·莫尔特里在众议院军事委员会听证会上正式承认，美国正在向乌克兰方面提供情报支援，帮助乌克兰对抗俄罗斯。而在此之前，美国众议院军事委员会主席亚当·史密斯和国家安全局局长保罗·中曾根都或多或少承认了美国在和乌克兰共享情报……

这次俄乌冲突中网络空间作战和心理战宣传行动悄然登场，使得战争形态呈现出了新的特点、新的现象，引领了新的趋势。在情报领域同样如此，乌克兰军方居然在Telegram上时髦地发布了一款名为eBoper的App软件，用于为经过身份认证的亲乌民众提供随手拍上传俄军的位置信息的数据平台，进而为乌军提供情报支援。而拜登政府在其《临时国家安全战略指南》中也把网络作为最优先事项。美国情报界在《国家情报战略》的指导下，着实开展了大量的工作。

通过对美国最新版《国家情报战略》的梳理，对美在俄乌冲突期间情报工作的表现，似乎我们可以尝试用情报分析的方法，做出一个关于"美国情报界正高度关注其战略对象，开展大量工作"的假设，并梳理相应的指标，进行进一步的结构化情报分析……

后　记

以古为鉴，可以知兴替；以史为鉴，可以开创未来。本书梳理了从1775年至今美国情报界的发展历程，基本回顾了美国情报发展史，勾勒了一大批鲜活的情报人物，还原了大部分美国情报工作的主要事件。历史的车轮滚滚向前，永远不会停息。即便是斯诺登的哨音依旧回荡在世人的耳畔，即便是香港对可怕的"黑衣人"依旧记忆犹新，即便是德黑兰悼念苏莱曼尼的哀乐满是凄凉，即便是乌克兰的空气中依旧弥漫着刺鼻的硝烟，都无法让美利坚情报帝国放慢它前进的步伐。如今，在万物互联的大数据时代，每个人都或将成为美利坚情报帝国可利用的监控和被监控对象，或将变成犹他州大数据中心一串小小的数据。但是，我们也十分好奇，在拜登政府"前出＋交锋"的临时战略框架的指导下，美国情报界的下一份情报战略将会如何布局，我们也将拭目以待：未来，这个与美利坚帝国同龄的情报界将走向何方……